文化智力

跨越文化的个体互动

CULTURAL
INTELLIGENCE

Individual Interactions Across Cultures

[美] P. 克里斯托弗·厄利（P. Christopher earley）著
[新加坡] 洪洵（Soon ang）

段文婕 译

中国出版集团
中译出版社

First published in the USA in 2017 by Intercultural Press, a Nicholas Brealey Publishing Company

Copyright © Craig Storti 2017, 1994

The right of Craig Storti to be identified as the Author of the Work has been asserted by him in accordance with the Copyright, Designs and Patents Act 1988.

All rights reserved. No part of this publication may be reproduced, stored in a retrieval system, or transmitted, in any form or by any means without the prior written permission of the publisher, nor be otherwise circulated in any form of binding or cover other than that in which it is published and without a similar condition being imposed on the subsequent purchaser. All characters in this publication are fictitious and any resemblance to real persons, living or dead, is purely coincidental.

著作权合同登记号：图字01-2024-2371号

图书在版编目（CIP）数据

文化智力：跨越文化的个体互动 /（美）P. 克里斯托弗·厄利, 等著；段文婕译. -- 北京：中译出版社, 2025.5. -- ISBN 978-7-5001-8178-1

Ⅰ. G115

中国国家版本馆CIP数据核字第202553S5P7号

文化智力：跨越文化的个体互动
WENHUA ZHILI: KUAYUE WENHUA DE GETI HUDONG

出版发行：	中译出版社
地　　址：	北京市西城区新街口外大街28号普天德胜大厦主楼4层
电　　话：	（010）68359827（发行部）；68357328（编辑部）
邮　　编：	100088　　电子邮箱：book@ctph.com.cn
网　　址：	http://www.ctph.com.cn
责任编辑：	吴　第
排　　版：	北京中文天地文化艺术有限公司
印　　刷：	三河市国英印务有限公司
经　　销：	新华书店
规　　格：	710毫米×1000毫米 1/16
印　　张：	23.25　　字　数：236千字
版　　次：	2025年5月第1版
印　　次：	2025年5月第1次

ISBN 978-7-5001-8178-1　　　定价：78.00元

版权所有　侵权必究
中译出版社

致在我旅居生活中有幸结识的，来自各行各业的人们，是他们容忍了我有限的文化智力。

——P. 克里斯托弗·厄利

S. D. G ——是他们让我们相同却又如此不同。

——洪洵

前　言

> 我们生活在一个令人兴奋的世界。航空和其他交通方式在技术上的不断进步，让全球旅行和旅居变得经济便捷。全球旅居时，总会遇到一些人，让我们觉得和自己很像，但同时他们又有着不同的想法和行为。这些差异有些让我们感到好奇，另一些则让我们措手不及。
>
> ——未注明来源，英国广播公司，2000 年 1 月 12 日

2001 年，美国"9·11"事件发生后，文化间的理解成为突出问题。文化差异往往就是导致困难和冲突的原因。研究人员试图探讨用以消除人际误解的方法之一，就是对智力概念的阐释和扩展。约翰·贝里、霍华德·加德纳、约翰·梅耶、彼得·萨洛维、罗伯特·斯特恩伯格等研究人员都提出过智力的多维模型。在过去十年中，研究社会智力、情绪智力（情商）、身体智力、艺术智力、实践智力和成功智力等的路径层出不穷。这些智力概念的提出为理解人际交往和互动提供了许多新的、重要的见解。然而，目前尚未厘清的是，这些被文化所制约的模型是如何为跨文化或国际学者提供信息的。也就是说，高社会智力者在自己的文化中很容易理解的暗示和行为，在另一种文化中就可能变得具有误导性或不再重要。例如，在美国语境中，情绪克制可能会被理解为对一场鼓舞人心的演讲不感兴趣，而在低情感表达的文化中，这种情绪的克制可能会是另一番体验。国际旅居者所面临的挑战是，在新文化语境中，大多数

自己所熟悉的暗示和行为都可能不复存在，因此需要进行新的诠释、呈现新的行为。在我们看来，能够作出全新的、恰当反应的人，是具有很高文化智力（CQ，culture quotient）的。

遗憾的是，人们目前尚未发现一个框架或一本专著，可以为国际旅居者所面临的困境提供关于文化智力的路线图。而我们的工作就提供了第一个框架。你可以用本书来理解人们为什么会在新文化的适应能力方面有如此大的差异。我们的理论模型由多个方面组成，可以解释文化智力是如何发挥作用的。更重要的是，我们提供了用来改善人们跨文化互动的干预基础。通过建立一个包含动态多层次观点的综合模型，我们扩展并巩固了有关智力和跨文化理解的理论基础。我们通过研究个体文化智力的三个方面——认知、动机和行为，来关注其跨文化调整的各项特征。认知层面要解决的问题是："我知道发生了什么吗？"动机层面要解决的问题是："我是否有行动的动机？"行为方面要解决的问题是："我能恰当而有效地作出反应吗？"

本书的读者为对智力和跨文化互动感兴趣的学者和研究生，他们可能来自认知和跨文化心理学、人类学、社会学和管理学等领域。我们从不同的学科来描述文化智力，本书的理论框架为相关领域的学者提供了解决元认知和认知、文化调整、角色和社会认同、全球管理和跨文化交际等问题的新途径。为此，我们做了关于智力的文献综述以及人类学和社会学研究。此外，本书第一部分的几个章节侧重于将我们的核心理念应用在全球环境中的几个关键方面。为此，我们向几位将文化智力应用于国际任务和培训的学者征求了意见。

本书的第1章介绍了研究的基本假设和定义，并概述各章内容。第2章全面回顾了与智力有关的文献，包括大量的历史研究。第3章概述了促使我们对文化智力进行深入思考的具体模型，并对其组成部分进行概括描述。第4章至第6章是对第3章提出模型各组成部分的详述。其中第4章是文化智力的认知层面，主要观点集中在元认知和认知上。第5章讨论了文化智力的动机层面，主要研究自我动机，包括自我提升、自我效能和自洽。第6章是文化智力的行为层面，讨论了跨文化交际中行为产生的方式。接下来的 4 章（第 7 至 11 章）构成了第二部分，这部分主要是运用文化智力的结构来更好地理解工作组织中的跨文化交流以及文化智力的培训和测量。第 7 章从测量的角度讨论了文化智力的重要性，包括关于如何测量文化智力的初步建议。第 8 章讨论了文化智力对外派工作的影响。第 9 章将文化智力置于跨国多样性背景下开展应用，包括团队工作场所的多样性。第 10 章着眼于通过培训提高文化智力的方法，并以提升文化智力的新培训框架作为结束。第 11 章对文化智力研究及实践的意义进行讨论，包括工作组织中关于跨国团队的研究议题。

最初我们只是偶然观察到，一些非常熟悉自己文化的管理人员在面对其他文化时，既无法理解该文化，也不能发挥自己的作用。这种现象促使我们发展出基于智力概念的跨文化互动模型。我们的探索不仅提供了理解跨文化互动的新视角，并且形成并发展成为一种综合性的智力概念。通过将传统智力中的认知观点与动机和行为分析相结合，我们为该领域的研究人员提供了一个新方向。智力研究中产生的人为障碍已不再符合全球视野的要求。我们期望通过提供一种理解"智力"概念的不同方法，从而为打破这些障碍迈出重要一步。

许多人都为本书的创作做出了贡献。毋庸置疑，我们所提出的理论是我们研究和经验的积累，而这些研究和经验是建立在这些关键人物上的。我们的许多令人振奋的想法都得到了下列专家的启示：阿尔伯特·班杜拉、迈克尔·邦德、米里亚姆·厄尔兹、霍华德·加德纳、罗伯特·高菲、爱德华·霍尔、伊莱恩·莫萨科夫斯基、奈杰尔·尼科尔森、罗伯特·斯特恩伯格和哈里·特里安迪斯等。感谢我们工作的学校和同事在我们编写本书的过程中给予的支持。此外，还要感谢以下人士的有效建议：阿尔伯特·班杜拉、迈克尔·邦德、乔治·德雷赫、克里斯蒂娜·吉布森、伊莱恩·莫萨科夫斯基、哈里·特里安迪斯、南洋商学院战略领导力与文化智力中心的文化智力研究小组、蔡泳瑜、符可萤、李勋哲、黄国燕、苏思达、陈裕成、利瑞莲、克劳斯·坦普勒，以及芝加哥大学和南加州大学的教师们。

特别感谢有突出贡献的：蔡泳瑜、陈裕成、李勋哲和克劳斯·坦普勒。我们邀请他们将文化智力的概念运用到其开展的国际培训和智力评估工作中，作为对文化智力的检测。检测结果对文化智力作出有效补充，对希望从事本课题研究的人员具有良好的实践意义。

本书的第一作者要感谢以下人员的支持：印第安纳大学凯利商学院、全球领导力主席——兰德尔·L.托比亚斯，新加坡南洋理工大学南洋商学院，感谢他们在本书完成的最后阶段担任的教学任务。克莱尔·弗朗西斯、特雷弗·余和苏埃伦·利特尔顿向第一作者提供了行政及研究协助。

本书的第二作者希望感谢南洋商学院为本书的撰写和完成所给予的慷慨的轮休假。尤其要感谢哈里·特里安迪斯将她带入文化与社会行为研究的迷人领域并给予指导。她还要感谢密歇根州立大学的林恩·凡·戴恩和南洋商学院的黄国燕所付出的时间、支持和批评意见。

另外，斯坦福大学出版社的编辑人员耐心地帮助我们将这块"璞玉"打磨成严谨的文稿，如果不对他们表示感谢，那就是我们的失职。特别要感谢我们的编辑比尔·希克斯以及两位匿名审稿人，他们提供了宝贵的修改意见。最后，我们要感谢我们的学生和客户，是他们激发了我们对国际及跨文化问题的思考。

P. 克里斯多福·厄利

洪洵

CONTENTS 目 录

	第 1 章　导论	001

第一部分　理论和概念框架

第 2 章　智力的概念	025
第 3 章　文化智力理论	058
第 4 章　文化智力的认知基础	093
第 5 章　文化智力的动机基础	125
第 6 章　行为文化智力	157

第二部分　在工作组织中的应用

第 7 章　文化智力的评估与测量	
作者：李勋哲和克劳斯·J.坦普勒	189
第 8 章　文化智力与全球工作任务	214
第 9 章　融合与应用：全球工作多样性	237
第 10 章　文化智力的培训与提升	
作者：陈裕成和蔡泳瑜	263
第 11 章　一些总结性思考	308
引用	318

第 1 章
导　论

　　当我们开展跨文化、跨国界的工作时，具备管理理论所提到的全球视野至关重要。由于工作任务全球化，越来越多的人在国际团队和部门中工作（厄利和吉布森，2002）。而管理学的文献中充斥着大量关于外派管理人员效率低下的故事，他们无法掌握东道国文化中重要而细微的差别（布莱克和格雷格森，1991；布莱克、格雷格森、曼登霍尔和斯特罗，1999）。这种个人对东道国文化的不适应和不理解导致的后果对其工作的团队而言是严重的，代价也是高昂的。

　　在过去三十年中，北美和西欧开发出多种可在各种环境下研究人类互动的理论框架。其中一项分支研究指出了人类认知，或者说智力的一个基本要素（斯特恩伯格，1985，1997）。对智力的研究可以追溯到一百年前，比奈、吉尔福德、斯皮尔曼、特曼、瑟斯通和桑代克等理论学者都曾对智力研究做出过贡献。20 世纪，研究者更加重视智力的定义、评估和测量。这体现在标准化智力测验（斯坦福 - 比奈智力测验）的发展、教育考试服务的兴起及其对现代教育的影响等。

　　最近出版的《钟形曲线》（赫恩斯坦和穆雷，1994）等著作表明，智力评估的意义及其对社会的影响是讨论的主题。如何对人进行分类？评估工具在文化上是否公平公正？这些工具的预测信效度如何？智力究竟是一个反映普遍因素 g 的单维建构，还是一个多维建构？关于智力及其评估的课题仍然是最引人入胜的，但目前并不完善。

在这些研究的主流中，出现了许多关于智力的重要进展，代表着对智力结构传统观点的重大突破（H. 加德纳，1983；梅耶和萨洛维，1997；斯特恩伯格，1977，1985，1997，2000a）。例如，加德纳从桑代克（桑代克和斯坦因，1937）和瑟斯通（1938）的传统智力研究中，提出并推广了个人的智力由多个方面构成的观点（参见加德纳的著作，包括《思维框架》[1983]、《多元智力》[1993]）。加德纳提出的多元智力包括身体动觉智力、语言智力、音乐智力和个人智力。他认为，智力的存在是基于其文化意义及其与大脑结构和功能的关系。其他一些学者的著作则反映出偏离主流观点的情况，即智力是由"普遍因素 g"这一基本概念构成的（我们将在第 2 章回顾这些概念模型，作为我们后续讨论的基础）。罗伯特·斯特恩伯格的"三元模型"（1977，1988）提供了一个对我们的研究具有重要意义的理论框架。斯特恩伯格关于人类智力三部分的观点非常重要，并衍生出了许多其他模型和变体。

最近的一些研究成果使人们对这样一个概念产生了新的兴趣，即在一般智力基础的认知技能之外，还存在着一种社会智力。例如，梅耶和萨洛维（1997）描述了与社会或个人智力相关的一个概念：情绪智力（情商）。"情商"的概念极为流行，但我们认为它在过度扩展的讨论和表述中被误解了。情商现在已经包含了太多相关概念，因此已经失去其鲜明特征。不过，关于多元智力框架最近研究的主要贡献之一是确定了"社会智力"。"社会智力"的概念可以追溯到桑代克（1920）时代，他将社会智力定义为理解他人并在与他人交往时采取明智的行动或采取行为的能力。与之相关的一些学者将社会智力定义为与人相处的能力、对社会事务的了解能力、与人自如相处的能力、移情能力以及洞察力。

社会智力是社会交往能力的一般类别。社会智力或情商高的人相对来说更容易与他人产生共鸣、开展合作、指导和互动。从本质上讲，高社会智力反映了一个人与他人协作或利用他人采取行动（例如解决问题）的能力。从我们在开展本研究运用的组织角度来看，社会和情感智力显然与领导力和激励机制等当下流行的重要概念相关。领导力在很大程度上反映的是一个人辨别关键情绪和情感（以及唤起追随者反应）的能力（豪斯、怀特和阿迪亚，1997）。因此，社会智力是了解领导者塑造和回应下属需求和反应能力的一个构成要素。

例如，萨什金（1988）发展了帕森理论，提出魅力型领导风格可以被看作是价值重新定位的一个基本方面。魅力型领导者的工作是"定义、构建并得到对一套关于变革、目标和团队工作的共同价值观、信念和规范的承诺，即定义、构建并让团队参与组织文化中"（萨什金，1988）。从这个角度来看，魅力型领导者要发挥其功效，取决于领导者和追随者（下属）之间存在共同文化的程度。一个高效领导者应该能沉下心体会下属的情感和潜在价值观，而不总是扮演积极主动的角色。魅力型领导者通过识别下属的关键情感和价值观来向其输出愿景，这一论点从文化角度来看尤为重要。这种观点认为，共同愿景为下属的行动提供了指导。然而，如何保证共同愿景能够实现呢？（凯茨·德·弗里斯，1988）采用精神分析法探寻了作为集体象征出现的潜在文化主题。他认为，高效的领导者，其自身关切与社会关切应当是匹配的。魅力型领导者的本质是将个人的奋斗投射到社会成员（下属）试图解决的普遍问题上。例如，在个人主义社会中，领导者以独立的姿态面对问题；而在集体主义社会中，领导者更加关注与下属之间的社会关系（及社会礼仪）。一个集体主义社会中的领导者在面临外部挑战时，往往还需要努力维护内部的社会结构。

魅力型领导者将奋斗目标灌输给下属的最有效方式之一，是通过制造神话和象征物。凯茨·德·弗里斯认为由于思想的流动，领导者往往成为员工"起初不稳定认同"的理想接受者。换句话说，魅力型领导者会成为群体自我和集体良知，可以处理下属的焦虑，同时也成为下属以往所偏爱的关系的化身。而家长型的领导者往往在社会中扮演着父亲的角色，在父母和子女之间建立起强有力的控制关系。从文化的角度看，魅力的特质在不同文化中体现出不同的特征或主题。例如，甘地的奋斗涉及印度文化的相关方面，但未必会引起美国文化的共鸣。因此，一个组织的魅力型领导者并不一定能得到组织内不同类型下属的心。从社会智力的角度来看，一个重要的因素是领导者如何辨别不熟悉的新文化中的这些关键符号？在印度尼西亚的工厂里，员工们对得克萨斯州都不熟悉，更不用说阿拉莫和美国历史了，那么美国的外派经理如何在工厂里运用"记住阿拉莫"这样的口号呢？此外，一旦这位外籍经理意识到用美国口号和历史典故来激励员工是徒劳无益的，那么他或她该如何准确找到印尼员工所认同的鼓舞人心的符号呢？我们将在本书的第二部分讨论这些问题，并介绍我们的理论模型在工作实践中的应用。

尽管在过去三十年中，学者对智力的研究兴趣浓厚，也出版了大量研究成果，但从文化角度研究智力的本质仍然是很大的空白。于是我们引入一种智力结构，它反映了对不同文化背景的适应，我们称之为文化智力（CQ）。（为方便起见，我们使用了CQ这一速记标签，以提醒读者这是智力的一个方面。不过，我们并不像"智商IQ"那样严格地使用CQ，也就是说，我们并不是要从规范的表示数据中来体现一种数学关系。从这个意义上说，我们与有关情绪智力的文献及其对"EQ"的用法类似。）我们的研究方法不同于对跨文化智力的随意观察。本书之所以有意义，是因为我们提出了一个理解跨文化交流的新理论框架，而且我们没有对跨文化智力的本质下论断。我们既未赞同（也不反驳）贝里（1974）的文化相对性论点，也不坚持关于"普遍因素g"（如詹森，1982a）和大脑潜能的诸多研究中占主导地位的普遍性论点。我们的重点是为"旅居者"一直以来存在的问题提供一种新的理解：为什么有些人相对容易而快速、彻底地适应新文化，而有些人却做不到？有些人在自己的文化中表现出极好的移情能力（他们似乎在"情绪智力"和其他形式的社会智力方面表现都很好）——但却不能轻易适应新的文化。与此相反，有些管理者似乎缺乏社交技能，但却能有效地适应新文化。

我们可以轻易断言后一种情况的问题在于个体的交际风格与特定文化的"匹配"程度。让我们假设一个人的背景是阿波罗式（沉默寡言）的文化（格伦和格伦，1981），却生活在狄俄尼索式（热情奔放）的文化中。如果这个人移居到阿波罗式文化更浓厚的地方（例如德国文化中），我们可以预测他的文化适应性更好，即成为一个适应能力更好的人。但其实这并不能佐证文化智力的概念。相反，我们认为这个人之所以有能力适应新的文化环境，是因为他具备了文化智力的三个方面。因此文化智力的三个要素构成了我们讨论的核心。

就具有移情能力的人（从其自身文化的角度来看）而言，高社会智力和高情商为何不能转化为文化变色龙，在不同文化间游刃有余呢？以在亚利桑那州近墨西哥侧的一家加工厂的美国老板为例。据他的美国员工反映，这位老板非常善解人意且富有同情心，对人们的兴趣和需求有很好的洞察力。为了"更好地了解他的关键员工"，他邀请他的两位高级经理（墨西哥籍）到他亚利桑那州的家中与他的家人共度周末。他把这一举动视为让经理们知道他们不仅仅是被当成员工的机会。多次拒绝邀请的几个月后，两位经理终于接受了邀请并到他家做客。第二周，他回到工厂却发现两位经理都辞职了。怎么会发生这样的事？是他在这次拜访期间冒犯了他们吗？他们是否因为他的相对富裕而认为受到了侮辱？此次拜访中权力距离的缩小是否冒犯了他们？这些都是他在试图联系这两位经理并请他们重返公司时在脑海中反复思考的各种可能性。经过多次电话沟通，两位经理中的一位同意重新回来工作。当美国老板问这位经理他做了什么（或没做什么）冒犯了他们时，墨西哥经理回答说，他根本没做什么。他们很喜欢这次拜访。但是，这对他们在工厂里给其他员工的管理带来了问题。美国老板问为什么。与普遍认为能与"老板打成一片"会提高自己的社会资本、声望和面子的事实相反。通过降低自己与墨西哥经理之间的权力距离，美国老板向所有员工发出了一个信号：公司内部不存在明显的权力差异。结果，墨西哥经理们的权力基础（即他们所依赖的权力和权威的文化价值观）被削弱了。在这种情况下，他们感到除了离开公司别无他法。这位美国老板在自己的文化中具有很强的移情能力和社会智力，但他却无法辨别和解读来自另一种文化的人的想法。正是基于这类事件，我们提出了文化智力模型。

本书并不是……

我们希望避免产生任何混淆。首先，本书不是关于不同文化中的相对智力的。我们所采用的方法与赫恩斯坦和默里的《钟形曲线》所用的方法不同，我们也不从人口学的角度来讨论智力的文化基础。在整本书中，我们都将文化智力视为个体的差异和特征，就像传统著作中的认知智力一样。可以认为，每个人独特的文化智力都建立在其独特经历的基础上。但文化智力作为一个群体层面的构念，在我们处理这个构念的方式上并没有真正的意义，就像智力或个性等个人层面的定义，如果没有明确的重新定义和适应，就不适用于群体或团队。

因此，认为某些文化群体、社会或国家比其他文化群体、社会或国家"在文化上更聪明"的说法是完全不对的。尽管我们中的许多人都有过与一种或多种其他文化打交道的经历，并因此倾向于给某些文化贴上"更聪明"、对新来者更友好的标签，但我们并未将智力看作一群人的共同属性来进行描述。对这种研究不同民族的方法感兴趣的读者可以参考一些现有的文化框架和观点，如文化综合征，包括"紧张与松弛"或"男性与女性"文化（格伦和格伦，1981；霍夫斯泰德，1991）。

其次，本书并不是要把智力重新概念化为一个因文化差异而不同的相对概念（贝里，1974）。我们不否认概念化是有用且正确的，但我们的目的不是要为智力的文化相对主义辩护。一个人的智力因其所处的文化、社会和生态环境背景的不同而不同，这一观点是约翰·贝里研究的核心，也是维特金心理分化概念的延伸（维特金和贝里，1975）。贝里（1974）认为，不同文化背景下的智力概念有很大差异。贝里提出的四级情境模型阐明了情境的本质。第一级（最高一级）是生态情境，反映了一个人的自然栖息之地。第二级是体验情境，即为学习奠定基础的重复性经验模式。第三级是表现情境，由有限的环境影响因素组成，这些因素在特定的时间和空间点上产生了特定的行为。与第四级最接近的层次是实验情境,即研究和测试某种观点和方法的环境。

各种研究都支持贝里的论断——智力具有普遍(主位)特征和具体(客位)特征(甘农及其他人,2001;加德纳,1983;斯特恩伯格等,1999;特里安迪斯,1972,1975)。西方研究人员过去及现在的研究中都体现出帝国主义思想,对于管理这样一个应用领域来说,这似乎是不恰当的,也是不切实际的。

于是,我们的方法假设了一种普遍的智力结构,它对于试图进行跨文化互动和生活的人来说至关重要。我们将注意力集中在对智力的一个组成部分的阐释和定义上,它是适应和与非本族文化互动的关键。

再次,我们构建的文化智力并不是对社会智力或情商的细微调整。让我们从将文化智力的构建与情绪智力(情商)的构建进行对比开始。根据梅耶和萨洛维的观点,情商指一系列复杂的特征:"感知情绪的能力,获得及产生情绪以辅助思考的能力,理解情绪和情绪知识的能力,以及反思性调节情绪以促进情绪和智力增长的能力"(1997)。情商涵盖了一个人解读和回应他人情绪状态的能力及与之有关的各种属性。此外,它还反映了一个人调节和引导自身情绪状态的能力。例如,变革型领导者(本尼斯和纳努斯,1985)能察觉并引导下属的情绪,激励并鼓舞他们追求共同愿景。高效的领导者会通过细致的情绪调节来激励员工。以肯尼迪关于美式爱国主义的演讲为例("不要问你的国家能为你做什么,而要问你能为你的国家做什么")。我们认为演讲的背景、性质、领导者和下属的行为都是按照系统的想法开展的。在总统的演讲中,没有人需要保持安静,总统也不需要运用戏剧性的停顿来增强听众的情绪反应。他的演讲内容体现了每个人都有所作为的美国理想,而戏剧性的停顿和情感运用非常适合激励美国民众。

然而,在其他更注重群体的文化中,这种表达方式和内容可能并不适用(厄利和厄尔兹,1997)。也就是说,在个人身份与群体背景联系紧密的文化中,与个人主动性和差异化相关的象征意义可能会让人产生距离感。我们提出两个基本观点:第一,领导者和员工的行为不是自发的;第二,对领导和员工行动的期望值（在一定程度上）反映了情商，更重要的是，我们对领导者和工作的期望既有文化根源，也有个人根源。

后一点是文化智力不同于情商的一个重要方面。情商假定了（也许并不存在）对文化和背景的熟悉程度。尽管研究情商的学者们没有明确地把他们的模型局限于文化关联，但也没有对跨文化背景及如何拓展这一概念进行充分讨论。

最后，文化智力也不同于社会智力，原因与对情商的阐述相同。社会智力的表述相对缺乏丰富的文化内涵。讽刺的是，最早对智力理论改革的批评者之一要求明确考虑文化背景（贝里，1974），而这个概念本身在文献中是很古老的（克隆巴赫，1960）。萨洛维和梅耶（1990）提出，社会智力反映了理解和管理的能力。20世纪80年代和90年代，人们对社会智力重新产生了兴趣，斯特恩伯格和史密斯（1985）及斯特恩伯格和同事（1981）的研究很好地体现了这一点。在一项研究中，斯特恩伯格和史密斯让被试观看情侣的照片，然后判断他们只是在一起摆姿势的陌生人，还是真正在约会或处于婚姻关系中的情侣。斯特恩伯格和同事（1981）还要求外行人描述他们眼中"聪明的人"。他们发现，其中一些特征"与社会相关"，比如接受别人本来的样子、对周围的世界表现出兴趣等。与此相关的，康托和基尔斯特罗姆（1985）认为，社会智力可能是人格的一个基本维度。根据他们的观点，社会问题的解决（社会智力的本质层面）是支撑社会行为的核心人格过程。我们把个人特征的轨迹放在社会和个人图式中，将这些图式储存于我们的记忆中，并根据各种社会情境的不同进行检索。

在上述的比较中我们看到什么呢？我们可以把社会智力看作上位特征，在这种上位特征之下，我们可以对文化智力进行分类，就像情商被认为是一种下位特征一样（萨洛维和梅耶，1990）。然而，这种分类方法存在不少问题（米勒，1997）。一方面，缺乏文化语境的社会智力假定了内容和过程的普遍性。也就是说，如果我们不明确区分跨文化的心理过程，就无法捕捉到环境的影响（米勒，1997）。这里并不是说智力背后的所有心理过程都受到文化影响。

但本书认为，文化智力的客位方面反映的是元层面的认知能力，或者说，反映的是可以在不同环境中随时迁移的认知能力。在我们的框架中，有一些高阶处理的关键方面，比如社会关系（例如婚姻）的类别形成，具有普遍性，但其具体表现可能有所不同（我们将在第3章进一步阐述这些论点）。在我们看来，认知过程的普遍性是存在的，比如从程序性知识到陈述性知识，但这些知识受文化和个体差异的影响。

另一方面，如果我们假设文化智力包含在社会智力中，那么就必须摒弃内容和发现过程的文化相对主义。从逻辑上讲，我们发现社会知识和社会实践的方式必须具有跨文化性。我们强烈驳斥这一观点。跨文化心理学有充分的证据表明我们应该摒弃这一观点（例如：米勒，1997，1984；史密斯、彼得森和三隅，1994；特里安迪斯，1994）。鉴于在理解生态力量和社会力量如何影响思维过程、情感体验和行为反应方面所取得的进展，显然，对社会智力持普遍主义立场没有道理。因此，我们认为文化智力是一种独立的智力形式，它与社会智力不同，并不凌驾于社会智力之上。在这种特殊情况下，文化智力反映了一个人不仅仅适应单一文化和文化环境，而是适应各种文化和文化环境的能力。因此，我们将文化智力定义为：

> 一个人成功适应新文化环境的能力，新文化环境指的是由于文化背景产生的陌生环境。

文化智力包括认知、动机和行为三个要素。认知指在新文化中创建新的具体概念及其应用的特定文化知识（包括陈述性知识和程序性知识）。一般或元层面的技能反映了定义的客位类别（如，是长期配偶关系还是所谓婚姻制度）以及元层面的程序问题（例如，认知和发现的风格）。某些沟通能力，如连贯性能力、推理能力和错误检测能力，也属于交际的类别。这些归类是普遍的，或者说在一般情况下具有客位性。而在文化特定层面上，对每种能力的定义可能有所不同。例如直觉是正确的"推理"吗？充分阐述自己的观点是"连贯"还是"过度"？（高语境文化中，可以想象低语境交流者的连贯性有时会过度到令人无法忍受的地步。）

另一个问题则涉及人们如何从他们身处的环境中获得陈述性知识。因此，认知文化智力从侧面反映了人们获得另一种文化陈述性知识的过程。在元层面，程序性知识与陈述性知识本质上是等同的，尽管在执行过程的能力各不相同。也就是说，人们总是在不同文化间共享学习新文化的"学习方法"。从这个意义上说，这些假设是内在成立的，因为它们显示了人们收集和储存周围世界信息的基本过程。记忆的存储、检索等心理机制是主位，但这些机制的具体运作方式则是客位。例如，人有一个长期记忆存储区（与疾病相关的特殊情况除外），并且能够在这个存储区内获取记忆（程序性知识），而这些记忆的内容具有个人差异性（特定记忆）。

文化智力的第二个要素是动机基础。一个人要想成功地适应新的文化环境，就必须认识和理解新文化，同时具备在新环境中与其他人交往的动机。仅仅知道为什么德国的工商管理硕士（MBA）学生在上课前会反复看手表是不够的，一个人必须有动机去适应和调整文化环境。没有动机，就无法适应，所以我们认为动机反映了文化智力。从某种意义上说，我们试图抓住斯特恩伯格关于隐性知识或应用智力理念所指的方向。也就是说，如果不把动机因素考虑在内，那么就不能把智力定义为对环境的适应要素。如果一个人没有动机，不愿意与世界接触，那我们怎么能找到适应环境的证据呢？在运用中，我们将研究动机的几个方面，包括自我效能预期、目标设定和自我概念/身份评价。

文化智力的第三个要素是个人参与适应过程所采取的行为。根据研究背景，我们认为除非个人能够产生反映认知和动机所需的行为，否则文化智力的研究就没有意义。与"意图反映行为"类似，我们认为文化智力反映了一个人在新的文化环境中产生适当行为的能力。如果缺乏行为层面的能力，即使一个人在特定文化中具备恰当的意识，有前行的动力，那么作出适当的反应也不在他的能力范围内。例如，你刚去德国看望朋友，他们带你去了一家不错的餐厅，热情地给你点了菜——一份看似健康的肉类。你不想有被毒牛肉感染患疯牛病的风险，于是礼貌地询问主人牛肉的产地（并解释了你的顾虑）。这时，主人会心地笑了起来，告诉你完全不用担心，因为你吃到的根本不是牛肉——而是上等的马肉（由于疯牛病、口蹄疫和 21 世纪的其他瘟疫，这种美食在欧洲越来越受欢迎）。尽管明白为什么要吃马肉，也不想冒犯主人（动机），但你还是无法吃下这顿晚餐。这个小插曲从行为学的角度反映了文化交往的困难。我们在文化环境中的许多反应都是根深蒂固的，以至于我们很难克服自己被强化过的过去。在其他情况下，我们也可能无法作出适当的反应，比如语言上的细微差别。本书第一作者（母语非汉语，曾尝试学习汉语）有一位用心良苦的西方同事，为了感谢中国同事的热情款待，他精心准备了一份中文演讲稿。在听完这位美国人的演讲后，一位中国教授评论道（为了避免冒犯美国人，他在美国人听不到的地方说）："真的很感谢他努力发表演讲，但我完全不知道他在说什么。"美国人在演讲时似乎无法读对中文的声调，即使他使用了正确的词。我们的观点是，如果没有有效的行为，一个人的文化智力就无法实现。文化智力需要有效地适应文化环境，而不仅仅是反映一个人的思想、意图或愿望。

在下面的概述中，我们将进一步描述文化智力的这三个方面，并在章节中详细描述。

研究方法概述

强调西方心理削弱了人们对文化和民族差异在价值观和信仰中的重要性，也忽略了这些差异会如何影响工作行为。更重要的是，不同文化背景的人用来确定他人情绪状态的许多线索（例如，移情）在不同的文化中是完全不同的。对一个加拿大人来说，一个"友好"的微笑可能看起来很简单，直到她遇到一个泰国员工。对她来说，20多种不同的微笑体现的是截然不同心态的微妙线索（柯明，1991）。一个高情商的人可能完全无法在这种令人困惑的信号中进行跨文化互动。

那么，是什么让一些人能够像文化变色龙一样灵活，而另一些人则困难重重呢？我们的论点是，有一类独立的社会智力反映了一个人在不同的文化背景下收集、解释这些完全不同的线索并根据这些线索采取行动、有效地发挥作用的能力。我们把这种能力称为文化智力，或 CQ。

本书的重点是文化智力概念的探索和发展。我们试图定义文化智力，并为其在跨文化互动中的评估和应用提供一个总体的概念框架。文化智力反映的是一个人在新文化环境中的适应能力以及理解并与不同文化背景的人有效交际的能力。这是我们的研究与现有的社会智力研究方法（包括萨洛维、梅耶和加德纳的多元智力研究）所不同的一个重要方面。当人们与不同文化背景的人交往时，许多理解和预测对方的情绪、情感和意图的常用线索都是不可用的，或者说很容易被误认为是对方真实的情绪、情感和意图。有些人能够迅速融入社交场合，在工作中得到指导并采取有效行动等，而有些人却不得要领。很多时候，这些成功者和不成功者之间的差别并不仅仅是动机的问题；有些人具有更强的能力，能够进入一个陌生的文化环境，并迅速确定在正确的时间做正确的事情。

我们描述并发展了文化智力的本质，以及它与其他智力形式与框架的关系。在我们的研究方法中，文化智力由三个基本要素组成：认知，即一个人从文化线索中发展新模式的能力；动机，即一个人与他人互动并贯彻始终的意愿和努力；行为，即一个人根据认知和动机采取恰当行为。尽管将我们的框架与现有框架的互映并不完美，但我们认为特里安迪斯（1972）的论文《主观文化分析》（*Analysis of Subjective Culture*）中提出的一个理论对文化智力的思索很有帮助。这个理论关注的是不同文化背景下的人们感知社会环境的方式，以及环境因素对过程的影响。特里安迪斯的理论最值得关注的地方在于它试图评估自然环境、社会环境、价值观和心理过程之间的关系。

主观文化的远端前因是自然环境资源和历史事件。自然环境对社会经济活动产生直接影响，而经济活动反过来也影响着职业和劳动力结构等近端前因，例如人口与劳动密集型生产方式的关系。在发展中国家，为排水系统挖一条沟渠，通常需要几十个劳动力，而不是一小队人使用挖土设备。充足的劳动力和稀缺的技术资源相结合，导致了强调劳动密集型方法的生产方式。

历史事件也会对社会中不断演变的社会和政治组织及文化相近方面产生影响。如语言、宗教、地理位置和自身行为反馈等。例如，第二次世界大战对日本的影响导致日本从军国主义导向转向工业化导向。美国西部强调粗犷的生存主义特征被认为是美国人强烈的个人主义取向的原因之一。

特里安迪斯认为近端前因会对泛文化心理过程产生影响，而泛文化心理过程反过来又会影响主观文化。例如，宗教和语言会影响个人将事物分类的类型、分类的数量以及为特定对象打上特定标签的一致性。利特尔（1968）的研究表明，与北欧人相比，地中海人更倾向于较近的社交距离。这种社会行为上的差异反映了不同宗教的交往规范，以及这些规范对社会环境中行为认知的影响。一种文化中的职业划分和社会环境也会影响主观文化的各个方面，因为个人所扮演的角色和完成的任务都取决于他们的职业。例如，涉及导师和学徒制的行业（如木工行业）鼓励该行业群体划分出等级分明的角色（范·马南和巴利，1984）。

通过角色、任务、规范、认知结构、价值观、情感、行为意图、习惯和效用等各种具体的社会学和心理学建构，说明了学习（认知型和工具型）、分类和条件等基本心理过程对主观文化的影响。

在特里安迪斯的模型中，行为的决定因素是行为意图和习惯。行为模式是行为意图的因变量，而行为意图受到主观文化的影响。主观文化与行为意图之间的联系提供了价值模型所缺乏的明确关系。在主观文化方法中，价值观通过个体的情感状态和认知结构（价值观由认知结构决定的）来影响行为。行为和行为意图的模型与其他信息处理模型（艾奇森和费希宾，1980）相似，尽管在其他模型中，有关角色、规范和任务的前因仍然未确定。特里安迪斯还补充了其他模型中通常未包含在内的非自愿行为的前因。他认为，习惯代表了对特定行为重复反馈的影响。在联想文化中，语言线索往往传达出人与人之间的等级，这些语言的细微差别从习惯中表现出来。同样，社会行为和礼仪（如社会距离）反映的是习惯而非认知。来自大社会距离文化的人都知道，与来自小社会距离文化的人"面对面"交流是多么不自在。社会习惯显然是由文化价值观和规范所决定的。

因此，特里安迪斯模型的核心是具体行为，它是影响主观文化的远端和近端前因的变量。该模型通过心理过程捕捉到宏观社会层面对特定个体反应的影响。他的模型在很多方面触及到了文化智力三要素。认知是特里安迪斯主观文化模型的核心，此外还有动机（文化价值观和感知效用），以及行为（反映在习惯和行为中）。文化智力框架可以看作是一个广泛模型的子系统，其重点在于理解个人如何以及为什么会对不同的文化环境作出不同的调整。我们认为，这个模型是理解文化智力各方面如何共同发挥作用的一种有效途径。

之前的例子中，加拿大人需要对"泰式微笑"开展三个方面的解读。首先，她需要仔细观察除了"微笑"本身之外的各种线索（例如，其他面部或身体语言、附近的其他人的重要性、原本的"微笑"来自哪里），并将它们组合成一个有意义的整体。其次，她要具备必要的动机（对理解"泰式微笑"的努力和坚持），在面对不完整或有困难的情况下坚持下去。最后，她必须从自己的行为方式中选择在文化层面上可接受的行为（对行动的接受者而言）并作出回应。如果缺乏三个方面中的任何一个，那么这个人在与来自不同文化背景的人打交道时就很可能效率低下。因此，具有高文化智力的人必须同时具备这三个方面的能力。

研究文献中缺乏将人们生活和工作背后广泛的文化和国别背景与重视作为新事物出现的跨境工作的结合。更复杂的则是来自不同文化和/或不同国家的人不一定对解释和评估情况采用共同的方式，他们更有可能对相同的情况作出不同的反应。一个由马来西亚、泰国和澳大利亚管理人员组成的工作单位，与一个由巴西、美国和德国管理人员组成的工作单位，对同一组织性干预措施的反应明显不同。

遗憾的是，目前心理学和管理学的理论都没有为理解文化和组织行为与人类智力之间的关系提供一个充分的概念框架。由于缺乏足够的理论框架帮助理解民族或文化的调节作用，我们不得不为此开发一个新模型。研究文献缺少一个可以用来解释我们在观察到人们跨文化互动时成功范例的理论框架。我们认为这种微妙的成功是由于人们的文化智力处于不同水平。我们探索文化智力的基本性质、部件和组成，以及它与智力的其他组成部分之间的关系。

因此，我们研究的主要关注点是提出并呈现一个新的概念框架，为研究人员寻找有关人的国际功能的新研究课题和方向提供帮助。

本书的结构

本书分为两大部分：第一部分是对文化智力理论的总体介绍和阐述；第二部分是在工作环境中运用文化智力概念进行测量和应用的问题。

第1章讨论国际工作的本质，以及对构建由不同人员组成的相互依存团队日益增长的需求。我们提出本书所关注的关键问题——理解全球化背景下的社会行为。我们的重点是，现有的模型如何把智力看作一种文化嵌入式结构，并强调有必要开发一种方法，描述一部分人是如何在各种文化之间游走并将自己融入其中的。这与贝里（1971）、贝里和安尼斯（1974）等跨文化研究者的观点不同，他们认可智力的文化主位本质。相反，我们强调的是智力的客位本质，它为个人提供了跨越各种文化界限的能力。

第2章阐述了整合各类智力文献的必要性，以便于更好地理解智力在跨文化环境中是如何起作用的。我们回顾了智力作为一般建构的本质，重点是运用单维模型、多维模型、当前评估方法等对智力进行阐释。本章包括对多元智力框架的讨论，如加德纳的多元智力概念、萨洛维和梅耶的社会智力、斯特恩伯格针对社会智力和情商进行讨论的三方观点。

第 3 章呈现了文化智力本质的一般模型，以及该模型在国际组织中的功能。我们提出该模型的结构定义和总体概述，随后是关于该模型各方面的更具体的章节。

我们所提出的文化智力一般模型由三个独立的要素：认知、动机和行为构成。第一个要素指的是我们对其他文化的认知。这与斯特恩伯格及其同事提出的内隐知识概念（斯特恩伯格，1997；斯特恩伯格和瓦格纳，1994；斯特恩伯格、瓦格纳、威廉姆斯和霍瓦特，1995）并不完全相同。内隐知识反映的是特定任务的信息和技能，这些信息和技能在国际或跨文化交流的情况下是有限的，正如我们稍后在书中所描述的那样。我们的重点是认知及认知加工中产生的一般和特定的知识。这是文化智力概念与其他相关概念（如社会智力或情商）之间的一个关键区别。也就是说，一个人可能很好地掌握了特定内容的相关知识，但一般来说，却很难将这些知识迁移到新的场景中。然而，高文化智力的人却具备在完全不同的环境和领域中迁移学习和获取关键信息的认知能力。因此，我们模型中的认知指的是个体在不同文化背景下获取认知结构及发展应对机制（如图式、计划和脚本）的过程。

我们模型的第二个要素是指个体在文化互动参与的动机的本质。正如前面所描述的，文化智力的概念不仅仅是许多研究者（斯特恩伯格及其他，1999）所假设的、未考虑动机的环境适应能力。即在我们的研究中，即使个体拥有处理新文化信息的认知技能，如果缺乏动机和行为，就不能说具有文化智力。文化智力不但可以使人识别新的社会行为模式，例如弄清楚为什么有人要把饮料倒在地上，究竟是为了表达对逝者的尊敬或者只是不小心洒了？抑或想表达对主人的不尊重？这就要求一个人具备在这样一些文化环境中应对各种情况的动力。正如在第 3 章和第 5 章中讨论的，我们的理论框架中，动机层面需要包含对人们的动机及自我引导行为的理解。为此我们借鉴了相关的动机理论，包括班杜拉的社会学习理论（班杜拉，1997）、洛克和莱瑟姆的目标设定理论（洛克和莱瑟姆，1990），以及本书第一作者与厄尔兹过去的工作成果（厄尔兹和厄利，1993）。我们将文化智力的动机方面表述为对处理新文化的兴趣以及处理新文化的感知能力。在这一方面，我们的观点与班杜拉、洛克、马库斯和北山等人的研究成果相吻合。

第 3 章的最后一节主要讨论了文化智力的行为意义和范围。我们暂且假设一个人具备了在新的文化背景下理解事物所需的认知能力和技能。我们还假设这个人在参与文化互动时具有积极性和强烈的效能感。然而这样就能确保这个人在新的文化环境中可以采取有效的行动吗？答案是不能。问题可能出在这个人在新文化环境中按照原有的习惯和方式行事。举个例子，假设你是第一次遇到来自加纳中部的阿散蒂商人。在阿散蒂文化中，友好的问候方式是握手，然后慢慢拉开彼此的手，将手掌搓在一起。当两只手在指尖处分开时，双方的中指和拇指都会相互拍打并发出"啪啪"的声音。敏锐的旅居者可能会了解这一习俗，倾向于效仿甚至尝试。然而，这样的尝试很可能以多次失败告终。对于某些人来说，要成功习得这种行为绝非易事。在这个例子中，体现文化智力的行动并没有实现。那么这是否意味着我们的旅居者缺乏文化智力呢？根据我们的研究，我们会说是的。仅仅了解另一个群体与世界相处的方式是不够的。一个人必须能够（并有动力）运用这些知识，作出与文化相适应的反应。从这个意义上说，我们的文化智力概念从斯特恩伯格和瓦格纳关于内隐和实用知识的概念出发，并以行动为导向。（斯特恩伯格的"智力三层次理论"有很多值得我们借鉴的地方，我们也从他的工作中汲取了灵感。正如我们在第三章中所描述的，他的三层次模型有三个子理论，包括成分子理论、经验子理论和语境子理论。其中成分子理论包括执行成分，重点关注行动的正确执行，类似于我们理论中的行为层面。）

第 4 章介绍了我们的研究方法中文化基本定义及其构成要素。本章重点是人们获取和处理信息并用以解决问题的各种方式。我们特别对文化智力有关的推理能力进行了研究，强调类比和归纳能力是高文化智力人员的必备技能。

我们对文化智力所涉及的认知系统的看法是，陈述性知识和程序性知识存在和作用于多个分析层次上，这是高文化智力的人可以在新的文化背景下找到适当的行为规则和行为含义的方法之一。认知和知识储备作用于元层面，这正是文化适应和行动的关键所在。也就是说，高文化智力的人在新文化环境中具备"学会学习"的能力。这不仅仅像人们在自己的文化环境中对高社会智力群体的期望那样，而是要把现有的知识应用到特定的情境中。高社会智力群体能够进入完全陌生的社会环境中，并学会如何学习适合的线索，以了解该文化中究竟发生了什么。这并不是简单地（尽管也不简单）用个人经验来判断情况（如，"几年前我曾遇到过类似情况，当时起作用的似乎是……""这个人反应如此强烈，他显然很生气，因此我需要帮助他化解这种愤怒"）。这意味着要重新审视一种新的文化背景，而不是强加一些现有观念，例如这件事必须意味着什么或一个人需要做什么才能继续。

首先，从动机的角度对文化智力的讨论强调，一个人的价值观、偏好和目标是核心。价值观和偏好结构会产生特定的动机，这些动机是设定目标和行动方向的动力。在第5章中，我们将讨论动机与一个人融入工作单位的愿景之间的关系。我们借鉴了地位理论（修斯，1971）、分类理论（塔杰菲尔，1982a；塔杰菲尔，1982b；塔杰菲尔和特纳，1986）和角色认同理论（史赛克，1980，2000；史赛克和赛佩，1982），以此来理解人们在动机文化智力方面有何不同。

其次，我们还从能力的角度讨论了动机和文化智力的本质，即自我效能的期望和目标在理解适应中所扮演的角色。简单地说，如果一个人没有足够的能力来采取有效的行为，那么我们不认为他具备较高的文化智力。也就是说，文化智力反映的是一个人积极主动融入新环境的动机，这一点最好通过自我效能的概念来理解（班杜拉，1982，1986，1997；厄利，1999；厄利和兰德尔，

1997；厄尔兹，1997；厄尔兹和厄利，1993；洛克和莱瑟姆，1990）。

最后，我们理论框架中的行为因素考察的是一个人从现有的行为组合中（或创造新行为）将动机转化为成功反应的能力。也就是说，当一个人对情况进行了准确的分析（认知），并有了作出反应的动机（动机），那么他或她实际上会采取怎样一种文化上比较适合的方式来回应呢？

在第 6 章中，我们首先借鉴了霍尔早先关于跨文化交际中社会互动的见解（霍尔，1993），以及戈夫曼关于日常生活中自我行为重要性的"生活即戏剧"思想（戈夫曼，1959）。然后，我们借鉴史伦克在自我展示理论方面的开创性工作，解释了个人在文化中进行社会行为的过程（史论克，1980）。

第二部分则是我们所提出理论的测量和应用。第 7 章介绍了其他学者从不同角度评估智力的各种方法。随后介绍并描述了对我们开发的、测量文化智力工具的初步评估。该工具是对多样性国际管理人员样本进行实地研究后设计的。我们的方法仿效了斯特恩伯格及其同事在开发测量内隐知识工具时所用的描述性过程（斯特恩伯格，1997，2000；斯特恩伯格等人，1999）。在评估之初，我们收集了大量（约 200 个）不同管理人员提供的，他们是如何适应新文化环境的关键事件。特别要求被试告诉我们其最近工作经历中的一件成功和一件不那么成功的事件。我们对这些事件进行了分析，以确定哪些是文化智力中预测成功与失败的关键因素。接下来，我们将新工具与问题解决和逻辑推理测试相结合，以评估文化智力的认知因素。此外，我们还通过使用班杜拉的自我效能框架，增加了文化智力的动机维度。我们目前以一种相对初步的方式报告我们评估方法的效用，在今后的文化智力研究中，我们将对此工具进行更广泛的测试。

在第 8 章中，我们将重点讨论如何将文化智力的概念运用到帮助外派管理者处理新的工作任务。我们介绍了文化智力作为一种评估工具的作用，它可以帮助管理者了解自己在国际环境中与人打交道时可能遇到的困难。本章的重点是利用文化智力在跨国工作团队中有效发挥的作用，因为这些实际情况与文化智力概念非常适配。即文化智力高的人如何在跨国团队中充分利用身边的各种人力资源？文化智力又是怎样让团队领导意识到并充分利用身边的人力资源？我们的讨论着眼于高文化智力群体如何调整自己，以及如何调整来自不同文化背景的其他人，从而形成跨国团队有效运作所需的共同观点和程序（厄利和弗朗西斯，2002；厄利和莫萨科夫斯基，2000）。

第8章之后，我们将重点介绍文化智力在国内和国际语境下的应用。也就是文化智力的概念完全适用于帮助理解一个兼收并蓄国家中文化多样性的重要性。

在第9章中，我们将进一步探讨多样性的本质，以及角色认同是如何影响特定国家（跨文化群体）内的人际互动的。这些特征是否包含阶级的划分？当然，在这一点上部分存在争议，但普遍上是认同的。如果是，那么文化智力是如何让一个人更好地发现阶级的本质并据此采取不同的应对方式？个体所处社会环境的一个重要方面体现在人们为自己设定的各种身份和角色上，文化智力高的人能够识别并利用这些信息。我们借鉴了史崔克的角色认同理论，以此来理解阶级是如何构建的，以及它们如何因文化和个人而异。尽管研究者在多样性人口特征对组织功能的影响方面给予了大量关注（例如，徐、伊根和奥莱利，1992），但很少有研究关注阶级的性质、构建和排序。最近一篇论文中，厄利（1999）研究了四个国家样本（英国、法国、泰国和美国）的阶级划分，并将阶级作为理解地位和群体决策的一种方法。其他一些研究人员也对这些问题进行了探讨（穆德，1977；西达尼乌斯、普拉托和拉比诺维兹，1994）。然而，迄今为止，我们还没有系统的方法来理解阶级是如何构建的，又是如何受到文化背景或环境影响的。在本章中，我们将探讨阶级与文化智力的关系，不是为了确定阶级的成因（这远远超出了我们在本书中的阐述范围），而是为了将它们与高文化智力个体的适应性联系起来。正是这些人能够进入一个全新的文化环境，并迅速了解角色身份如何在文化群体和亚群体的地位建立和行动中发挥作用。

第 10 章介绍了模型的其余部分所述各种关系的结果。讨论的重点是在国际语境下，组织流程因果关系的互动模式、意图预期和行动。

既然我们已经为文化智力划定了一个总体的组织框架，并对其评估和应用进行了初步讨论，那么现在就来详细介绍文化智力在工作组织中的应用。通过第 9 章建立的一个初步的评估工具，我们现在来看看如何将这个工具作为选拔系统的一部分，使公司能够更好地预测谁是应聘者库中最能有效适应文化的人。我们讨论文化智力作为工具的效用，以及如何在公司未来选择外派员工时作为对现有遴选系统的补充。

最后，我们还讨论了这项研究对心理学、社会学和商业的普遍意义和影响。在第 11 章中，我们介绍了文化智力概念是如何帮助我们利用跨文化心理学来扩展对智力这一普遍概念的认知。尽管学界一直在呼吁对这些概念进行扩展和整合（贝里，1974；米勒，1997；史密斯、彼得森和三隅，1994），但很少有人真正尝试这样做。也许有人会说，霍华德·加德纳（1998）最近在其著作中提到更多的智力形式（如自然智力或精神智力）的推测，并提出一些关于文化影响的见解，不过文化显然不是他关注的中心，而我们则认为这是值得进一步研究和思考的。

鉴于业务的全球扩展，从组织角度来看，我们的研究是具有重要意义的。在最后一章，我们讨论了文化智力对未来国际组织和国际团队工作产生的影响。这些论点也适用于跨国团队和公司内部的相关主题（厄利和兰巴赫，2000；厄利和莫萨科夫斯基，2000）。本书的最后，我们提出了一些研究人员运用文化智力框架进行研究的新方向及对实践的影响。

总结

在全世界如此广泛的文化背景下，我们要如何理解如此复杂的思维？是否有些人比其他人更具备这样的能力？更重要的是，我们能不能通过对管理者的培训，让他们能够理解并具备复杂思维？这些都是本书的核心问题。我们试图弥补工作组织相关文献的一个空白，即为什么有些人在自己的文化中看起来具有很强的移情能力和敏感性，却无法适应新文化。此外，我们还试图了解智力的本质，以及文化背景在塑造智力时起到怎样的作用。通过这种方法，我们相信可以扩展和澄清人类最基本的特征——智力。

第一部分
理论和概念框架

第 2 章
智力的概念

> 一方面,所有人都知道智力是什么;另一方面,却无人知晓究竟。换个角度来说,人们对于智力都有自己的见解——我们称之为民间理论或内隐理论,但没有人知道它实际上究竟是什么。
>
> ——斯特恩伯格《智力手册》

智力这一概念仍然吸引着众多学术研究者,尤其是心理学家。他们痴迷于对个体差异或心理差异的探究,包括预测人类卓越行为的智力评估。智力也一直是人类学家和社会学家研究的重点,他们认为只有把智力作为人的文化社会功能来开展研究,才能达到最佳效果,因为社会价值观和信仰决定了智力的本质(斯特恩伯格,1990)。智力的概念是诱人的。通俗地说,如果一个人具备某些品质,能够有效地适应环境,从经验中学习,掌握各种技能,并在各种社会和世俗活动中取得成功,那么我们就承认并尊重这个人的智力。然而,尽管经过了数十年的持续探索、思想辩论和严谨的学术研究,智力作为一种理论建构仍然难以被定义和概念化。人们曾多次尝试对智力进行定义和测量,但其概念仍然很模糊不清。

1921年和1986年,两代智力研究人员和专家汇聚一堂,举行了两次关于智力的大型研讨会。两次会议的主要目的都是就智力的定义和内涵达成共识。

尽管会议时间相距甚远，但两次尝试都表明智力作为一种建构，仍然令人惊讶地难以捉摸。有多少种对智力的定义，就有多少个参会的专家。作为对1986年研讨会的总结，斯特恩伯格（1986）提出了一个有价值且有条理的框架，对智力的各种观点进行了梳理。我们对这个框架进行调整，并回顾了智力的模式和理论。在此基础上，我们将当代有关智力的观点划分为个人特征、情境特征以及个人与情境的互动特征。最后我们认为，文化智力理论最好是从智力的交互——即个体与环境的角度来构思。因为从定义上看，文化智力指一个人有效适应新文化语境的能力，因此文化智力代表的是一种情景智力。在这种情景智力中，智力适应行为与特定社会或文化在价值观和信仰方面有关联。

探究智力本质的两次大型研讨会（1921年和1986年）

1921年的专题讨论会

这次研讨会，是心理学专家们为达成共识而进行的第一次深思熟虑的共同尝试。在1921年的研讨会上，十四位著名的智力教育心理学研究者齐聚一堂，就智力的概念和测量进行了辩论（斯特恩伯格和德特曼，1986）。

研讨会上，对智力的定义五花八门。一些专家把智力泛泛地定义为某种类型或水平的心智能力，如适应能力、学习能力、进行抽象思维的能力、获取知识的能力、充分适应生活中相对较新情况的能力、通过经验学习或提高的能力等。一些专家把智力定义为感官能力，如感知识别能力、敏捷性、范围或灵活性、警觉性或反应速度。另一些则把智力定义为广泛的知识或认知过程，如感觉、知觉、联想、记忆、想象、判断和推理。还有一些认为，智力还应包括非认知属性，如毅力。由于对智力作为一个概念实体的理解缺乏趋同性，因此出现了无数关于智力替代测量方法的建议和支持者。1923年，博林得出结论，智力的最佳定义是"测试所测试的内容"。

1986 年专题讨论会

六十五年后，斯特恩伯格和德特曼与二十多位当代的智力研究者组织了一次类似的研讨会。1986 年对智力的定义显示出"智力"这一概念的复杂性和整合性，而本领域内仍然将智力概念化为复杂的、多面的，跨越层次的。为了使研讨会与会者的不同观点协调一致，斯特恩伯格（1986）提出了一个广泛的智力概念框架，以包容和捕捉各种观点。该概念框架根据智力的焦点——即智力作为特征的分析层次——来组织当代理论和模式。从广义上讲，智力被理论化和测量为一种个人内部属性，或作为情境或环境的特征，或作为个人与情境/环境之间相互作用的属性（见图 2.1，对该框架的简要改编）。

最常见的智力观将智力概念化为生物属性、心理属性、动机属性或行为属性。在生物属性或生理属性层面，对智力的神经心理学、心理生理学和行为遗传学的关注，引导人们对与智力有关的生物过程和智力遗传密码进行探索。例如，雷德利（2000）指出，最新的基因组计划旨在发现人类"智力"基因的遗传密码。

```
一、作为个人属性的智力
        A. 生物层面
        B. 心理功能层面
            —认知（普通认知与元认知信息处理模型）
            —动机
        C. 行为层面/智力领域
            —学术性
            —非学术性（社会、情感、实践）
二、智力作为语境或环境特征
三、智力在个体与环境中相互作用
```

图 2.1 智力的组织框架（改编自斯特恩伯格，斯特恩伯格和德特曼，1986）

在心理功能层面，智力被认为属于认知或动机领域。在认知功能上，研究者关注的是在元认知过程或认知过程中如何定义智力。元认知指对个人认知获得和控制的研究；认知指获得的知识及其过程（弗拉维尔，1979），普通认知过程包括选择性注意、学习、推理、问题解决和决策。

动机智力的理论学者关注心理功能的能力和努力方向。智力动机理论的支持者认为，仅仅关注个人的认知能力是不够的，还必须研究其认知潜在动机或认知行为能力潜在动机。

行为智力的理论者认为，智力属于个人行为，而不是（或除了）导致这些行为的心理功能。行为主义者倾向于关注智力行为的领域或语境。研究最多的领域是学术环境和学校，在这些领域，智力被定义为在语言、数学、自然科学和社会科学等传统学科作业中表现出来的行为。直到20世纪80年代，霍华德·加德纳提出影响深远的多元智力概念（1983），认为其他形式的行为，如艺术创作、舞蹈和音乐表演，也是学校环境中的"智力"行为。

在非学术环境中，其他智力也被定义，包括社交智力、情绪智力（情感智力）和实践智力。社交智力指在人际交往中表现出来的行为。社会智力包括自我意识和他人意识，以及获得知识和行为过程。关于社会智力的问题还包括一个人如何利用智力来促进与自己的互动和对自己的理解。情绪智力定义为监控自己和他人的情绪以指导思考和行动的能力（萨洛维和梅耶，1990；戈尔曼，1995）。而实践智力包括个人在职场及日常生活中表现的行为（斯特恩伯格和瓦格纳，1986）。职场方面包括知道如何有效地完成自己的工作，如何在工作中取得进步，以及如何充分利用现有工作。日常生活方面包括知道如何进行日常活动，如烹饪和维持家庭。

除了关注个人，其他研究者和理论家还从环境语境概念化智力。即智力不属于个人，而是属于环境，是个人文化和社会的功能。坚持文化智力观的理论家都有这样一种世界观，即智力与文化是相对的，因此，不理解文化就不可能理解智力。从本质上讲，文化决定了智力的本质，也决定了谁具有什么样的智力水平（贝里，1974；鲁兹吉斯和格里戈连科，1994）。最后，一些理论家赞同个人与背景视角的相互作用。他们认为，个人并不是在真空中进行智力思考或智力行为的。相反，在不同环境中，人们的智力可能会有所不同，取决于不同环境需求（斯特恩伯格，1988；塞西，1990）。

根据对各种对智力定义的总结，斯特恩伯格和伯格（1986）认为尽管智力不容易被定义已是共识，而且智力可能不仅仅是一个单方面的结构，但研究人员还是对智力最常见的属性达成了共识。第一，从生物学层面分析，一个高智力的人必须能够控制和调节初级感觉器官，包括知觉、感觉和注意力。第二，在心理功能层面，智力代表了认知功能的高层次组成部分，如表象、抽象推理、问题解决和决策等认知过程。第三，同样在心理功能领域，智力必须包含元认知和执行过程。因此，一个人的智力不仅在于他或她知道什么，还在于他或她知道如何去知道的能力。第四，一个智力高的人必须在一个或多个领域拥有某种形式的、正式的、习得的陈述性和/或经验性程序性知识。第五，从智力的行为表现来看，智力必须以某种公开的形式和行为来定义——无论以语言还是非语言形式，因为智力的核心定义之一就是适应周围新刺激或新环境的能力。第六，也是最后一点，智力的内容是受文化约束的，也就是说，智力是个人在环境文化中运行的一种属性，环境文化决定了什么是智力行为。在一个社会、一种文化或一个环境中被认为能够体现智力的行为或能力，在另一个社会、另一种文化或另一个环境中，可能就无法体现。

接下来，我们将从个体、环境和互动（个体 × 环境）三个层面分别阐述智力的各个方面。我们认为从智力的互动（即个体 × 环境）角度来理解我们提出的文化智力概念是最合适的。我们认为文化智力是一种情境智力，类似于情境认知（拉弗和温格，1991；拉弗，1988）。情境智力代表的是一种智力形式，它是个体内部认知心理能力和动机与所处的特定环境相互作用的结果，因此具有文化智力的个体会根据特定环境的文化价值观和信仰所要求或需要的文化特定行为来调整自己的表现。

个体内部智力理论

智力的生物学理论：神经心理学、心理生理学和行为遗传学

智力的生物学理论侧重于把大脑作为智力存在的关键器官。智力的生物学研究方法主要有以下三种：神经心理学方法试图从大脑的大小和结构来理解智力；心理生理学方法试图从大脑的功能而不是大脑的结构来理解智力，收集大脑功能数据的主要方法包括脑电图（EEG）对生物电活动的波形测量、思维时大脑各部分血流量的测量，以及认知活动时大脑的葡萄糖代谢水平；在行为遗传学方法中，人们关注的焦点是正在进行的关于智力天赋与后天培养的争论，以及智力有多少是由基因决定的。

神经心理学方法

智力的神经心理学方法研究源于早期颅相学。颅相学是解剖学家曾经从事的一项研究，他们认为人的智力与人头骨的大小、结构和形状有关。弗农、维基特、巴扎纳和斯泰尔马克（2000）对有关人类头部大小与智力分数相关的 44 项实证研究进行了荟萃分析，发现头部大小与智力分数之间没有负相关关系。在所有样本中，相关性从 0.02 到 0.54 不等，加权平均值约为 0.20。相关性研究中，成人头骨外部尺寸与实际脑容量的相关性徘徊在 0.60 左右，婴儿和儿童则在 0.90 以上。在研究包括人类在内的动物比较心理学中，杰里逊（1982）发现，在动物物种之间而不是动物物种内部进行比较时，大脑的大小与智商之间的关系似乎更强。随着计算机轴向断层扫描（CT）和磁共振成像（MRI）等扫描技术的发展，我们可以更准确地测量脑容量。研究发现，脑容量－智商的加权分数徘徊在 0.40 左右。虽然大脑结构的实际测量结果与智商分数之间存在有趣的相关性，但这种相关性意味着什么，在很大程度上仍未得

到充分探索。例如，大脑细胞能产生更多的突触连接，从而提高认知能力（帕肯伯格和根德森，1997），因此大脑细胞能唤起更高的智力，但这种相关性也可能是虚假的，因为大脑的大小和智力都可能受到营养等第三个变量的影响（弗农，2000）。

神经心理学领域的另一个研究方向是多种心智在大脑不同部位的结构和位置。这一领域的大部分进展都是基于对脑损伤患者的研究。例如，额叶似乎是智力的关键焦点，因为它们接收来自大脑所有区域的输入。额叶受到严重损伤的人能够在智力测试中取得优异成绩，但在日常生活中却惨遭失败。

一种推测认为，一个人的流体智力而非晶体智力位于额叶部位（赫布，1949；霍恩和卡特尔，1966）。流体智力指的是与学习新事物、汲取灵感和解决新问题相关的智力；晶体智力指的是以词汇、陈述性知识和程序性知识的形式获得的记忆和信息。由于传统的智商测试主要侧重于测试一个人的智力结晶，一个额叶受损的人可以在智商测试中取得优异成绩，但在家庭和工作场所却很难控制情绪并作出简单的决定（达马西奥，1994）。

在脑半球特化方面，斯佩里和他的同事及学生发现，每个大脑半球擅长的智力功能非常不同（斯佩里，1961；引自斯普林格和多伊奇 1985 年关于左右脑的大规模调查）。例如，语言能力似乎集中在左半球，而视觉和空间功能似乎集中在右半球。就两个半球处理信息的偏好而言，左半球倾向于分析性地处理信息，而右半球则是整体性地处理信息。通过对脑半球特化开展研究，发现了一些令研究人员痴迷的综合征，这些综合征主要集中在不能按要求做动作的失语症，或不能识别熟悉物体的失认症。例如，当大脑的某一部分受损时，可能会出现一种名为"无阅读障碍症"的病症，患者会变成"字盲症"，即丧失阅读能力，但仍能书写和拼写。

心理生理学方法

有一种心理生理学方法是使用脑电图测量认知活动中的脑电活动（斯特

恩伯格，1990）。测量脑电图活动的基本指标是事件相关电位波（ERP），这是脑电图的平均记录。将事件相关电位波与智力关联的标准程序是将事件相关电位波形的振幅和潜伏期与智力测验相关联（埃森克，1986）。事件相关电位波形的一个实例是P300波形。P300的潜伏期和振幅似乎反映了个人分配给特定任务的认知资源量。P300对个体在受到刺激时所经历的"惊奇"因素极为敏感。

为了将P300反应与智力联系起来，舍弗（1982）在神经适应性理论中提到，智力较高的人应该比智力较低的人对新刺激作出更多反应，因此智力较高的人（以标准智商来衡量）比智力较低的人对新刺激表现出更大的P300反应。这一结果表明，智力较高的人的大脑在功能上更加高效，因此与新刺激相比，处理熟悉刺激时使用的神经元数量更少。

其他心理生理学方法包括跟踪脑葡萄糖代谢或脑血流量。智力研究使用正电子发射断层扫描（PET）测量脑葡萄糖代谢。一般来说，研究表明，与智商较低的被试对象相比，智商较高的被试对象能够以较低的能量消耗（以葡萄糖代谢水平衡量）完成认知任务（海尔、努尔特赫莱茵、哈兹莱特、吴和皮克，1988；海尔、西格尔、唐、亚伯和布赫斯巴姆，1992）。相比之下，通过测量脑血流的智力研究侧重于确定大脑的哪一部分用于认知活动或信息处理。通过追踪不同区域的血流，研究人员能够确定哪种认知任务需要更多的晶体智力，而不是流体智力（霍恩，1986；斯特恩伯格，1990）。

行为遗传学

行为遗传学方法也许是智力研究中能够解决智力"先天与后天"之争的最大创新之一（见斯特恩伯格和格里戈仁科1997年对该领域的评论）。行为遗传学可以控制遗传和环境的相对影响，并为赫布（1949）早期对智力A和智力B作出区分提供经验证据。智力A指总体智力中由遗传引起的部分，因此是以生理为基础；智力B指由环境引起的部分，因此是以经验为基础。

将双胞胎和领养的兄弟姐妹巧妙运用于研究设计中,在这个流派中占主导地位。一个极端是通过观察分开抚养的单卵双胞胎或同卵双胞胎的智商,然后将测量所得的差异在很大程度上归因于环境,因为这类双胞胎的基因完全相同。另一个极端则是研究在基因上毫无关系,但被一起养育的个体智商,如领养的兄弟姐妹。由于基因不共享,其测量结果的相似性在很大程度上可以用环境影响来解释。根据过去十年的研究,人们普遍认为,智力的遗传性至少可以解释智力测验分数变异的一半。有些研究报告称,高达60%~70%的变异可以归因于遗传(加德纳、科恩哈伯和维克,1996)。

这一发现的主要含义是,如果想通过智商测试来预测一个人的心理智力,关键是要知道生理父母双方的身份,而不是个人的特征、种族、性别、族群、家庭或学校的质量。行为遗传学的研究似乎能够清楚地划分遗传和环境对智力的影响。然而,其中肯定存在边界条件。例如,如果一个人缺乏营养或认知或情感刺激,他或她的智力分数就会下降(斯卡尔和温伯格,1976)。

从生物学角度看智力的结论

从生物学的角度来研究智力取得了重大进展,这在一定程度上得益于最近在活体探测大脑功能方面取得的医学进步。令人兴奋的是,一些心理生理学的测量结果与心理测量得出的智商测试结果之间是强相关。因此,生物学视角的优势在于对大脑活动的活体测量。然而,心理生理学测量与心理测量得出的智商分数之间的简单相关性并不一定能证明因果关系。尽管相关性很高,但人们仍然无法确定导致这种关联的潜在神经因果机制。因此,智力生物学观点的阿喀琉斯之踵(即致命弱点)在于缺乏解释这些实证研究的理论。

一些关于智力的生物学理论开始出现。例如,弗农(1993)的神经效能理论认为,智力的个体差异体现在大脑和神经系统执行认知任务所需的处理信息的速度上。舍费尔(1982)的神经适应性理论也为这一研究领域做出了贡献。斯特恩伯格(1990)总结道,如果生物学背景的智力研究者能与认知研究者合作，让认知理论和心理生理学方法相互借鉴，将对智力研究裨益良多并推动智力研究领域的发展。

心理功能层面的智力

心理功能层面的智力指的是假定智力源于个人心理功能的两个方面：智力认知和智力动机的相关理论和模型（斯特恩伯格，1990）。

智力认知理论

信息加工模型——心理智力的过程研究　人类解决问题和思维的信息加工模型的学者们主要研究大脑在完成认知任务（如传统智商测试中的任务）时，对信息进行编码、存储、检索和利用的过程（洛曼，2000）。信息加工理论者并没有将智力概念化为各种因素组成的心理结构综合体，而是侧重于详细说明个体在思考或解决问题时所使用的认知步骤。信息加工模型采用输入—过程—输出的范式，从过程变量（例如注意力、筛选、组块、编码、检索、输入、处理速度）和输入/输出存储变量（如工作记忆和被动存储能力）来分析智力概念（亨特，1980）。

注意力和加工速度是诸多智力理论研究中的两个过程变量（艾肯，1996）。对注意力的研究主要涉及智力较高的人是否比智力较低的人更能有效调动和分配注意力等问题。亨特和兰斯曼等人（1982）的一系列研究结果表明，智力较高的人在注意力转移方面更加灵活，能够调动更多的注意力，并能更好地利用工作记忆来集中精力完成手头的任务。

对加工速度的研究主要集中在智力较高的人加工信息的速度是否比智力较低的人快（詹森，1982b）。研究发现加工速度与智力之间的关系存在相当大的差异，语言领域的相关系数约为0.40，而非语言领域，特别是空间领域的相关系数仅为0.20（洛曼，2000）。

斯特恩伯格提出的"成分加工理论"（1977，1985）或许是信息加工框架内最全面的智力理论。该理论涉及智力的内在方面，侧重于构成智力并驱动思维和行为的基本成分和心理加工处理机制。斯特恩伯格的理论主要借鉴了认知心理学的概念，确定了认知技能和认知过程的三个类别：一类是被称为"元成分"的高阶成分，剩余两类是知识获得成分和操作成分两个低阶成分。成分加工认为，智力较高的人在解决问题时会使用更多的元成分，他们有能力获取解决问题所需的知识，并能更快地编码问题和执行认知过程。

元成分也被称为"反思智力"，涉及认知知识和规则。由于元成分支配着普通认知，因此从定义上来说，元成分是高阶心理或执行过程，智力高的人使用元成分来规划和指导问题解决需要投入的精力。斯特恩伯格（1985）的因子分析研究中，智力值较高的人往往比智力值较低的人更多地运用元认知机制。这些成分对所有任务都是通用的，包括下列八种能力：

1. 意识到问题存在并需要解决；

2. 通过已知问题的条件、目标和障碍认清问题的本质；

3. 选择一套解决问题所需的低阶（即非执行）成分；

4. 选择解决问题的策略；

5. 选择适合任务的心理表征或心理地图；

6. 决定如何分配注意力和其他智力资源来解决问题；

7. 监测进展，即在解决问题的过程中实现目标的情况；

8. 一旦找到解决方案，就对结果进行评估，并了解内部和外部对该方案的反馈（戴维森和唐宁，2000）。

与元成分相比，知识获取成分和表现成分都是普通的认知过程和机制。知识获取成分包括三类认知过程：

1. 选择性编码，包括确定一组信息中哪些元素与目的相关，哪些不相关；

2. 选择性比较，将相关信息要素组合在一起，形成一个整体和连贯的画面；

3.选择性组合,包括找到新信息与记忆中已存储信息之间的关系。

与知识获取成分类似,表现成分是智力个体用来执行元成分指令的低阶心理过程。包括微观认知过程,如通过创建问题基本要素的心理表征对刺激进行编码、比较两个刺激或刺激的不同部分、将先前推断的关系应用于新场景、证明自己的反应是合理的,以及实际作出反应。个体如何调用其认知知识和执行成分,可以区分其智力行为。能够快速编码、比较和执行的人被认为比需要更多时间来完成相同过程的人更加聪明(艾肯,1996)。

随后,斯特恩伯格又将"成分加工理论"扩展为两个亚理论。他将这一理论重新表述为智力三层次理论(斯特恩伯格,1988),两个亚理论包含了智力的外部环境,并超越了纯粹的内部智力信息加工模式。这两个亚理论是:(1)智力经验亚理论,涉及智力的外部和内部两个方面。智力经验亚理论侧重于处理熟悉任务和新任务时,内部成分和信息处理与个人经验的相互作用;(2)智力情境亚理论,涉及智力的外部方面并努力超越内部成分和基本过程,侧重于这些成分和过程在现实世界情境中的实际应用。

智力的信息加工观点侧重于潜在的认知功能和控制个体心理功能的加工过程。从上述研究中可以看出,支配人类典型思想和行为的认知过程是众多的、多样的和微观的。有些认知过程是在较高或元认知层次上运行的。人们设计出策略,然后用来管理选择性注意、学习、推理、解决问题和决策等普通认知过程。由此看来,当我们从认知角度讨论智力的心理功能时,是需要智力经验和智力情境的。

智力动机理论

智力的主流观点似乎侧重于智力认知方面。然而,也有一小部分智力研究者认为,智力不应该仅包括认知,还应该包括动机和兴趣。有些人认为(例如:塞西,1996),如果缺少动机,认知及其相应的思维智力行为——提出问题、解决问题、推理或决策——可能根本无法实施。因此,仅仅关注认知而忽视智力的动机是无用的。

与认知智力理论相比,动机智力理论的表述并不完善。正如斯特恩伯格（1986）的报告中指出,参加1986年研讨会的24位研究者中,只有三位（巴伦、斯诺和齐格勒）把智力概念化为包括心理功能的动机因素。一些研究者用"心理能量"的形式来描述动机,这与斯皮尔曼用来描述"普遍因素g"的措辞相同;而另一些研究者则把智力的动机方面概念化为心理游戏。

阿克曼（1996）是一位主张在智力定义中加入动机因素的当代倡导者。在他提出的成人智力理论中,他认为性格和兴趣等非认知成分对成人智力的发展至关重要。阿克曼的成人智力理论包括四个组成要素（简称PPIK）：过程智力（类似于智力的认知、信息加工等）、性格、兴趣和知识智力（类似于卡特尔的智力结晶概念,主要来自正规教育和经验）。

阿克曼对成人智力的表述表明,这四个组成要素有很大程度重叠。知识智力能力和过程智力能力、兴趣能力和性格能力是同步发展的,因此,能力水平和性情会影响在特定任务的成功概率,而兴趣则决定了尝试任务的动机（阿克曼和海格斯塔德,1997）。

阿克曼（1996）、阿克曼和海格斯塔德（1997）运用霍兰德（1959,1973）的职业兴趣六边形模型,并回顾了前人的工作和他自己的实证研究,发现成年人在以下三个方面具有显著的正向影响作用：

1. 现实兴趣（喜欢需要体力、积极行动、运动协调和技能活动的人）对智力加工因素（推理、工作记忆广度、数学、感知速度和空间旋转等）具有显著正向影响作用;

2. 艺术兴趣（喜欢审美活动的人）对知识智力（语言或其他结晶能力）具有显著正向影响作用;

3. 调查兴趣与知识兴趣（喜欢思考问题而不是解决问题的人）对知识智力和过程智力具有显著的正向影响作用。

在更具体的知识领域层面,阿克曼（2000）发现调查兴趣与科学知识

（$r=0.409$）、艺术兴趣与人文知识（$r=0.390$）之间存在显著相关。晶体智力与调查兴趣之间也存在正相关（$r=0.284$），现实兴趣与知识之间也是正相关，但相关性较小。有趣的是，对于霍兰德模型中的其他三种兴趣：社会兴趣、进取兴趣和传统兴趣，它们要么与知识无关（阿克曼和罗尔夫胡斯，1999），要么在某些情况下与科学知识、流体智力和晶体智力负相关（阿克曼，2000）。

阿克曼（2000）根据兴趣与智力之间的相关性得出结论：兴趣是成人智力的一个重要组成部分，兴趣决定动机。因此，智力理论应将动机和兴趣等非能力因素纳入其中，尤其是在评估成人智力之时。

智力行为理论领域

认知理论和动机理论强调心理功能层面的智力，关注个体内部心理过程，而行为智力理论则不同，它关注的是一个人的行动，而非想法。行为理论倾向于观察和研究智力行为的不同领域，大致可分为学术领域和非学术领域。学术智力指学术工作中展现的行为，包括语言、数学、自然科学、社会科学和艺术等学科。非学术智力指社会、情感和实践智力。毫无疑问，智力可能适用于学术背景，但智力理论更侧重于在非学术、实践、现实世界和工作环境中发展。

学术智力

智力的测量——智商（IQ）测验 学术智力行为领域中，最伟大的贡献之一就是开发出了可以测量个体智力的方法。智力测量的概念——智商——普及于20世纪初的学术环境中。在所有早期提出智力理论和进行智力研究的学者中，以阿尔弗雷德·比奈最为杰出，经常被冠以"智力测验之父"的称号（艾肯，1996）。1904年，比奈受法国公共教育部长委托，制定了一系列诊断及教学程序，用以甄别巴黎学校系统中学习不尽如人意的儿童。比奈把测量智力的重点放在学术领域。他对智力的定义强调在学术环境中的判断、理解和推理。比奈与其合作研究者西蒙一起，于 1905 年制定了比奈 – 西蒙量表，该量表由许多与学业相关的智力能力组成。这些能力包括记忆力、推理能力、数理能力、理解能力、时间定向能力、物体比较能力、知识能力、将想法组合成整体的能力等。后来，比奈和西蒙分别于 1908 年和 1911 年对量表进行了修订。最终，量表经历了多次翻译、修订及扩展。

特曼对量表进行了多次修改和发展（1916）。他于 1912 年发表了量表的初步修订版。1916 年出版的修订版纳入了智商的概念——即智力年龄与实际年龄之比。特曼修订的比奈 – 西蒙量表，后来被称为斯坦福 – 比奈智力量表，成为全世界智力测试的标准。该量表分别于 1937 年、1960 年和 1986 年进行了修订。

在相当长的一段时间内，斯坦福 – 比奈智力测验量表一直是智商测试的主要标准，直到韦克斯勒开发出了一系列量表，挑战了斯坦福 – 比奈量表至高无上的地位。韦克斯勒最初开发了韦克斯勒 – 贝尔维尤智力测验量表（WB-I；WB-II），后来又针对不同人群扩展了这些量表：韦克斯勒儿童智力量表（WISC）、韦克斯勒学前和小学智力测验量表（WPPSI），甚至还有韦克斯勒成人智力测验量表（WAIS）（艾肯，1996）。

智力评估中的一个主要问题是，是否有一种被称为"g"或"普遍因素"的共同核心能力，可以决定个体智力。主导智力理论发展的核心问题是：智力究竟是一种单一的、全球性的能力，还是一系列特殊能力的集合。不同的智力理论学者从心理测量的角度探讨了这个问题。

智力的心理测量模型——智力结构　智力的心理测量模型主要通过因素分析辨别个体潜在来源、因素、能力的数量差异，并在此基础上以智力的形式来关注智力结构。心理测量模型的基本策略是分析智力测验分数的相互关系，从而发现和归纳出智力的基本结构和关系。

斯皮尔曼（1927）的普遍能力理论也许是最早的、最重要的，也是争论最多的智力心理测量模型。从本质上讲，该理论认为所有认知任务或智力测验的成绩都取决于一个非常重要的普遍因素（称为"g"），再加上一个或多个特定任务所特有的因素（s1, s2, s3, ..., sn）。普遍因素g被视为一个人分配给特定任务的固定数量的"心理能量"。

后续对心理测量模型的研究主要从以下两个流派开展：一为非层次智力理论流派，代表着从斯皮尔曼的单一主导因素智力概念到多维智力能力概念的转变。例如，瑟斯通（1938）提取了七种重要的智力能力，并将其标记为：（1）理解思想和词汇意义的言语能力；（2）计算速度和准确性的能力；（3）三维空间视觉关系的空间能力，如识别不同方向的图形；（4）快速分辨视觉细节感知速度的能力，包括快速分辨图形之间的异同；（5）词语速度能力，指对词语的思考速度，如编儿歌或解谜语；（6）记忆力，指按角色记忆单词、数字、字母和其他事物的能力；（7）归纳推理能力，指从给定信息中推导出规则的能力（艾肯，1996）。

吉尔福德（1967）的智力结构模型也偏离了重要的"普遍因素g"。吉尔福德提出，所有认知任务的表现都可以从三个维度来理解：操作——心理过程的类型；内容——心理操作的材料类型；产品——对特定材料进行操作的输出。吉尔福德的智力理论确定了120个（4×5×6）独立的因素，这些因素按照三个维度组织为：（1）五个操作类别——认知、记忆、分散生产、聚合生产和评价；（2）四个内容类别——行为、语义、符号和结构；（3）六个产品类别——单位、类别、关系、系统、转换和影响。该模型最初的组织因素在本质上未分层，但吉尔福德后来对该模型进行了修订，使其重新反映成为一个由150个一阶因素、85个二阶因素和16个三阶因素组成的分层能力模型，但这一模型尚未得到实证（布罗迪，1992；凯尔德曼、梅伦伯格和埃尔肖特，1981）。

与非层次模型相比，所有的层次模型都倾向于包含普遍因素，而普遍因素可以解释模型中智力测验的部分方差。弗农（1971）提出了最早的认知能力层次模型之一。它有四个层次。一般认知能力普遍因素g位于层次结构的顶端，言语-教育（v：ed）和实践-机械-空间（k：m）两大组因素位于第二层。言语-教育和实践-机械因素又进一步细分为一些次要的组因素，如言语-教育下的言语和数字能力，实践-机械-空间下的空间能力和操作能力。最底层则是针对特定测试的具体因素。弗农的模型试图把斯皮尔曼的普遍因素g与其他非等级智力模型结合起来。弗农模型把普遍因素g看作最高级的因素，而把个体心智力看作是从属于普遍因素g的较窄的因素，从而把斯皮尔曼的一般智力因素与瑟斯通的主要心智能力或吉尔福德的因素结合起来，成为普遍因素g下的从属因素。

卡特尔（1943，1963）提出了另一种智力层次模型，称为流体智力（gf）和晶体智力（gc）理论，后来霍恩（1986）对其进行了修改和阐述。卡特尔最初提出的理论认为，一般智力可以分为两个主要部分，即"流体智力"和"晶体智力"。这两种形式的一般智力不同却又相互关联。实证结果表明，这两个因素具有倾斜性，其相关系数超过0.50（布罗迪，2000）。两者都包含了感知关系的能力。在后来的表述中，又增加了另外三个普遍因素g：（1）一般可视化因素（gv），涉及基础结构问题的解决；（2）一般记忆检索因素（gr），涉及识别和回忆的标签及概念；（3）反应速度因素（gs），涉及处理以文字、数字或图片呈现的问题的速度。

流体智力与斯皮尔曼的普遍因素g概念相似，包括感知刺激模式之间的关系、理解含义和从关系中进行推理的能力。流体智力的标准化测试包括类比、完成系列任务及其他涉及抽象推理的任务（戴维森和唐宁，2000）。与此相反，晶体智力由个人终身习得的一系列技能和知识组成。包括言语理解、认知、语义关系评估等能力。其标准化测试包括词汇测试、常识测试和言语理解问题测试。

卡特尔最初假设流体智力更多是由遗传和生物决定的，而晶体智力则反映了一个人终生通过经验获得的技能和知识。这两种智力似乎呈现出不同的发展和衰退模式。流体智力的测试成绩在18岁左右达到顶峰，而晶体智力的测试成绩则在成年后的大部分时间内持续提高（卡特尔，1987）。

卡罗尔（1993）的智力三层级理论为建构智力全面层次模型做了大量工作。卡罗尔是在对1927年至1987年研究收集的450多个认知能力测试相关矩阵进行重新分析的基础上得出这一理论的。这些矩阵代表了包括不同年龄、职业和被测能力的13万余人的数据。

在第三层金字塔模型的顶点，概念上相当于斯皮尔曼普遍因素g，卡罗尔认为它不是心理能量，而是作为所有智力活动基础的一般智力（gs）。第二层之下包括八种广泛能力：流体智力和晶体智力、学习和记忆过程、视觉和听觉感知、简易生产和速度。最后，在金字塔的底部，是多用途、狭窄特定的第一层因素。

智力的心理测量模型是智力理论发展中历史最为悠久的。起初，人们普遍认为一个人的智力水平可以用一个单一因素g来表示，后来，复杂模型不断涌现，表明g并不是单一的，可能有多个g来区分不同但相互关联的心理能力。最近，更复杂的分层模型倾向于以先前的研究为基础，整合看似不同的研究发现。人们似乎普遍认为，几乎所有认知功能的测量结果之间都呈正相关。心智能力的测量矩阵通常包含一个g因子，该因子约占协方差的50%（布罗迪，2000）。

尽管对此经验的结论是一致的，但人们对g因子究竟是什么仍然缺乏概念上的理解。斯皮尔曼最初关于"心理能量"的概念仍然模糊不清。卡特尔认为智力可以细分为两个部分——晶体和流体。这也进一步证明了一个观点，即任何单一因素都无法解释智力任务中的所有个体差异。霍恩（1986）也许对g因子提出了最简洁、最有启发性的见解。他认为g因子只是智力测验模型中所使用的因子分析技术的统计假象。在没有理论和更好的因果关系解释来澄清g的来源、性质和概念之前，我们只能固执地认为智力中存在一个单一的g因素，而不能真正理解这个g所代表的意义。

学术领域和加德纳的多元智力研究　霍华德·加德纳对智力研究的主要

贡献，是他提出的个体具有不同形式的智力（1993，1999）。加德纳从教育心理学的角度对智力进行了当代最有影响力的研究。他认为，对学术环境中智力行为的概念、测量和测试，历来都过于狭隘地集中在语言学、逻辑数学和空间智力上（1999）。加德纳将智力定义为在某一种或多种文化环境下，个体用以解决问题或生产创造有价值的产品所需要的能力。

加德纳认为人类大脑的生物和生理结构在认知上使我们具备不同形式的智力，而心理测量学中研究智力的学者则认为多元智力的证据是能力评估的数学导数。加德纳证明了大脑的不同部位支配着不同的认知能力。他最初提出了七种智力形式，后来修订为八种。此外，加德纳还认为，这些智力形式不能用简单的度量或传统的智力测验来测量，也不是二阶因素分析（如弗农的例子）所提出的心理功能的等级排列。相反，加德纳认为"智力"是多种心智能力的集合，具有不同的功能，每种智力都相对独立。每个个体都拥有不同的多元智力，各种智力水平和类型的组合使得每个个体的智力独一无二。例如，左侧大脑半球掌管语言智力，而右侧大脑半球掌管音乐、空间和人际智力。

语言智力是人类研究最多的能力，它与对口语和书面语的敏感性、习得和学习语言的能力以及运用语言实现目标的能力相关。在认知层面，一些核心信息处理机制与语言智力相关。这些机制包括音韵学（语音）、句法学（语法）、语义学（意义）和语用学（多元环境中的语言含义及应用）（加德纳、科恩哈伯和维克，1996）。倾向于表现出高语言智力的人包括那些职业要求较好掌握语言使用的人——律师、记者、广告文案、演说家、作家和诗人。

逻辑数学智力与分析问题有关，也与进行抽象推理、数学运算以及在缺乏现实或具体对象的情况下发现抽象关系的能力有关。逻辑数学智力表现较高的人包括数学家、计算机程序员、金融分析师、会计师、工程师和科学家。

空间智力指个体感知视觉或空间信息、转换和修改这类信息，即使没有原始物理刺激的具体参照，也能再现视觉心理图像的能力。具备空间智力的人有能力识别、操纵和浏览大开放空间（如空域）和封闭空间（如房间、建筑物）的模式。他们还能构建三维图像，并能移动和旋转这些图像。

以上三种智力是传统智力测验所测量的智力。加德纳提出了研究者们忽略的其他智力形式：两种与艺术有关的智力——音乐智力和身体-运动智力；两种与管理自我和他人有关的智力，内省智力和人际智力；以及与自然、精神主义或存在主义以及与道德有关的智力（加德纳，1999）。

在艺术领域，音乐智力是指人们创造、交流和理解声音意义的能力（加德纳、科恩哈伯和维克，1996）。它涉及表演、作曲和欣赏音乐节奏和模式的技能。音乐智力表现高的人群包括作曲家、指挥家、乐器演奏家以及声乐学家和音频工程师。

身体-运动智力指个体运用自己的身体或身体的一个部分来解决问题或制作产品的能力。有些人在动作和操纵外部物体上都非常灵巧。身体-运动智力的理论依据是肢体动觉缺失症——一种与左脑半球受损有关的神经综合征。患有肢体动觉缺失症的人虽然能够理解别人的要求，也清楚地知道应该做哪些动作，却无法完成这些动作。具备高身体运动智力的人群包括运动员、舞蹈家、体操运动员、机械师、外科医生和工匠。

自我管理和管理他人的两种智力类似于非学术智力中的社会智力和实践智力。至于较新的智力形式——自然智力、精神智力和道德智力——它们都是新的智力形式，还没有经过足够的科学检验来确定其有效性。自然智力指个体对其所处环境中的动植物群落进行识别和分类的能力（例如鸟类学家、环境学家）。精神智力（或存在智力）指个体提出与宗教和生命意义等问题的能力，体验地球上个体之间的联系、个体与世界的联系的能力（沃尔曼，2001）。

道德智力指通过掌握和遵守个体文化价值体系来发展个人品格的能力。加德纳认为，道德智力的形式与精神/存在智力密切相关，因为对精神方面的关注往往集中在道德问题上。道德智力同时也与情绪智力密切相关，个体了解、控制和监控自己情绪的能力，以及在一定的道德或价值框架内表现出尊重、同情和体贴的能力，都能促进家庭、工作环境和社会更加和谐地运转（加德纳 1999）。

非学术智力

理论家和研究者们发现，在学术或学校环境中的智力行为并不一定能转化为现实世界工作环境中的智力行为，也不一定能转化为日常社会交往和社区生活中的智力行为。因此，这些其他形式的智力被归类为非学术智力（斯特恩伯格，1997），指的是非学术环境中，与现实世界更多智力适应行为匹配的相关智力。

社会智力　桑代克是最早区分学术智力和非学术智力的研究者之一。1920年，他提出了社会智力的概念。他把社会智力从人类其他两种智力——抽象智力和机械智力中区分开来，并把社会智力定义为理解和管理人的能力，以及在人际关系中明智行事的能力（桑代克，1936；桑代克和斯坦因，1937）。从那时起，社会智力的概念就有了多种可能的含义（基廷，1978）。

沃克和福里（1973）指出，通过三种心理测量法，可以从人类能力个体差异的角度将社会智力进行概念化。

第一种方法，将社会智力定义为对人际刺激作出认知反应的能力。这种狭义的表述将社会智力简单地定义为对他人在认知方面的欣赏，而感知者无需采取必要的行动。在这种狭义的观点中，社会智力具体表现为读懂非语言线索或作出准确社会交往推断的能力。角色定位、人际感知、社会洞察力和人际交往意识都是社会智力的典型代表。

第二种方法，从行为结果的角度来定义社会智力。社会智力被看作个体在社会表现中的有效性或适应性。其重点不在于对人际状况的认知或评估，而在于与人交往中的行动导向。福特和蒂萨克（1983）采用了这一社会智力定义，他们认为，使用行为有效性标准来定义社会智力，与把智力概念化为一个人对环境的适应能力是一致的（皮亚杰，1972）。因此，福特和蒂萨克（1983）采用了霍根的移情量表（1968）与社会能力同行与教师评价一起评估社会智力。

第三种方法，对社会智力的定义包括了前两种方法中的认知和行为取向。例如，马洛（1986）采用了更宽泛的定义，将社会智力看作人际交往中理解自己和他人的情感、思想和行为，并根据这种理解采取适当行动的能力。他还将社会智力等同于社会能力，并将社会智力概念化为一系列解决问题的技能，即个体能够发现和/或解决人际问题，并创造有用的社会产品（马洛，1986）。马洛的模型包括四个领域：社会兴趣（关心他人）；社会自我效能感（社会交往中知道如何反应的信心）；移情能力（在认知和情感上理解他人的能力）；以及社会表现能力（可观测的社会行为）。

同样，里吉奥（1986），里吉奥、梅萨默和特罗克莫顿（1991）提出了一个社会智力模型，将基本的沟通和社交技能视为构成社会能力的基石。这些基本技能包括认知技能和行为习惯：表达能力——即在与他人的社交互动中，将言语和非言语信息进行编码的能力；敏感性——即解码言语和非言语信息的能力，以及理解社会规范和角色的能力；控制能力——即社交中的自我展示、社交角色扮演、调节情绪和非言语表现的能力。

在社会智力的研究中，心理测量方法所面临的挑战之一是难以证明社会智力与传统的学术智力测量方法之间区分度的有效性。社会智力与语言智力或言语能力之间存在着显著的正相关，因为社会活动在很大程度上依赖于个体的言语交流能力。使用认知导向测量的研究，如社会判断力和社会洞察力的测量，也与传统的认知能力测试密切相关。运用非语言的社会认知测量社会智力，在区分社会智力和传统的学术智力方面更为成功。

康托及同事（康托和哈洛，1994）并未采用发展能力组的心理测量方法来评估社会智力的个体差异，而是采用了一种以知识为基础的方法来评估个体社会智力陈述性知识和程序性知识水平。因此，根据坎特、基尔斯特罗姆及其同事的观点，社会智力包括个人在社会生活中用来解决问题的陈述性知识和程序性知识（基尔斯特罗姆和康托，2000）。陈述性知识包括抽象的社会概念和对具体社会事件的记忆，而程序性知识则包括应用社会知识的规则、技能和策略。

为了研究社会知识的类型、范围和深度，康托和她的同事们考察了各种具有社会维度的生活任务——包括交朋友、寻找配偶或社区服务等日常生活事件。通过研究这些社会生活事件及个体为达成目标所采用的策略，可反映出社会智力的认知策略和行为。以知识为基础的方法的研究结果表明，社会智力型个体更注意其社会交往。他们能够有意识地制订行动计划，监控自己的行动，并评估行动的结果。社会智力型个体在开展生活任务时也更加灵活，他们会根据收到的反馈，或根据从自己、他人或不断变化的环境中新感知到的社会需求，从而改变自己的计划（基尔斯特罗姆和康托，2000）。

情绪智力（情商） 指监控自己和他人的情绪，对情绪进行分辨，并运用这些信息指导自己思考和行动的能力（萨洛维和梅耶，1990）。近年来，由于戈尔曼在1995年发表了《情绪智力》一文，情绪智力的概念受到越来越多的关注。除了戈尔曼，其他研究人员也针对情绪智力的不同细微差别开发了情绪智力模型和测试方法。

萨洛维、梅耶和卡鲁索（2000）对迄今为止有关情绪智力的工作进行了最全面的评述。在评论中，他们将情绪智力模型分为两类：一类是心智能力和个性倾向的混合体；另一类是纯粹基于心智能力的概念。戈尔曼和巴昂的模型既包括心理能力，也包括个性倾向，而梅耶和萨洛维（1997）以及戴维斯、斯坦科夫和罗伯茨（1998）则认为，这些模型必须只反映心理能力，而不包括个性建构。

戈尔曼（1995）认为，个体表现出情绪智力，需要两个过程。其一，一个人必须能够对外部刺激的瞬时唤醒作出反应；其二，这个人必须在短时间的反射内评估自己情绪反应的意义和质量，并根据评估以恰当的方式行动。情绪智力高的人应具备的主要技巧包括了解自己情绪，如知道一种情绪是如何产生的；管理情绪，如安抚自己的能力；激励自己，如延迟满足；识别他人的情绪，如移情意识；处理人际关系，如管理他人情绪的技巧（梅耶等，2000）。

巴昂（2000）认为，情绪智力的概念由一系列非认知能力、胜任力和技巧组成，它们影响着一个人成功应对环境要求和压力的能力。情绪智力高的人所表现出的主要技巧包括：人际交往技能，如情绪自我意识；人际交往技能，如移情能力；适应能力，如灵活性；压力管理，如抗压能力和冲动控制；以及一般情绪，如快乐和乐观。戈尔曼和巴昂的情绪智力概念都与社交智力有所重叠，因为二者都涉及人际关系的处理。

梅耶和萨洛维（1997）将情绪智力的概念从一个包罗万象的模型缩小为关注具体情绪与认知的互动。梅尔、萨洛维及其同事开发了一种名为"多因素情绪智力量表"（MEIS）的测试，该测试由十二个能力量表组成，分为四个能力类别（梅耶、萨洛维和卡鲁索，1997）。情绪智力被定义为一个人所拥有的四种能力的集合，这四种能力可以让一个人：（1）感知和表达情绪；（2）在思考中吸收情绪；（3）理解和推理情绪；（4）调节自己和他人的情绪。

戴维斯及其同事（1998）对情绪智力的表述也狭义地侧重于情感与认知和信息处理的关系，不包括人格特征。他们将情绪智力定义为涉及情感信息处理四个概念相关的心理过程。这些过程是：（1）对自我情绪的评价和表达；（2）对他人情绪的评价和表达；（3）调节自我和他人的情绪；以及（4）利用情绪来促进表现。

在自我情绪的评价和表达方面，人们认为，个体既能意识到自己的情绪，也能意识到自己对这种情绪的想法（梅耶和史蒂文斯，1994；斯文克尔斯和朱利亚诺，1995）。

第一个心理过程是对自我情绪的评价和表达。目前，与自我情绪的评价和表达有关的研究主要有三个方向。第一个方向是关于述情障碍的研究，述情障碍症是一种异常的精神疾病，患者无法评估或表达自己的情绪。多伦多述情障碍量表是这种临床疾病的一个重要指标（巴格比、帕克和泰勒，1994）。该量表评估述情障碍的三个方面：（1）难以识别情感；（2）难以描述情感；（3）对情绪的认知通常以外部世界为导向。第二个方向是特质元情绪量表，源自萨洛维、梅耶、戈德曼、图维和帕尔费（1995）。该量表侧重于情绪体验的自我反省，包括注意力和清晰度两个子量表概念，分别测量个体对自己感受的注意程度和理解感受的能力。第三个方向的研究侧重于情绪的自我表达。情感交流测试（弗里德曼、普林斯、里吉奥和迪马特奥，1980）中所测量的非言语表达能力被认为是情绪智力结构中这一组成部分的有效测量方法。该量表为自测量表，用于评估个体在多种情况下用非语言表达自我的能力。

第二个心理过程是对他人情绪的评价和表达。研究表明，在评价和识别他人情绪的心理过程中，对自身感受和情绪的评价与对他人感受的评价是高度相关的。自我意识和对自身情绪感知水平高的人能够更准确地发现和评估他人的情绪。例如，在多伦多述情障碍量表中得分高的人很难识别他人的面部情绪表达。在另一项研究中，自我情绪评估（准确识别他人情绪的能力）和表达（自己重新体验这些情绪的能力）也与移情这一人格特征有关（萨洛维和梅耶，1990）。移情既包括对他人情感的认同能力，也包括对自身情感状态的总体把握能力。述情障碍人群的移情能力较弱，因为他们对他人的情感和对自己的情感一样感到困惑（梅耶、萨洛维、戈姆伯格-考夫曼和布莱尼，1991）。

第三个心理过程是调节自我和他人的情绪，其重点是调节自己的情绪。这一过程与评估后主动采取行动改变自己情绪的元体验有关。特质元情绪量表中的"情绪恢复"子量表（萨洛维、梅耶等，1995）指个人能够调节自身情绪状态的程度。这种情绪调节涉及试图修复不愉快的情绪，同时保持愉快的语调。情绪调节还包括改变他人情绪反应的能力（例如，安抚愤怒的同事或安抚处于困境中的人的能力）。

第四个，也是最后一个心理过程是利用情绪来促进表现。戈尔曼（1995）的情绪自我控制和延迟满足等支持人类成就的维度，就属于这一范畴。迄今为止，关于情绪智力中情绪促进表现的测量方法相对较少。罗杰和纳贾里安（1989）的情绪控制问卷是测量这个方面情绪智力的一个潜在的重要工具。该问卷由四个量表组成，反映个体在困难或艰苦的条件下如何控制自己的情绪：攻击控制、复述、良性控制和情绪抑制。

实践智力 实践智力的概念是由这样一种观察发展而来的，即拥有卓越学习能力并在学校表现出色的人，并不一定能很好地适应现实世界的环境。奈瑟（1976）推断，在学术环境中表现出色的人不一定能在现实世界中茁壮成长，因为学术环境中面临的问题与现实世界中的问题截然不同。在学校里，学生通常需要解决的问题通常是：（1）定义明确的；（2）他人已经提出过的；（3）解决问题所需信息完整的，通常只有一个正确答案和一个获得正确答案的正确方法；（4）经过简化后，脱离了现实世界中类似问题的一般经验。

然而，实际上，非学术环境中所面临的日常问题往往是未被阐述过的，或是需要阐述，或是需要重构的。人们在工作中会遇到信息不完整的问题，不得不面对在多种正确解决方案中选择的困境，而这些解决方案充其量只能说令人满意，而不一定是最优的。实际问题的特点还在于它们有许多不同的解决方案。例如，弗雷德里克森（1986）在商业管理领域中，运用公文篮测试，模拟管理者在现实世界中面临的实际问题。他发现，能否有效完成篮中任务，首先取决于能否针对任务提出相关想法和方案，即他所说的"思维流畅性"，其次取决于对处理篮中任务特定问题的领域知识的掌握程度（瓦格纳，2000）。

因此，实践智力被视为是解决实际问题的能力，而不是解决学术问题的能力。斯特恩伯格把实践智力正式定义为个人通过适应环境、塑造或改变环境、或选择新环境来实现个人价值目标的能力（斯特恩伯格，1985，1997）。这个定义广泛涵盖了一个人在日常生活中取得成功的能力，包括管理自己的工作或事业、管理自我和管理他人的能力（瓦格纳和斯特恩伯格，1985）。斯特恩伯格用通俗易懂的语言把实践智力描述为"街头智慧"或"常识"，与之相对应，是学术智力中的"学校智慧"或"书本智慧"。（瓦格纳和斯特恩伯格，1990；赫德伦德和斯特恩伯格，2000）。

对实践智力的研究表明，实践智力高的人拥有卓越的实践能力，以及更高水平的实践性隐性知识，而不是用学术解决问题的能力。塞西和李克尔（1986）对学术能力与实际问题解决能力的差异进行了精辟的论证，他们发现，赛马场上那些使用高度复杂的数学算法来预测赛马速度的盘口专家，其数学成绩与智力没有任何关系。反过来，尽管股票市场的预测任务的结构与赛马场问题类似，但这些赛马场的专家在股票市场任务中的表现却并未超越偶然性（西塞和鲁伊斯，1991）。其他研究表明，比价购物等日常任务与传统的数学成就任务无关（莫塔夫，1985）。

为了解一个人为什么能更好地解决实际问题，研究人员开始深入探讨时间智力发展的内在机制。其中一项研究的重点是随着时间的推移，发展实践智力所需的独特的解决问题过程。研究发现了一些关键维度，这些维度区分了解决实际问题和解决学术问题所需的过程。这些维度包括：实际问题解决的背景；实际问题解决的内容和目标；实际问题的定义和表述；以及解决实际问题的策略（斯特恩伯格和格里戈仁科，2000）。另一种研究则更多地关注实践智力所需的知识，特别是隐性知识的概念，它被认为是在任何实际问题领域取得成功的关键因素（瓦格纳和斯特恩伯格，1985；瓦格纳，1987）。

首先，在解决实际问题的背景方面，有两个特点似乎对实际能力的发展程度有重要影响：复杂性和熟悉性。随着时间的推移，个体智力水平越高，其对工作条件的认知复杂程度就越高，对独立思考、判断和创造灵活性的要求就越高。此外，一个人对任务越熟悉，在任务中的表现就越好。

其次，在解决问题的内容和目标方面，伯格及其同事（伯格，1989；桑索内，1993）发现，一个人一生中所面临的实际问题的内容有很大的不同，因此，人生某一阶段实际问题的目标并不一定在不同阶段都保持不变。五六岁儿童关注的是与家庭成员（父母、兄弟姐妹）的关系；十一二岁儿童关注的是学校与课后问题；大学生关注学业成功、恋爱关系、社交网络和发展独立身份等问题；成年人关注事业和成家问题；老年人则关注家庭和健康问题。

再次，在实际问题解决策略方面的研究表明，人们会采取多种可用的问题解决策略，从以问题为中心的行动和认知问题分析的积极主动策略，到被动依赖行为、回避思维和否认的消极被动策略。（科尼利厄斯和卡斯皮，1987）。实证研究表明，在特定实践领域中，解决问题的经验多，并不意味着获得更好的解决问题策略。这在很大程度上取决于个体在多大程度上能修正自己解决问题的策略，使之能够仔细适应当前问题的具体需求，甚至取决于个体是否能够避免一开始就陷入日常琐碎问题之中（伯格，1989）。

最后，将问题解决的内容和目标与策略联系起来的一个维度是个体能够在多大程度上恰当地定义和提出问题。例如，伯格及其同事们（伯格，卡尔德隆，桑索内，斯特劳和韦尔，1998）的研究表明，如果人们将问题定位于任务导向，那么就会倾向于使用反映独立和逻辑行动的策略；如果将问题定位于人际关系，则倾向于使用调节或包含的策略。

斯特恩伯格和他的同事们研究了企业经理、大学教授、销售人员、学校教师、大学生、军队领导等不同领域中群体的实践智力隐性知识（斯特恩伯格、瓦格纳、威廉姆斯和霍瓦特，1995；斯特恩伯格、瓦格纳和冈垣，1993；瓦格纳和斯特恩伯格，1985、1986；瓦格纳，1987）。

根据斯特恩伯格及其同事的观点，隐性知识是指从日常经验中获得的知识，这些知识往往是内隐的，不着痕迹的。隐性知识在本质上是程序性的：它知道在特定情况下如何行动，因此是以实践为导向的。因此，隐性知识是从日常实际工作经验中获得的隐性"经验法则"知识（瓦格纳和斯特恩伯格，1990；斯特恩伯格等，1995）。

由于隐性知识较难表述，因此可通过个体对实际情况或问题的反应来衡量，并根据个体反应与专家组反应进行比较打分，以确定个体反应是否符合专业经验法则的程度。将隐性知识与工作表现联系起来的实证结果表明，隐性知识测试对工作表现的预测超过了普遍因素 g，这表明用隐性知识测试的实践智力确实有别于一般智力，而且在许多职业中都对工作表现起到显著的预测作用（赫德伦德和斯特恩伯格，2000；斯特恩伯格等，2000）。

情境或环境智力理论

基于智力的生物学、认知、动机和行为方面的理论认为，智力的源泉在于个人，从而忽视了环境或背景对智力的潜在影响（斯特恩伯格，1990）。对于情境或环境智力理论的支持者来说，智力是由文化或环境决定的。根据智力的情境理论，在某种特定情境或文化中被定义或概念化的智力或智力行为不具有普遍性。因此，智力情境理论者认为，智力研究不应把重点放在个体的生物、心理或行为功能上，而应放在对生态情境的理解上，生态情境指个体生活的，用以调查特定社会价值观的文化环境（贝里，1974；贝里和埃文，1986）。

文化决定智力的证据来自对智力哲学基础和操作定义的跨文化研究。斯特恩伯格和考夫曼（1998）回顾了跨文化的智力观并指出，虽然有一些关于智力的普遍（或普遍性）观点，但智力也可能具有文化特异性。杨和斯特恩伯格（引自斯特恩伯格和考夫曼，1998）比较了西方和东方文化，结果表明，在西方，聪明的人是一个致力于学习并把终身学习作为内在目标的人。在东方，聪明的人则是仁慈、谦逊、对自我和外部条件有充分认识、做对的事的人。

斯特恩伯格和考夫曼（1998）也报告了对中国人和美国人智力内隐理论的研究。对中国人来说，智力被认为由五个因素组成：（1）一般认知因素，类似于西方人的"g"因素；（2）人际智力；（3）内省智力；（4）自我肯定智力；（5）自我否定智力。美国人的内隐智力理论包括：（1）实际问题解决能力；（2）言语能力；（3）社交能力。

在除中国以外的印度和东方文化中，智力的概念与佛教和印度教哲学相联系。因此，唤醒、专注、认识、理解和领悟等智力因素被认为是智力的基本要素。此外，决心、心力、情感和观点等动机要素也被视为智力（达斯，1994）。

对非洲大陆和美国智力情况的比较研究也揭示了令人着迷的主位文化观。例如，在西方学校里，沉默被认为是缺乏知识的表现，而在非洲的沃洛夫部落，沉默是社会阶层较高的、与众不同的人的特征（埃文，1978）。赞比亚的契瓦族成年人将社会责任、合作和服从视为智力的重要组成部分（瑟佩尔，1974，2000），而肯尼亚人则强调有责任地参与家庭和社会生活（苏佩和哈克尼斯，1982）。

鲁兹吉斯和格里戈仁科（1994）对不同文化之间的差异进行了更系统的理论研究，他们从个人主义和集体主义的文化维度，以及相应的独立与相互依存的自我概念出发，解释了亚洲和非洲的智力概念与西方不同（马库斯和北山，1991）。

鉴于亚洲、非洲甚至拉丁美洲国家比美国、欧洲、加拿大和澳大利亚等西方文化更倾向于集体主义，而西方文化更倾向于个人主义，因此这些文化所推崇的智力类型与国家的个人主义 – 集体主义取向相吻合，并反映了这些国家的个人主义 – 集体主义取向。亚洲人和非洲人高度重视社会智力——维护和谐和人际关系中的社会情感成分；而西方人则重视认知智力，视其为自我和个人目标的独立成就的重要因素。在价值观方面，西方强调掌握和驾驭以及完成任务的能力，而东方则注重维护社会和谐和群体间关系的稳定。

智力的互动（个体与情境）理论

关于智力的第三视角是智力的互动理论。互动观点代表了最全面的智力观，它把智力定义为个体与情境之间的互动。正如斯特恩伯格所指出的，"人们不会在真空中进行智力思考或实施行为，文化或社会也不可能在不考虑人在该文化或社会中所发挥的作用的情况下，为智力构成制定标准"（1990）。智力的交互模型包括内部和外部两方面，以确保智力模型能够动态地适应环境或情境变化。

迄今为止，有三种智力模式包含了智力的互动取向：加德纳的多元智力理论、斯特恩伯格的智力三层次理论和塞西的智力生物生态理论（戴维森和唐宁，2000）。虽然加德纳的多元智力理论侧重于行为，但多元智力理论一般也被视为个体与环境的互动模式。加德纳认为，个体拥有多种与生俱来的潜在能力，不同的个体拥有这些潜能的不同禀赋，而不同的禀赋或是通过遗传等内在生物倾向发展起来，或是通过训练、社会化、文化适应和环境提供的机会等外部因素培养起来。因此，多元智力理论被归类为一种关注个体智力与环境智力相互作用的理论。

斯特恩伯格（1988）提出的智力三层次理论是一种更为详尽的智力理论，它认为智力是内部因素和外部因素的作用。该理论实际上包括三个子理论：智力的内部子理论、外部子理论和经验子理论。内部子理论是斯特恩伯格的成分过程理论（斯特恩伯格，1977，1985）。简言之，内部子理论针对智力的内部方面，重点是构成智力及驱动智力思维和行为的三类成分以及心理信息处理机制：元认知成分、知识获取成分和表现成分。

斯特恩伯格提出的"智力的情境方面"外部子理论，指在非学术智力中观察到的"实践智力"。实践智力承认人们对于环境的适应性。简单地说，实践智力代表着一个人具备适应和重塑环境，甚至是选择新环境以成长的技能和知识。实践智力的一个重要组成部分是隐性知识，即关于社会环境的知识，这些知识从未明确传授过，甚至可能从未由口头表达出来过（瓦格纳和斯特恩伯格，1986）。隐性知识也被概念化为对个人有意义，但往往并不明确的问题所涉及的知识。实践智力、社会智力、情绪智力、人际智力和内省智力有许多相似之处，通常不被称为"非学术"智力（琼斯和戴，1997），以区别于学校环境中经常测试的传统智力形式。

智力的经验子理论从两个方面捕捉了人们应对新情况的能力：（1）对情况的洞察力，（2）当情况再次出现时，有效自动应对的能力。它包含了洞察力和创造力的重要方面。经验智力指使自己适应新事物并将其自动转化为所需的技能和知识。这些技能和知识包括个人在以下方面所需的一系列认知过程：（1）选择性编码，即吸收情境中所有相关信息；（2）选择性比较——将信息与记忆中的相关信息相互联系；（3）选择性组合——将所有信息来源整合为一个有意义的整体；（4）自动化，即对所有先前知识的整合。

总之，斯特恩伯格的智力三层次模型既强调智力的内部维度，也强调智力的情境维度。一方面，该模式强调了智力在学术环境之外的日常实际环境中的重要性；另一方面，该模型侧重于智力的内部和心理方面，阐述了个体在适应环境时所需的一系列关键认知过程。他认为尽管智力的内在、外在和经验三个方面相互影响、共同作用，但并不是每个人一定在这三个方面都很强。因此，智力行为包括有目的地适应、选择和塑造自己的环境。文化和环境情境以及个人的认知能力决定了一个人的智力水平。

智力的第三种互动模式是塞西（1996）的智力生物生态理论。塞西把智力理论化为三个组成部分的相互作用：（1）一个人的内在先天能力；（2）环境情境；（3）一个人的内在动机。与加德纳一样，塞西认为，正常人生来就具有基于生物学的先天认知潜能。这些生物潜能能否转化或实现为真正的认知能力，取决于个人受到环境所带来挑战和机遇中的熏陶和培养。

因此，塞西认为，智力的个体差异在很大程度上是由情境决定的，即环境资源（如，以激励性互动、经验和书籍为形式的学习机会的范围和深度）影响着个体先天认知潜能的发展（戴维森和唐宁，2000）。塞西也认识到动机在决定个体智力水平中的重要性。根据生物生态学模式，个体必须有动力来利用自己的先天能力和特定环境的优势。根据该模式，动机是智力的一个关键因素，因为即使个体的先天能力相似，所处环境的挑战和机遇相似，但不同的努力会导致个体智力表现的不均衡。

总结

几十年来，智力研究领域一直把普遍因素"g"作为衡量一个人智力的主要因素。把智力等同于"g"过于简单化了。普遍因素的概念只着眼于个体内部智力的一个非常有限的视角。具体来说，它只强调了个人在有限的抽象学术任务中的认知能力（语言、逻辑数学和空间）。

智力是一个比"普遍因素g"更宽泛、更令人兴奋的概念。

第一，智力可以在生物学的分析层面上对个体内部进行建模和概念化。最近，神经心理学和心理生理学在医学技术上不断进步，未来的研究有望证明大脑机制与智力之间有更紧密的联系。

第二，智力不仅包含认知，还包含了动机心理功能。仅仅从认知的角度来考虑一个人是否聪明是无用的，因为没有动机的认知意味着没有任何精神能量来指导思想、情感或行为，无论这个人是否聪明。

第三，智力行为不仅限于在需要语言、空间能力或逻辑、抽象推理的学术任务中取得成功。工作和社会环境、家庭和社区生活中都需要智力，这些非学术环境需要艺术、社交、情感和实践形式的智力。

第四，智力也可以从外部、情境或环境的角度进行建模和概念化。文化心理学派的关于智力的思想、环境和社会文化价值观决定了智力的标准和智力行为的含义。这一概念已被证明同时反映了客位和主位两个维度，因此智力在不同的文化中有着不同的含义。

第五，智力最复杂的表述方式是，既从智力的内部视角又从智力的外部视角进行表述。这些模型体现了整合这两种视角的必要性，以确保智力足够广泛，能够充分反映其复杂性。加德纳的多元智力理论、斯特恩伯格的三元智力理论和塞西的生物生态智力理论，都是建立在生物、摩尔心理功能、心理测量、行为和情境等智力子领域基础上并加以整合的典范。

我们的文化智力概念也是一个将智力定位在个人与环境互动上的概念。我们把文化智力定义为"一个人有效适应新文化环境的能力"。从智力内部或个体内部的角度来看，我们认为文化智力的核心包括元认知、认知和动机等微观心理功能，以及日常生活的行为层面。然而，由于文化智力关注的是一个人适应新文化情境的能力，我们也重视文化智力的情境或环境。因此，我们将文化智力视为一个跨越内部和外部的概念，文化智力不仅仅由一个人对智力的认知、动机和行为决定，还包括其心理智力和行为，因为这关系到他或她在新的或多种文化环境中产生的作用和适应能力。

第 3 章
文化智力理论

在本章中，我们将重点阐述文化智力理论框架的核心要素。我们提出文化智力概念的原因有很多，既有对智力模型的理论延伸，也有基于工作场所全球化的现实理由。我们提出发展文化智力的愿望反映了来自许多不同领域（如心理学、社会学和人类学）的观点。我们需要了解为什么有些人比其他人更善于适应新的文化环境，这是我们探索文化智力理论的充分理由。随着情绪智力、个人智力、社会智力等概念的流行，如果不探讨一个人在适应新的文化背景时遇到的困难，我们的工作就不能说已经完成。个体在新文化背景中的适应所需要的技巧和能力与在自己的文化背景中所使用的技巧和能力大相径庭。这些技巧和能力一般包括三个因素：认知、动机和行为。如果没有这三个因素的协同作用，个体的文化智力就无法显现出来。

文化智力指一个人有效适应新文化环境的能力。此定义与现有的一般智力或认知智力的定义并不完全相同。例如，斯特恩伯格及同事（2000）将智力理论的历史追溯到 19 世纪末（高尔顿和卡特尔等理论家），并将智力的一个共同特点描述为适应和调整个体所处环境的能力。现代智力概念的研究（如坎特和基尔斯特罗姆，1985；加德纳，1998；梅耶和萨洛维，1995；斯特恩伯格，1985，1997）提出了智力的三个核心维度，包括方向（知道要做什么）、适应（为特定的任务制定、实施及监控策略）和评判（对自己采用的方法提出批评）。文化智力的定义有三个重要特点。首先，它描述了行动、反应和监控

第 3 章 文化智力理论

行为的自我调节过程。其次,它包含了评价部分(自我评判),我们认为这也是至关重要的。最后,它还包含了行动实施要素。

我们对文化智力定义的特征需要明确和界定。目前,一个例子足以说明跨文化旅居者所面临的各种复杂情况。一位美国教授来到伦敦,在一所著名的英国商学院教授高级管理人员工商管理硕士(MBA)课程。在整个学期中,他注意到他的英国学生注意力集中,互动性也很强,且始终保持彬彬有礼,尊重他在课堂上的权威。此外,学生们在相互交往时表现出了普遍的克制,并带有一点讽刺和幽默。学期结束时,教授错误地使用了美国的评分系统(90~100 分为 A,80~89 分为 B,以此类推),而不是英国的评分系统(75 分以上卓越,64~74 分优秀,以此类推)。几周后,他的一个学生打电话来询问成绩问题。教授并不知道还存在这样的问题,他的学生描述了不兼容的评分标准,并想知道教授什么时候会把分数改回来。教授回答说,他对可能造成的不便感到抱歉,并向学生保证一定会改,但又有些轻描淡写地补充道:"我没意识到这是个问题——但,你们这些未来的"高管"并不关心你们的分数——是吗?"这时,这名学生的语气从还算礼貌变成了极度的愤怒和辱骂,包括对他的教授大喊大叫,指责他不够格、愚蠢和不负责任。谈话在学生的辱骂中结束,教授挂断了学生的电话。回想这起事件,教授对学生极度缺乏礼貌、粗鲁无礼、咄咄逼人和唐突的行为感到震惊。他决定询问一位英国同事,为什么会发生这样的事情。这位同事说,许多英国人习惯于克制自己的举止,以至于"忍无可忍无须再忍"。(显然,美国人关于成绩的抖机灵是学生爆发的催化剂)。那周晚些时候,这位美国教授在乘地铁时也注意到了类似事件的升级,一位女士因为一位乘客没有给她八岁的儿子让座而完全失去了冷静,并对该乘客大吼大叫。美国教授注意到,从他的学生到这位乘客,遇到的事情的相似之处。

为什么这位教授在与英国学生的互动中失败了?这位教授在他的美国同事心中是一个"人缘很好"的人,非常能理解和同情他人。然而,他完全没有意识到自己 MBA 班的学生非常愤怒,而他本人促使了学生最终爆发。虽然美国人很可能具有良好的社会智力和/或情绪智力（H. 加德纳，1998），但很明显，这些智力在跨文化环境中并没有得到实现。

如果我们分析一下这个小案例，就会明白教授在此情境中为什么会失败。一般来说，有三种问题限制了教授与学生互动的有效性。首先，他没能理解学生情感的强烈程度和指向。他错误地认为这名学生的情感属于他之前在英国学生中观察到的那种尖刻幽默。其次，他没有足够的动力去真诚地对待这名学生，而是使用了抖机灵和肤浅的评论。最后，他不该用讽刺的语言和人际交往风格与学生互动。他挂断了学生的电话，说明他的行为反应是愤怒和孤立。通过随后与其他英国同事的交流，他试图从认知上理解电话中发生的事情。目前还不清楚在事件发生后，他的动机状态是否发生了变化，也不清楚他今后如果遇到类似事件，他可否采取恰当的行为方式。

为什么这名美国教授不能跨越国界传递他的社会智力，预测他的英国学生的行为（和反应）呢？我们的论点是，由于缺乏熟悉的参照物，跨越文化边界所需要的适应技巧是不同的。也就是说，一个认知智力或社会智力高的人能够理解另一个人并对其作出恰当的反应，是因为他熟悉另一个人的文化背景。相对应地，他的预期行动也具有相对可预测性和统一性，并可用于制定对策。然而，在一个新的文化背景中，线索变得基本或完全不存在（或存在但是被误导的），因此无法依赖共同归因和感知框架。在这种情况下，一个人即使对当地的习俗和规范没有足够的了解，也必须根据现有信息建立一个共识框架。

建立共同的感知标准对于文化智力来说非常重要。不是说高文化智力者只用学习新文化中人们的行为方式，虽然这种认知活动确实在进行，而是这个人必须建立一个新的思维框架来理解所经历和看到的一切。就传统的认知智力或社会智力而言，智力高的人依靠现有参照系，并利用这些参照系对特定情境作出适当的反应。

但适当而准确的认知是不够的，高文化智力需要的不仅仅是理解，还需具备动机和作出适当反应的能力。在跨文化交际中，一个人可能明白发生了什么（以及为什么），但他可能会选择忽视这种情况，或者以格格不入的行动来应对。

在一种新的文化环境中，可能需要某些特定的行为来表达恰当反应，但是这些行为并不在个人的习惯范围之内。有很多直接的例子，比如我们在第1章中描述的加纳人的握手方式，或者一个人对某种食物的厌恶，甚至是基于音位要求的语言能力（比如发出特定的声音）。高文化智力者有能力习得可满足特定需求的新行为。

现有的智力模型中还未充分考虑到文化智力中的行动成分。我们强调，文化智力既需要行动，也需要内涵。仅有潜在的行动能力是不够的，因为行动能力可以部分决定文化智力。在本书其余部分，我们将文化智力行动称为已展开的行为，而不仅仅是有计划的行动。因此，文化智力反映出三个要素，即认知（导向）、动机（适应）和行为（评判）之间的相互作用。在讨论文化智力时，如果其中一个或多个要素薄弱，那么这个人的文化智力就会很低。

我们的模型所依据的定义

在详细介绍提出模型及其与其他模型框架的关系之前，我们有必要对方法论基础上的一些定义作阐释。在这里进行描述的目的是为我们随后讨论文化智力提供背景建构。我们首先定义了文化和社会的基本概念，因为厘清这些概念对于理解文化智力的含义至关重要。接下来，我们将对文化的普遍（客位）和具体（主位）建构进行区分。

文化与社会

我们讨论最重要的出发点是文化概念、社会语境和社会概念之间的区别。学者们对文化进行了多种不同的定义。克拉克霍恩（1954）提出了一个有用的定义，他认为文化由思维、情感以及对各种情况和行为的反应模式组成。文化主要通过符号（包括其在人工制品中的体现）习得和传播。文化的基本核心是由历史衍生和选择的思想，尤其是其所附带的价值观组成。文化是社会结构的成长和适应过程的塑造者（霍夫斯泰德，1980）。霍夫斯泰德（1980，1991）提出了一个经常被引用的文化定义，即文化是处于同一环境中的人们所共同具备的一套程序，是一套思维的"软件"。尽管霍夫斯泰德特别建议不要进行跨级比较，但这种方法的优势在于将文化视为一种心理变量（厄利和莫萨科夫斯基，即将出版）。社会根据文化所隐含的规则来塑造集体和社会集合体。文化有时可以从前因后果的角度来看，如时间、语言和地域变量，以及历史和生态共性。文化是一套不完全共享的行为规则，以及附加在这些行为上的意义（马丁，1992）。

罗纳对文化、社会制度和社会进行了有效区分。他认为社会是以地域为界，通过有性生殖增加多代人口，围绕共同文化和社会制度的组织起来的（罗纳，1984）。他将社会系统定义为文化组织群体中的多个个体间的行为互动，将文化定义为"人类群体中可识别的部分所保持的等价和互补的意义的总和，可代代相传"（罗纳，1984）。

他承认，文化意义在社会中的跨代传承并不完美。随着时间的推移，每个人都会获得与其前人不完全共享的文化意义的变体。来自同一文化背景的任何两个人从对同一事件的观念都可能看出略微不同的意义，这两个人可能与社会中的其他人共享意义，但彼此之间却并不共享。他指出：

> 任何一个人都不可能知道构成特定人群"文化"的全部等价和互补的意义，因此，这个人也不可能在任何特定时刻激活并构成其民族"文化"的全部意义。但是，互补的意义在于使人不必了解自己"文化"的全部。例如，大多数人在生病时不需要知道如何表现得像个医生，只需要知道如何表现得像个病人（罗纳，1984）。

与霍夫斯泰德的方法相比，罗纳的文化定义法更具优势，它将文化与社会系统分开，并承认文化代表了社会系统中成员不完全共享的属性。文化是通过多种途径习得的，包括儿童养育实践、同伴间的传播和媒体，而且这一过程是持续的，随着个人的成熟，其影响会逐渐减弱。

主位和客位结构

我们这个模型的另一个重要假设是，在文化背景下既存在主位（Emic）结构和过程，也存在客位（Etic）结构和过程（参见贝里，1990；厄利和莫萨科夫斯基，1996，他们对这些问题进行了更全面的讨论）。简单地说，以特定文化（或文化群体）为基础，且只有在这种文化背景下才能被充分理解的结构，可以理解为主位结构[①]。主位结构从情境中获得意义，如果缺乏情境解释，就无法充分理解主位结构。图3.1展示了客位和主位结构之间的关系；我们用一个例子来说明两者之间的区别。

中文中的"关系（guanxi）"这一概念在学界中得到关注。但这些研究大多方向错误，表现出了误解（徐，2001）。一些学者将"关系"描述为贿赂和送礼，意指腐败。虽然这种情况确实可能发生在"关系"中，但它并不是"关系"的固有组成部分。关系指的是社会关系的建立（法尔、徐、辛和陈，1998）。黄（1987）提出社会联系（关系）和社会策略模型时，对面子、人情（帮助和情感）和关系（社会义务和关系）进行了讨论。

他认为，面子和维持面子会对一个人所使用的纽带类型（例如，表达性纽带、工具性纽带和混合性纽带）产生不同程度的影响，从而影响互动双方的交换行为。重点在于面子在维持身份和地位方面的重要性。他在讨论"关系"时提出的一个重要观点是，"关系"不是贿赂，而是将礼物作为建立和发展各方之间的关系的一种象征性姿态。如果没有这些象征性的举动，人们之间的社会纽带就会被削弱。当一个人试图与中国人打交道时，"关系"这一主位概念至关重要并具有很强的情境性，如图3.1右下方所示。

---

① 译者注："主位"即以当地人的观点理解他们眼中的世界。

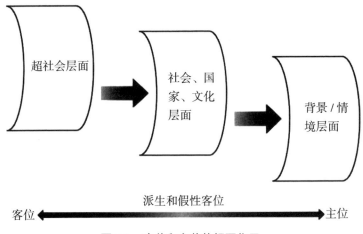

图 3.1 客位和主位的相互作用

有些结构具有客位性或普遍性（贝里，1990；厄利和莫萨科夫斯基，1996）。客位特征存在跨文化中并具有普遍性。许多结构被假定为客位，却被发现其并不具有普遍性。普遍性的一个例子是，人们都具备某些认知功能，如记忆和回忆（有某些缺陷的人除外）。虽然人们记忆和回忆事件的能力不同，但这些认知功能是普遍存在的。有些社会制度是客位，如婚姻或悼念逝去的亲人（贝里，1997；雷萨尔多，1989）。心理普遍性的假设很难建立和维护。默多克（1945）列出了七十种文化普遍性，他认为这些文化普遍性是详尽无遗的，可以用来描述不同文化之间的差异和相似性。这些普遍性包括食物禁忌、待客、贸易、礼仪和民俗等变量。这些普遍性在图 3.1 的左上方呈现。

使问题更加复杂的是，有一些结构似乎只是看起来具有普遍性。贝里将这些结构称为"强加客位"（即特里安迪斯所表达的"假性客位"），或者说是在有限的文化体系中衍生出来，但实际上并不适用于这些文化结构的边缘。强加客位在某一文化子集中发展起来，并被强加使用于其他文化中，即使并不适合。厄利和莫萨科夫斯基（1996）描述了一个平行的概念——"假性主位"，意思是假定某些看似独特，事实上却并非如此的结构。图 3.1 的中间部分表示的是强加客位，它具有一定的跨文化通用性，同时又相对符合具体情况。贝里认为，在极端情况下，假性客位（强加客位）是一种智力殖民主义，即夸张又狂妄地将一种文化中的学术智力强加于其他文化中。然而，如果我们对目的和意图进行更深层次的审视，就会发现一种不同形式的客位/主位结构，即派生客位。

贝里认为确定客位指的是确定派生客位，意思是在一个文化子集中建立原则或结构，然后将其置于其他文化中进行研究，以评估其普遍性。识别和检验派生客位的过程非常重要，但也充满了困难（梁和邦德，1989）。在研究过程中，要建立一个客位结构，就必须接受一个零假设：即建立的客位结构在不同文化之间不存在差异。例如，语言具有普遍性，似乎不需要进一步评估。那么社交礼仪和面子呢？是不是无论哪种文化中，都有人试图保持积极的自我形象，并在他人的帮助下规范自己的行为呢？面子是否可以看作一种客位结构，需要（最终）社会中的所有个体都关注自我和他人形象。这不仅是一项近乎不可能完成的艰巨任务，而且其结果也无法用传统的统计方法进行检验（参见厄利和莫萨科夫斯基，1996；梁和邦德，1989，关于这一观点的进一步讨论）。大多数心理学和社会学原理都属于派生客位范畴，我们将其表示在图3.1的中间位置。这些结构试图将某些实体的主位实例构建为一个一般原则。

关于客位和主位的讨论与我们对呈现文化智力有什么关系呢？我们对文化智力的普遍性/独特性作出一些假设。文化智力有几个普遍性的方面。文化智力由几组心理功能和自我概念组成，这些都是客位的。举例来说，我们对厄尔兹和厄利（1993）的"自我表征理论"中的几个动机成分进行调整，用以描述文化智力的动机成分。他们认为，自我的三个动机（提升、效能感、一致性）具有客位性，我们使用提升和效能感这两个要素来讨论动机在文化智力中的作用。例如，文化智力可以表现为一个人在多大程度上愿意积极主动地去适应环境。如果缺乏足够的自我效能感，个体就不会参与环境中，因此也就无法适应新环境，就意味着该个体的文化智力较低。

尽管如此，文化智力中也有许多方面具有主位性。当文化智力深入到个人、具体语境的层面时，其特征往往就呈现主位性。例如，在泰国，对德高望重或年纪较大的人的打招呼方式是"合十礼"（双手合十，双臂朝上，放在脸前，微微向前鞠躬）。这种表示尊敬的方式是泰国文化中的特有表达（尽管在其他权力距离较大的文化中有不同变化）。对社会中特殊群体表示尊重的做法反映了文化中的特殊利益和需求。从这个意义上说，文化智力客位中也包含了主位的特征。行为越接近文化价值观和规范，就越有可能呈现主位而不是客位特征。

因此，我们的基本假设是，文化智力是由以层级方式向下递减的主位和客位部分构成的。在层次结构的顶端，是反映元功能的智力，如记忆和回忆、逻辑和演绎以及分类。然而，所使用的逻辑和演绎的具体类型、所形成的类别等，可能与特定的文化背景有关（尼斯贝特等，2001）。我们还可以补充一点，文化对这些特征的影响是不完全的，在很大程度上取决于个体的独特经历。也就是说，个体在存储和回忆信息、形成经验类别等方面的能力各不相同。因此，文化智力矛盾地反映了一种对每个个体来说都是独一无二的普遍特征。

现在，我们将注意力转向对理论模型的描述。

概念框架概述

文化智力既有过程特征，也有内容特征。如图 3.2 所示，它的总体结构包括认知、动机和行为三个要素。

认知和元认知要素

第一个要素是智力的认知处理方面。这与智力的传统相关研究最为接近，我们所借鉴的大部分内容都来自现有模型。当我们从认知层面讨论文化智力时，我们借鉴了几个普遍来源，包括自我理论和社会认知、角色认同理论和推理框架。这些框架涵盖了个体对作为社会信息载体的自我认识（自我理论）、

第 3 章 文化智力理论

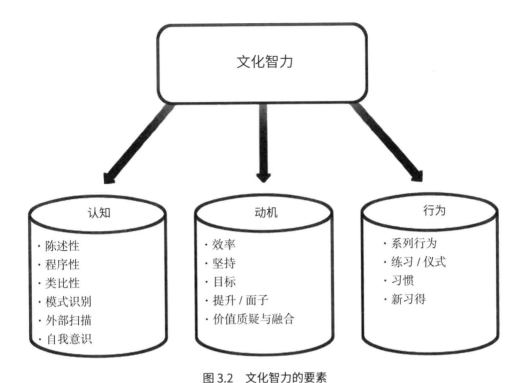

图 3.2　文化智力的要素

作为社会背景下自我概念的角色认同（自我理论），以及信息处理和归因的机制/风格（推理框架）。因此，我们用自我知识、社会环境知识和信息处理知识来描述文化智力的认知方面。我们的方法与传统的智力评估方法的主要区别在于，更关注社会认知和人际交往技能的智力，这与社会和情绪智力与认知智力的分歧非常相似。与社会和情绪智力研究者不同的是，我们关注的是个体在不熟悉的新文化环境中的能力。

我们首先讨论的是人们如何存储、处理和检索文化互动基础中的社会信息，即对基本社会性质的情境和信息进行操作和行动。我们不关注智力的其他方面，如解决算术问题或语言推理（除非它们对社会信息的处理产生可能得影响）。我们关注在文化背景下相关认知的理解和运行。有三种概念方法有助于加深对文化理解认知层面的理解——自我理论、社会认知和类比推理。

自我是一种动态的解释结构，它在大多数个体内部和人际过程起着显著的中介作用（格卡斯，1982；马库斯和沃夫，1987；马库斯和北山，1991；马库斯，北山和海曼，1997）。个体内部过程包括认知信息处理、情感和动机，而人际过程则反映了与社会环境的互动，包括社会认知、情境选择、互动策略和反馈反应（马库斯和沃夫，1987）。自我是个体对自己的个性、社会身份和社会角色的心理表征（基尔斯特罗姆等，1988）。自我概念的运行取决于个人动机的实现以及直接社会环境和角色的设定。

认同理论是理解我们如何组织多重角色的一个有用框架（史赛克，1980，1987，2000；史赛克和赛佩，1982）。该理论认为，在涉及群体成员身份的情况下，独特的行为反应模式被组织为身份认同（例如，一个人有学生、家庭成员和雇员等不同身份）。认同理论与社会认同理论和自我分类理论（塔杰菲尔和特纳，1986；H.塔杰菲尔，1982）的不同之处在于，它的身份认同概念是个人的，涉及被接受并融入自我的角色期望和行为，而不是个人在社会分类时集体角色的反应。史赛克的认同理论明确地将社会结构限制纳入了符号互动主义的自我概念中。在这一理论中，不同的身份认同按"突出等级"排序，其中高度突出的身份认同更有可能在特定情境中被唤起。身份认同的显著性是基于个人对其社会网络的承诺程度。史赛克将"承诺"定义为"如果一个人在社会网络中不再拥有一个给定的身份并基于这个身份扮演角色，那么他或她将以放弃关系的形式作为代价（1987）"。

该框架特别指出，影响认同显著性的个体因素是个体的社会背景（厄利和兰巴赫，2000）。规范性控制所唤起的认同，其行为模式是围绕与组织的融合利益而构建的。从这个意义上说，规范性控制将非正式组织中的身份与正式组织中的身份融合在一起。在规范性控制下工作的人具有较强的组织承诺，或者用结构认同理论的术语来说，他们对融合后的身份作出了承诺（伯克和雷茨，1991）。

我们的框架认为，影响认同显著性的另一个因素是个体行动者的文化背景，这体现于他们的文化价值观上。例如，一个来自集体主义文化的员工会倾向于对一种身份认同作出更高的承诺，这种身份认同反映了他所在群体的利益，不论该群体的地位如何。如果内部群体就是指组织，就像宗族型组织（达内，1980）所培养的那样，那么员工就会以规范控制所特有的最小努力来回应角色期望。然而，如果员工的内部群体不是组织，尤其是如果员工利益与组织存在潜在冲突（例如，基于阶级的利益），那么控制方法就必须以一种有利于唤起从属身份而不是与之竞争的内部群体身份的方式来呈现角色期望（厄利和兰巴赫，2000）。此外，倾向于高权力距离（如墨西哥）的文化价值观也会支持员工对从属角色的承诺，从而促成简单控制或官僚控制。

角色认同对于认知层面文化智力的重要性不容低估。个体的角色认同、社会等级和面子理论在处理与跨文化互动相关的线索中起重要决定作用。现在，我们从更微观的层面来关注社会信息处理和文化智力的认知方面。

社会领域的认知信息处理模型被称为社会认知模型。这些模型使我们能够了解来自社会环境和内部线索的信息采样、处理、解释并存储在认知图式中。与认知图式相一致的信息比相反的信息更容易被接受（韦尔和斯鲁尔，1989）。人类的信息处理认知模式为理解人在分配各种认知资源时是如何处理信息提供了理论基础。元认知方法认为个体不但能够处理信息，还能够了解自己的认知过程。这类知识是影响行为的根源（韦尔和斯鲁尔，1989）。个体通过采取各种措施，包括自我监控（个体对自我行为的关注）、自我评价（个体对个体行为与行为的目标和标准之间差异的判断）和自我反应（为自己的行为制定激励措施，并对自己行为作出情感反应）（班杜拉，1997）。

社会认知模型主要是将信息的加工、存储和组织为一定结构的机制概念化。按照这种方法，自我被视为个体对自己个性的心理表征，通过经验和思考形成，并与对其他物体的心理表征一起编码在记忆中，在物质世界和社会世界中反映和想象出来（基尔斯特罗姆等，1988）。自我模式源于过去的社会经验，由结构和过程两部分组成。因此，自我既是认识者，也是被认识者（马库斯和沃夫，1987）。自我概念和自我认同的内容构成了结构，并将自我固定在社会系统中，而自我评价则涉及自我的动态维度（厄尔兹和厄利，1993；盖卡斯，1982）。

在结构层面上，自我可以被看作是在空间中排列的图式、原型、目标或图像的集合（谢尔曼、贾德和伯纳黛特，1989）。每个图式都是对自我的概括，包含对特质、角色和行为的描述性信息，以及进行推论的规则和程序性知识（基尔斯特罗姆等，1988）。个体的自我概念可被看作是关于理想世界和现实世界状态的想法和图像的集合。最重要的是，它扮演了对接收到信息过滤器的角色。在这一点上，我们要指出的是，这是文化智力不同于传统认知智力观点的一个重要例子。因为我们所描述的"自我过滤"对于两数相乘这样的运算来说，相对而言似乎并不那么重要，而对于确定为什么有人会因为一句评论而被扇耳光来说，则相对重要。在社会信息处理过程中，自我概念作为理解社会情境所需的感性认识解释者角色积极参与其中。而在数学的抽象处理中，自我的这种功能似乎并不那么重要（也不那么关键）。

自我包含的信息量非常大，其中包括一个人过去、现在和所预期未来的经历。但并非所有信息都能随时获取。用信息处理的术语来说，自我代表了意识的属性和特征的陈述性知识（包括抽象和具体的事实性知识）。在特定时间引起人们注意自我是由环境因素决定的（基尔斯特罗姆等，1988）。在任何时刻都处于活跃状态的部分被称为"工作中的自我"或"当下的自我"（马库斯和沃夫，1987）。工作中的自我直接与环境接触。与深层次的自我概念相比，工作中的自我更容易接近、活跃、可塑性强，并且与当下环境息息相关。直接社会环境的构成决定了自我最易接近的一面。

从我们的角度来看，问题的关键在于个体自我概念如何从文化角度影响其对社会情境的获取、处理和反应。自我概念是输送各种生活经验并评估其意义的管道。无论如何，自我都不是被动实体，个体的自我概念会积极地解释和重新定位他的社会经验，从而使他能够在任何特定的情境中找到意义。在文化智力层面，自我意识非常强烈、非常保守的人在适应新的文化环境方面会相对较弱。也就是说，一个明确界定，且相对简单的自我视角，可能会在涉及反省和改革自我概念新情况时，起到过滤复杂性的作用。

认识自己并不意味着就具备高文化智力，因为"认识"并不保证其灵活性。认知的灵活性程度对文化智力至关重要，因为新文化环境要求不断重塑和调整自我概念，以适应新环境。自我概念的灵活性与整合新方面的难易程度与高文化智力有关，因为理解新文化可能需要放弃先前存在的关于人们是如何做以及为什么这样做的概念。但是，灵活性只是问题的一部分。高文化智力要求个体有能力在新的复杂构型中重新表述自我概念（以及表达对他人的概念）。因此，灵活性和归纳性重塑自我概念的能力是必要的。这一论点的一个例外可能是那些具有双重或多元文化背景的人，因为在这种情况下，自我认知意味着对不止一种文化的认识。这样的人可能拥有足够复杂的自我概念，能够体现文化智力所必需的灵活性。

高文化智力需要归纳推理和类比推理。这两种形式的推理对于个体如何摆脱过去经验和先入为主的想法的限制，从而接近和理解一个全新的环境来说至关重要。以霍尔（1976）讲述的一则轶事和他在日本住酒店的经历为例。他在酒店短暂停留了一段时间（大约一个月中的几天）后，回到自己的房间时发现自己被换到了另一个房间。又过了几天，他又被要求更换房间。他在日本其他地方的一家小旅馆住宿时，也发生过这种更换房间的情况。他最初的结论是，之所以被要求搬来搬去，是因为他在当地文化中的地位较低（是 gaijin，或外国人）。也就是说，他之所以被频繁地调换，是因为地位较高的顾客想要他的房间。在京都的一家酒店，他甚至被要求从一家酒店搬到另一家酒店！他的文化框架和自我概念表明，他被调来调去是因为地位低下。正如他后来表述的那样：

正因为我不了解高语境文化的全部含义，才导致我误读了箱根酒店的行为。我应该知道，我正处于一种模式差异的夹缝之中……当一位日本朋友向我解释什么是酒店客人时，谜底揭晓了。"当您在前台登记后，您就不再是外人了；相反，在您逗留期间，您就是一个流动大家庭的成员。**您属于这里。**"我被感动了，这就是我被当作家庭成员对待的具体证据——在这种关系中，人们可以"轻松随意，不拘小节"。在日本，这是一种非常值得珍视的状态，它抵消了在公共场合常见的拘谨。（霍尔，1976）

霍尔认为，频繁更换酒店和房间是地位低下的表现，这与美国人的观点一致。然而，归纳推理告诉我们：在日本，只有亲密的朋友才会被主人强制规定地去做某件事。

高文化智力者需要有很好的归纳推理能力，因为很多新的文化背景所提供的线索只是模棱两可的，最坏的情况则直接会产生误导。类比推理也很重要，它可以帮助个体将知识和经验从一个领域转移到另一个领域。因此，霍尔从住酒店中获得的经验可能会与其他类型的经验相结合，从而形成他在日本社会中的实际身份。

因此，文化智力从多个方面反映了认知处理能力。首先，文化智力反映了个体自我概念的差异性与灵活性。一个高文化智力者，其自我概念分化程度高，但适应能力强。吸收新信息并将自我作为理解新文化环境的复杂过滤器至关重要。其次，从社会信息处理的角度来思考文化智力的认知层面是一种有效方法。也就是说，我们可以把人们所掌握的关于自己和他人的信息看作是一个分层组织的图式，以及基于图式方法的各种特征。最后，归纳推理和类比推理可认为是文化智力的特殊形式，对认知文化智力至关重要，因为许多新文化情境要求个体超越现有的知识，以充分理解周围所发生的一切。这不仅只是移情，因为移情者所依赖的，决定他人情感状态的线索可能不存在，或者说是与其期望的相冲突。一个高文化智力者必须能够归纳出恰当的社会情境映射，从而有效地发挥其作用。但对社会情境的全面了解仅仅是一个开始。

动机要素

在讨论个体动机作为文化智力组成部分的影响时，必须回到个人自我概念上来（爱普斯坦，1973；厄尔兹和厄利，1993；格林沃尔德，1980；马库斯和沃夫，1987；马库斯和北山，1991；马库斯、北山和海曼，1997）。也就是说，文化智力会影响自我概念，并引导和激励人们适应新的文化环境。为了组织我们的思考，我们借鉴了厄尔兹和厄利（1993）的文化自我表征理论（Cultural Self-Representation Theory）。根据他们的模型，自我可以被视为嵌入四个要素的总体系统，包括文化情境、管理实践、自我概念和工作产出。自我概念是我们讨论文化智力的关键，它指的是认知结构中的三种自我动机。这三种自我动机是：自我提升、自我效能感和自我一致性。

自我提升

自我提升的经验受到环境中的时机，以及对这些时机进行取样、评估和解释的自我调节过程的影响。关于自我提升的信息处理结果的研究不断增加。这些研究表明，信息处理过程中存在自我服务的偏见（昆达，1987）。例如，与自我相关性低的刺激相比，个体对自我相关性高的刺激更为敏感，能够更有效地处理与自我相一致的刺激，并抵制不一致信息。与自我相关的刺激会增强记忆和识别能力（马库斯和沃夫，1987）。大量研究表明，与自我相关的信息比其他相关信息或语义信息更容易被回忆起（基尔斯特罗姆等，1988；马库斯、北山和海曼，1997）。记忆的可达性取决于刺激信息的编码过程中与已有知识接触的程度（基尔斯特罗姆等，1988）。自我相关信息比任何其他类型的信息都更容易被回忆起，这一事实证明了自我概念在认知网络中的核心地位。

自我提升的一种表现形式是一个人倾向于扭曲现实，以保持积极的自我形象（盖卡斯，1982；马库斯，北山和海曼，1997）。例如，人们会选择从与自己相关的方面来评判他人，而忽略与自己无关的方面。他们偏向于寻找有关自己的正面信息，并有选择性地采样、解释和记住支持积极自我概念的事件。

自我效能感

自我效能感是自我的另一个方面。自我效能指"个体对自己是否有能力达到某一水平所进行的判断"（班杜拉，1986）。人们倾向于回避超出自身能力的任务和情况。效能感判断可以促使人们选择成功可能性较高的情况和任务，避免选择超出自身能力的任务。改变自我效能感的来源有四个，包括（1）基于真实的成败经验；（2）通过观察他人的行为和结果产生的替代经验；（3）言语劝说（例如，积极的言语劝说会让人们相信自己有能力实现目标，因此，他们会更加致力于实现目标，并为完成任务分配更多资源）；（4）情绪唤醒，因为它是评估一个人能力的基础（疲劳、压力和焦虑表明一个人没有达到最佳状态，会削弱自我效能感）。

自我效能感主要是针对个体而言（班杜拉，1986，1997）。而集体效能感对于人们作为一个群体是如何作出选择，付出多少努力以及面对失败时如何坚持不懈都至关重要。群体、组织和国家的力量依赖于人的集体效能感（班杜拉，1997）。目前还不清楚社会环境是如何塑造一个人的集体效能感的，以及这种效能感是否在某些文化中比在其他文化中更容易形成。班杜拉（1997），厄尔兹（1997），马库斯和北山（1991）以及特里安迪斯（1994）等学者提出文化综合征影响自我效能感或集体效能感的多种方式。厄利（1999）最近的实证研究表明，至少有一种方法可以通过文化和群体环境的相互作用来形成效能预期。他将来自四个国家的管理人员组成三人小组，其中两个国家的权力距离较高（法国、泰国），另两个国家的权力距离较低（英国、美国）。原籍国与身份特征完全交叉，因此所有组都只存在一个身份特征（年龄、性别或受教育类型），从而产生了十二种可能的类型（国家 × 身份特征）。组员在完成一项任务后，对其团队随后的表现作出个人判断。接下来要求组员们形成一个统一的集体判断，以反映他们对团队效能的看法。厄利发现，高权力距离的两种文化中，相对于其他组员，高身份特征的组员对连续性集体效能的评判产生了过度影响（要么提高，要么降低）。此外，集体效能感估计值（组员对集体效能感估计值的平均数）与团队表现的关系比个人估计值的关系更为密切。这种"追随领导"效应说明了文化背景和个人特征对集体效能感的潜在影响。

自我效能感在文化智力中发挥着重要作用，因为成功的跨文化互动是建立在一个人在新环境中对社会话语的总体信心之上的。使用外语就是一个很好的例子。一个人在学习一门新的语言时，即使对语音和词汇的记忆力非常好，他可能仍然会因为害怕尴尬而对在公共场合说出这门外语感到犹豫不决。虽然他或她在认知上知道需要使用词汇和短语，但由于不情愿以及参与对话的效能感很低，他或她无法与他人进行对话。文化智力的这方面动机很薄弱，因此他或她就会无法适应新环境。

自我一致性

人们对自我提升和自我效能感的动机进行了大量研究，但自我一致性却很少在经验和概念上受到关注（厄尔兹和厄利，1993）。自我一致性指个体期望在经验和认知上保持连贯性和一致性。它包括两个方面（厄尔兹和厄利，1993），一方面是促进人们积极构建与以往事件相一致的记忆和选择性认知；另一方面是激发并引导人们的行为与价值观和规范保持一致。

自我一致性动机产生了几个过程和结果（厄尔兹和厄利，1997；马库斯和沃夫，1987）。首先，人们会表现出形象的连续性，即在不同时期都认为自己是相似的。其次，人们会构建与自我形象相一致的观点。最后，个人对与自我形象不符的信息会产生抵触情绪，并有可能对与自我形象不符的个人行为作出情景归因。因此，一个在机械技能上具有很强自信心的员工可能会将他无法掌握一种新机器的操作归因于环境干扰，而不是自身技能不足。还需要注意的是，自我动机是由文化形成的。例如，美国男性普遍都重视机械技能，因此，许多美国男性误以为自己具备良好的手工技能，能够独立修理家用汽车就不足为奇了。

自我概念模型对文化智力的影响是多方面的。首先，一个人能否积极主动地融入新的文化环境在很大程度上受到自我效能感的影响。有些人对陌生的社会环境以及如何与来自陌生文化背景的人相处和学习具有很强的效能感。此外，高效能感意味着当个体遇到障碍、挫折或失败时，他们可以更加积极地重新投入其中，而不是退缩（班杜拉，1997）。效能感的这个特点对于文化旅居者来说尤为重要，因为探索和适应一种新文化的绝大部分过程都意味着需要克服障碍和挫折。具有高效能感的人不需要持续的奖励来坚持其行动。奖励可以延迟，而且还可能以一种不熟悉的形式出现（因此可以不被视作奖励）。而具有低效能感的人则无法在压力下保证对某个行动的承诺。

其次，高效能的人会参与目标设定。众所周知，目标设定对绩效和行动有非常积极的影响（洛克和莱瑟姆，1990；伍德和班杜拉，1989）。例如，伍德及其同事（伍德和班杜拉，1989）通过模拟工作组织，研究了目标设定、任务策略和效能预期与绩效之间的关系。尽管他们的研究结果有许多重要的细微差别，但总体结论是，效能预期与自己设定的目标正相关，而这反过来又会影响他们的任务策略和任务绩效。班杜拉、切尔沃内、洛克和伍德等人在效能感对目标设定产生积极影响方面进行了充分的论述（见班杜拉，1997；洛克和莱瑟姆，1990，对这些观点的精彩评述）。

有趣的是，效能感和目标设定对绩效的影响很大程度上可能源于对个体所使用的任务策略和搜索过程的影响。（洛克和莱瑟姆，1990；伍德和班杜拉，1989）。换句话说，效能和目标设定都有扩大和加强个体对任务环境采取最佳方式搜索的效果。这种"更聪明地工作"，而不仅仅是"更努力地工作"（厄利和埃克伦，1989；厄利、沃纳罗斯基和普瑞斯特，1987）的效果对于文化智力来说非常重要。因为适应不仅需要努力，更需要从智力上来适应，这种适应要由恰当的目标来引导。

自我概念视角在其他方面对文化智力也非常重要。例如，人类作为智慧生物，在个体的自我观念中，自我提升意味着他有能力追求最大的愉悦并避免不适的情境（桑代克，1920）。那么对于具备文化智力的人意味着什么？在这种情况下，我们认为自我提升动机过高是不利的，因为适应新文化本质上要求有较长的强化期，以及给予失败和消极后果以充分的机会。延迟满足是文化智力中重要的一部分，因为人们在接触其他文化时往往会犯错误，并更有可能先收到失败反馈，而不是成功反馈。从文化智力的角度来看，厄尔兹和厄利（1993）所提到的"集体性自我提升"或者说是个体从周围的人身上的获得感和价值感变得尤其重要。也就是说，高文化智力反映出来强烈的自我提升动机是基于集体的互动和奖励。这些奖励可能延迟并呈现间歇性，其来源是社会和群体。由于自我概念与社会环境息息相关，高文化智力者会主动与他人接触，以获取与自己有关的信息。如果自我提升来自内部和个人，那么低提升动机很可能与高文化智力相关联。也就是说，基于内部参照物的高提升会分散一个人探索外部世界的注意力，从而阻碍其针对外部世界的学习。然而，如果一个人的提升主要基于集体，那么其提升动机很可能与高文化智力相关联。因此，自我提升与文化智力的关系是复杂的。

最后，一致性动机与文化智力负相关。一致性动机高的人，文化智力就低。强烈的一致性动机反映了个体对新环境的适应能力不足，以及整合高度不同观念的能力较差（这在新文化中可能会出现）。制定适应性策略并有效监测环境，需要具备发散思维和融合多元观点的能力。极端地说，高度一致性动机会导致一个人忽略或拒绝与其自我形象不一致的信息，即使这些信息对于理解新的文化至关重要。高度一致性的人在遇到新思想和新观点时，比如在接触一种新文化时，就会变得僵化。

试想以下情境：一位美籍外派经理通过居住在外籍人员聚居区、送孩子上"美国学校"、在美国专卖店购物等方式，使自己与当地文化隔绝开来。在香港的一个地区（就在市中心附近），从一家酒馆走到另一家酒馆，听到的都是澳大利亚和英国口音，让人误以为是悉尼或伦敦市中心。亚洲大多数大城市都有"外籍人员小巷"，由酒吧、餐馆、商店等组成，专为外籍人士服务。我们并不是批评外派管理人员在当地环境中寻找像家一样的舒适——这种"带着家"的做法很常见，也很实用。当第一作者就如何适应新文化的问题向外派管理人员提出建议时，他强调，即使自我一致性动机较低的人，也需要一些对家的依恋，以此来保持一种普遍的幸福感。简单的例行公事，如买份报纸或买杯卡布奇诺咖啡，能让外派人员与家乡的文化重新建立联系。然而，过度的一致性动机可能会导致孤立和过度依赖自己的文化。高文化智力的管理者既要保持家庭环境的延续性，又要了解新东道国文化的独特性，并在两者之间取得平衡。

高度一致性的另一方面涉及一个人如何储存与感知与环境有关的信息。以图式为基础的心理功能观有助于理解外派人员如何适应新环境。图式形成的基本过程与自我动机有关。对于一致性动机较高的人来说，自我模式往往会变得僵化，且不容易重组（厄尔兹和厄利，1993）。这意味着一致性高的人会抵制吸收与他们已有观点相矛盾的信息。这对于一个人适应新的文化是有问题的，因此也反映出了低文化智力。

与文化智力有关的个人动机的另一特点是规范和价值观是自我的重要方面，因为它们会引导个人关注社会环境具有哪些特征以及他或她重视什么（施瓦茨，1992，1993）。（本书无法对个人价值观和文化价值观进行全面评述，有兴趣的读者可参阅一些重要资料，包括格伦和格伦，1981；赫斯科夫茨，1955；霍夫斯泰德，1991；克拉克霍恩，1954；克拉克霍恩和斯特劳德贝克，1961；罗克奇，1973；以及施瓦茨，1992，1993）。

威尔逊（1993）在著作中对个人价值观和道德价值观进行了阐述。他认为，社会中有四种普遍的道德取向，这些道德取向为如何形成更具体的文化（和个人）的价值观提供了一个总体视角。威尔逊的四种普遍道德是同情、公平、自控和责任，他认为这四种情感构成了人的道德感。

首先，同情指的是被他人经历所影响的能力。例如，设想一个捐赠者赠送了一份慷慨的礼物并得到了公众的认可。尽管捐赠者可能是为了获得公众认可才赠送礼物的，但威尔逊质疑，如果观察者怀疑赠送礼物的行为不是纯粹地想让他人获利，为什么公众要认可这种行为呢。他的结论是，这是因为人们鼓励人与人之间具备"同情"这种情感，即使赠送行为从潜在看不是令人愉悦的。

其次，公平反映的是判断行动是否公平或公正所依据的结果和程序标准，该结论在组织环境中得到了很好的支持（参见格林伯格，1996；格林伯格和林德，2000；林德和厄利，1992；林德和泰勒，1988；蒂伯特和沃克，1978，对公正性进行了更广泛的讨论）。结果（或分配）的公平是指人们对有限资源分配的感知反应（亚当斯，1965）。最常见的结果分配规则分为三种：（1）公平（与投入相关）；（2）平均（均等份额）；（3）需要（基于个人需要）[①]。（关于这些分配规则的一些有趣讨论，请感兴趣的读者参阅亚当斯，1965；多伊，1958、1962；多伊和克劳斯，1962；福阿和福阿，1976、1974；弗兰克，1988；格林伯格和林德，2000；罗尔斯，1971；乔斯沃尔德、许和罗，1997）。

群体成员在社会和经济交换中会用到几种分配规则，如公平、个人努力、平均和需要（菲斯克，1991）。与我们的模型相关的是，在群体中发生的交换可能受几种不同规则（或规范）的指导，而且这些规则因文化特征而异。例如，梁和邦德（1984）发现，在集体主义文化中，公平或平等准则更受青睐，这取决于一个人面对的是群体内成员还是群体外成员。在与本群体成员打交道时，他们的研究对象（中国人）倾向于使用平均准则进行分配和交换，而在与外群体成员打交道时，他们则遵循强烈的公平准则。托恩布洛姆及其同事（托恩布洛姆、约森和福阿，1985）发现，在瑞典，平均准则比需要准则和公平准则在交换中更受青睐。显然，不同文化背景的人更倾向于不同的交换关系。

交换的另一个要素指决定结果的程序时的公正。控制决策过程会增强对

---

① 译者注：原文（1）是 equity，倾向于通过平衡来达到公平；（2）是 equality，倾向于均等）。

决策程序结果的判断力。（林德和泰勒，1988；蒂博特和沃克，1978）。研究表明，即使结果对个人不利，过程控制也会改善对分配决策和绩效的反应（巴伦和库克，1992；巴泽曼、洛温斯坦和怀特，1992；比斯，2000；福尔格，1977；林德等，1978；林德和厄利，1992；林德、坎福和厄利，1990）。这一立场的支持者认为，仅对决定交换结果的程序拥有控制权或投入权，就足以让人们觉得这些结果分配是公正公平的。这些效应在许多类型的任务和环境以及民族文化中都是一致的。梁和李（1990）研究了文化背景与过程公平干预反应之间的关系，发现与西方的研究结果一致。

林德和泰勒（1988）为解释过程控制效应而提出的理论称为"群体价值模型"。该理论认为，对过程提出意见会对个人反应产生积极影响，因为意见表明个人是群体中备受重视的一员。也就是说，人们重视提出意见的机会，因为这表明他们的观点值得被听取（林德和泰勒，1988）。同样，我们可以预见，个人对投入（即发言权）的期望以及对投入的满意程度也存在文化差异。群体交换的本质反映了分配规则和程序性影响的文化差异和相似性。

这两种形式（过程性和步骤性）的公正被认为是相互独立的，尽管多年来两种立场的研究都对这点存在争议。步骤性公正的批评者认为，步骤的重要性在于它能帮助人们确保获得自己想要的结果。过程性公正的研究者则认为，过程的作用与产生的结果无关。很少有研究试图将这些影响区分开来，但厄利和林德（1987）进行了一项这样的研究。在中国香港和其他地区进行的研究验证了步骤性公正效应的跨国相似性（梁，1985；梁和帕克，1986）。

再次，自控指的是一个人为了未来而在当下保持克制，或延迟满足。例如，一名在攻读博士学位的学生可能会过几年穷困潦倒的生活，以获得担任知名教职所需的技能、知识和资历。如果一家企业能将额外的收益用于研究和开发，而不是发放额外的红利，那么它就可能确保自身（及其股东）拥有一个更加美好的未来。

最后，威尔逊的"责任"指个体愿意为来自社会、家庭和重要的人尽忠的义务。例如，休斯顿、盖伊斯和莱特（1976）研究了部分"撒玛利亚好人"（指危机中为他人提供帮助的人）的行为。他们发现，撒玛利亚人的行为是因为在做正确的事，而不是因为同情受害者本身。威尔逊认为，人们正是通过这四种情感在社会中发挥作用以及指导行为的。

这些道德要求与文化智力相关，因为它们为文化标准和价值观提供了一个普遍视角。对这些核心价值观有高度认知并拥有这些核心价值观的人可能更善于调整自己。例如，较强的自控道德意识对于在跨文化交际中常有的延迟满足是很重要的。在新工作任务的初期阶段，外派管理人员收到的负面反馈往往多于正面反馈，因此，愿意等待赞誉显然非常重要。对社会的道德义务感可能会促进或阻碍文化理解。强烈的义务感意味着一个人知道义务是什么以及其重要性。一个对他人有强烈个人义务感的人，可能可以有效地识别他人身上的义务感。在我的文化中，如果我非常重视了解并履行我对他人的义务，那么我很可能对这些义务非常敏感，而且已经掌握义务是什么以及如何履行这些义务的技能。然而，过分执着于特定的道德义务可能会表现出一种狂热，这并不利于文化间的理解。

行为要素

文化智力要求人们知道做什么和怎么做（即认知），以及有坚持不懈努力的动力（即动机）。然而，它还需要其他条件：即一个人在特定情况下作出的一系列行为反应。如果个体缺乏这些特定的行为，那么他必须具备获得这些行为的能力。

为了便于讨论，我们采用邓内特（1976）给出的定义，他将天资（aptitudes）、能力（ability）和技能（skills）区分如下。天资指的是一个人在日常生活中积累的总体经验对其产生的影响，也反映了一个人获得额外能力的潜力。能力可以看作是资质在实际行动中的表现。也就是说，能力反映成就的具体内容（无论从精神或生理上的）。因此，我们可以讨论一个人在语言方面的天资如何使他们更容易地学会新语言。学习新语言这一能力反映了个人的语言天资，而实际掌握某种语言则代表着一种新能力。值得注意的是，天资作为更高层次的构造捕捉到了大量潜在能力领域（比如说语言天资的可能涵盖个体对于多种不同语言的习得）。而技能则被描述为个人随着时间逐渐获得并掌握特定领域技巧的集合。最后，邓内特将技巧描述为身体和运动方面所具备的天资和能力，尽管他把技能与某种一般形式的能力水平联系起来，但他强调，技能并不仅仅是某种能力的高水平。不过，他强调，这三种能力并不像某些学者所希望的那样容易区分。他描述道：

> 也许读者现在已经怀疑这只是一个乏味的笑话。如果是这样，那就说到点子上了。对这些术语进行定义并不能得出真正让人满意的结论。它们都属于克隆巴赫所提到的最大范围内，它们之间**确实**存在着明显差异，细微的不同并不重要。随着研究的深入，这些术语的相对独特性将根据其行为的参照物以及与工作绩效差异的关系变得更加明显。（邓内特，1976；黑体字为原文所加）

坎贝尔和坎贝尔（1988）等也作出了类似的区分，他们将能力描述为个体差异中相对稳定的特征，但又将能力与天资相提并论，将两者视为个体水平绩效可比性的先决条件。同样，伊尔根和克莱恩（1988）将能力称为"与执行所需行为的能力相关的个人特征"。

我们同意邓内特的观点，即不需要为了所有目的而详细区分能力、天资和技能。尽管如此，我们还是应该保持一种普遍观，即天资反映的是一种才能，而能力反映的是实际成就。我们将以这样的方式来使用这些术语，同时认为能力和天资是相互重叠、互不排斥的范畴。对我们来说，二者的关键区别在于，天资比能力更表达了普遍意义上的才能或潜力。文化智力以多种方式捕捉到了这两个概念的潜在表现。

关于潜在和未来的能力（天资），文化智力反映了一个人掌握了可以适合新文化的新行为能力。我们前面举过几个例子，比如在加纳学习握手、在泰国学习恰当的微笑。这些例子都是在另一种文化中明显且直接作出恰当行为的表现。其他行为则需要更复杂的技巧。习得一门新语言面临的困难，包括正确掌握例如普通话或泰语等语言的声调和发音，对文化适应都很重要。鉴于语言传递着一个人文化的许多微妙之处，我们认为，缺乏语言学习天资的人，至少在某种合理能力水平上，其文化智力会比较低。我们并没有假设语言习得与文化智力之间存在因果关系，只是认为两者之间存在相关性。

一个人的行为也会以更间接的方式与文化智力联系在一起。在有些情况下，一个人可能知道并希望作出与文化相适应的行为，但由于某种根深蒂固的保留态度而无法做到。我们在第1章中举过一个例子，一名外派人员面对着装满当地美食——油炸蚯蚓和蚂蚱的盘子，无法克服自己的厌恶吃掉盘子里的食物。这种行为反应（或可以认为是缺乏行为反应）可以用行为学的术语来解释（卢坦斯和克雷特纳，1985）。也就是说，一个人被特定强化过的历史与他在新文化环境中采取的特定行为有密切关系。尽管当前心理学倾向于忽视强烈的行为主义取向，但有一种观点是有道理的，即某些学习到的行为可能会积极地抑制或干扰其他行为表现。更糟糕的是，在跨文化交流中，即使一个人最终能够作出所期望的反应，主人也可能会察觉到她的犹豫并作出消极反应。

行为的正确发生需要一个人有长期坚持的意愿。坚持不懈是学习新技能的必要条件，而个体获得新技能的天资也同样重要。也就是说，仅仅是愿意尝试和学习新行为是不够的。高文化智力者具备确定新行为以及如何学习这些行为的天资。

因此，文化智力的行为要素与认知和动机要素都有联系（认知和动机要素也是相互联系的）。新行为的显现和随后的执行，需要认识到这种行为是新的、不同的。新行为的发展和随后的执行，需要识别到这种行为是新的、不同的（例如，在应对紧张与应对愤怒时的泰式微笑是不一样的）。这也要求个体坚持不懈、努力正确地执行行为。这意味着，文化智力中的行为要素是认知和动机的产物。

这也不是行为要素的限度。回到我们关于食物厌恶和个人强化历史的例子中，可以看出行为要素要求高文化智力者具备灵活性。即使一个人倾向于拒绝有趣的虫子美食，她也有可能克服反感情绪并尝试一下。她是否真的具有高文化智力，取决于她尝试吃的时候是否控制了自己对食物的反应（没有向主人传达犹豫、反感等情绪）。高文化智力的行为方式是灵活而多样且易于调整的。因此，文化智力并不是要一个人"强迫自己"去做不喜欢或厌恶的事情。如果仅是强迫自己去做特定的行为可能会导致向主人传达一些微妙的暗示，比如非语言泄漏。（如果身体方位或面部表情等非语言线索与个人发出的语言信息不一致，就会出现非语言信息的泄露。例如，如果配偶承认自己选错了电影，但同时翻着白眼傻笑，那么他实际传达给配偶的信息可能会被理解为不把她的抱怨当回事）。高文化智力者能够很好地控制自己的肢体表现，从而避免非语言泄漏和其他微妙的混淆。也就是说，高文化智力者对情绪和身体的表现有很强的驾驭能力和感受。

高文化智力者会利用从他人那里得到的线索来准确地推断他人的状态和想法。角色塑造对行为文化智力有着重要的贡献。通过观察他人，并观察其在与自己互动时的反应，可以获得无数的线索。高文化智力者可以整合并模仿这些线索和行为（查特朗和巴奇，1999）。关于模仿的研究表明，有效地模仿他人的行为，即使是无意识地模仿，也会提高互动的满意度。此外，人们甚至发现，随着时间的推移，模仿行为会使配偶看起来很相似（扎洪茨、阿德尔曼、墨菲和尼登塔尔，1987）! 模仿是微妙的，甚至是无意识的（查特朗和巴奇，1999），但它在社会交往中通常会产生积极的影响。一个高文化智力者是一个有天赋的模仿者，而是否必须在个体意识中进行模仿将在本研究的后面部分讨论和阐述。

一个人能够控制个人表现和行为，然后进行有效表演是不够的，他还必须能够利用他人提供的各种行为线索来解读他人的行为和潜在动机。这就是自我表现的作用所在。人们不希望故意做一些让自己显得无能、不受欢迎或没有吸引力的事情。然而在跨文化交际中,尤其困难的是要求人们在非常陌生的环境中和仪式中表现得恰如其分。

回到我们的加拿大外派经理,他最近受聘管理一家泰国工厂。这位经理来到车间,在工厂里巡视。遇到不同员工时,他注意到他们都停下了手中的工作,不断地向他微笑,其中一些人还向他敬了一个泰国"合十礼"(低头,双手合十以示尊敬)。当天的晚些时候,他看到一名员工正在处理工厂的一个重大问题,而这名员工也在微笑。最后,在回家的路上,他穿过曼谷一条非常繁忙的马路,差点被一辆出租车撞到,而司机却在对他微笑。这位外派人员心想:"为什么泰国人总在微笑呢?"第二天,遇到了一点麻烦,经理不得不出面干预并严厉训斥了两名员工。在训斥过程中,他强迫自己嘴角保持一点微笑,因为他预测这会有助于缓解训斥时的紧张气氛。事后,他注意到这两名员工对整个事件感到非常困惑和沮丧(从副手那里听到的消息)。第二天,两名员工都辞职了。

在这个例子中,这位外派经理面临的问题是多方面的。首先,他没有观察到各种事件中微笑的类型,因为运用的微笑各不相同。其次,他没有意识到,在泰国这样一个高权力距离的文化中,上司在训斥时用微笑作为缓解紧张的手段是不能令人信服的。最后,他的微笑不仅类型不对,而且他的非语言泄漏传达了自己的高度不适,两名员工感觉到了。高文化智力意味着要有足够的控制力和观察力,确定在不同的时间、不同的环境中,员工应该在什么样的情境下微笑,微笑本身的本质是什么,在不同情境下它又有什么不同,以及如何根据现有的文化实践作出一致而恰当的回应。

行为因素与认知和动机因素密切相关,因为个体必须有潜在的心理结构,它可以指导个体习得"正确的行为",以便观察和作出相应的反应。从认知因素的视角来看,意味着正确地认识问题和情况,并对事件进行适当的"归档",以便后续处理和解决问题/推理。从动机因素的视角来看,意味着要有足够的控制力和镇静力,以准确表达反应的意图。动机和行为因素的相互影响与梅耶和萨洛维(1993)以及霍华德·加德纳(1983)所描述的情商的一个方面类似。加德纳对此的描述是:

> 在这里起作用的核心能力是**进入一个人的感知生活(*feeling life*)中**——即他的一系列情感或情绪。立即对这些感觉进行区分,最终给它们贴上标签纳入符号代码、利用它们作为理解和指导自己行为的手段的能力。在最原始的形态下,内省智力不过是区分快乐和痛苦的能力。在最先进的水平上,内省知识使人能够发现并象征复杂的、高度不同的感觉。(加德纳,1983;黑体字为原文所加)

以上对内省智力的描述,强调的是内省和自我反思,以产生适当的情绪反应来指导行动。我们对行为方面的描述并不一定需要如此深层次的自我分析,也不需要像加德纳所暗示的那样对自己的情绪状态有惊人的掌控能力。如果我们将表演方法型演员(实际体验生活和角色,包括伴随的情绪和观点)与角色型演员(将角色进行模仿和刻画)进行类比,我们就会发现,加德纳所描述的控制水平显然与表演方法型演员类似。我们看不出这种程度的内部控制和调节有什么优势,因为高超的演员可以演绎出复杂的情感和动作,而不会变成他们所扮演的角色。高文化智力者具备这样的洞察力和控制力,但却不必沉浸在某种情境中,以至于迷失方向。除了文化智力的这些因素,还有一些核心的过程是人们如何处理新的、不熟悉的文化。

文化智力的过程方面

我们的方法流程见图3.3。

文化智力有几个普遍的过程特征。总体框架由三个分析层面(从普遍层

第 3 章 文化智力理论

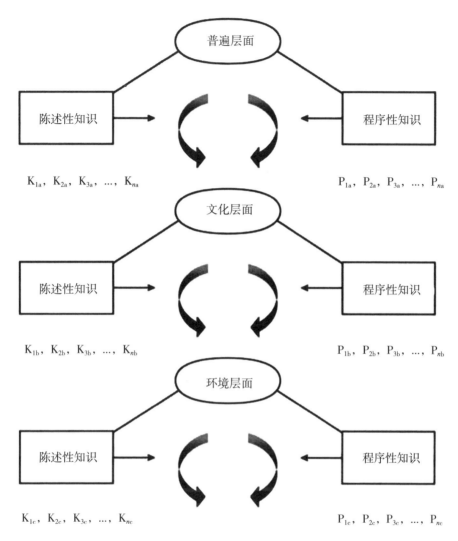

图 3.3 文化智力的基本过程

面到特定环境层面）组成。知识分为两大类——陈述性知识和程序性知识，陈述性知识指我们对事物的了解，而程序性知识则指我们对如何做某事的了解（阿克曼和海格斯塔德，1997；科恩和巴克达扬，1994；辛格利和安德森，1989；斯奎尔，1987；图尔文和施特格，1990）。对这两类知识最简单的理解是，陈述性知识是关于实体特征的信息（例如，冰箱能使物体保持低温），而程序性知识描述的是事物的运行方式（例如，冰箱的制冷剂在各种加热线圈中循环，线圈的作用是从周围环境中提取热量，由制冷剂释放出热量后再循环）。也就是说，陈述性知识涉及事实、建议和事件，而程序性知识涉及基本功能和行动（科恩和巴克达扬，1994）。这两种类型的知识都在图3.3所描述的三个分析层次中。它们与一般性特征有区别，与社会环境有关联。

普遍层面指人与生俱来的知识。普遍层面的陈述性知识和程序性知识不需要学习（但可以通过干预强化和调整）。基本的心理功能，如记忆存储和回忆、感官编码和语言（语言能力而非特定语言），都是普遍层面程序性知识的例子。陈述性类别包括区分生物与非生物、善与恶的普遍概念（不是概念的定义，而是这些普遍类别的存在）或区分自我与他人的自我概念。

一般智力中，与生俱来的能力可能包括处理速度和半球特化（卢里亚，1980）或反应研究中反映的处理时间（詹森，1982a）。例如，瑞德和詹森（1992）利用模式反转任务（棋盘任务）的表现来测量两种中等潜伏期的诱发电位。结果表明潜伏期与智商之间的相关性是适度的，但在一些情况下确实具有显著性。同样，麦卡锡和唐钦（1981）发现，被称为P300的诱发电位（因其在刺激出现300毫秒后出现带正电的反应而得名）与特定任务的认知资源分配有关。智力的遗传基础也与此相关，因为这些基础反映了普遍水平处理的"硬连接"方面。尽管这是一个极具争议的话题，但有证据表明，遗传构成可能会对一般智力产生重大影响（詹森，1982b）。（我们选择回避关于智力的先天与后天培养的争论，以免偏离本书的重点）。

在普遍层面上，陈述性知识和程序性知识都具有高度的抽象性和一般性。普遍层面知识是个人内在固有的，而不仅是个人经验的产物。然而，普遍层面知识并非不可改变，极端情况（如大脑的生理性损伤）会影响这些普遍层面知识的类别。（电影《记忆碎片》就描述了这类极端的例子，主人公在经历了一次创伤后，失去了储存近期记忆的能力。他可以重新回忆起自己遇袭前的生活和经历，却无法保留任何后续记忆。这种形式的记忆障碍虽然罕见，但确实存在。）经验无法创造缺失的过程，但一些心理过程可以在正确的环境中得到改善。例如，适当的营养有助于确保现有的心理过程充分地运行，而过度的压力会使系统超负荷并减缓其他处理过程。

心理普遍性代表了高度抽象层面的陈述性知识。所有人都具备抽象的个人感知和自我概念类别（爱普斯坦，1973）。这些类别包括存储在现有心理结构中的特征，其深度、广度和复杂程度因人而异，但每个人的记忆图式都有这些维度。一些学者认为，道德价值观也具有普遍性（威尔逊，1993）。如果是这样的话，这些普遍价值观就构成了普遍层面的陈述性知识。一个人应该如何对待自己与他人、对正义的看法、资源的公平分配以及对他人的责任都可能是普世价值观。（我们并不是说人们普遍认可相同的资源分配制度，只是说所有人都具有公平分配的概念）。

普遍层面上的程序性知识指的是个体处理所获得信息的常规途径。我们谈论的是一个人如何处理和理解新信息，以及怎样指导他的行动和对情况的反应。程序性记忆存储的是行动的顺序，就普遍层面的程序性知识而言，它指的是人们处理信息的例行程序，如存储新记忆或对经验进行分类（韦尔和斯鲁尔，1980）。这很像韦尔和斯鲁尔（1980）提出的"执行"，或者说一种结构，其功能是存储、移动和检索信息。从我们的观点来说，所有人都具备普遍层面的陈述性知识和程序性知识，但存储和处理这些知识的能力却不相同。高文化智力者比低文化智力者在存储和将新的经验分类上有更强的能力，尽他们都有这种普遍能力。

在中介层面，程序性知识和陈述性知识更多反映了文化的特定信息和特征。由于我们关注的是文化特征和文化特定经历，因此我们会在这个分析层次上更多地从主位考虑。例如，一个人来到一种新的文化环境中，她看到航空公司的工作人员都戴着白色棉手套（日本成田机场就是这样），他们处理行李、安排巴士路线，等等。戴白手套的目的是什么呢？此时信息已经经过处理，让人去了解戴白手套涵义。是担心污染吗？还是担心传染疾病？或者是清洁规范？程序性知识会引导我们对过去遇到的强调清洁、排外等文化的具体陈述性知识进行信息搜索，试图将白手套之谜的有用信息纳入记忆。这就需要在更具体的层面（近似层面）上进行进一步处理，以理解在机场戴手套对航空公司员工的意义。在中介层面，我们从自己的文化中汲取共同经验，作为观察和理解类似情况的总体视角。这位来到新文化中访问的人问自己，为什么航空公司的员工要戴白手套？她从自己文化中的各种主位陈述性知识，以及常识（如果有的话）中汲取信息来解决这个问题。

为了得出答案，她会使用特定环境中的程序性知识和陈述性知识来处理当前的独特情况。也就是说，她的环境在很大程度上影响了她对程序性以及陈述性知识的使用。在机场服务员戴白手套的案例中，她会寻找合作线索，形成一个假设，解释机场工作人员戴白手套的原因。例如，她假设日本人害怕疾病，因此戴手套是为了防止生物污染。为了评估这一点，她参考了自己过去在机场的经历、与日本学生和同事的接触、之前访问日本的经验等，最终根据这些信息形成了一个印象，并将其综合为一个判断。这种判断可能会导致她对航空公司工作人员的行动和反应。

这次跨文化事件的具体反应和处理，是在不同处理层次上进行信息处理和整合的产物。从普遍层面上看，她对事件进行处理、对信息进行分类并将其存储到人的普遍建构类别中。这些类别包括人与无生命物体的识别，是对人的性质、功能和作用的一般感知。从中介层面看，她根据自己对日本文化和规范的了解来处理此次事件。她从自己关于日本和日本人的现有记忆中获取有用信息。从近似层面上看，她会根据工作人员为什么戴白手套、工作人员对其他人的反应、是否所有工作人员都戴白手套、她对工作人员一整天都要戴着白手套的感受、环境温度以及其他许多特定环境线索来处理这次事件。这不仅仅是机械的移动信息。她的喜好、厌恶、偏好和主观的／情感体验会影响她处理信息的方式以及她关注的信息（厄利和弗朗西斯，2002；拉扎罗斯和劳尼尔，1978；马库斯和北山，1991；马库斯、北山和海曼，1997）。

总之，文化智力的过程最好是被视为陈述性知识和程序性知识在不同分析层面上运行。它们在三个层面上运行：（1）普遍层面的过程和知识，用于对人类的普遍概念进行一般处理；（2）中介层面的过程和知识，具有文化特殊性；（3）近似层面的过程和知识，与事件的背景、人物和时机密切相关。

小结

持怀疑态度的人可能会问，为什么在学术发展达到此阶段时，需要提出另一种智力模式或类型。原因有以下几点：绝大多数智力研究框架都侧重于认知研究，如信息处理、反应潜伏期、逻辑推理等（斯特恩伯格，1988，1997）。事实是智力模型已向因素模型转变（加德纳，1983，1998；梅耶和萨洛维，1993，1995；斯特恩伯格，1988，1990）。因素模型的研究方法可以追溯到20世纪初桑代克等人的研究，但令人吃惊的是，直到最近二十年，才提出相对较少的模型并检验。而与我们的理论相关的是，对贝里1974年提出的文化相对主义批评的尝试几乎没有，这一点令人惊讶和遗憾。从组织角度来看，鉴于企业所经历的快速全球化，这项缺憾至关重要。

学术文献中的另一项令人惊讶的缺失是人们对适应新文化能力的关注。因此，这也是我们理论的重点所在。我们致力于深入了解个体对异文化在适应和理解过程中所涉及的因素。为什么有些人能够适应新的文化，理解现有惯例，表现出恰当且有效的行为，而有些人却不行？我们的轶事记录和初步实证证据表明，文化智力不仅是情绪智力、移情、社会智力、实践智力、隐性知识等问题。新文化体验的独特之处在于来自过去经验的线索和信息在很大程度上有缺失或产生误导。许多时候，他人的行为和意图看似奇怪且随机。高文化智力者具备在如此复杂的背景下理解并坚持行动的能力。这种调整需要一套复杂的流程来管理程序性和陈述性知识，使个体能够有效处理跨文化交往中所面对的挑战。

我们的模型包含构成文化智力的三个一般因素：(1) 认知，即个体能够根据所提供的各种线索获得和理解新文化的具体知识；(2) 动机，即个体在认知层面采取行动的倾向和决心，以及坚持不懈地获取知识、理解新文化并克服困难或失败的决心；(3) 行为，即个体在特定文化环境中采取预期行动的能力。缺乏这三个因素就意味着个体缺乏文化智力。因此，我们所说的三个因素不仅仅是智力的认知框架——文化智力还要求个体善于观察、理解、感知到必要作出的反应或互动，然后付诸行动。

此外，我们还描述了一个普遍过程的模型，该模型在处理新文化时，对程序性知识和陈述性知识的使用抽象出三个层次。抽象程度最高的是人们用于基本信息分类和处理他人信息的普遍层面。情境注意、记忆存储或回忆，将新信息与现有知识整合以及形成一般反应等都是普遍层面过程的例子。在中介层面，过程反映的是文化知识的使用和发展。也就是说，它反映了自身文化如何成为理解其他文化的透镜，以及如何为新文化制定一般规则。最后，在近似层次上是处理每个独特新情况所需的过程。特定环境法要求个体在新文化中将新信息与不一致的线索结合起来进行观察。

这些过程在程序性知识和陈述性知识的层面上相互影响。一个人在特定文化和环境中的具体经验最终会影响他对人类身份这一更广泛问题的看法。也就是说，长期积累的经验有助于形成定义身份的一般类别以及文化特定类别。

第4章
文化智力的认知基础

你要忘掉以前所学。

——《帝国反击战》中的尤达大师

文化智力的概念包含着几个特征,但最关键的也许是在新文化中构建创新方式来理解、收集数据并运行它们。在《星球大战》(Star Wars)续集中,绝地大师尤达(Yoda)指导他的新学生,让他们抛开成见,以全新的方式来认识世界。虽然这肯定不是原创,但知识重生的意义对于个体适应新的文化语境至关重要。

从认知的角度来看,文化智力的本质可以通过个体试图理解一种新文化时提出的三个基本问题来探讨。第一,我用什么方法来确定我是什么样的人,别人又可能是什么样的人?这反映了个体用来理解新文化环境的元认知规则和策略。有几种不同类型的推理和决策对于文化理解非常重要,特别是不同文化间的推理和决策有何不同,以及如何利用推理和决策的风格来绘制别人的文化地图。推理为第二个问题提供了答案:这个人是什么样的,为什么会这样?最后,在不同的文化背景下,社会环境中自我概念的性质和结构也不尽相同。虽然自我概念的内容和结构因文化和个体而异,但构成它的元素却是相同的。这些元素的共性是我们理解另一种文化中的人们的起点。我们在关注人的自我概念和角色认同时提出一个最终问题:人会是什么样的,为什么?我们运用社会认知和角色理论来探讨这个问题,以此来描述一个人对自我和社会信息的认知组织。

跨越文化的行动艰巨而富有挑战性。它需要在一定程度上调整和适应,这是任何其他类型的社会交往所不具备的,因为新环境中的许多方面都不同于以往的环境。更困难的是,我们在一种(或多种)文化中学到的许多规则在新文化中可能并不适用。在一种文化中学到的许多经验往往会影响成功地适应新文化。文化调整是一个不断变化的目标,需要一系列高度复杂的认知(和元认知)技能。

这种调整不仅仅是在一种文化中跨越不同环境的问题,更需要在新的社会领域拓展专业知识。专业知识指习得特定问题领域相关的知识,而这些知识是与特定环境相适应的(斯特恩伯格,1998)。文化智力捕捉到特定环境中的认知内容和过程,但并不仅局限于特定的方式。按照斯特恩伯格(1998)的说法,专业知识指一个人在特定领域具备的一些特征,包括(1)问题领域丰富而复杂的图式;(2)储存在这些图式中,组织清晰、相互关联的知识;(3)花费大量时间来确定问题的性质(其主要特征和描述)以及寻找问题的潜在解决方案;(4)形成对问题的复杂看法,以便在类似的问题领域中进行归纳;(5)根据给定信息逐步实施现有策略;(6)具备包含与完成任务相关的程序性信息的知识结构;(7)与经验较少的决策者相比,表现出对时间的有效利用;(8)在任务的策略和行为调节方面具有较高的自我监控技巧;(9)随着时间的推移,完成任务各方面的程序化;(10)在提出恰当的解决方案方面比新手表现出更高的准确性。[除了第3项和第8项,我们并不需要将其余的专业知识特征考虑在文化智力核心的技能类型之内。第3项和第8项所要求的处理水平显然与文化智力是一致的,尽管这两项都不涉及(必然)产生适应文化背景的全新知识]。

专业知识可能包含文化智力所涉及的某些元认知过程,但并不完全与之重叠。专业知识的习得可能包括几个阶段,如接受设计特定任务或榜样的指导(班杜拉,1986),通过练习、心智演练和实践,以及成功完成任务等的直接强化来获得任务本身的实际经验。与此相反,文化智力描述的是具备在新文化

第4章 文化智力的认知基础

中发展专业知识的潜力,而不是专业知识本身的内容。从这个意义上说,文化智力指的是一种能力,涉及元认知的技能和过程。

一名法国外派经理被一家法国汽车公司派往中国管理一个汽车组装工厂。该公司最近在中国南方的广东省广州市郊外开设了一家工厂。尽管工厂拥有现代化的设备(其中大部分设备直接从欧洲运来,由法国技术人员安装),而且中国员工也接受了外籍工程师(主要是法国人,也有一些澳大利亚人)的培训,但工厂的业绩却落后于欧洲同类工厂的标准。外派经理科克托先生来到中国,开始了他在工厂的工作。他是一位经验丰富的经理,曾在法国成功建立了另外两家工厂,并在公司工作了很长时间。他接受过工程师培训,并获得法国ESC高等商学院的商业学位,这些都表明了他是这项任务的理想人选。

科克托召集他的直接下属(即法国公司正在培养的中国经理)在工厂开会。此次会议上,他阐述了一个全面且深思熟虑的提高工厂生产率的计划,重点在改进技术和运营方面。介绍完计划后,他征求了下属的反馈意见,得到了他们的大力支持。新计划在接下来的几个月中开始实施,并于六个月后对生产率进行检查。科克托发现,新实施的计划对于生产率毫无帮助。他百思不得其解,于是召集员工询问原因。员工就工厂遇到的问题提出了几种可能性。在这次会议之后,他又开了一次会,只让他的两位直属高级经理参加,想看看更坦诚的讨论能否带来新的想法。同样,两位经理也没有提出什么意见,他们认为问题可能出在装配线上的一些技术问题上。科克托再次对工作流程和供应流通设计了更多的技术改进措施,并实施了新的改革,工厂为此付出了巨大的代价。经过六个月的复查,生产率进一步下降。面对失败,科克托沮丧地回到了法国,新的经理被派来接替他。

科克托的困境与其他外派经理所面临的同样典型。这个问题的解决方法并不简单,它反映了科克托作为管理者的现有方法存在的问题。正如斯特恩伯格及同事在隐性知识和实践智力方面的研究(斯特恩伯格,1988,1997;斯特恩伯格,1999)所描述的那样,外派员工所使用的大部分专业知识都是隐性的，而且相对来说是自动产生的（希弗林和施耐德，1977）。

在科克托先生的案例中，他面临的问题是一个受过专业训练的工程专家试图处理一个问题空间，而这个问题空间还有其他可能被忽视的关键参数。在这个特殊的例子中，在科克托被遣返回国大约一年后，本书的第一作者在这家工厂会见了一些中国高级管理人员。接替科克托的人要成功得多（也是一名法国外派人员）。两位管理者之间的差异主要在于人力资源管理。工厂的核心问题既不是技术问题，也不涉及高级员工。问题的症结在于，从法国派来培训和监督"缺乏经验的中国员工"的技术人员和工程师人数众多，并且缺乏耐心。中国员工对法国技术人员唐突无礼的作风深恶痛绝，法国人经常拒绝用英语（双方的通用语言）交谈，而且在工休和午餐时间往往独来独往。低生产率反映了普遍低水平的动机，因为员工缺乏对工厂和公司的责任与义务。此外，这一事件发生在中国市场对外大幅开放后不久（20世纪80年代初）。

科克托在处理主要以人为导向的困境时采用的功能固着和思维定式，反映了在特定职业领域拥有丰富专业知识的外派经理经常面临的困难。科克托在法国是一位非常成功的经理人，在完成的具体任务（解决工厂生产率问题）方面积累了丰富的专业知识，于是他被派往中国。然而，他所掌握的专业知识（无论是隐性的，还是显性的）却无法转移到中国。在新的文化语境下，他无法找到新的方法来对周围的问题空间进行构思，这反映出他的文化智力水平不高。最初在收到有关改进的负面反馈后，他都继续改进和实施不符合"真实"问题的策略。他用以评估实际工作环境信息的常规方法效果不佳，也无法对其进行调整或创造出新的方法。

文化、文化适应和智力概述

重温基本概念

罗纳将文化定义为"人类群体中可识别的部分所保持的等价和互补的意

义的总和,可代代相传"(1984)。社会中,文化意义的跨代传承可能并不完美,因此随着时间推移,个人会获得其前辈所有的不同文化意义。文化意义通常不会被整个社会统一共享,也不会被精确地共享。因此,同一文化中的任意两个人对同一事件或构念所持的意义都可能略有不同,尽管这两个人可能与社会中的其他人享有共同的意义,但彼此之间却没有区别。

从我们的角度来看,最好从隐喻、民族志描述等反映的整体角度来看待文化,而不是用具体文化价值观和综合征等方法零星地看待文化。文化适应研究面临的挑战是,新文化不会以零碎的方式呈现其特征。从某种意义上说,我们的论点与斯特恩伯格及同事(斯特恩伯格,1990,1997)在讨论实践智力及其与传统观点的区别时提出的论点相似。斯特恩伯格将学术智力(传统智力)与实践智力区分为以下七个方面。

> 与学术问题相反,实践问题往往:(1)缺乏表述或需要重新表述;(2)是个人兴趣;(3)缺乏解决问题所需的信息;(4)与日常经验相关;(5)界定不清;(6)具有多种"正确"解决方案,每种解决方案都有缺点和优点;(7)用多种方法来选择解决问题的方案。鉴于学术问题和实际问题存在性质上的差异,善于解决一种问题的人可能并不善于解决另一种问题,这一点并不奇怪(斯特恩伯格等,1997)。

值得注意的是,实践智力处理的问题不仅定义不清、不易优化,而且还反映了策略的多重性。文化适应所涉及的问题类型反映了斯特恩伯格描述的许多特征。然而,文化适应需要额外特征,这些特征在斯特恩伯格对实际问题的概念化中没有得到体现,例如产生新问题概念(不仅仅是重新表述),在感知者的参照系下,有的问题模糊不清,有的清晰明了,等等。

那么,在文化智力背景下,智力指的是什么呢?如果我们借鉴斯特恩伯格对实践问题的定义，那么文化适应就可以被视为一个人对新文化环境的适应和塑造，以期履行一系列特定职责。多年来，文化调整与适应的各个方面一直是组织学者关注的核心问题。早期的国际组织行为研究主要集中在外派人员的选择和培训问题上（布莱克、曼登霍尔和奥杜，1991）。这项工作在许多"经典"研究中都有所体现，如董（1981b）关于外派人力资源系统的研究。根据对八十家美国跨国公司（MNCs）的研究，董将外派人员成功的标准归纳为四个一般方面，包括工作技术能力、个性特征或关系能力、环境变量以及家庭状况。接着，她又从这四个方面定义了18项具体的选择标准。在这些标准中，关系能力是非常重要的，是外派人员成功的关键，然而在她的研究中只有少数公司有正式的评估程序。

我们关注这些特定定义的目的，是为了突出与传统定义和方法相关的文化智力的本质。此外，我们还将重点放在这些定义和文化智力的共同认知方面。这些不同的定义见斯特恩伯格和德特曼（1998）编辑的《智力是什么？智力性质和定义的当代观点》。达斯将智力定义为"所有认知过程的总和，包括计划、信息编码和注意力唤醒。其中，规划所需的认知过程在智力中的地位相对较高"（达斯，1994）。德特曼（斯特恩伯格和德特曼，1998）把智力定义为"一组相互独立的能力构成的复杂系统"，并从实证的角度论证了智力是预测学业成绩的一组测量指标。这种比较狭窄的观点捕捉到了传统智力观点所表达的大部分情感。与此类似，詹森用g来定义智力，这是一个从许多不同的认知能力测试中得出的普遍因素，并对其进行了因子分析。研究发现，这个**普遍因素**在各种学业成绩的测量中占了很大的比重，令人吃惊（詹森，1982b，1993）。

针对传统智力研究中的还原论和绝对论观点，一些批评家提出了智力建构的其他定义。约翰·贝里可能是在智力研究方面最著名和最长期的批评家，他认为现有的智力研究未能捕捉到丰富文化背景的精髓。贝里认为，现有的智力定义主要是西方的，限制性过强，而且通常使用西方的方法进行测试，在非西方文化中的价值值得怀疑。他认为，智力最好被视为"对文化群体的适应性，因为它的发展使群体能够在特定的生态背景中有效地运作。它也是个人的适应，使人们能够在其特定的文化和生态背景中运作。"（贝里，1992）同样，佩列格里诺（1994）也把智力定义为一个一般概念，它捕捉了一种文化所信奉的价值观对特定情境作出反应的质量差异。他认为，隐蔽的心理过程，如学习、推理和适应，反映在个体的公开行动中。根据文化背景不同，这些过程本身的价值和体验也不同。

贝里和佩列格里诺对文化的定义似乎捕捉到了在跨文化背景下理解智力的困难性。正如我们之前所定义的，文化智力指的是个体有效适应新文化环境的能力。这一定义并不适合詹森或埃森克等学者所倡导的严格测量方法，但在本书的后面部分，我们提供了一些初步开发的心理测量评估工具。我们的观点是，使用西方工具对认知能力进行评估，不足以了解和预测那些能够轻松适应新文化的个体。贝里（1974）所讨论的激进文化相对主义在特定的具体层面反映了我们的观点。回到第3章的图3.3，贝里所描述的相对主义反映了我们图中文化和环境层面上智力建构的差异。我们认为，在最高的抽象层面上，智力也有其客体性的组成部分，不过这对于本书的中心论点来说是一个题外话。从我们的角度来看，文化智力反映了一种收集和处理信息、进行推理以及根据自身文化背景采取行动的能力。这样的定义并不需要相对主义的假设。而相对主义者轻易地就可以提出质疑，以我们的立场假定收集、处理和形成推论在文化上是可取的。在一个封闭和与世隔绝的社群中，这些能力可能完全没有必要，因此也不可能被定义为"智力"。

总之，智力的通用定义突出了我们的模型所强调的一些关键特征。智力是一个被文化限制的概念，其重要性只有通过主位分析才能完全理解。作为文化智力基础的元认知过程具有普遍性，但其表现和实施却不具有普遍性。因此，我们需要同时关注主位和客位，以了解文化智力在人们适应新文化的过程中是如何发挥作用和以及如何运作的。

文化智力的基本认知结构

基本要素

我们的模型包括三个基本要素：认知系统、动机系统和行为系统。认知系统指传统智力的定义和模型中所包含的所有过程和方面，如知识内容、认知加工等。从文化智力的角度来看，认知的几个要素对于理解文化智力至关重要，第3章中的图3.3描述了这些方面。

我们在讨论中特别强调的认知的各种特征包括元认知、陈述性知识与程序性知识、推理（归纳和类比）以及与推理相关的社会认知（例如，基本归因错误、推理风格、促发影响）。我们将重点放在这些特定主题上，因为它们对于文化智力所需的认知处理类型至关重要。

我们首先讨论的是人们如何存储、处理和检索作为文化互动基础的社会信息——根据基本社会性质的情境和信息进行操作和行动。在这个早期阶段，我们还没有运用自我模式和角色理论来关注信息处理的社会性与文化智力的关系。

第3章中，我们用了一个社会认知框架来描述一个人在试图了解新文化环境时所经历的转变过程。根据社会认知、自我和图式理论，我们描述了个体的自我认知和图式是如何影响他或她面对社会世界的。当讨论与社会认知相关的文化智力时，我们将回到这种方法上，但首先我们将注意力转向认知功能的基本方面，从元认知开始。

元认知与文化智力

认知心理学领域在过去三十年里取得了许多重要的进展，其中之一就是元认知（弗拉维尔，1976，1979，1987）。元认知的概念简单明了，却具有巨大的潜在复杂性和解释不同个体认知差异的潜力（哈克，2001）。简单地说，元认知是指关于思维的思考，或关于认知对象的知识与认知（弗拉维尔，

1987）。元认知可进一步细分为两个互补要素：元认知知识和元认知经验。元认知知识指的是个体获得的，与认知相关的世界知识，它反映了三类一般知识（弗拉维尔，1987）。首先，它反映了关于人的知识或者说我们对作为思维有机体——人的认知。人的知识类别有三种：个体内的、个体间的和普遍的。个体内元认知的一个例子是，一个人认为自己擅长处理数字和分析，但不擅长与人打交道。个体间元认知指的是对他人能力的断言（例如，认为自己的配偶非常擅长解决问题并具有策略思维）。其次，普遍元认知知识指的是我们前面所说的知识的客体方面（例如，知道人在判断时会犯错误，或者知道记忆是易错的）。在所有文化背景下，都会衍生出客体层面的知识。最后，元认知这一概念本身就是一种客体，所以所有文化的成员都对自己的思想有一种了解和意识。

第二类元认知指的是任务变量，或者说是个人获取信息的本质。一个人通过学习可以了解所遇到的信息类型会如何影响在不同情况下处理信息的方式。许多人都意识到，要理解非常密集和独特的信息需要付出很大的努力。如果遇到这类信息，人们就会花费更多的时间去习得信息。其他信息则较为松散，挑战性较小，因此不需要投入太多注意力来理解。因此，人们会了解到，不同情况下的任务要求有很大差异，在处理新情况时必须考虑这些要求。以文化调整为例，旅居者要学习与原文化几乎没有共同之处的新文化，对其要求是很高的，需要投入很多注意力和毅力。而且并不总是那么容易理解和适用于不同文化。

例如，一位同事的工作此前涉及为外派人员到印度工作做准备，他谈到了这些外派人员面临的挑战。他认为这些外派人员在不同时期面临三种不同类型的互动。初次接触时，尽管外在环境对外派人员提出了很高的要求，但外派人员的适应相对容易。印度人对不恰当的行为容忍度较高，他们能够理解外国人在一个完全陌生的环境中会遇到的困难。这就是为什么他们对外派人员在早期适应阶段能够作出适当的行为和反应不抱太大期望。印度人待客的规范要求他们在最初的几周把外国人当作客人来对待，即使外派人员的行为有些"奇怪"。然而，这也带来了不同类型的适应挑战。在印度工作的这位女性外派人员可能会认为，印度的生活并不像她想象的那样困难。然而，几个月后，情况就变得更加困难了，印度同事不再像以前那样给她缓冲，他们认为她已经有足够的时间来适应印度的艰苦生活。当然，问题在于她一直在缓冲，并被引导相信自己的所作所为是当地人认可和接受的。从印度人的角度来看，同事们不明白为什么过了这么长时间，她仍然没有适应新的环境。最后，进入第三阶段，印度同事不再给她任何缓冲，他们对她完成工作的能力寄予厚望，因为她已在印度工作了很长时间。此时，外派人员对失败和无能感到不知所措，同时对事情怎么会出错感到困惑！

从任务的角度来看，由于印度同事起到了外部过滤的作用，因此外派人员在适应新任务中的新信息时对元认知的要求并不高。随着时间的推移，同事的外部过滤/缓冲作用逐渐减弱，这就导致外派人员采取了一些特定的认知策略，但事实证明这些策略是不够的。

元认知知识的最后一个方面是指策略变量，或者说是用来实现某些预期目标的程序。认知策略可能是将一组数字相加得出一个总数，而元认知策略可能是将这些数字多次相加，以确保总数正确。最初的加法过程给出了问题的"正确"答案，但对总数的后续检查却有所不同。后续操作的目的是再次确保得到的是正确答案。另一个例子是，如果一个人接触到非常复杂的阅读材料，他的策略可能是慢慢阅读材料然后理解它。然而，元认知策略则是略读材料，确定其难易程度，然后决定采用哪种认知策略才能最有效地掌握这些材料。这种类型的元认知被认为是一种"学会学习"的策略，有些人将其称为"元学习"（施劳和莫什曼，1995）。

我们以在印度工作的外派人员为例，来说明元认知知识的三种类型都是相互影响的。首先，外派人员用对自己个人能力的知识（个人内部知识）来调节她在跨文化参与中的效率。同样，她用自己对他人的知识来了解印度和当地的工作环境，并判断他们作为关键信息提供者的可靠性。其次，她用自己过去处理其他文化环境的经验（也许是以前外派工作的经验）来判断自己需要投入多少时间和精力来了解当地情况。她可能会用过去在类似文化中的经验来决定需要投入多少时间来学习印度文化。最后，她在掌握这一新文化环境时所使用的策略会影响到她过去的经验和现在的目标（认知策略），以及她对过去有效方法的感觉，以及为什么这些方法在新的环境中可能有用或没用（元认知策略）。例如，如果她以前唯一的外派任务是从祖国德国派往奥地利，那么她很可能意识到，自己的许多具体适应策略在这次新的外派任务中并不是十分有用。然而，尽管印度与奥地利不同，但她用来促进自己适应的一些策略很可能也适用于印度。比如，她知道自己在奥地利的适应得益于她的语言知识。她不懂印度当地口语，但她知道掌握当地语言有助于个人融入当地文化。此外，她认为自己学习一门新语言的能力很强，因此她为了此次外派任务选择参加印地语课程。她所采用的元认知策略是一种语言准备策略，这是从之前在奥地利的任务中总结出来的（在奥地利，她无需参加任何语言培训，但意识到这种技能有助于融入当地文化）。

这个例子说明了有关文化智力认知维度的几个要点。首先，元认知知识与第3章图3.3中三个层次的陈述性知识和程序性知识不同。元认知知识可以在我们框架的这三个层次（普遍、文化、环境）中的任何一个层次上运行。然而，元认知知识在这三个层面上的影响是不同的。其次，人、任务和策略这三个组成必然是互动的，不应被视为相互独立和孤立的。再次，元认知知识对于理解第3章中描述的分析层次非常有用。我们认为，信息处理是在三个不同的层面（普遍层面、文化层面、环境层面）上进行的，而元认知知识可以用来整合这三个层面。例如，关于人的元认知知识反映了所有人都有自我认同结构（即所有人都有自己的意识，以及自己与他人的区别）这一特征。此外，自我结构的元认知知识可能具有文化特殊性（在我的文化中，人们有一种自我意识，将自己与他人区分开来的是他们如何看待家庭成员的身份）。最后，自我结构的元认知知识可能是具有环境性的（在我的社交圈中，人们大多认同某个特定的社会偶像，如理查德·伯顿或猫王）。因此，元认知知识存在于我们的信息处理图（见图3.3）的任意或所有三个层次中。

除了元认知知识，还有元认知经验。元认知经验是一种有意识的经验，它具有情感性、认知性，以认知活动为基础。例如，如果一个人感到某件事很难做或很难理解，他就会产生元认知经验。同样，如果一个人感觉某个目标难以实现或即将实现，他也会产生元认知经验。元认知经验的另一个例子是，知道某些开始的行动可能会如何发展。这些经验在日常生活中非常重要，而且有证据表明，随着年龄的增长，这些经验会更容易加以解释（弗拉维尔，1987）。例如，弗拉维尔（1987）描述了一项研究，该研究为儿童提供了有关（搭积木和移动积木）的操作录音指导。在某些情况下，指令简单明了，很容易完成（例如，把蓝色积木放在红色积木上面）。在另一些情况下，指令则模棱两可、自相矛盾或根本无法执行（例如，把小的蓝积木放在大的红积木上面，让它完全遮住）。他们发现，当儿童（5~6岁）接到这些不适当或相互矛盾的指令时，他们会尝试执行，但常表示不解。然而，在完成任务并问及他们的行动是否成功时，他们却表示自己是成功的。看来，他们无法理解试图执行一组不可能或模棱两可的指令所带来的元认知体验。随着年龄的增长和发展，人们能够更好地利用这些元认知体验来解释社会世界。因此，成年人会利用在尝试执行一组不可能的指令时获得的元认知体验，推断出结果不可能完全实现预期目标。

有关元认知的理论不胜枚举，本章无法一一叙述。（有兴趣的读者可以查阅一些资料，包括：R.布朗，1987；弗拉维尔，1976，1979，1987；哈克，2001；尼尔森和纳伦斯，1995；施劳和莫什曼，1995；韦纳特，1987；温尼，1996）。尼尔森和纳伦斯（1995）提出了一个对我们的方法非常有用的框架，他们认为元认知理论有几个基本要素，包括元层次上代表对象本身的模型、监测和控制各层次之间的流动，以及至少两个独立但相关的知识层次，代表着在多层次上的记忆。他们认为，元认知模型必须满足一些最基本的要求。其一，认知过程必须被分解为至少（甚至可能超过）两个相互关联的层次，包括一个特定对象层次和一个相应的元层次表征。其二,一个层次与另一个层次之间的关系在信息流中得到体现。综上所述,元认知模型必须将认知事件分成至少两个相互关联的层次和两种信息流(控制和监测)。

尼尔森和纳伦斯(1995)的模型所代表的信息流由控制和监控两个过程反映出来。他们用电话听筒来比喻控制与监控的区别。控制指元层面对对象层面的影响(类似于对着听筒说话);元层面通过提供额外框架来解释对象层面发生的事情,从而影响对象层面的性质,但元层面通过这种"控制"机制,而可以不受对象层面的影响。监控与控制相对应,类似于拿着听筒听。通过监控,可以证明对象层面对元层面的影响。元层面所代表的模型将其监控事件纳入元层面模型。因此,各层次之间(或在多层次中的各个层次之间)进行了双向交流,以反映正在发生的心理事件。

尼尔森和纳伦斯为我们提供了许多中介层面(例如,一个层次的对象层面可能是下一层次的模型,因此,根据抽象层次的不同,它既是对象又是模型)。这对于我们区分图3.3所示的普遍层面、文化层面和特定层面非常有用。在监控过程中,元层面会使用对象层面的信息。这些信息用于更新元层面对对象层面发生情况的模型。这种多层面观点可以根据需要扩展到任意多个层次,关键是任何两个相应层面之间的关系都是基于内容和过程的不同特异性。也就是说,元认知监控并不是由绝对的层面排序决定的。关键的特点是关系,即一些过程通过控制和监控支配另一些过程。两个层面之间的界限可能是清晰的,也可能是模糊的,这取决于关系中的联系。

对于文化智力来说,信息的处理和认知分为三个不同的层面(图3.3)。普遍层面上,信息和过程是所有人共享的。例如,所有人都具有自我概念。这种自我概念是一个普遍渠道,通过它可以过滤和解释有关世界的信息(厄尔兹和厄利,1993;马库斯和沃夫,1987;马库斯和北山,1991)。自我概念有一个普遍的结构,即自我与他人是有区别的。许多结构和过程都与文化或特有设定有关。目前,我们只提及一些比较普遍的特征,如图式具有相互关联的认知结构，以及在多个系统中共享这些认知的过程。举例来说，我们前面描述的元认知框架就是一个为自我服务的普遍框架。我们每个人都有一个相对于他人的自我概念，这个概念至少提供了某种最低程度的区分。没有人能够完全融入的社会环境，至少都会有某种程度的自我概念。区分的程度是许多争论和讨论的根源。例如，默顿（1968）的"缺失"（anomie）概念反映了自我与他人的分离，分离是不适应的表现，而其他人则认为，有效地区分是创造力和独立性的潜在来源（特里安迪斯，1995）。元认知及相关过程在普遍层面上发挥着作用。例如，我不仅意识到我能够反省自己对新情况的反应，而且可以推断自己的反应（在一定程度上是成功和准确的），而且我还意识到其他人也能够这样做。

　　元认知在文化特定的层面上也有影响，尽管这还不是该领域学者研究的重点。也就是说，一些文化背景下的人拥有不同于其他文化背景下的人的元认知特征。例如，"高语境"和"低语境"的概念（霍尔，1959，1976）。"个人"和"集体"的自我概念由认知框架塑造，并影响着我们与他人的互动方式（厄尔兹和厄利，1993）。在高语境文化中，人们依靠环境中的许多线索来理解和解释事件。这些线索可能是社会的、环境的，或在很小程度上是个人内部的（霍尔，1976）。这些社会和环境线索不一定是直接和容易观察到的。高语境文化利用社会互动的细微差别，如内容和象征意义来理解特定的情况。低语境文化中的个体则主要关注人际线索以及设定中直接和公开的线索。例如，高语境和低语境文化会影响解决冲突时的交际风格。与高语境文化中的人相比，低语境文化中的人更能将冲突的问题与卷入冲突中的人区分开来（丁允珠，1985，1988）。在高语境文化中，公开提出不同意见或当众与人对质是一种严重的打击和极度的侮辱，会使双方颜面尽失，尤其是在上下级互动的情况下（厄利，1997；何，1976；徐，1985）。高语境文化中的个体认为冲突情境是以表达为导向的。对他们来说，冲突的问题和发生冲突的人是一样的，很难分开。因此，在高语境文化中，人与人之间应该是一种互相之间都很敏感的规范过程。在低语境文化中，人们将冲突描述为主要以工具为导向。

高语境和低语境文化中,处理冲突的规则各不相同。在低语境文化中,处理冲突的方法简单明了,一旦掌握了这些方法,就可以相对轻松地处理冲突。在高语境文化中,个人之间发生冲突的可能性相对较高,因为对可接受行为的规范性期望往往是微妙的、复杂的,而且很容易违反(厄尔兹和厄利,1993)。高语境文化和低语境文化中的个体会学到不同的人际交往态度,比如冲突管理。低语境文化的特点是行动导向,人们认为直接对抗是可取的("把事情摆在明面上,然后再处理")。在高语境文化中,人们通常会在紧张和焦虑时避免直接对质,而采用经过深思熟虑的模糊态度。

我们认为高语境文化和低语境文化的人,他们的元认知内容和过程存在系统性差异。显然,从他人提供的线索中确定意图和情绪的重点因文化层面的构建(如语境)而异。一位来自德国(低语境文化)的外派经理在印度(高语境文化)工作,他问同事某个项目是否能在下周完成,同事告诉他"是"。下周,德国外派人员发现项目没有完成,于是询问原因,印度同事向他解释说:"我以为你明白我说的'是'显然是指'否'"。这并不意味着德国人的元认知比他的同事"差"。德国人的元认知类型与印度人的元认知类型不同,这是由文化背景(如,高语境与低语境)决定的。我们绝不是说高语境和低语境文化在元认知的质量上存在差异,只是它们的侧重点不同而已。

不同文化内容的重点不同,并不意味着元认知的基本过程(控制和监测)也不同,尽管这可能是真的。对于高语境文化而言,我们可以预期其水平的广度(尼尔森和纳伦斯,1995)和所借鉴的水平类型都有所不同。与低语境文化的人相比,高语境文化的人可能会更多地使用心智模型,其信息复杂性也更高。例如,高语境个体可能会根据情境设定和行为者使用对微妙线索敏感的复杂框架,如一天中的时间、在场的人、互动类型、工作环境等,对他人进行推断。

元认知在我们所涉及的环境层面上也存在差异。这个层面指的是互动的具体方面,并捕捉到环境特殊性的动态细微差别。这个层面至少有两个方面,一是环境的性质，二是参与者个人的独特能力。简单地说，有些人比其他人更善于理解周围的世界，并在特定环境的情况下能够恰当地使用可用的信息，有些人则不能。在不同的情况下，我们会发展出不同的自省能力。例如，以"易学性"（ease-of-learning，EOL）判断元认知现象。（有兴趣的读者可以参阅元认知，以进一步了解这一现象以及其他相关现象，如"知晓感（feeling-of-knowing）""学习判断（judgments-of-learning）"等）。易学性判断指个体对在未来学习某种事物时，对困难程度所作出的判断。这些判断是对哪些项目最容易掌握，或哪些策略最容易学习的预测（尼尔森和纳伦斯，1995）。在一项关于元认知个体差异的研究中，克莱门、佛洛斯特和韦弗（2000）探讨了元认知的准确性会影响元认知能力在个体上有差异这一论点。也就是说，人与人之间的元认知能力可能存在差异，但在不同的元认知任务中，人们判断的准确性应该是相对不变的。克莱门及同事发现，虽然在记忆和信念方面的个体差异在不同任务和不同时间内是稳定的，但元认知的准确性却不稳定。这表明，人的元认知能力在不同的时间和任务中是不同的，而且它们并不像人们通常推测的那样，在不同的环境中是稳定的，元认知的准确性（例如，我对自己可以学会一种新的下棋策略的估计EOL如何预测我学习新策略的实际表现）在不同的任务中也不是一成不变的。从文化智力角度来看，这也表明元认知能力可能因人而异，也可能因特定环境而异。具体来说，我在某项任务中的元认知准确性并不一定能预测我在另一项任务中的元认知准确性（例如，我在多大程度上能预测自己是否了解特定文化中有关男女交往的文化禁忌的可能性，与我对了解食物在人们日常生活中的象征意义的估计并不密切相关）。因此，元认知似乎在一个人所处的环境中表现出敏感性。

综上所述，元认知为理解我们模型中信息处理的普遍、文化和环境三个层面之间的联系提供了一个很好的总体框架。我们可以谈论元认知在三个分析层面中任意层面的运行，而一个人在所有三个层面上对元认知的见解都会影响文化智力。在普遍层面，重要的是要知道元认知的哪些方面是所有人共有的，以此作为共同理解的基础。在文化层面，了解他人的元认知有助于指导自己理解他人为何如此行事。在环境层面，对元认知能力的意识不仅对理解和预测他人的行为很重要，而且对了解自己的能力，克服个人弱点也很重要。准确的自我评估对于了解个人动机和效能感非常重要。认识到个人在不同任务和环境中元认知的准确性，是制定一套有效而恰当的图式的核心。

这些关于元认知的理论和元认知能力为我们理解文化智力的认知要素提供了总体背景。元认知是一个人对自己和他人的思维过程所作出的上位判断。

认知的特征：知识类型

讨论认知在文化智力中的作用时，有必要讨论构成基础的"我们所知"的各类知识。一种传统观点（施劳和莫什曼，1995），认为，认知可以用三种一般类型来描述，包括陈述性知识、程序性知识和条件性知识（R. 布朗，1987；科恩和巴克达扬，1994 年；辛格利和安德森，1989；图尔文和施格特，1990）。除了这些类别之外，一些研究者还将知识划分为流体与晶体知识、隐性与显性知识等（波拉尼，1962；斯特恩伯格，1997，1999）。

陈述性知识指的是"关于"事物的知识，而程序性知识指的是"如何做"的知识。此外，认知还可以指条件性知识或知道事情的"为什么和什么时候"。简单地说，陈述性知识指关于自己、他人、对象等的知识。它是个体基于各种经验的记忆内容，捕捉了一个人所处环境的特征。程序性知识指如何开展行动的知识。程序性知识较高的个体通常会自动地开展行动，并且比其他人更可能有效地将策略排序，在使用的策略的质量上也比其他人更好。条件性知识是我们之前在模型的过程方面没有讨论过的一个类别。它指知道何时以及为什么要使用某一个特定的认知行动而不是其他的，可以看作是陈述性知识的一种变体（施劳和莫什曼，1995）。我们的意思是，条件性知识能够捕捉不同情境下特定策略的相对效用。

知识的这些特征与我们对文化智力的讨论相关，因为这为我们提供了一种理解旅居者要习得的知识类型的方法。举例来说，隐性文化知识指的是文化中未被阐明的方面，虽然这些方面可能非常重要。这类知识难以习得的原因在于，来自某种文化关键信息的提供者即使希望表达，也不容易表达出来。与通过直接询问就能确定的陈述性知识和程序性知识相比，外派人员要习得这部分知识，所承受的负担更大。从文化的定义上看，隐性文化知识指的是一个社会中未明确表述的假设和实践（霍夫斯泰德，1980）。因此，外派人员通常必须通过在目标文化中的观察和个人互动来推断出隐性文化知识。

程序性知识和条件性知识都面临着隐性知识所带来的一些挑战。虽然人们能够描述他们与周围世界打交道的程序，但程序不像陈述性知识那样容易表述，因为它们可能会在反复使用中自动形成（希弗林和施耐德，1977）。这表明，直接询问人们在其文化中做事的程序有时可能会有问题。不过，从旅居者的角度来看，程序性知识可以通过模仿他人（查特朗和巴奇，1999）以及通过直接观察习得。条件性知识要求在"正确的时间"使用这些程序，因此它同时包含了程序性知识和陈述性知识。

陈述性知识是外派人员获取信息的最直接形式。这类知识主要通过观察正在进行的活动以及询问新文化环境中的同事获得。因此，我们以在伦敦乘坐公共汽车为例。我可以向同事询问伦敦的公交车是什么样的（陈述性知识），如何停车和上车（程序性知识），以及什么时候应该从前面上车，什么时候应该从后面上车（条件性知识）。

个体对自身文化和其他文化的了解是基于各种收集工具，如行为观察。不过，还有一种方法是基于人们在其文化中所做的推理和社会推论的内容和风格。

认知的特征：理性、决策和文化智力

推理和决策对于文化智力非常重要，因为个体要想在异国文化中产生有效的认知和元认知策略来应对新情况，就必须对自我和他人的认知有深入的了解。诸多研究证实，西方文化和非西方文化在决策、思维模式和风格上的差异

与社会认知的文化价值观有关（卡森斯，1989；米勒，1984，1997；尼斯贝特等，2001；施韦德和勒文，1984）。例如，赵（Chiu）认为：

> 中国人看重情境，他们必须对环境保持敏感。美国人以个人为中心，他们希望周围的环境能对他们产生敏感的反应。因此，中国人对待环境时倾向于采取被动的态度，而美国人则倾向于采取主动和征服的态度来对待环境。（赵，1972）
>
> 一方面,（美式）取向可能会抑制在环境背景下,以关系或相互依赖的方式来感知物体的发展。另一方面，中国的儿童很早就学会了将世界视为一个关系网络；他们是以社会为导向的，或者说是以情境为中心的。（赵，1972）

这种颇受认可的情境敏感性概念植根于霍尔（1976）的研究中（我们前面已经介绍过）以及维特金和他关于场依赖/场独立的研究（维特金和古德诺，1976）等。尼斯贝特和他的多位同事在这一传统的基础上开展了更多最新的实证和概念研究（见尼斯贝特等人2001年的综述）。例如，益田和尼斯贝特（2001）向日本和美国的被试展示了鱼的动画场景，并要求被试报告他们看到了什么。不出所料，美国的被试通常会把注意力集中在场景中的焦点，也就是鱼身上，而日本的被试则倾向于把注意力集中在背景元素上。此外，日本的被试总体上倾向于更多地提及背景、场景和场景中各元素之间的关系。

然而，东西方思维的对比并不像尼斯贝特及同事（2001）所假设的那样简单。例如，米勒（1984）在对印度和美国进行比较研究时发现，与美国人相比，印度的印度教徒对他们所认识的人使用更具体、更符合语境的描述。她还发现，与印度教徒相比，美国人更多地根据个人倾向进行归因，而印度教徒则倾向于根据情境对行为进行归因。然而，两组被试在抽象思维测试中并无显著差异。这一发现排除了认知缺陷，加强了固有文化含义的影响。个人主义与集体主义等文化取向可能有助于解释这个结果。美国人强调自主和自立，而印度的印度教徒则认为人与他人相关。印度人注重人际环境和行为，这可能与以社会为中心的文化有关，而不是缺乏抽象能力。

另一个耐人寻味的案例是日本。日本在工业和经济方面的成就与西方社会不相上下。此外，日本学生在抽象的科学和数学领域远远超过美国学生，但他们的思维模式却常常被描述为具体的（厄尔兹和厄利，1993）。鉴于这种不一致性，卡森斯（1989）研究了文化的作用，以此作为对自我情境约束与情境自由观念的另一种解释。个人主义的前提是将人描述为一个不受制于情境的独立个体，而社会中心主义的前提是将人与他人联系在一起。卡森斯（1989）假设，在社会环境中，日本人能够产生抽象概念并表现出个人倾向。这种反应包括对个人在社会环境中经历的行为进行抽象总结，它支持了日本人在以社会为中心的参照系下对自我进行抽象思考的观点（北山，1996，1999；马库斯和北山，1991；马库斯、北山和海曼，1997）。

回到我们之前提到的高语境文化与低语境文化的例子，我们可以看到文化对决策产生影响的更多证据。在冲突情况下，低语境文化成员比高语境文化成员更倾向于使用事实——归纳法或公理——演绎法来处理冲突。例如，在中国，会建议主管通过与两名下属分别会面来解决他们之间的冲突，而在美国，会建议主管与冲突双方共同会面（邦德，1997；邦德、梁和吉亚卡隆，1985）。在比较墨西哥人和英裔美国人解决冲突时也发现了类似的结果（卡冈和马丁内斯－罗梅罗，1982）。高语境文化和低语境文化之间的差异也会影响到上下级之间的沟通。这种态度在上下级关系中可见一斑。在低语境文化中，上司会直接批评工作质量差的下属，但在高语境文化中，上司会非常小心，避免当众批评下属（厄利，1997）或直接批评下属，以免下属的感情造成负面影响。例如，北美的上司可能会这样说："我不能接受你提交的这个建议。你应该提出一些更好的想法"（宫原，1984）。日本主管则可能会说："虽然我非常欣赏你的能力，但如果我不对你的建议表示失望，那就不太诚实了。我必须请你对你提交给我的建议作进一步的阐述"（宫原，1984）。

低语境和高语境文化背景下的人在争论风格上有所不同。例如，美国人通常采用事实–归纳的争论风格；俄罗斯人采用公理–演绎的逻辑风格；阿拉伯人主要采用情感–直觉的情感诉求风格（格伦、维特迈尔和史蒂文森，1977）。事实–归纳法以事实为基础，以归纳法得出结论；公理–演绎法从一般到特殊；情感–直觉法强调情感体验。情感–直觉风格的一个有趣例子体现在中东德鲁兹人判定有罪的传统方法中。根据传统，两个争论者会被带到法庭上，让他们各自用舌头抵住一个装有热炭的金属锅，以此来检验清白与否。无辜的人（说真话的人）的舌头不会被烫伤，因为他的唾液在流动，会保护他的舌头。说谎的人会口干舌燥，所以舌头碰到火炭时会被烫伤。

非西方文化被认为是具体的，因为它们注重受情境约束的行为和社会角色，而不是抽象的个性特征或倾向（卡森斯，1989）。这种具体通常被归因于分析性思维的认知能力（尼斯贝特等，2001）。具体是一种不从情境中抽象出行为特征的倾向，指的是感知刺激的一个有界限的方面。它倾向于将事物视为现实生活环境的一部分，并从中获得意义，而不是根据概念上的相似性将事物孤立起来，并在不同的环境中进行概括。

如果在特定情境中观察到相互依存关系很重要，那么个体对环境的感知处理和信息的整合就理所当然地成为文化智力的核心。同样，如果个体发现对象层面的属性对其进行分类很重要，那么就需要开发感知特征，例如将对象去语境化，将目标行为归类到现有规则中。正如尼斯贝特及其同事（2001）所言，"当然，不同的认知习惯会在很大程度上成为自动和无意识的，就像基本的朴素认识论会在很大程度上超出有意识的范围一样"。因此，他们认为，个人在其文化中所属的社会组织将影响其认知过程的发展。

分类和归纳推理的差异似乎也与文化影响有关。奥什森、史密斯、威尔基、洛佩兹和沙菲尔（1990）提出了一种类别归纳推理的理论。他们认为，人们跨类别概括的意愿是类别前提重叠的函数，而类别前提重叠涵盖了最低层次的类别。例如，如果告诉一个人狮子和长颈鹿具有某种特性，那么他或她可能推断出兔子也具有这种特性，而不是狮子和老虎具有这种特性。尼斯贝特及同事（2001）报告说，与西方人相比，东亚人的这种类别归纳程度较低。他们认为，与西方人（美国人）相比，亚洲人（韩国人）的类别归纳不那么突出。同样，他们认为东亚人不太可能使用正式的规则和类别来作出判断。东亚人更喜欢将物体的分组基于相似性和关系。他们得出结论，美国人比东亚人更倾向于自发地依赖类别来进行归纳，使用正式的、基于规则的类别来进行判断。

尽管尼斯贝特及同事（2001）所报告的这项工作在许多方面都极具创新性，但我们的一个看法是，"关系不是类别"这个假设可能有点误导性。例如，赵（1972）给美国和中国的儿童提供了许多刺激感官的图片，包括人、车辆、家具、工具或食物等类别，并要求儿童将其中任意两个物体归为一组。中国儿童可能会根据关系而不是类别将物体组合在一起。例如，如果给受试者看三张由男人、女人和孩子组成的图片，中国被试可能会选择女人和孩子，并以母亲照顾孩子作为分组的理由。美国被试可能会选择男人和女人，并说这两个人都是成年人，从而证明其分组的合理性。这可能只是因为东亚人使用的类别是基于关系而不是基于相似性。这并不是说没有分类，而是表明两个文化群体划分类别的关键特征不同。

我们非常关注各种推理方式（例如类比推理和归纳推理），因为它们是文化智力的一个重要特征。其重要性体现在两个方面：其一，从内容的角度来看，重要的是要认识到人们的推理方法各不相同，就可以对他们如何以及为什么采取行动和作出决定形成适当的元认知。如果一个较强分类/分析推理取向的人与一个情感/直觉推理取向的人交往，她可能会因为这个人依赖直觉来作出关键决策而感到困惑。其二，当一个分类/分析取向的人试图制定适当的元认知方案来理解一个直觉/情感取向的人时，她必须意识到对方的自我推理过程可能与她自己所依赖的过程完全不同。例如，如果一个人面对的是具有强烈关系观/整体观的人，那么就必须认识到，对象的分类是基于推断的关系规则，而不是外显的相似性特征。据说有一位雕塑家曾说过，当被问及他如何决定从一块大理石中雕塑出什么时，他回答说："我只是把所有不应该存在的东西都削掉。"

从文化智力的角度来理解文化背景下推理的第二个关键特征。也就是说，对国际旅居者的一个基本要求是收集数据和构建新的社会现实。用社会科学方法论来类比，高文化智力者对扎根理论的理论化方法有一种直观的把握。跨文化旅行者要面临的首要挑战是观察、识别和创建应对新文化的认知和元认知策略。我们将从尼尔森和纳伦斯（1995）模型的角度出发，以一位首次外派到中国工作的法国经理为例，逐一介绍这些策略。

根据尼尔森和纳伦斯的观点，我们可以看到，对象层面指的是旅居者的实际体验。在初期，这可能涉及多种感官，包括触觉（如湿热）、视觉（如人群）、嗅觉（如强烈新奇的气味）、听觉（如来自各种人和机器的高噪声）等。外派人员试图处理超负荷的感官和信息时，其对象层面可能会自动受到限制，尽管此时他的大部分信息处理都会受到控制（希弗林和施耐德，1977）。这种对象层面的处理过程可能非常复杂，在信息处理需求方面会给人带来巨大的认知压力。外派人员可能会采用元认知策略（例如，注意任意一个你认识并能识别出的人，其他人则要避免眼神交流。）以及特定的认知策略（例如，注意与你交谈的人）来处理信息和感觉超载问题。这些策略可能在以前的外派任务（例如，访问印度尼西亚）或其他类似情况（例如，在巴黎观看一场非常拥挤的世界杯比赛）中被证明是有用的。

更重要的是，一个高文化智力者会积极创造新的策略或修改现有策略，以应对环境中新的和独特的方面。该高文化智力者能够结合自己的各种认知，为新环境创造出新策略和元认知策略。仅仅采取和应用现有的元认知策略是不够的（例如，在一种新文化中，看哪位男性说话最多，就能判断出谁是领导者，因为领导者是重要人物）。面对一种新的文化可能需要重新制定现有的元认知策略（例如，说话多表明一个人试图向占主导地位的社会行动者靠拢，所以要看谁被别人谈论的次数最多)。在尝试从当地人的角度看问题时，了解他人的推理方法至关重要。法国外派人员需要考虑到，中国人在推理时非常重视将关系线索作为分组的基础，因此她对行为的归因需要从人际关系而非地点或时间出发(凯利，1973)。

如果我们像尼斯贝特及同事(2001)所说的那样，认为文化背景会影响一个人推理的性质，那么我们的法国外派人员在中国发展有效的认知和元认知技能就会面临一些有趣的挑战。例如，这两种文化在许多方面存在差异，但都有相对强烈的等级制度或权力距离倾向(厄利，1999；霍夫斯泰德，1991)。如果法国外派人员没有认识到两种文化的某一些相似之处并不意味着有很多相似之处，那么他可能会遇到困难。在目睹了下属对上司的某种敬畏和屈服之后，他很可能会调用与强烈权力导向相一致的图式和脚本。但问题是，这些图式和脚本是基于法国文化而非中国文化。此外，他的模式内容可能与新环境所需的内容不一致。因此，外派人员在部分相似性方面所面临的挑战体现在一句名言中，即美国人和英国人是被共同语言隔开的两个民族。表面上的相似性可能是跨越多个特征和领域的概括。

当然，如果法国外派人员不能在社会秩序这一变量上认识到与中国人的文化相似性，那么他在中国社会中的工作也会受到阻碍。因此，文化互动要求一个人能够理解另一种文化中的推理和思维过程，并利用这些信息制定有效的互动策略。此外，了解自身的元认知策略也至关重要，这样才能识别潜在的重叠(以及冲突)，并最大限度地加以运用。

我们之前所讨论的大量内容都假定，社会行为者推理和推论的运行方式与其他对象的推理和推论的运行方式类似。然而，对于一种强调推理关系作为重点的文化来说，这可能是错误的。也就是说，在各种推理和决策情境中，社会对象和非社会对象并没有得到同等对待。高文化智力要求个体能够敏锐地意识到自己和他人的行为在社会环境中的影响。此外，这个人还必须能够创建与特定文化相适应的新规则和策略，即使这些策略与现有的规则和策略不一致，或是使用不同的推理系统得出的。

文化智力的社会感知和认知方面

自我是一种解释性的结构,是我们与他人互动以及自我评估的中介(盖卡斯,1982;马库斯和沃夫,1987;马库斯和北山,1991;马库斯、北山和海曼,1997)。人际过程需要涉及各种认知和元认知事件的认知信息处理。人际交往过程反映个体与社会环境的互动,需要处理社会刺激,选择互动策略和环境,并对反馈作出反应。我们主要从人们如何处理社会交往的角度来描述文化智力的认知功能,并采用了史赛克的角色认同理论(1987)。据此观点,不同的角色身份在"突出等级"中排序,因此在特定情境中,高度突出的身份更有可能被唤起,而身份的突出程度基于个人对其社会网络的承诺程度。史赛克(1987)将"承诺"定义为,"如果一个人在社会网络中不再拥有一个给定的身份并基于这个身份扮演角色,那么他或她将以放弃关系的形式作为代价"。

身份的突出性受个体的社会背景(厄利和兰巴赫,2000)及个体行为者文化背景的影响,这体现在与他们文化相关的价值观上。例如,一个来自集体主义文化的员工会倾向于对一种身份认同作出更高的承诺,这种身份认同反映了她所在群体的利益,不论该群体的地位如何。个体的角色认同、社会等级和面子理论在处理与跨文化互动相关的线索中起重要决定作用。这意味着,文化智力需要对其他文化背景下的人如何在社会环境中进行自我定位具有深刻地了解。这种知识要求个体了解人们如何处理有关自己和他人的信息,以及一般处理过程在不同文化和社会环境中的差异。

社会认知模型将信息加工、存储和组织成一定结构的机制概念化。显然,高文化智力者能够有效、准确地表述他人的社会概念。也就是说,高文化智力意味着个体能够理解目标对象在处理社会世界时所使用的内隐理论。此外,高文化智力者还能将这些信息与自我参照信息结合起来,以判断他人会对自己的行为作出怎样的反应。

坎特和基尔斯特罗姆（1985）为理解人们如何处理与社会相关的信息并将其整合到自我概念中提供了一个有用的框架。自我被视为个体对自己个性的心理表征，通过经验和思考形成，并与对其他物体的心理表征一起编码在记忆中（基尔斯特罗姆等，1988）。我们所具有的各种身份构成了自我的结构，并将自我固定在社会系统中。他们认为，社会智力可被视为是凯丽（Kelly）关于人、情境和社会事件的一般归因标准的陈述性和程序性知识的集合。

关于人的知识是指人们根据不同的社会群体和角色成员身份，使用多重人物图式进行分类和指称。（布鲁尔和克拉默，1985；史赛克，1987）。分类的标准和来源多种多样，包括主要特征和可推断出的多样性特征（如性别、教育程度、宗教信仰）、社会成员身份（如新加坡交响乐团成员）、内隐特征（如优秀的领导者、认真负责的员工）等。在确定社会类别时，大多数作者都同意将显性属性（年龄、性别、种族、民族背景）和隐性属性（教育背景、技术能力、职能背景、任期）区分开来（杰克逊、梅和惠特尼，1995；佩莱德、艾森哈特和辛，1999；佩莱德和辛，1997）。易于观察的类别包括人们与生俱来的、不可改变的属性。推断类别包括人们习得或被赋予的属性，这些属性是可以改变的。[如果将多样性概念化为离散类别，就可以对其进行量化测量：例如，通过确定团队中多样性类别的分散程度或团队成员多样性类别之间的欧氏距离（Euclidean distances，欧几里得距离）（欧莱利、卡德维尔和巴内特，1989；徐，1998）]。关于如何将与人相关的各类信息结合起来的研究表明，人会使用多种分类方案，包括人的属性及其共变的直观规范，与人的类型和属性相关的情感信息，以及对动机行为意图和目标的推断。（坎特和基尔斯特罗姆，1985）。

人们在评估他人时使用的第二类知识侧重于参与者行为所处的情境。也就是说，情境认知方面的研究（例如，麦克奥利、邦德和鹿岛，2001）又重新焕发了活力，这些研究着眼于情境在决定一个人的社会概念和互动解释规则方面所起的作用。社会情境知识是理解一个人的图式、脚本和元认知的重要特征。特定情境通常是根据所涉及的行为活动（例如巴克关于堪萨斯小镇生活的研究），情境根据人的类型及居住在社会环境中行动者的目标来定义。人们对社会环境的了解之一就是关于不同情境或互动相关的行为规范的设定。人们知道某种情况下所需的典型行为脚本，这些脚本有助于确定在特定情况下的有效性，也有助于确定处于环境中的恰当规则。

坎托和基尔斯特罗姆所描述的第三类社会知识指人们所掌握的有关行为事件和社会任务的信息，这些信息有着人际交往的典型特征。这一特征是围绕社会生活的动态来组织的，着眼于情境中以行动为导向的特征。人们使用多种方案来组织耗费精力的社会事件或任务，将其视为普遍（或典型）的经历。他们使用更高阶的（元认知）脚本，这些脚本更具原型性和普适性，并且可以进行修改以捕捉特定个体的特质。事件的计划可以根据基本动机、需求、社会生活领域或目标实现等特征进行组织。

因此，我们可以把对社会世界的认识看作是一个人自我概念的特征集合，该集合使用空间排列的图式、原型、目标或图像（谢尔曼、贾德和伯纳黛特，1989）。每个图式都是对自我所包含内容的概括，如关于特质、角色和行为的描述性信息，以及进行推论的规则和程序性知识（基尔斯特罗姆等，1988）。一个人的自我概念可被看作是关于理想世界和现实世界状态的想法和图像的集合。最重要的是，它是信息接收的过滤器。

自我概念是畅通生活经历并评估其意义的渠道。自我不是被动的，而是积极地诠释与重新定位自己的社会经验，以便个体能够理解任何给定的情况。过滤社会信息的过程是依靠自我、他人、事件和任务以及情境相关的一般图式来完成的。在跨文化研究的现阶段，还没有令人信服的理由来否认坎特和基尔斯特罗姆（1985）所使用的三种一般知识类别。但是在他们的结构中，至少有两个一般领域的知识可能会受到文化的限制。这三类知识的相对重要性在文献中被假定为可比较的。（这个说法并不完全准确，因为我们还没有在跨文化的文献中找到关于社会判断标准的明确讨论。史密斯和邦德在他们最近出版的《跨文化社会心理学》一书中对社会知觉的讨论对此话题有一些启示。）然而，在集体主义或权力距离等不同文化环境下，这三个类别似乎不太可能具有可比性。我们认为文化取向会对这些不同类别的相对权重产生影响，因此来自中国（强调权力和集体主义文化）的人可能会更加重视人际和情境，而来自英国（强调中等程度的权力和个人主义）的人则更注重事件和任务，并侧重于参与者的潜在倾向和意图。有关基本归因错误的研究至少为这一论断提供了一些证据。米勒（1984）研究了美国人和印度的印度教徒的归因后发现，美国人对他人造成好或坏后果的行为，一般都是从这个人好或坏的潜在品质来解释的。印度教徒则从社会角色、义务和其他情境因素来解释类似行为。印度人对情境因素归因的频率是美国人的两倍，而美国人对性格因素解释的频率是印度人的两倍。米勒提供的证据表明，文化上不同的归因倾向是通过社会化逐渐形成的。因此，成年人在归因方面的差异要比儿童大得多。同样，莫里斯及其同事（莫里斯、梁、艾姆斯和利克尔，1999；莫里斯、尼斯贝特和彭，1995；莫里斯和彭，1994）也证明了因果推断在不同文化中的差异。他们研究了一起涉及一名中国博士生的枪击事件，他开枪打死了自己的导师和几名旁观者。还研究了一起涉及一名底特律邮政工人的枪击事件，他开枪打死了自己的上司和几名旁观者。他们分析了中国和美国的报纸对这些事件的报道，研究了每种文化中行为人的原因。他们发现，中国对这些事件的报道推测了可能导致悲剧发生的背景、情境和社会因素，而美国的报道则侧重于凶手的性格特征和精神不稳定。有趣的是，无论凶手是来自同一文化背景还是其他文化背景，在归因上都存在这些差异，因此基本归因错误的差异在不同文化中是一致的。

这一点不应过分强调，因为它表明有些群体（东亚人）只关注情境线索而忽略了性格信息，而另一些群体（美国人）则恰恰相反。对亚洲样本的倾向性研究表明，他们在各种类型的社会归因和社会判断中确实会参考倾向性（史密斯和邦德，1998）。例如，对"大五"（Big Five）人格因素的研究（邦德，1997；科斯塔和麦克雷，1992）表明，东亚样本关注人格因素。尽管不同文化背景下这些人格维度的内容和性质存在一定程度的差异（邦德，1998，个人谈话），但不意味着东亚人在进行社会判断时会忽视人格因素。

因此，不同人群的社会知识结构在总体形式上可能是相同的，但具体构成却大相径庭。东亚文化中，自我概念在很大程度上基于社会知识中的人和情境因素，这些知识以等级形式组织起来，相互依存（北山、马库斯、松本和诺拉萨昆吉特，1997；尼斯贝特等，2001）。在西方文化中，自我概念侧重于源自事件、任务及人的处置特征。不同文化中，自我概念的结构本身也可能不同，东亚人的自我概念与西方人的自我概念相比，更多会基于关系的考虑。此外，特定特征的相对突出点也会有所不同。东亚人并非不关注社会行动者的倾向——他们只是更依赖于情景线索而非倾向线索（麦克雷·邦德和鹿岛，2001；伯文，1989；希曼，1997）。

不同文化的另一个认知特征是特质或特征的可及性。在这里，我们指的是社会认知中常被称为"促发"（Priming）的过程，即让特定的认知事件或特征在记忆中可以被访问（韦尔和斯鲁尔，1989）。促发干预在社会心理学和社会认知中司空见惯，但在跨文化背景下却没有被广泛地探讨。查特曼和巴萨德（1995）对这种方法进行了有趣的应用，他们使用了竞争与合作相一致的促发结构。作者研究了组织环境中这两种取向的引导是如何与个人行为相互作用的。最近，符可莹和她的同事（2001，个人对话）开始对促发的原理进行研究，探讨文化促发是如何影响行动的。这项工作前景广阔，因为它为从个体的角度来研究文化提供了一个全新的视角。[同时，这项工作遵循了特里安迪斯（1972）三十多年前在其论文《主观文化分析》（*Analysis of Subjective Culture*）中提出的思路。该框架中，特里安迪斯描述了动机、认知、习惯、价值观和态度在文化背景下与行为的关系]。不过，它也提出了一些与文化智力相关的问题。例如，高文化智力者是否不容易受文化促发的影响？如果一个人的认知文化智力很高，这就意味着其对社会环境以及如何解释社会环境的意义很敏感。这可能表明，高文化智力者会对文化促发作出更多反应，因为其会注意到微妙的环境线索。然而，一个高文化智力者应该能够将促发信息纳入其现有的自我模式中，并用它构建一个更完整的社会环境图景，而不是屈服于一种简单化、促发驱动的世界观。认知文化智力与促发文化变量之间的关系仍然是一个悬而未决的问题。

自我与他人的社会推断背后的各种认知机制表明，文化智力的认知层面需要关注陈述性知识和程序性知识的内容及其结构和整合。例如，知道中国人在对社会信息进行分类时使用的关系类别，并不足以理解为什么他们要依赖情景线索来进行归因。同样，知道法国人使用技术知识和专业技能等标记地位，也不能确定地位是否是组织自我图式的关键特征。一个高文化智力者需要有一种方法来建立一种内隐的理论，以了解其他文化背景的人是如何看待自己的，是如何将社会信息整合到他们的世界观中，以及如何解释各种社会互动。此外，他们还需要有一种从内生视角来理解他人观点的方法。

小结

元认知的文献描述了个体如何获得新文化视角的一般程序。也就是说，元认知引导我们认识自己的自我概念和心理功能。首先，这是认知文化智力的第一个参考点，它解决了这样一个问题：我可以通过哪些方式来确定我是什么样的人，以及其他人可能是什么样的人？其次，关于推理的两个视角——不同文化中推理和决策的差异，以及如何利用推理和决策的风格来绘制他人的文化地图，对于文化理解非常重要。推理为我们提供了第二个问题的答案：这个人是什么样的，为什么会这样？最后，尽管自我概念的内容和结构因文化和个体而异，但构成自我概念的要素并无不同。这些要素的共性为我们理解另一种文化中的人提供了一个开端。我们对人的自我概念和角色认同的关注解决了一个最终问题：人可以是什么样的，为什么？这对于理解他人至关重要。

因此，认知文化智力的性质反映了社会语境下身份和自我的三个问题。这种方法似乎非常注重心理学，但读者应该注意到，我们一直关注的是原位

（in situ）自我概念。对于一个高相互依赖、角色认同高度整合的人来说，自我概念对基于人际关系的情景联系产生影响。对于一个对情境高度敏感的人来说，自我概念可能反映了一系列复杂条件知识的特征，以及特征所描述的模糊逻辑（坎特和基尔斯特罗姆，1985）。

我们的讨论表明，了解自己以及个人在解释社会事件方面的先入之见，足以证明其具有高文化智力。当然，这只是问题的一部分，因为跨文化社会互动需要了解自己，同时了解目标。对目标对象的了解意味着既要对目标对象的社会信息处理内容有具体的了解，又要有一套元认知规则，以便在无法轻易确定目标对象的情况下获取这些信息。一定程度的认知灵活性对文化智力至关重要，因为新文化环境需要不断重塑和调整自我概念（包括图式、脚本等）以理解新环境。自我概念的灵活性，以及将新特征融入自我概念的容易程度都与高文化智力相关联，因为理解新文化可能需要放弃关于对人如何及为什么会这样做的已有概念。但是，灵活性只是问题的一部分。高文化智力要求个体有能力在新的复杂构型中重新表述自我概念（以及对他人的概念）。因此，灵活性以及归纳重组自我概念的能力是非常必要的。

归纳推理能力是一种更为传统的认知技能，对文化智力非常重要。推理对于个体如何不受过去的经验和先入为主的观念限制，然后接近和理解一个全新的环境来说至关重要。高文化智力者需要具备良好的归纳推理能力，因为对于正在发生的事情，很多新文化说能提供的背景信息充其量是模棱两可，而最坏的情况则是具有误导性的。类比推理也很重要，它可以帮助个体将知识和经验从一个领域迁移到另一个领域，并发展出在其他文化背景下有用的元认知规则。因此，霍尔在日本酒店住宿所获得的经验可能会与其他类型的经验相融合，从而形成他在日本社会中的实际的身份地位。

文化智力从多个方面反映了认知处理的能力。它反映了个体自我概念的差异化和灵活性程度。一个高文化智力者的自我概念具有很好的区分度，同时也具有很高的可塑性。吸收新信息并将自我作为理解新文化环境的复杂过滤器至关重要。从自我概念的角度来思考文化智力的认知层面是一种有用的方法。我们可以把人们所掌握的，关于自己和他人的信息看作是有层次的，由人物、情境和事件/任务的各种特征组成。高文化智力者使用归纳和类比推理技能，超越其现有知识，从而充分理解周围发生的事情。这种理解不仅仅是移情，因为以移情的方式来判断他人情感状态的线索，在新文化中可能并不存在或相互矛盾。高文化智力者必须对新文化环境进行归纳和总结，才能有效地发挥其作用。然而，对社会文化环境的全面了解仅仅是一个开始。

第 5 章
文化智力的动机基础

在跨文化调节的过程中，个人动机在很大程度上被忽略了。尽管大多数研究人员在研究调节过程时，都会强调"意识正确"或"动机正确并对新体验持开放态度"的重要性，但对动机这个要素的调节作用却通常被忽略或很少受到重视。即使是在强调情境能力的最新智力模型中（例如，斯特恩伯格的三元模型、加德纳的多元智力模型、萨洛维和梅耶的情绪智力/情商研究），个体与周围世界接触的动机似乎也是事后才被意识到，并未很好地融入作者的思想中。例如，斯特恩伯格最近关于隐性知识的研究（斯特恩伯格等，1999）侧重程序性记忆知识。斯特恩伯格和他的同事们认为，理解实践智力（成功智力等）的关键在于隐性知识在个体适应不断变化的环境中所起的重要作用。尽管他们承认其他因素（如渴望成功的动机）在预测员工表现方面起着重要作用，但他们的认知模型中却没有动机层面的内容。有趣的是，程序性知识可以很容易地将动机维度纳入其中，因为程序不仅需要一个"完成从头到尾要遵循哪些步骤"的框架，还需要"完成从头到尾步骤的难度如何"。也就是说，程序性知识包含了需要付出的努力和内容两个方面。此外，控制加工向自动加工的转变（希弗林和施耐德，1977）也会导致心理资源的重新动态分配（进一步讨论见坎福和阿克曼，1996）。

同样，斯特恩伯格（1985）的"三元模型"（Triarchic Model）也讨论了一个子理论（成分理论），其中包含了个人用以适应新环境的程序性知识的特征，但却忽略了动机层面，比如参与环境、面对逆境坚持不懈的意志等。他的第三个子理论（情境）同样涉及了个体与环境互动的方式，但忽略了互动的动机层面。

无论个体是否相信积极主动地接触环境能让他更多地了解新文化环境，如果他缺乏必备的效能感，他或她就不会尝试去做这件事（班杜拉，1997）。文化智力不仅需要对新文化的认知理解，还需要有参与新文化的动机。

我们从动机的角度来讨论文化智力，核心是强调个体的价值观、效能预期和目标。价值观和偏好的结构会产生特定的动机，而动机又是设定目标和行动方向的动力。在讨论动机时，我们也会考虑到个体融入其工作单位的愿望。我们借鉴了价值观理论（艾奇森，1991；罗克奇，1973；特里安迪斯，1972）、地位理论（休斯，1971；穆德，1977）和分类理论（塔杰菲尔和特纳，1986），作为理解人们在文化智力动机方面差异的方法论。

除了调节过程中所需的认知技能和与工作相关的技能，组织行为学者通常还将新文化环境中的调节视为一个动机问题（罗恩，1989；董，1981b，1982）。哪些特征有助于预测个体能够成功地适应另一种文化？各种培训机构提供的轶事和观察提供了一些启示。例如，沃尔佩（1998）介绍了他为加拿大外交服务机构制定的一套标准。他理想中的候选人应具备九种一般能力，包括适应技巧、谦虚和尊重的态度、对文化概念的理解、对东道国及其文化的了解、建立关系、自我认识、跨文化交际、组织能力以及个人和职业承诺。只有最后一个要素，个人和职业承诺提及了个体在跨文化学习和体验方面的动机问题。沃尔佩（1998）将这个核心要素描述为"愿意为当地社区做出贡献……对自己的动机以及对海外任务和个人生活的期望有清晰而现实的认识"。其他关于外派人员遴选和安置的研究也提供了关于外派人员动机的类似结果。

董（1981a）在一项关于外派人员选拔的基础性研究中，将外派人员的成功调节所需的四个一般性内容定义为：技术工作能力、个性特征或人际关系能力、环境变量和家庭状况。此外，她还定义了遴选外派人员的18项具体标准，分为四个一般职位类别（如首席执行官、职能部门负责人等）。其中的一些标准，如成熟度、情绪稳定性或技术技能，在不同职位类别中的使用是一致的。其他标准则是特定类别工作所特有的，如沟通能力（对首席执行官很重要，但对技术专家则不那么重要）。

董的研究中最有趣的结果之一是，尽管人际关系能力一直被认为是外派人员工作成功的关键，但家庭状况（配偶意愿）和语言技能（语言和非语言）等其他因素也同样重要。在这些技能中，个人的动机状态与其配偶的动机状态是外派人员取得成功的关键。外派人员无法完成工作任务的最常见原因之一是配偶的调节（或者更恰当地说，缺乏调节）。缺乏调节很大程度上是一个动机问题，反映了其配偶的调节能力。同样，外派人员在调节方面遇到的困难在很大程度上也与个人动机和调节的愿望有关。罗恩将外派人员的动机状态拆分为五个子要素，分别是对使命的信念、与职业道路的一致性、对海外经历的兴趣、对东道国文化的兴趣，以及获得新行为和态度模式的意愿（见道林、威尔士和舒勒 1999 年的讨论）。如果从动机的角度来诠释，这五个子要素在概念层面上是相互关联的。对使命的信念和与个人职业道路的一致性与远端期望（Distal Expectancies）有关，而对海外经历和东道国的兴趣则与对经历的普遍开放性有关（阿克曼和海格斯塔德，1997；科斯塔和麦克雷，1992）。同样，获得新行为和态度模式的意愿显然与个人动机和效能感有关。

曼登霍尔，奥杜和他们的同事（曼登霍尔，1999；曼登霍尔和奥杜，1985）最近的研究表明，成功地调节要具备四个关键维度，包括自我导向维度、他人导向维度、感知维度和文化韧性维度。第一个维度，自我导向指的是增加外派人员自尊和自信的活动。该维度由三个子因素组成，包括强化替代（用东道国文化中的新活动替代本国文化中的愉悦活动）、压力缓解（参与临时性抽离活动，使外派人员能够逐渐适应新文化的要求，如发展个人爱好或兴趣）和技术能力（拥有成功完成任务所需的技能）。

第二个维度是他人导向维度，指有助于外派人员与东道国成员成功互动的归因（attributes）。该维度有两个子因素，包括关系发展和沟通意愿。关系发展指个体与当地人发展长期关系的能力，而沟通意愿则反映了外派人员使用东道国语言的信心和意愿。这种信心的本质会在本章的后续部分，从自我效能感的角度对动机进行的讨论中发挥重要作用（班杜拉，1997）。正如曼登霍尔及同事指出，沟通的意愿并不取决于目标语言的流利程度，而是取决于个体是否愿意尝试用东道国语言与东道国的文化成员进行交流。一个外语不流利的外派人士很可能会掌握一些精挑细选的短语（如行话、流行事件等），并在当地人面前赢得很高的声誉。这些微不足道的尝试往往会得到东道国文化成员的赞赏。此外，外派人员的一些行为也有助于其像当地人一样"思考"，从而激发对当地文化的共鸣和理解。

第三个维度涉及调节的感知问题，与其说是感知本身，不如说是外派人员的归因特征。该维度指外派人员具备从当地人的角度来理解事情发展缘由的能力。这一特征与我们前面讨论的文化智力的认知基础有更直接的联系，因为它与认知过程中的解决问题和对构念的概括有关。曼登霍尔及同事认为，最成功的外派人员是那些在解释东道国人们的行为时倾向于不做判断和评价的人，这使得外派人员与东道国的人之间的信息交流更加清晰，人际关系更加融洽。尽管我们同意过早地作出带着自身文化价值观的判断不可取，但在归因过程中，自身价值观的作用确实不可避免。然而，清晰的自我理解意识可以帮助人们避免对当地事件过度进行错误归因。

最后，第四个维度是文化韧性取向，或者说是外派任务本身对外派人员提出的外在要求。也就是说，在特定的文化背景下，外派人员所面临的新奇事物和要求远远高于其他文化背景下的外派人员，这会影响外派人员的调节。例如，霍尔（1976）描述了他在适应高语境文化（日本）时遇到的巨大困难，因为他的背景是低语境文化。如果一个来自低语境文化的人（其社会线索往往是非常直接和明显的）在高语境文化（其社会线索是间接和隐含式的）中工作，那么他所面临的挑战是难以克服的。

第 5 章 文化智力的动机基础

在所有这些一般性资料来源中（董、罗恩、曼登霍尔和奥杜），对外派人员调节的描述的一个关键核心因素是外派人员在目标文化中调节及发挥作用的动机。这种动机受多种因素影响，包括关系能力和家庭背景（董）、动机状态（罗恩）以及自我/他人导向（曼登霍尔和奥杜）。尽管这些研究者和其他国际人力资源管理研究者（例如，阿德勒，1981；布莱克，1988；布莱克和格雷格森，1990；布莱克和曼登霍尔，1990；道林等，1999；厄利，1987；厄尔兹，1994；菲德勒、米切尔和特里安迪斯，1971）都一致指出了动机因素在理解文化调节方面的重要性，但这些讨论一般都是理论性的，缺乏连贯的结构。我们借鉴了厄尔兹和厄利的文化自我表征理论（关于厄尔兹和厄利模型更全面的概述，请参见第3章），以此来理解动机是如何在文化智力中发挥作用的。

自我提升的经验受到环境中的机会以及对这些机会进行取样、评估和解释的认知自我调节过程的影响。自我提升动机的一个例子是人们倾向于通过选择性感知和归因偏差来扭曲现实，以维护积极的自我概念。（特纳和奥克斯，1989）。人们根据与自己相关的维度来评判他人，并偏好和寻求关于自己的正面信息。自我效能感是文化智力的另一个动机来源，指的是是否有能力对自己进行有一定水平的判断（班杜拉，1986）。正如曼登霍尔和奥杜所描述的，人们倾向于回避他们认为超出自己能力范围的任务和情境。对效能感的判断会促进人们选择成功可能性高的情境和任务，避免选择超出自身能力范围的任务。目前还不清楚社会背景是如何塑造一个人的集体效能感的，以及这种效能感是否在某些文化中比在另一些文化中更容易形成。班杜拉（班杜拉，1997）、马库斯和北山（1991）以及特里安迪斯（1995）等学者提出了文化综合征影响个人效能感或集体效能感的多种方式。

作为文化智力的一个要素，自我效能感起着特别重要的作用，因为我们认为成功地跨文化互动很大程度上是建立在个体对新环境设定中社会话语的总体效能感之上的。连续性和自我一致性有助于个体将当前的社会生活事件与过去的经历联系起来，并保持观点的一致性。这种动机导致人们积极地构建与以往事件相一致的记忆和选择性认知，并促使和指导人们按照他们所承诺的身份所隐含的价值观和规范行事。为了理解价值观对个体动机的重要性，我们首先从文化的角度来讨论价值观的本质。我们借鉴了一些文献资料，包括帕森斯和希尔斯（1951）、克拉克霍恩和斯特劳德贝克（1961）、罗克奇（1973）、莫里斯（1956）和施瓦茨（1994年）为主要例子。

根据帕森斯和希尔斯（1951）的观点，社会或个人行动发生在三个相互依存的系统——社会、人格和文化——的组合之中。社会系统有三个基本特征：(1)社会系统涉及两个或两个以上行为者之间的互动；(2)行为者所指向的情境包括那些作为被关注对象的人；(3)行为者在集体目标导向作用下行为一致。人格系统是指根据需要、性格和目标的结构组织起来的，需要特定行为者遵循的一系列相互关联的行动。文化系统是由指导行为者作出选择并指导其互动的价值观、规范和象征所构成。它比人格系统或社会系统更为抽象。规范模式来自协调的组成部分，而文化系统则代表了一种模式。其组成部分相互关联，形成了价值体系、信仰体系和表达符号体系。

价值取向有三种一般模式，它们在不同的系统中结合在一起，形成了关键价值取向。这些价值取向或模式变量包括了情感导向与情感中立、自我取向与集体取向、普遍主义与特殊主义、归属与成就，以及特殊与分散。帕森斯和希尔斯将这五种二分法称为模式变量，而将五种变量的特定结果组合称为价值取向。情感导向与情感中立是指个体接受即时满足的程度。在情感导向的文化中，允许人们在即时满足感中放纵；而在情感中立的文化中，人们则克制放纵行为。自我导向与集体导向是指个人追求自我利益与追求集体利益的关系。在自我导向的社会中，个体追求自己的利益，"做自己的事"；而在集体导向的社会中，个体根据自己的行为对集体或群体中其他人的影响来看待自己的行为。普遍主义与特殊主义指的是一般规则在指导行动中起的作用。在普遍主义文化中，一套广泛的规则和政策指导着所有个体的行动，人们期望其成员遵守准则；而在特殊主义文化中，个体则根据情况的特殊性以及与行为者特定方面的相关性来指导自己的行动。归属与成就指的是社会对个人的评判方式。在归属型文化中，人们根据个体的属性（如社会成员的身份和财产）来评判个人；而在成就型文化中，人们根据个体行为和表现（如技能和工作习惯）来评判个人。最后，特殊型与分散型指的是行为者与其对象之间关系的广度限制。在分散型文化中，行为者与社会对象之间的关系可以是间接的，而在特殊性文化中，这种关系是狭窄且有限的。

莫里斯（1956）通过一系列研究考察了不同文化的哲学取向。他的实证研究是其哲学研究的逻辑延伸，并以此为背景开发了一套价值观量表。他利用一个三方框架，制定了一套不同的生活方式，作为人们价值观的指标。各种生活方式所体现的基本价值观分别是狄俄尼索式（放纵欲望和公开表达享受）、普罗米修斯式（积极塑造世界并使其适应人类利益的倾向）和佛家式（自我的调节和控制以及节制欲望）。这三种价值观被组合成十三种陈述，问及是否喜欢（这种生活方式）时，受访者会作出相应地回答。莫里斯将他的生活方式方案应用于美国、印度、日本、中国和挪威的学生样本中，发现美国学生积极主动、自我放纵，较少受到社会约束和自我控制，日本学生对人和社会表现出普遍取向。中国学生则表现出较强的享受和活动倾向，以及自我满足感。

另一个价值取向模型由 F. 克拉克霍恩和斯特劳德贝克（1961）提出，他们认为文化背后有五种基本的价值取向。这些取向包括人的本性（善与恶的混合与善的可变性的交叉）、与自然的关系（臣服于自然、与自然和谐相处、驾驭自然）、时间取向（过去、现在、未来）、活动取向（存在、存在中生成、行动）和关系取向（直线性、关联性、个人主义）。

人的本性是指人与生俱来的善良。例如，根据传统清教徒的思想，认为人的本质是恶，必须加以控制。人们强调控制和规范行为，防止邪恶蔓延。与自然的关系是指个体与自然的关系。时间取向指的是群体所关注的时间范围。活动取向是指在活动中的自我表达。在"存在"型（Being Society）社会中，强调的是即时满足和自发行为，这与莫里斯（1956）的狄俄尼索维度非常相似。而"存在中生成"（A Being-in-Becoming）型社会则注重行动和成就——可衡量的成就。最后，关系取向指的是个体与集体的关系，类似于帕森斯和希尔斯的自我取向与集体取向，并增加了一个时间维度（线性）。

虽然帕森斯和希尔斯、克拉克霍恩和斯特劳德贝克的框架阐述了文化价值观的类型，但它们并没有为理解价值取向与个人动机的关系（以及我们在对文化智力的应用）提供一个连贯的基本理论框架。而罗克奇（1973）的框架则为价值观和自我建立了一个通用模型，可用于此。在罗克奇的模型中，价值观与个人信念体系和自我定义的关系是该模型的核心。价值观指的是："一种持久的信念，即个人或社会层面上某种行为模式或存在状态优于相反或对立的行为模式或存在状态。价值体系是一种持久信念的组织，它涉及相对重要的行为模式或最终的存在状态。"（罗克奇，1973）。

从这个定义中可以得出一些重要特征。首先，价值观是一个持久但可塑的概念。如果它是完全不可变的，那么个体就会一成不变，以后的经历也不会对其价值观产生影响。如果它是无限可变的，那么个体的行为几乎就是随机的。价值观的相对稳定性可以追溯到我们通常接受价值观的方式，即在童年时期的社会化经验中形成。其次，价值观是一种规定性或附注性的信念，也就是说，价值观是判断某种行为手段或目的是否可取的依据。它是一种信念，是指导行为偏好的基础（罗克奇，1973）。最后，价值观指的是一种行为模式或存在的终极状态。罗克奇认为，有两类工具性价值观（道德工具价值观和能力工具价值观）和两类终极价值观（个人终极价值观和社会终极价值观）。道德工具价值观主要指行为模式（如诚实行事），不一定与特定的终极状态相对应。能力工具价值观指的是个人成就和自我实现。个人和社会的终极价值观指的是以自我为中心的价值观和以社会为中心的价值观。

这些价值观指导着自我表达、对自我与他人的评估和判断，是与他人进行道德和能力比较的基础，指导着人们应该质疑他人的哪些观念，并告诉人们如何将那些本来不可接受的信念和行为合理化，以维护自我形象（罗克奇，

1973）。价值观在多个方面表现出动机作用：

> 工具性价值观之所以具有动机作用，是因为它所关注的理想化行为模式被认为有助于实现理想的最终目标。如果我们的行为符合工具性价值观所规定的方式，那么我们就会获得终极性价值观所规定的终极状态。终极价值观的动机作用体现在它代表着超越了即刻目标和生物性紧迫目标的超级目标。与即刻目标不同，这些超级目标在本质上似乎不具有周期性，也不具有饱和性——我们似乎注定要永远为这些终极目标而奋斗，但又永远无法达到。
>
> 但是，价值观之所以可以说是一种动机，还有另一个原因。归根结底，价值观是我们维护和增强自尊心的概念工具和武器。（罗克奇，1973）

因此，价值观在三个方面发挥着强大的动机作用：它们是实现终极目标的关键；它们本身就是终极目标；它们帮助人们定义并强化自我概念。

罗克奇提出关于信念体系的一般模型，在这个模型中，个人的价值观起着重要的作用。一个人的信念系统由十个子系统组成，这些子系统可以概念化为一系列同心圆。最内层是个人对自我的认知，即自我形象。接下来的层次是（从自我开始依次递减）：终极价值体系、工具性价值体系、态度体系、态度、对自身行为的认知、对重要他人态度的认知、对重要他人价值观或需求的认知、对重要他人行为的认知，以及对非社会对象行为的认知。从这个系统中，我们可以发现一些有趣的问题。第一，价值观体系在个人的信念体系中起着关键和核心的作用。第二，信念体系是一个在功能上相互关联的系统，因此一个子系统的变化会对其他子系统产生影响。第三，包括价值观体系在内的整个信念体系的最终目的是维护和提升个人的自我形象或自我评价。第四，一个子系统的变化会在子系统层次结构的两个方向上都影响其他相关的子系统，也会影响个体的自我形象。第五，子系统之间的矛盾通常会导致下级系统的变化。因此，如果个体的态度通过某种组织干预（例如，通过会议期间的社会化传达）而改变，但却与现有的价值观相冲突，那么这种态度上的改变会是暂时的，态度最终将回到更为一致的立场上。

那么从价值观的角度来看个人动机是什么？罗克奇认为，子系统之间产生的矛盾会引发个人动机，引起变化的是对自我不满意的情感体验，而不是认知矛盾本身。根本的变化是由于道德或能力问题导致的对自我不满意，从而产生的负面情绪体验。如前所述，由相互矛盾的子系统引起的对自我不满意，意味着最有可能发生变化的是等级从属系统。然而，例外情况同样存在于相互冲突的子系统和与上级系统的关系中，尤其是自我形象。因此，态度与价值观的矛盾很可能会通过改变态度来解决，除非态度更符合个人自我形象。在这种情况下，个体最有可能改变与之冲突的价值观，以保持与自我形象一致的态度。

格伦（1981）提出了一种认知价值观方法，研究关联型文化与抽象型文化。在关联型文化中，人们在互动时使用自己对不同类别的关联，并假定他人共享同样的关联。例如，如果上司告诉员工"尽快完成工作"，这个上司会假定下属默认了应该完成哪些工作、"尽快"意味着什么、未完成工作的后果是什么等等。换句话说，在关联型文化中，人们对共享的意义有强烈的假设，互动的背景传达了大部分意义。在抽象型文化中，人们的互动往往非常确切，并仔细界定他们的术语。关联型文化的特点是面对面交流，而抽象型文化的特点是通过大众媒体进行交流。此外，关联型文化中，对某人行为的适当回应可能与最初的行为并不产生直接联系（例如，一个员工帮助另一个员工了解新的文字处理器，可能会在几周后得到邀请共进午餐的回报）。而在抽象型文化中，行为往往与直接和相应的反应联系在一起（例如，一个员工帮助另一个员工完成工作，会得到帮助其工作的直接回报）。因此，抽象型文化中的交换往往具有针对性或直接性，而关联型文化中的交换可能更加地分散。格伦还将理想主义者与实用主义者作为文化的一个维度进行了讨论。实用主义者关注有用或实用的信息，而理想主义者则从一个广泛的框架开始，对事实进行取样，看它们是否符合现有的框架。

对价值观的其他研究包括罗恩及其同事的工作（罗恩，1978，1982，1986；罗恩和申卡尔，1985），其重点是利用一些基本价值观对不同国家进行聚类和小空间分析。海尔、吉赛利和波特（1966）对管理价值观进行了大量研究，他们的研究成果备受推崇，至今仍是当前许多研究的基础。在这项研究中，海尔及同事调查了来自14个国家的管理人员对工作关系、组织、领导力、工作目标等的态度和价值观（海尔、吉赛利和波特，1966）。迈尔和布拉斯坎普（1986）建立了个人激励模型，以描述575名美国经理和467名日本经理的反应。他们发现，美国人比日本人更重视感情、认可和社会关怀，而日本人更重视经济激励、任务和卓越。

有几项关于价值观的研究涉及文化的组成部分，如邦德及其同事（如邦德，1988；梁和邦德，1984）的研究重点是亚洲文化与西方文化中公正与平等准则/价值观。邦德（1988）编制了一份由四十个因子组成的《中国价值观调查》，他对二十种文化的研究显示了几种价值观：儒家思想——强调孝顺、节制、谦虚和羞耻感；东方传统——强调勤劳、善良、对上司的忠诚和礼貌；关系取向——宽容他人、与他人和谐相处、团结、忍耐和礼貌。邦德将他的因子分数与霍夫斯泰德的因子分数进行了关联，结果发现他的维度只与霍夫斯泰德的权力距离和个人主义维度存在显著关系。

施瓦茨和比尔斯基（1987）、施瓦茨（1994）对文化价值观进行了全面评估，并提出了具有坚实理论基础的价值观普遍结构模型。他们将价值观视为具有三种普遍需求的认知表征，即生理需求、（包括人际协调在内的）互动需求、（包括群体福祉和生存的）社会需求，从而发展了一套价值观理论。他们的模型核心是价值观的三个方面——目标、兴趣和动机之间的相互作用。目标指的是价值观的工具性和终极性；兴趣指的是个体主义、集体主义和"两者兼有"的取向；动机指的是动机领域，包括八个方面。这项工作已在数十个不同国家和环境中得到推广（施瓦茨，1994），显示出坚定而稳健的价值观类型学特征。

价值观在文化智力动机要素中的核心作用在于，它是一个人从事特定行为而非其他行为的偏好的塑造者，同时也是个体自我概念的塑造者。除了我们在书中引用的罗克奇的方法，社会心理学中还有大量文献（例如，艾奇森，1991；艾奇森和费希宾，1980；特里安迪斯，1967，1971，1972）将一个人的价值观与他在文化背景下的后续行为联系起来。我们不认为个体和/或文化价值观对个体行为和倾向有直接的、高度决定性的影响，但大量证据表明，价值观与包括行为结果和决策结果在内的各类结果有关（艾奇森，1991）。就文化智力而言，个体的价值观决定了其对其他文化（以及其他方面）的评价。以特里安迪斯（1972）提出的主观文化经典模型为例。个体价值观（通过文化影响和个人经历形成）会影响其对各种潜在行为的评价，比如在新文化环境中主动与他人接触。仅仅接触另一种文化不足以预测同化或者理解的程度（特里安迪斯，1972）。在一项关于刻板印象和同化的研究中，特里安迪斯（1972）发现，希腊人与美国人之间相互产生的刻板印象是减少或夸大，与目标文化的开放程度有着极大关系。他发现，仅仅是接触封闭文化（即紧密防范与外界接触的文化）会加剧观察群体的刻板印象。但如果目标文化对外来者持开放态度，那么刻板印象就会随着接触的增加而减少。我们将这一结论反过来看，认为个体观察者如果更具有"开放性"，即愿意接受新经验和不同做事方式，那么他就更有可能随着对另一种文化接触次数的增加而从将刻板印象转变为社会印象（即目标文化的准确表征）。然而，如果个体不具有开放性，那么仅仅是接触就能够加剧刻板印象。

个体的价值观反映了其对新经验的开放性。我们不争论价值观对个性的因果影响，但很明显，个性的各个方面与个体价值观是一致的（罗克奇，1973）。因此，一个重视新体验、能够学着了解他人等的人，其个性的开放程度可能会很高。这些价值观通过对决策的评估来指导行为（艾奇森，1991），并与行动的动机有关（弗鲁姆，1967）。

价值观在个体的自我概念中也起着核心作用，它影响着个体文化智力中的动机层面。厄尔兹和厄利（1993）的文化自我表现模型认为，有三种动机对一个人的自我概念至关重要——提升、效能感和一致性。价值观在个体的自我提升动机中起着最直接的作用，因为它提供了判断社会目标的基准。这种判断的结果就是将社会目标作为潜在的提升来源。简单地说，个体价值观使我们能够评估，如果加入几个社会群体，哪一个会让我们自我感觉更好。一个有强烈自我提升动机的人比其他人更有可能参与新的文化中，因为这会成为积极强化和自我肯定的来源。此外，具有强烈自我提升动机的人会尽量避免威胁到他人的面子（厄利，1997），并会尽可能多地了解新的文化环境，从而最大限度地增加个人提升的机会。

价值观的这种影响力也会在自我概念的性质和结构中有所体现（马库斯和沃夫，1987；马库斯和北山，1991）。集体主义价值观强于个体主义价值观的人，其自我概念的范围会更广，身份领域会相互重叠（盖卡斯，1982；马库斯和北山，1991）。例如，一个来自集体主义文化的人可能把自己看作是家庭、工作、爱好、宗教等多个重叠群体的成员。一个来自个体主义文化的人则认为这些不同的身份是可分离并且可塑的（特里安迪斯，1995）。这种差异可能会产生一种与直觉相反的预测，即个体主义者比集体主义者具备更高的动机文化智力。这一论点的逻辑是，虽然集体主义者有更多重叠的身份，但这些身份的边界是严格的、明确的。也就是说，我可能会以重叠的方式将自己视为公司的员工、家庭成员、运动队员，但并不是指所有公司、家庭或运动队。确切地说，我是一名联合利华的员工，是我的配偶伊莱恩的丈夫，也是我所在社区印第安纳波利斯校内垒球队的成员。这些身份相互重叠、相互融合，但又非常明确。个体主义者的自我概念可能就不那么完整（在工作中我是一个联合利华的员工，在家里我是伊莱恩的丈夫，以此类推），但特定的角色身份却更加灵活（退出垒球队后，我现在是当地高尔夫球队的队员，以后我可能会转为当地网球队的成员）。

就动机和文化智力而言，灵活性意味着什么？个体主义者会不断地从一个内部群体转向另一个内部群体，是因为对他提出了太多的要求（特里安迪斯，1995；特里安迪斯和巴乌克，1997）。为了"融入"新的内部群体，个体主义者必须主动了解目标群体。因此，与集体主义者相比，个体主义者可能具有更高的动机去了解一个新群体，也因此，他们对新体验的态度更开放。而集体主义者认为群体内的成员关系是长期的、准永久的。对这种逻辑的反驳可能是，个体主义者的学习动机是有限的，因为他们可能会在遇到过度要求时选择退出（如果这个群体太难以相处，他们会转向下一个可能满足自己需求的群体）。而集体主义者则没有这种随时退出的特权，因为他们的群体成员身份是长期的。

我们认为，虽然个体主义者的自我概念可能没有集体主义者的自我概念那么复杂并相互依存，但它可能需要更高的动机性文化智力，以满足群体固有的流动性。举个实际的例子，设想一种文化以团体形式派遣外派管理人员，而另一种文化则以个体形式派遣管理人员。以团队形式的外派人员到达时，有可以充分发挥作用的参照群体和支持群体，因此他们融入当地环境的积极性不高。而缺乏支持群体和参照群体的单个外派人员则必须将自己融入当地文化中才能发挥作用。哪种文化最有可能以完整的大团队而不是单个的形式派遣外派人员？在高度集体主义和等级制度色彩浓厚的文化中，其成员会重视这种举措。

自我效能期望和目标这两个一般动机的框架有助于理解文化智力。我们借鉴这两个理论框架的原因有很多，包括它们在自我概念中的核心地位（班杜拉，1997）、对理解行动的重要性（洛克和莱瑟姆，1990）以及普遍存在的本质。

文化智力中的效能预期和目标设定

从主观预期效用框架（弗鲁姆，1967）来看，价值观只是我们预测选择或行动复杂局面中的一部分。价值观（及其相关的工具性和价值性）成为个体评价各种行动方案的重要理解。这种评价并不涉及个人成功参与环境的感知力这个重要问题。因此，我们目前仅描述了理解和预测个人与他人相适应的局面中的一部分。然而，个体的价值观并不能完全帮助其理解一个新的群体。个体不仅要重视为探索新文化付出的努力，还需要有能力去探索，并得到适当的指导。如果缺乏自我成长或效能动机，即使个体对新文化有积极的价值取向，也可能会避免与新文化中的人接触。如果缺乏强烈的自我效能感，个体会逃避挑战，在面对失败反馈时轻易放弃。文化智力的动机层面需要个体效能感和主动掌控的意愿，以及对这些行为的积极评价。为了理解动机的下一方面，我们转向两个一般行为理论——班杜拉的自我效能感理论（1997）、洛克与莱瑟姆的目标设定理论（1990）。

自我效能感是个体参与世界的核心要素。自我效能感是"个体对自己是否有能力达到某一水平所进行的判断"（班杜拉，1986）。人们倾向于回避超出自身能力范围的任务和情境。对效能感的判断则可以促使人们选择成功可能性较高的情境和任务，避免选择超出自身能力范围的任务。然而，效能感判断并不仅仅是对能力本身的认知。正如班杜拉所描述的：

> 有效的个人行为并非仅仅在于知道该做什么，并且有动力去做。效能感也不是个体行为库中已有或没有的一种固定能力，就像我们不会把语言能力看作是语料库中单词的集合或预先形成的句群一样。相反，效能感是一种生成能力，其中认知、社会、情感和行为等方面的技能必须被有效地组织和协调起来，以服务不可胜数的目标。这与拥有子技能，然后能够将子技能整合到恰当的行动方案中，并在困难的情况下很好地执行该方案有明显区别。（班杜拉，1997）

影响个体效能预期的因素有很多，包括对以往任务的掌握、行为榜样等。但由于多种原因，在跨文化接触中需要对此描述作进一步说明。

效能感是有具体语境和领域的。也就是说，个体对效能感的预期最好与当前的具体语境联系起来。虽然先前跨文化接触中的成功经验可能会增强我在交际中的总体效能感，但并不能保证我在接触新的特定文化时也能具有很高效能感。例如，一位曾在中欧地区成功外派过三次的经理现在被派往印度尼西亚。这些以往经历是否会让他产生强烈的主动掌握感，进而产生较高的自我效能感呢？班杜拉提醒道，很多情况下，这种跨领域和跨任务的概括是有问题的。例如，对于外派人员来说，一个明显的变化是他现在要去亚洲，而之前的三个任务都在欧洲。同样，他在亚洲可能会被要求从事与在中欧（如新品牌的开发与管理）截然不同的活动（如开设一家新工厂）。实际上，如果这位外派经理不能认识到这些运营环境之间的潜在差异，他可能会对自己的效能感水平产生不切实际（不恰当）的预期，这对于完成任务来说是一个问题。

从长远来看，普遍较强且水平较高的自我效能感并不一定不利于文化智力中调节能力的发展。缺乏行为能力或战略能力（更糟糕的是，以不恰当的行为自信地行事！）的人显然是处于劣势。然而，过高的自我效能感预期（也许过高）并不一定会对适应新文化产生不利影响。强烈的效能感会引导个体寻求新的、更好的方式来融入环境。只要对这种探索有所引导，就有理由期待它取得成功（厄利、康诺利和埃克伦，1989）。

自我效能感的另一个重要特征与初级系统自我调节的生成能力有关。自我效能感不仅是关于能力估计的一种认知，还是一个更丰富的结构，它对个体认知、动机和情感子系统的管理和表现产生影响。因此，情绪智力的生成活动类型，例如一个人调节自己情绪状态的能力，是自我效能感的一个固有层面。换句话说，情绪智力（以及与之相关的智力方法）包含了很强的动机成分，即使学者们并未积极地将其归纳。自我效能感的生成性在跨文化接触中非常重要，因为很少发生自动加工，而大量的控制处理过程可能会让个体不堪重负。（希弗林和施耐德，1977）。从这个意义上说，我们认为如果没有自我效能感这样的动机因素，斯特恩伯格实践智力的方法就不完整。调节能力与程序性知识和隐性知识等实践智力的特征相关，也与个体的生成性调节相关，这个观点可通过效能感框架来理解。

模棱两可的任务环境给自我效能感预测带来了困难，如高度复杂的认知任务。班杜拉认为，对于解决复杂问题所需的认知操作，对效能感进行判断时可能受到限制，因为任务中最容易观察到的线索可能并不是解决问题所需的关键线索。此外，解决复杂问题可能需要许多子操作，对子操作效能感的估计可能会有所不同，因此对效能感的判断会变得模糊不清。效能感对于文化智力非常重要，因为了解新文化的任务必然是复杂且不确定的。以一位从本国文化到新文化的外派经理为例说明各效能感子要素之间的相互作用。在新的环境中，他对文化适应能力的期望基于几个子要素，包括他对新语言、非语言信号、工作环境设定、文化等级等的理解能力。文献中未曾体现的是，这些能力子要素是如何结合起来以供对适应能力进行总体判断。也就是说，这些估计值究竟是补偿性估计值（即一个类别中的高效能可以补偿另一个类别中的低效能），还是乘法估计值（同一类别中的低效能最终决定了整体效能水平）等等？

环境的复杂性对与文化智力相关的效能感提出了挑战。效能感强的人不仅会坚持不懈，还会设定目标和期望，从而积极主动地寻找新的、有用的策略来实现跨文化互动的目标。也就是说，个体的效能动机是他们在微观层面，更多是在中介层面上，创造的跨文化理解新程序性知识和新陈述性知识的一个重要特征。

有关个体动机的一个特征是人们在人际交往方面的目标。自我效能感并不能决定个体行为的目标——自我效能感和目标是整体动机模型中相互补充的两个要素。因此，如果不说明与个人目标的互动作用，我们就无法充分说明自我效能感在自我动机中的重要性。

目标设定在组织文献研究中有着悠久的传统，最早可以追溯到埃德温·洛克（1968）在其最初关于动机和目标的著作中的开创性工作。最初的目标设定模型是从信息处理的认知角度提出的。它包括五个步骤：(1) 环境刺激→

(2)认知→(3)评价→(4)意图、目标设定→(5)表现（洛克，1968）。

早期的实证研究主要侧重于意图与表现之间的关系。在假设人们有意愿实现其目标的情况下，目标和意图在这里被认为几乎是一致的，对目标的承诺也是不容置疑的。少数情况下，被试会被排除在研究之外，是因为他们不接受目标，因为模型的预测仅限于高目标承诺的情况（厄尔兹和厄利，1993）。当目标由自我设定时，目标和意图可能会相互重叠。当目标由外部设定时，这种假设就值得商榷，也不能想当然地认为人们会对其目标作出承诺。我们可以推断，目标是在评价过程结束时由自我设定的，在这个过程中，根据预期的偶然性，在努力与目标行动之间，在行动与结果之间作出选择（厄尔兹，厄利和胡林，1985）。当目标由外部设定时，评估过程就开始了，最终结果究竟是否进行了高水平或低水平的承诺，取决于个体对是否满足目标的意义。

早期的目标设定测试中并没有对目标评估进行研究。但是洛克和莱瑟姆（1990）提出的修正目标设定模型考虑了目标评估的过程，特别是修改后的模型侧重于目标难度和具体性对目标实现的效价和自我效能感的影响。衡量效价的标准是在没有外在激励措施的情况下，目标实现的预期满意度。人们同意尝试指定目标的原因包括：可以提高自己的技能、达成目标会使人有一种成就感，并且给了人们一个证明自己能力的机会（门托和洛克，1989）。有关魅力型领导力的研究表明，魅力型领导者会根据自己的价值观来设定目标。这样的做法会让追随者为了实现这些目标而采取更有意义的行动，因为这符合魅力型领导者的自我概念（班杜拉，1997）。

目标设定会对个体的自我效能感预期产生多种影响。目标设定提供了目的感和方向感，并明确了对表现的期望（伍德和班杜拉1989，470）。目标设定会影响个体的规范性信念，即他们认为自己能做什么和应该怎样表现（班杜拉，1997）。研究发现目标水平与自我效能感之间存在正相关关系（洛克、弗雷德里克、李和波布克，1984）。因此，目标评估与目标是否满足了自我需求有关（厄尔兹和厄利，1993）。

对目标的积极评价会形成目标承诺。目标承诺是个体在评价过程结束时作出的决策,即坚持目标,不拒绝目标。这种决策是评价过程的结果,在这个过程中要评估目标的实现对个人满足感的贡献。一些研究人员认为,目标承诺比目标本身具有更强的激励力量。这源于一种信念,即目标承诺意味着与结果息息相关,个体愿意为实现目标而坚持不懈,甚至不惜牺牲(诺瓦茨克和拉扎罗斯,1990)。

影响目标承诺的因素有多种,可分为内部因素和外部因素:内部因素包括对目标设定过程中的选择和控制、对成功的预期、自我效能预期以及内在奖励;外部因素包括服从权威、公开目标(霍伦贝克和克莱恩,1987)、同伴影响和外部控制(洛克、莱瑟姆和厄尔兹,1988)。参与目标设定是目标承诺中一个经过充分研究的前因(莱瑟姆、厄尔兹和洛克,1988),它发生在评估过程的初始阶段,与自我设定目标的情况类似。与自我设定目标类似意味着参与到目标设定中使个体对有关自身满足感的决定拥有了更多的控制权。与外部强加的目标相比,只有当目标处于个体控制之中时,才更有可能被接受。参与目标设定可以让参与者对自己的决定拥有控制权,并增强他们对目标的承诺感。

目标设定细化了积极自我评价的条件要求(班杜拉,1997)。在评估与满足个人相关知识重要性的过程中会引发情感。只有认识到自己有所得或有所失,即交流的结果与目标设定和满足感有关时,才会产生情感反应。因此,目标评估不仅对于激活实现目标的反应是必要的,对于产生激发行为必需的情感也是必要的。[此外,伊登还认为,设定困难的目标可能会提高期望值,并触发自我实现的预期。也就是说,目标可以作为认知锚点来指导后续行动(厄利和厄尔兹,1991)]。

自我效能感和价值观(效价)被引入作为目标与表现之间的中介变量(厄利和利图奇,1991;伊登,1975;加兰德,1985;洛克和莱瑟姆,1990)。目标设定模型的核心研究结果揭示了,如果个体能够接受特定的、困难的目标并且得到反馈,那么这些目标就会提高个体表现水平(洛克和莱瑟姆,1990)。

可以说，与目标本身相比，目标接受或目标承诺具有更强烈的激励力量，因为它意味着结果与个人利益息息相关，意味着个人愿意为了实现目标而坚持不懈、不惜牺牲。

回到我们对促进个人成长的自我效能感动机的讨论（厄尔兹和厄利，1993），可以看到目标和效能感对于理解文化智力动机方面相互依存的本质。正如伍德和班杜拉（1989）所描述的那样，从自我效能感预期到个人设定目标之间一般都存在着一条强有力的路径，尽管从表现结果和目标本身到随后的效能感水平之间存在着明显的反馈回路。也就是说，自我效能感与个人设定目标之间相互影响。将这一观点与动机和文化智力联系起来，就可以清楚地看到，动机文化智力高的个体，其个人的效能感也高，并倾向于为了实现自己设定具体的、具有挑战性的目标而克服所面临的文化困境。

动机文化智力高的个体在跨文化互动中表现良好。这些高动机文化智力者有很强的感知能力，他们能够应对他人的不同观点，以及不断变化的、陌生的情境，并且处理复杂和不确定的情境。然而，仅有强烈的效能感还不足以理解文化智力，因为个体的行为是有目标的。个体为自己设定目标的性质和类型对于理解和预测跨文化互动的结果至关重要。例如，两位外籍经理 A 和 B 在跨文化接触中的自我效能感水平相当（都很高）。A 经理在第一次跨文化接触时没有任何具体的目标或结果预期，只是希望更多地了解对方的文化（类似于关于目标文献中提及的"尽最大努力"的目标）。与此相反，B 经理在第一次跨文化接触时，就有了跨文化理解的具体目标，包括人们相互打招呼的方式、如何尊重权威、如何区别与朋友的交流和与陌生人的交流，以及目标文化对基于人口因素对歧视的态度等等。B 经理会从这次接触中获取更多有用的信息，而且比 A 经理更有可能在后续互动中有建设性地运用这些信息。此外，对目标文化中各种具体特征的掌控感将进一步增强 B 经理的自我效能感，并为其提供可以获取更多信息的认知框架。更重要的是，B 经理会具备动机去进一步探索所获取的信息并加以扩展。因此，效能感和目标特征是相辅相成的。

但是，以 A 经理和 B 经理为例会产生一些误导，因为建立和应用效能感的本质表明，一个具有高度效能感的人往往会在跨文化的交往中自然而然地为自己设定具体的、具有挑战性的目标。此外，高水平的效能感表明过去的表现（经历）是成功的，而未来的表现将在此基础上产生并加以实施。不过，我们的观点仍然是，要了解高文化智力者，仅凭了解效能感是不够的。

现在，我们可以把前面关于价值观的讨论与对效能感和目标的应用结合起来。正如研究人员证明的那样（参见 1990，洛克和莱瑟姆的综述），人们设定的目标是由他们对效能感的预期以及对目标的制定和完成相关的潜在结果的主观评价所决定的。也就是说，一个人设定目标不仅取决于他对自己能否实现这些目标的判断，还取决于他对实现中这些目标可能产生结果的考量（加兰德，1985）。日常生活中，在任务和目标设定方面，价值观（效价）问题可能是一个人与工作单位签订绩效合同的一种嵌入式期望（莱瑟姆、厄尔兹和洛克，1988）。莱瑟姆、厄尔兹和洛克（1988）对目标设定、承诺和参与的研究表明，员工通常会自动吸纳目标，因为隐性雇佣合同规定他们的工作是被工作单位指定好的。只有当这些指定目标引起消极的情绪反应时（比如他们认为这些目标不可取或过于具有挑战性），才需要参与等技术来加强目标承诺。

跨文化经历与员工通常所体验的工作环境截然不同。这些经历将个体关于是非对错的信念置于一个可能不同的体系中进行对比，以挑战他或她对自身文化的思考和假设。面对这种挑战，个体的一种反应是将自己与新文化隔离开来。例如，在本书第一作者用 BaFa BaFa 练习法对 MBA 学生进行跨文化培训时，经常会有一些学生在模拟训练中作出反应，将自己与自己所属的文化隔离开来。练习中，学生被分配到阿尔法和贝塔两种文化中的其中一种，两种文化有着极其不同的互动规则和文化规范。为了让问题更加复杂，本书第一作者将阿尔法文化（传统上是以男性为主的等级制度）和男女地位颠倒过来（现在变成了以女性为主的等级制度）。经常看到的情况是，一些男性 MBA 学生聚在房间的一角，拒绝与同一文化中的其他人交流。他们认为这个游戏"毫无意义"，尽管很明显，他们的反应是对某种程度不适的补偿，而这种不适无法通过游戏所规定的正常互动来解决。

这个例子在某些方面说明了缺乏安全感的 MBA 学生在一定程度上表现出的能力不足。不过，我们认为，很可能是从价值观和面子的角度出发，才导致其在这个文化游戏中的表现打了折扣。这些选择退出游戏的 MBA，他们的价值观和面子观反映出对可能会让自己感到尴尬的经历的轻视。（对他们中的一些人来说，游戏要求的行为［例如某种文化中同性成员之间可以有亲密身体接触等行为和仪式］是无法做到的。这一点我们将在下一章有关文化智力行为层面的内容中作进一步讨论）。

到目前为止，我们已经讨论了价值观、自我效能感和目标设定对个体的动机和文化智力的贡献，但忽略了个体的社会背景，它是形成目标和效能感预期的关键因素（同时也是个体价值观的积极塑造者）。认同理论（史赛克，1987）、自我认同和地位等级制度理论（休斯，1971；刘和穆尼根，1998；塔杰菲尔，1982a；特纳，1987）以及自我展示和面子理论（厄利，1997；戈夫曼，1967；斯皮兹伯格，1991；丁允珠，1988），社会背景和语境对研究文化智力的动机层面非常重要。

文化智力中的社会背景与角色理论

文化智力不能脱离社会背景来考虑，因为其本质就是对社会行为的理解。这个论点适用于文化智力的各个要素，包括动机要素。正如动机理论家试图将他们的理论建立在社会环境之上一样（班杜拉，1997；洛克和莱瑟姆，1990），我们认为，个体参与和理解其他文化的动机与个体的社会背景和社会历史息息相关。我们所指的社会背景是指个体目前和预期的社会接触和互动。个体的社会历史指的是那些已经经历过的社会接触和互动，它们影响着个体现有的信仰、价值观和规范。

第 5 章 文化智力的动机基础

我们所指的社会历史在一定程度上指个体所具有的价值观以及其现有的动机。个体的经历构成了其预期效能感的部分基础，而这些经历也反映了其所处的社会环境。社会历史指个体长期经历并吸收的总体文化背景。

［尽管我们不愿将某些文化与另一些文化进行比较，并断言在一些文化中，其成员在文化智力方面占比较高，但某一个文化的社会历史确实可能会导致该文化中的个体普遍具有比另一文化中的个体更高的文化智力水平。以来自不同国家的外派经理的相对成功率为例。托马斯（2002）认为，相对于其他群体，美国人的成功率相对较低，这可能反映了不同的调节能力。不过，他提醒道，文献所报告的不同调节率可能由多种原因导致。我们同意，导致不同国籍外派人员成功率不同的潜在原因有很多，其中一个可能的因素就是文化智力。有些文化背景（社会历史）可能更有利于培养文化智力，就像有些学习环境更能促进认知和智力发展一样。此时，我们似乎可以认为，文化智力是文化调节的一个促成因素，它以一个人的文化传统和背景为基础］。

社会历史通过塑造个人价值观、自我效能感和自我设定目标，影响着文化智力的动机层面。关于个人价值观，几乎不言而喻的是，发展的经历为塑造价值观以及如何评价诸如体验新文化之类的事件奠定了基础。人格因素，如开放性等，显然是建立在个体的社会历史和价值观认同等基础之上的。在群体依赖性、社会等级、共同身份等方面具有强烈价值观念的人，很可能在社会调节和文化智力方面具有特定的取向。社会历史与跨文化理解倾向之间的映射关系并不像人们最初想象的那样简单。一个来自高度集体化和等级文化的个体很可能有过许多需要根据潜在的微妙线索进行复杂社会交往的经历（例如日本文化）。个人地位（面子）、成就和认可对于维持该文化的社会结构至关重要。那这是否意味着来自该文化背景的成功人士就具有强烈的动机文化智力呢？不一定。困难在于，在一个集体化和等级严格的社会中，内部群体相对稳定的性质（特里安迪斯，1995）引导人们学会了一种与他人打交道的特定方式。无可否认的是，他们非常善于利用来自其社会群体的微妙线索，并且对这些线索的敏感程度远远高于外来者。但并不意味着他们能把这些技能普及到新的文化群体中去。这些技能是否能普及到其他文化环境中，也还有待证实。

社会历史也与自我一致性动机有关（厄尔兹和厄利，1993）。一个具有高度自我一致性动机的人倾向于将过去与现在和未来联系起来，以保持自我概念、记忆、价值观等在时间上的连续性。对于这样的人来说，社会历史和先存的价值观在形成动机文化智力方面起着非常重要的作用。这类人在很大程度上依赖于根据已有的想法和观点来解释新信息。同样，如果遇到的新情况与现有的世界观不一致，那么这些新情况很可能会被忽略掉或会被进行调整。

除了个体的社会历史，另一个重要特征是个体现有的社会背景。也就是说，当前环境中有哪些关键特征会影响个体的动机文化智力水平？个体在跨文化互动中所经历的角色对于理解文化智力动机因素至关重要。例如，来自集体主义文化的员工具有较高的身份承诺，表明了无论其在组织结构中的地位如何，都反映其所在群体的利益。高权力距离关系倾向的文化价值观支持员工对下属角色进行承诺，从而对下属进行简单或程式化的掌控（厄利和兰巴赫，2000）。

根据社会认同理论（塔杰菲尔，1982a）以及相关的自我归类理论框架（特纳，1987），对自我的抽象分为三个层次：上层自我，即基于个体与其他人共享特征的认同；中层自我，即基于人与人之间的社会相似性和差异性，将个体归类为某些社会群体的成员；下层自我，即基于自己作为独特个体与其他群体内成员之间的区别。自我归类在任何层次上的显著性都会随着参照系的变化而变化。自我归类的个人层面和社会层面的显著性之间呈反比关系。个人层面强调的是独特性和可区分性，而社会层面强调的是与其他群体成员的相似性和共性。

群体间的比较会提升个体的自我形象。也就是说，通过将自己所在的社会群体与其他社会群体进行比较，并对其进行负面评价，可以增强个人的价值感（例如，看看自己与他人相比有多优秀）。

正如塔杰菲尔等人所证明的那样，认同理论的一个方面涉及个体为何表现出群体内偏好的过程解释。（这种解释群体内在为潜在过程的意愿催生了特纳的自我归类理论）。特纳（1985）认为，自我归类理论"关注的是心理群体形成的前因、本质和结果：一些个体的集合如何确定并认为自己是一个社会群体，共同的群体成员的身份是如何影响他们的行为？"归类理论侧重于社会认同形成的基本认知方面，它提出：（1）自我概念是认知系统的基本组成部分；（2）个体的自我概念有许多相互关联的方面；（3）自我的特定方面在特定环境下被激活；（4）自我的认知表征采用自我分类的形式；（5）这些自我归类是一个等级系统的组成部分；（6）自我归类至少有三个抽象层次，即人类与非人类、群体内与群体外，以及个体的自我归类，这些归类将群体成员彼此区分开来；（7）自我分类在任意层次上都倾向于通过定义为下一个更高层次的自我分类成员的刺激，然后进行比较，进而形成并变得显著；（8）自我归类的显著性导致了类内相似性和类间差异性的突出；（9）自我归类在某一层次上的显著性与其他层次的显著性之间存在着功能上的拮抗作用，这种显著性在其他层次上也会产生类内相似性和类间差异性。此外，特纳还认为，个体通过将自己和其他成员的特征与下一个更高层次的分类原型进行比较，从而促使个体对自我分类保持积极的自我评价。

分类理论有几个有趣的特点，可以用来描述文化影响（厄利和厄尔兹，1993）。特纳认为，群体的形成有两个原因：其一，群体的形成可能是自发的，也可能是在当前环境下出现的社会分类的结果。其二，群体形成是文化来源（如工作阶层、性别、种族等）预先形成并内化的分类方案的结果。虽然自我归类理论（SCT）并未预测到特定文化基础对群体形成的重要性，但厄尔兹和厄利认为，事实证明这种分类对理解异质文化群体的行为产生非常重要。个体在形成对内部群体和对外部群体作出判断时会使用预先已经形成的类别，这一基本前提对于理解各种文化中的群体形成的过程非常重要。

分类法和社会认同法在理解社会背景对动机文化智力影响的另一个局限

是，群体成员身份似乎主要基于个体与他人的心理联结过程，群体成员的身份似乎完全是自发产生的（厄利，1997）。这种个体主义的观点可能无法准确反映出集体主义文化中的群体成员身份，因为在集体主义文化中，群体成员身份主要由文化规范决定（史密斯和邦德，1998；特里安迪斯，1995）。这些成员的身份既是预先形成的，也是稳定的，因此分类理论所描述的群体形成过程可能是有限的。在不同文化中，类别的显著性和包容性也会有所不同。对于个体主义者来说，群体成员身份可能是短暂的，所以群体内外的分类可能并不明确。个体主义者被问到某个朋友是否组建了家庭时，她可能会不确定，但在作出决定前，她会根据朋友的许多特征来进行判断。而集体主义者被问到类似的问题时，可能立即就能作出肯定的回答，因为她的内部群体分类更加地严格和明确。

那么角色认同和社会认同对文化智力的动机层面有什么影响呢？人们的角色认同对于理解其文化适应性的几个方面至关重要。举例来说，如果一个人的角色认同非常有限而且重叠严重，比如对于一个等级制度化、人口较少的集体文化（A文化）来说，个体如果最初认为新文化与自己的文化有很大差异，他的适应动机可能就会非常有限。也就是说，一个人并没有太大的必要去了解这些"外国人"，因为他不会把他们作为自我提升的潜在参照物（他们并不具有相关的参照群体的功能）。另一个极端是，如果一个人的角色认同非常复杂且相互依存，就像正在经历重大技术转型的动态文化（B文化）那样，那么他就会有强大的动力去了解新的文化环境，因为这是日常为了应对变化所需要的。个体的价值观是特定社会背景的结果（继续举这两个例子），一定程度上决定了个体如何评估有关文化适应的各种决策。

这个评估过程会与个体文化适应的目标和期望产生相互作用。在A文化中，了解一种新文化（X）的动机取决于A文化与X文化的相似性，以及了解X文化对个体的帮助。如果个体认为X文化与A文化有很大的相似性，或者对发展A文化没有帮助，那么动机就会减弱。个体的动机文化智力会随着基于先前经验（社会历史）的自我效能感而变化。与来自 B 文化的人相比，来自 A 文化的人更不可能在内部群体中流动，也更不可能改变自己的忠诚度。这说明他的经验较少，因此效能感也可能较低，个人目标可能模糊不清，对挑战的承诺也较弱，等等。

等级制度和集体文化的社会设定可能会导致个体的高度积极性和孤立主义的观点。例如，我们在第 3 章中描述了霍尔在日本酒店搬家的经历。尽管日本文化具有很强的集体性和等级性，但其成员并不只属于少数几个突出的角色身份。相反，日本人对角色身份（如家庭成员、大家庭成员、社区成员、工作单位成员、组织成员、部门成员等）的精细划分及其相互的依存性表明，只要地位和职位成为目标文化成员的身份来源，他们就会有很强的动机去了解目标文化（厄利，1997；何，1976；胡，1944）。我们认为，这些人可能会具有了解其他文化的动机，至少在最初是这样，是因为他们不知道谁是个人地位的来源。对"脸"或道德品质（厄利，1997）有强烈意识的人也可能倾向于了解新的文化，因为他们关心自己的个人行为对他人的影响。归根结底，注重面子调节（维持和提升）的人很可能具有较高的动机文化智力。这些人有工具性的需求，要去了解需要他们在其中发挥作用的新文化。也就是说，只有全面了解在新文化中要怎样发挥作用，会得到怎样的回报，才能真正确保个体在新文化中维持或提升自己的地位。

因此，对面子的极度关注很可能反映了高动机文化智力，但不一定能有效适应新文化。动机只是文化智力结构的一个方面，作为能量或热情的动机只是我们所说的动机文化智力的一部分。要使动机用积极的方式促进文化调节适应，效能感和目标必须保持恰当的一致性，以帮助信息搜索和信息阐释。我们可以从第一作者与行为决策理论家特里·康诺利及其他几位同事在一系列论文（厄利，康诺利和埃克伦，1989；厄利，康诺利和李，1989）中所做的一些工作中进行类比。

厄利及同事研究了策略复杂性（即个体在完成一项任务时可能采取的策

略数量及其相对复杂性）在理解特定目标和挑战性目标对表现的影响方面所起的作用。我们最初发现，在一项复杂任务（如股市预测）中，如果有许多潜在的任务策略可供选择，那么特定的、具有挑战性的目标就会对任务表现产生不利影响。这项任务是对多线索概率学习中用于制定决策的透镜模型方法的改编（详细描述见厄利，1989）。被试需要用三条定量信息来预测一家公司股票下季度的市场价值。从根本上说，被试需要找出实验者研究中用来有效预测股票的基本算法。设定目标对使用策略的和改变策略产生了明显的积极影响，但被试并未从这种"积极的动机"中获益，因为他们缺乏对如何改进任务策略的指导。因此，被试似乎拥有无数可能组合的策略，却不知道如何指导他们对这些策略进行搜索。在一项后续研究中，厄利、康诺利和李（1989）为被试提供了一种指导他们搜索策略的方法，即使用有关如何"学习"这一类任务的教程。培训内容并不是教授如何解决手头的具体问题，而是指导被试怎样从任务的普遍层面开展学习，并由此制定出具体的任务策略。这项研究与之前的研究相反，与文献中提到的传统目标设定效应相一致。

　　我们的观点是，从传统心理学意义上讲，"充满活力"或者说积极主动的人具有较高的动机文化智力，但并不一定有利于文化适应与调节。如果一个人非常看重面子和社会地位，那么他或她就会有很强的动力去尝试和摸索新文化中身份和地位的规则。从某种程度上说，这种热情似乎是一种积极的特征，是有益的。然而，对文化的理解，类似于厄利、康诺利和他们的同事所用的股票市场任务，就存在高度的战略多重性，但对于如何在这些潜在策略中进行选择却明显地缺乏指导。在这种情况下，除非与恰当的认知和行为机制保持一致性，否则目标的设定和高效能感都可能会被证明是有问题的。例如，一个地位较高的人从一个等级森严的文化环境来到一个相对平等的文化环境，他可能会在不经意间冒犯了在他看来地位较低的人，因为他在发号施令时几乎没有任何解释，也没有任何人情味可言。我们在观察来自集体主义和高权力距离文化的人遇到个体主义和低权力距离文化的助手或服务员时，就会看到这种情况。通常情况下，来访者对待服务员的方式比较唐突，也很少顾及服务员的面子。因为来访者认为服务员的地位不值得特别关注，如果给予过多关注，就会降低自己的个人地位。

这种错误也经常出现在另一个方向上，"友好的美国人"消除了与高权力距离同事之间的地位障碍，却发现自己被同事视为无能或懒惰（高权力距离的员工不明白为什么要征求他对新项目的意见——这是不是表明这名外派人员无法自己做决策，是他没有能力做决策吗？）一位美国经理在给本书第一作者的一份报告中提到，当他第一次被外派到泰国工作时，他采用了一种参与式的领导和决策风格。为了使团队团结一致，他召开会议，鼓励所有管理团队的成员积极发表不同意见并相互之间进行讨论。他发现团队成员非常不愿意进行激烈的辩论，尤其是泰语和泰语之间的辩论。他的一位高级经理最终向他提出意见，有几位小组成员担心这位外派高管不能完全控制住局势，也缺乏足够的专业知识，所以他把自己的责任都推给了下属。

我们的观点是，动机必须与认知和行为系统保持一致性，仅凭动机是不足以预测文化适应性的。

整合动机文化智力的各个方面

除不恰当的极端程度的自我效能感外，自我效能感对文化调节的适应（作为文化智力的一个重要特征）是积极的。有人可能会问，如果个体的自我效能感高于其实际能力，那么他是否会处于劣势（让自己陷入眼高手低的境地）。班杜拉（1997）回顾了有关自我效能感认知方面的文献并得出结论——即使出现了不匹配的情况，自我效能感对搜索、坚持等行为的总体益处仍然大于其他潜在的负面后果。例如，布法尔-布沙尔、帕瑞特和拉里维（1991）发现，无论儿童的认知能力是超常还是一般，效能感高的儿童在解决概念性问题时比效能感低的儿童要做得更好。在每一个能力水平上，效能感高的学生比效能感低的学生更能管理好时间，能更有效地找寻工作策略，而且更有毅力。容克（1989）总结了一系列利用自我效能感进行教育干预和认知学习的研究。他认为，效能感信念的形成不仅是认知技能学习（如通过教学干预）的结果，而且还能指导认知技能的应用。

  这一结论也适用理解文化智力的动机层面，因为仅从认知层面来看，我们无法完全理解文化适应。效能感预期既能激励行动，又能指导行动，最重要的是，它能让那些已经具备有用的策略的人以正确的方式来运用这些策略。如果缺乏恰当的文化适应策略，那么高效能的管理者比缺乏效能的管理者更有可能重新制定策略。

  这些目标的直接益处是引导文化适应策略朝着富有成效的方向发展，以巩固个体对文化调整作出的承诺，并在失败或困惑面前坚持不懈等。效率和具体目标之间相关但间接的一个影响是增强了对新文化了解的内在兴趣。具备效能感和具体目标的人更有兴趣去了解新文化。为什么会这样呢？是效能感促使着人们制定个人目标，而这些目标又为自己带来了挑战感和完成目标的兴奋感。实现目标本身就具有很强的激励作用，并能提高人们对所做事情的内在兴趣（洛克和莱瑟姆，1990）。

  斯特恩伯格及其同事（如斯特恩伯格，1997，2000a；斯特恩伯格等，1999）关于实践智力和隐性知识的研究再次派上了用场。在他对这些概念的修订中，斯特恩伯格认为，传统的认知智力观点是有欠缺的，原因有很多。关于动机文化智力，斯特恩伯格及同事对隐性知识的讨论特别有意义。他们认为，隐性知识本身不足以保证效能表现。

> 尽管我们并不认为隐性知识可以代表一般智力，但我们确实意识到，在传统的成功标准（如表现评级）上，普遍因素 g 和其他因素确实有助于在许多工作中的良好表现。完成许多日常任务中需要（至少）具备常模范围的一般智力、成功的动机、非隐性领域的知识

以及许多其他资源。(斯特恩伯格等,1999)

当然,成功的动机是本章的主题。我们认为,与斯特恩伯格及其同事(1999)的研究以及几乎涵盖所有的关于一般智力的研究相比,成功的动机更值得探究。贝里的研究似乎是为数不多的例外之一,他长期以来一直认为智力研究中的文化相对主义限制了这个领域许多工作的开展。他描述了对特定类型认知能力的相对重视,以及这些认知能力在不同文化中的差异。此外,我们还想补充一点,即在不同文化中,人们从事智力工作的动机也不尽相同。

在斯特恩伯格(1997)关于成功智力的论述中(主要是建立在他的三层次理论上),动机在"经验子理论"中发挥了作用。在这个子理论中,斯特恩伯格借鉴了自动加工和控制加工方面的研究成果(希弗林和施耐德,1977),并讨论了任务评估的重要性,即考虑执行任务所需的认知加工水平。他认为,适度新颖的任务和熟悉的任务对于理解智力都很重要。也就是说,成功的智力不仅能很好地处理新颖的任务,也能适当地应用于相对自动的任务。对控制加工与自动加工之间的权衡涉及认知和动机资源的转移(高度新颖的任务需要控制加工,同时伴随高度的注意力和认知资源分配,以及有目的的动机;而高度熟悉的任务需要自动加工,同时伴随较低的资源分配、注意力和努力)。动机与智力的关系体现在智力需要对控制加工过程和自动加工过程进行检查。就文化智力而言,这表明智力上的适应和调节是恰当且有效地运用控制加工和自动加工过程来实现的。对注意力的调节以效能感和目标设定为指导,从而达到恰当的平衡。

文化智力的动机层面反映出个体参与新文化并掌握其细微差别的总体意愿。这一点反映了适当的个人价值观、文化价值观、自我效能感和目标之间的相互作用。一个高动机文化智力者不仅重视跨文化理解,并且将跨文化理解视为对行动的积极激励。他会以自我设定的个人挑战为导向,通过学习来促使自己进步。

小结

尽管关于智力的一般文献中通常都忽略了个人动机作为智力结构的一部分，但我们还是将动机作为一个关键因素引入，因为适应（几乎所有智力定义的核心要素）既需要"智力"，也需要"动机"。对于文化适应和调节来说，这两个要素都是不够的。

我们运用了厄尔兹和厄利（1993）的文化自我代表模型中提及的三种自我动机来描述我们的方法论：提升、效能感和一致性。此外，我们还描述了个体价值观、文化价值观、效能感预期和目标设定如何在不同的社会背景中指导个体的行动选择。价值观是评估个体对各种潜在行动和结果的意愿的总体基准。效能感预期为我们提供了制定和追求个人目标的动机，以及面对潜在失败时加倍努力的动力。目标设定则是深入文化环境所需的指导和内在挑战。

我们所面临的主要挑战是，如何将动机这样一个概念纳入智力这样一个认知领域提供一些合理性。我们强烈主张在讨论文化智力这个主题时，应该把动机和认知处理交互在一起。具备领域性知识、程序性知识或结果性知识并不意味着个体就能够适应新文化。只有通过适当动机的激励和引导，这些"事实"才会有用。有趣的是，这种认知与动机的结合早已存在于动机和任务表现领域中（例如，班杜拉，1986；洛克，1968；洛克和莱瑟姆，1990）。现在，智力研究人员应该完全接受了动机观点。鉴于智力研究正朝着生理过程方法的方向发展（例如，詹森，1982a，1993），而讽刺的却是动机并未被明确地纳入其中，因为在生物系统中描述的信息电化学处理本身就很适合讨论动机与能量电位、突触通路等的关系。

第 6 章
行为文化智力

在第4章和第5章中，我们重点讨论了文化智力三个组成部分中的前两个：由元认知和普通认知图式组成的认知部分，以及由驱动和自我效能感组成的动机部分。现在我们转向文化智力的第三个部分，也是最后一个——行为部分。

互动双方或多方的外显言语和非言语行为是社会互动中最显著的特征。当人们开始并持续面对面互动时，可以听到对方的语言、声音，看到面部和其他身体上的表达，但却看不到潜在的思想、情感或动机。因为外显行为的表现及其特征在日常社会交往中至关重要，因此，个体对于社会行为统一性和文化独特性的理解能力，是判断和发展文化智力行为部分的关键指标。

文化人类学家爱德华·霍尔在其跨文化能力培养理念中，体现了行为学派的思想。霍尔（1993）多年来在美国外交学院尝试了不同形式的跨文化培训。最初，他采用的是人类学的培训方法：外交服务人员学习了大量关于文化和比较外国文化体系的陈述性知识。他们把即将赴任国家的地理、历史、习俗、惯例、亲属关系、家庭结构和政治制度牢记于心。

但很快霍尔就发现，虽然这些外交人员掌握了大量外国的宏观社会文化政治知识，但这些知识本身并不能在掌握关键的生存技能中发挥作用。尽管外交人员掌握了丰富的宏观文化知识，但他们在行为上却很笨拙，在异文化环境中很不自在，在与当地人的接触中也不知道要如何恰当地展示或表现自己。

经过多年实验，霍尔得出结论，他必须将培训的重点放在跨文化自我展示必需的行为技能上。为此，霍尔减少了对外交人员进行外国地理和历史事实、特征和知识方面的培训，而将更多的注意力放到培养外交人员的社交技能上——这些技能非常平常，如问候、告别、招手示意、发起和进行社交对话或闲聊。同时也学习在非正式场合（如餐桌上），以及在正式的工作场合中恰当地运用"隐藏的维度"或"无声的语言"等跨文化交际行为（霍尔，1959，1966）。

霍尔偶然发现了文化智力的行为要素。我们认为具备文化智力的人必须时刻注意自我展示（self-presentation），即怎样给人留下印象，以及所做的行为会如何影响当地人对他们的看法。因此，自我展示是文化智力行为要素的必要条件。

自我展示的动机是社会生活的基础，遍布于社会生活中。无论是否公开承认，但每个人都会关心如何向他人展示自己（利瑞，1996）。作为自我提升需求的一部分，人们会避免那些导致他人认为自己不称职、不适应或不合群的行为。当一个人身处陌生的文化中时，无论他做什么，都希望当地人能以某种理想的方式看待他。像打招呼的手势这样平凡的行为，在社会规范下就可能会有很大的不同，因此，人们在跨文化交际时就应当有意识地对适当的行为开展深入思考。自我提升的需要和对他人印象的担忧会进一步限制人们对单一文化背景下养成的日常习惯和行为方式的运用。

总有一些人很少或根本不关心别人对他们的印象。如果跨文化交际是短暂的，比如以短期旅居或旅游者的身份去往国外，那么漠视他人对自己的印象有可能不会导致任何负面的影响。但是，如果个体在异国文化的长期旅居中继续表现出对自我展示的不重视，他们会发现自己会因为不尊重他人和粗鲁的行为而被当地人排斥。在极端情况下，我们可能得出结论：不顾及他人印象的人是不善交际的人，甚至可以说是精神紊乱的。临床心理学家会把长期社交无能的人归类为"异常"——要么是临床抑郁症患者，要么是精神分裂症患者，要么是孤独症患者。临床心理学家或精神病学家会根据患者的异常行为来诊断他们是否患有这些疾病。行为障碍成了异常状态的主要症状。例如，孤独症患者

往往表现出以下几个特征:

- 缺乏语言表达能力或语言表达能力严重受损,伴有不寻常的语言模式,如与他人的语言相呼应;
- 对周围的明显线索、声音和物体缺乏感知;
- 对与他人的联系漠不关心;很少或没有感情;
- 在社交场合频繁出现似乎只为自我刺激而不顾他人的行为:例如,不停地来回摇晃椅子,不停地尖叫,或用手在眼前晃动。(洛瓦斯,1977)

孤独症患者要么表现出行为缺失(即行为太少),要么表现出行为过度(即行为太多),或者在某种特定的情境下表现出过多的不适当行为(马丁和皮尔,1988)。他们存在语言异常,如重复许多以前听过的短语或对话,而不表明这些词语的意义。他们还倾向于表现出反社会行为,比如强迫性的仪式行为(科格尔、林科弗和埃格尔,1982)。

根据孤独症的特点,我们提出了与文化智力相关的"文化自闭"综合征。即在行为文化智力低下的极端情况下,个体可能会在陌生的文化环境中表现出类似于上述孤独症的行为特征。在旅居者无法理解异国文化的共同规范和什么是恰当行为的情况下,他们可能会表现出行为缺失或行为过度等极端形式,以至于当地人会认为他们出现了类似孤独症的行为。

行为的定义和行为文化智力的核心假设

在社会心理学和行为矫正研究中,行为被广泛定义为个体对外部或内部触发因素的任意反应。根据特里安迪斯(1989)的定义,行为是指"有机体对刺激(来自有机体内部或来自外部的刺激)作出的一大类反应"。萨拉菲诺(1996)将行为定义为"一个人所做的任何事情,通常是对内部或外部事件的反应"。外部事件的例子是：一个人在对话中回答另一个人提出的问题。内部事件的例子是：一个人感到口渴要喝水。因此，行为是指个体对内部或外部线索的具体行动或反应。

我们对行为的定义相对狭窄，对行为文化智力的讨论基于以下核心假设。首先，我们只关注显性或外部的行为，而非隐蔽或内部的行为。外显行为指的是可以被观察到的行为。行为者和观察者（即除行为者以外的个体）都可以对外显行为进行描述和记录。言语行为和动作行为是外显行为的两种最基本形式。外显行为就是人们所说的和所做的，外显的言语行为需要语言，而外显的动作行为则涉及体势学或肢体动作。

相比之下，隐蔽行为是行为者之外的其他人看不到的。思想、情感、梦境和幻想都属于隐蔽行为。一个人因为游乐场不间断的施工噪声而感到恼怒，就是隐蔽行为的一个例子。也许人们会表现出明显的愤怒，这个表情源自内心的情绪反应，但外在表现的迹象并不总是能准确地反映隐蔽的行为。我们将重点放在外显行为上，因为在第4章和第5章讨论文化智力的认知和动机要素时，我们已经讨论过思想、情感和动机等隐蔽行为或反应。

其次，我们关注人类行为的**社会形式**——那些在人际交往或互动情境中出现的，被语境化的行为。我们知道人可以单独或在社会情境中对内部或外部的刺激作出反应。例如，我们可以独自吃饭，也可以与他人一起吃饭。在对文化智力的讨论中，我们只关注个体在不同文化和社会背景中的外显行为或反应，因为文化智力的行为本质是具有社会性的。因此，我们只关注那些影响社会环境的人类行为。我们对社会行为的关注反映的是社会智力研究中人类行为的核心假设。在社会智力研究中，社会行为是以单一文化对社会所定义的意义为基础来进行研究的（佐尔克尔，2000）。在构想文化智力时，我们也在不同的文化语境下研究了社会行为，这些行为可能有巨大差别，甚至有戏剧性的矛盾或对立的社会定义意义。

最后，我们将文化智力行为与文化胜任行为区分开来。行为文化智力可定义为有目的、有动机、有策略的行为，而文化胜任行为则是被动的、无意识的、较少行动性的行为。社会交往中的"变色龙效应"（Chameleon effect）就是一个很好的例子（查特朗和巴奇，1999）。变色龙效应指的是一个人无意识地模仿互动伙伴的姿势、举止、面部表情和言语行为，从而使自己的行为被动地、在无意间发生变化，以适应当前社会环境中其他人的行为。

我们可以将行为文化智力和文化胜任行为与社会心理学中的刺激-反应（S-R）模型和刺激-有机体-反应（S-O-R）模型（马库斯和扎洪茨，1985）之间的差异相提并论。在经典行为主义的刺激-反应模型中，个体直接对外部刺激作出反应，而不进行有意识认知或信息处理。习惯行为和过度学习行为都倾向于反映自动的、无意识的、机械的情境行为反射，这些都是刺激-反应模型行为的例子（特里安迪斯，1980；奥埃莱特和伍德，1998；阿茨和斯特胡斯，2000）。

刺激-有机体-反应模型是从认知心理学家，尤其是早期动物学习研究者（如托尔曼，1935）的研究成果演变而来，他们批评了刺激-反应模型过于机械、被动地看待个体行为的取向。认知理论学者强调，个体是环境中获取信息的主动处理者，并且更具有能动性，只有在积极处理来自环境的刺激和线索后才会作出反应。认知理论学者修改了经典的刺激-反应模型，将中介"有机体（O）"纳入其中，因此，在修改后的刺激-有机体-反应模型中，"有机体（O）"代表了环境条件与反应之间的有机体。随着认知心理学和刺激-有机体-反应模型占据主导地位，现在的大多数理论都承认中介认知过程，并认为只有当我们解释了"有机体（O）"，才能理解行为。

根据刺激-有机体-反应模型，我们认为行为文化智力是以特定目的或目标为导向的行为，这些可观察到的行为具有指导性和计划性。我们对文化智力的积极定义与我们对文化智力的表述是一致的，即文化智力是认知、动机和行为相互交织的组成部分。具体来说，我们认为在不同文化背景下，自我展示这一具有策略性和目的性的动机支配了个体的社会行为。我们假定人们在不同文化背景下的行为是积极的、主动的、有意识的，并且是注意到自己的行为方式的。

因此，我们并不认为无意识的习惯，或在文化复杂的社会情境中对外显语言和非语言表达的模仿，是高行为文化智力的表现。我们甚至可以认为，如果一个人拥有很强的模仿能力，能够重复其他文化背景下的人的许多言语或非言语行为，那么与其说他具有文化智力，不如说他具有"文化自闭症"。文化智力的行为成分取决于适应性行为的认知和动机。因此，我们认为缺失认知和动机的行为不能够体现文化智力。行为文化智力是一种外部行为，假定行为者能够积极地解释文化环境，并具有对情景线索作出回应、赋予其意义的动机。

在社会智力中，个性是个关键维度（例如，基尔斯特罗姆和坎特，2000）。但我们的研究并不把个性当作行为文化智力的一部分。个性特征是指描述个体普遍而稳定的特征。通俗地说，我们在描述一个人具体行为时，可以用性格或类似性格的特征来描述。例如，当我们观察到某人总是信守承诺、按时完成工作并保持整洁干净的办公室时，我们会用"认真负责"来简明扼要地传达我们的意思。在文化智力概念中，行为并不等同于个性特征，个性也不是文化智力的决定性特征或指标。在更广泛的文化智力理论网络中，个性特征被视为文化智力的前因或结果。

我们不把行为的结果看作是行为文化智力的定义的一部分。行为矫正研究者将行为与行为结果明确区分开来（阿兹林，1973；米尔滕伯格、福夸和伍兹，1998；普罗查斯卡、迪克莱门特和诺克罗斯，1992）。例如，一个希望减肥的人（行为结果）需要的是调节饮食和运动量的具体行为，而不是体重本身。同样，在跨文化环境中，个体可能会有不同的旅居目标——在东道国学习的留学生可能希望提高学习成绩，外派人员可能希望能够开办跨国公司。获得学业高分或成功的外派工作都是行为结果的事例，也是文化智力行为要素的结果，但它们本身并不是文化智力行为。要想获得高分，就必须有投入大量时间学习、在图书馆进行研究,以及开展田野调查等具体行为。想要实现开办跨国公司的目标,外派人员必须具备特定的行为,例如以文化敏感的方式与当地人互动,以符合当地文化价值观的方式开展并完成工作,以及在异国文化中管理和驾驭自我。如果只关注行为结果,人们就无法识别和有效实施为实现结果所需的具体行为。

我们认为,虽然人类的普遍行为广泛存在,但这些行为蕴含的具体含义和表现形式在不同文化中仍然存在差异。普遍行为是指所有文化中都会出现的行为和人类的反应(隆纳,1980;特里安迪斯,1978)。从历史上看,对人类普遍行为的探索和证据可追溯到19世纪,查尔斯·达尔文对主要的行政管理人员、传教士和探险家进行了广泛调查,并确定了一系列人类普遍行为的情感表达(伊扎德,1994)。

从那时起,人类人种学、人类行为生物学(埃布-埃贝斯菲尔特,1989)和文化人类学的研究人员积累了关于人类普遍行为的大量证据(D. 布朗,1991)。例如,默多克(1968)为人类行为区域档案(HRAF)开发了人种学词库,并发现了大量普遍行为的例子。这些普遍行为包括烹饪、合作劳动、求爱、舞蹈、解梦、礼仪、宴请、赠礼、问候、开玩笑、交易、拜访等。

虽然这些行为具有普遍性,即在所有文化中都会出现,但在不同文化中,这些行为的具体含义和表现形式会有所不同。例如,特里安迪斯(1978)发现了三对超越文化的、具有鲜明对比性的宏观社会行为:关联行为(帮助、欣赏、性行为)与非关联行为(回避、攻击);上位行为(支配)与下位行为(顺从、服从);亲密行为(自我表露)与正式行为(按礼节或礼仪要求行事)。然而,与此同时,这些宏观类别中的每一种具体行为都可能具有非常特殊的含义和独特的表达方式,这使得在跨文化互动中,在自我展示和解释所观察到的行为上有了挑战性。例如,亲密行为可能是一种普遍行为,但其表现或表达的方式会因文化的不同而不同。

同样,社会交往中更多的微观行为既具有普遍性,也具有文化特殊性。

具体来说，大量研究都集中在不同文化中的情绪表达和情绪识别上，包括特定的积极情绪（如快乐、满足）和消极情绪（如愤怒、悲伤），用以评估跨文化交际中情绪行为的普遍性和文化差异的相对性程度。（埃克曼，1972，1999；埃尔芬贝和安巴迪，2002；菲斯克、北山、马库斯和尼斯贝特，1998；伊扎德，1994；梅斯基塔、弗里达和舍勒，1997）。

例如，施芬霍威尔（1997）发现，尽管笑声在唤起亲社会情绪方面具有普遍性，但根据笑的方式，"笑"这个行为可能会被误解为非亲社会行为。在极端情况下，张口露齿地大笑在某些文化中会被误解为笨拙、粗鲁，甚至略带攻击性的行为。总之，我们相信社会行为的普遍性。但是这些普遍社会行为只是在很高的抽象或广泛的分类层面上出现的。当我们对任何社会行为进行深入研究时，这些行为就会越来越具有文化特异性，即不同文化背景下的社会行为在表现形式和意义上都会有很大的不同。因此，我们期望具有文化智力的个体不仅能够在最高抽象水平上认识到社会行为的统一性，还能够在跨文化交际中辨别出行为上的细微差别，并将其表达出来。

自我展示与社会行为理论

控制他人如何看待自己的过程被称为自我展示或印象管理（施伦克，1980）。因此，自我展示是指个体有目的的，在他人对自己产生信念和情感的过程施以影响。这一概念吸引了社会学家（最著名的是戈夫曼，1959）和社会心理学家（包括爱德华·琼斯、詹姆斯·特德斯奇、巴里·施伦克和罗伊·鲍迈斯特）的大量研究。

戈夫曼在《日常生活中的自我展示》（1959）一书中指出，理解社会行为的最佳方法是通过细致审视和系统观察人们为彼此创造的公众形象，而不是通过探究内在的动机或个性。为了研究公众形象，戈夫曼采用了戏剧学的方法，接受了"生活即戏剧"这一强有力的观点，并使用了戏剧艺术中的隐喻，包括表演、幕后、道具和观众等概念，用来表达日常生活中社会行为自我展示的普遍性。

戈夫曼认为，有效的社会互动要求互动双方相互了解。最好是了解对方的社会经济地位、态度、能力、性格等。然而，人们发现初次见面或交往时间短暂的情况下，是很难对他人有更多了解的。戈夫曼认为，由于人们与他人的日常接触时间很短，而且往往只是点头之交，因此人们倾向于仔细观察他人的公众形象，而不是探究其隐秘的态度或个性。当人们对他人的个性或个人背景知之甚少时，就会简单地依赖于他人表现出的公众形象。因此，人们会根据公众形象形成对他人的判断和看法，这就是自我展示在社会行为中的重要性。

社会心理学中，自我展示在**社会**行为中尤为重要，因为社会交往过程中的行为主要是出于印象管理和自我展示的需要（利瑞，1996）。社会心理学家认为，人的行为很少不受自我展示动机的影响。我们认为其他形式的认知和动机，其结构和过程确实会影响社会行为（如自我展示或元认知文化图式）。但我们也认为，即使人们在不同文化背景下作出的行为是出于这些动机，他们在追求这些目标时通常也会考虑到自我展示，也就是说，他们会以不损害自己在他人心目中形象的方式来追求这些目标。

例如，一个人在异国的自助餐厅用餐时，他或她的首要目标是满足饥饿的生理需求，而在异国文化中向他人展示自我是次要的。即便如此，他或她吃饭的方式也不能冒犯到该文化中的其他人或同事。举例来说，如果他或她所处的文化不喜欢用手吃饭，那么他或她在社交场合吃饭时可能会改用刀叉，而不是像独自在公寓里那样用手吃饭。通过改变吃饭的行为，他或她会以一种不破坏自己在该文化中的公众形象，造成不必要的坏印象的方式来追求满足饥饿的目标。

自我展示理论认为，人们很少会故意做一些让自己显得无能、没有吸引力或不受欢迎的事。因此，即使在做一些印象管理不是主要目标的事情时，人们的行为也会受到他人印象的制约。因此，自我展示为大多数其他行为的发生设置了限制条件。

迄今，自我展示的研究为自我表现动机与社会行为调节和产生的关联性提供了强有力的证据。利瑞（1996）的全面综述表明，自我展示的动机是许多普遍社会行为的基础，包括亲社会行为、攻击行为、支配行为、顺从行为等。

除了关注自我展示的积极方面，社会心理学家还关注了消极的自我展示对社会行为结果的影响。一般来说，不在意他人印象的人往往会作出不恰当的行为，从而导致从轻视到排斥的负面反应。正如利瑞所描述的：

> 他们可能会在葬礼上大笑，穿泳装去办公室，或者从不洗澡。当然，这类人也不会在需要他们的时候尽力表现自己。因此，他们会面临严重的困难……即使一开始他们成功了，但从不进行印象管理，也没什么技巧的人很难保住工作、朋友和恋人。（利瑞，1996）

文化，自我展示和社会行为

根据自我展示理论，我们认为对自我展示的关注是行为文化智力的核心。布里塞特和艾格利（1990）的研究表明，人们经常会进入一种刻意的"戏剧化意识"中，当人们与陌生人互动或发现自己处于新奇的社交场合时，人们对自我展示的关注就会增强。跨文化交际的时间通常很短，而且很可能是与陌生人或泛泛之交，而不是与朋友或亲密的人进行交际。因此，交际双方很少有共享的意义或共同的传统。在这种情况下，人们就会更加关注自我表现，因为刻意的戏剧化意识会让人们更加注意自己的行为是如何影响到跨文化中的陌生人或泛泛之交，而且能够指导自己如何进行自我表达。

当个体进行跨文化互动时，在约束行为的文化规范上可能会出现巨大的差异，以至于在一种文化中被认为是适当的行为，在另一种文化中就不能自然地反映出相同的含义或适当的程度（蒙塔格利亚尼和吉亚卡隆，1998）。当这种情况发生时，互动就会变得极具挑战性，因为在管理文化接触时缺乏共同的规则、标准或意义。更多的时候，互动会因为双方的错误沟通、错误归因、错误认知和错误评价而受挫（吉亚卡隆和贝尔德，1994）。在某种程度上，来自不同文化背景的人观察到相同的行为，却会误解该行为的意图。因此，错误归因的产生可能是由于互动双方对规则的不同感知。例如在西方社会，公开对抗是一种可以接受的冲突管理方式；但在亚洲文化中，公开对抗却被视为粗鲁和不体谅他人。

因此，个体可能以某种方式来表达某种印象，但却发现来自另一种文化的人对他或她的印象完全不同。经过精心设计的印象（即个体希望他人形成的对自己的印象）就会变成次要印象［即个体不希望他人形成的对自己的印象（施耐德，1981）］。

研究不同文化中自我展示差异的方法之一是了解并理解不同社会中文化价值观的等级差异（邦德，1991）。例如，在一种高度重视一致性的文化中，人们在对"同意"的表达上，会假装比实际上同意的等级更高。他们会使用大量的缓和副词（例如"稍微""也许""或许"等词）来修饰自己的论点，以避免对群体表现出强硬立场。与此相反，在一种将自我导向放在价值观首位的文化中，人们更愿意表达自己的真实观点和情感。

总之，跨文化互动中，第一印象和自我展示的作用更大，因为这种互动往往是概括的、短暂的，而且是与不同文化中的陌生人的交往。可以肯定的是，高文化智力者会特别注意自己给他人留下的印象。此外，他们还必须掌握必要的行为技能和印象管理的策略，以适应反映着不同文化价值观等级的文化环境。

不同文化间社会行为的差异

在此前关于行为核心假设的讨论中，我们注意到存在着广泛而普遍的社会行为。这些社会行为包括关联型与分离型、支配型与服从型、亲密型与正式型（特里安迪斯，1978）。在这些普遍行为的集合中，我们经常可以观察到在不同文化中行为的自然表现。要理解为什么在不同文化中特定行为的模式和含义不同，我们就需要了解人们是如何构建、理解、回应、评价和协调社会关系的。菲斯克（1991）的社会关系框架提供了这样一种理解。

菲斯克提出了四种人们构建社会关系的基本方式，包括可以用来解释社会行为文化差异模式的社会动机、思想和价值观。菲斯克（1991）认为，这四种结构形式反映了四种基本规则：共同分享（Communal Sharing，CS）中的共享、权威排序（Authority Ranking，AR）中的等级、平等匹配（Equality Matching，EM）中的平等，以及市场定价（Market Pricing，MP）中的比例。

当社会关系中的各方"融合在一起，个体的自我界限变得模糊不清"（Fiske，1991）时，就会出现共同分享模式。在这种模式下，群体认同先于个人认同，个体寻求共识与团结，人们会体验到强烈的团结感和对群体的集体责任。共同分享并不提倡个人所有权。财产是共有的，没有人去追溯个体给予了集体什么东西。在交换关系中，"我的就是你的"成为所有权的格言。因此，人们将资源集中起来，给予自己所能给予的，获取自己所需要的。

在权威排序模式中，各方接受社会关系中的不对等。权威排序是一种不平等关系，社会关系中的各方按等级来排列。特别是社会关系中，地位最高的人拥有主导权。在交换关系中，地位较高的上级被赋予选择和偏好的特权，而地位较低的下级得到的较少，只能接受剩余部分。在工作关系中，上级指导和控制下属的工作，而下属则对上级表现出忠诚和服从。不过，这种关系绝不会过于失衡，因为上级必须有家长式的作风，要能承担起为下属提供保障的责任。

在平等匹配模式中，社会关系受平等主义和互惠原则的支配。人们对个体进行认同——人是独立的，而且地位平等。与共同分享和权威排序的情况不同，平等匹配关系中的个体不是根据自己的需要或等级地位来分享，而是平等地分享。因此，平等匹配的本质是公平和平等分享。在平等匹配中，一人一票，每个人都有平等的发言权。此外，在平等匹配模式中，有很强的投桃报李，轮流做决定或地位平等的同伴群体的规范。公平是通过严格的平等对待和平衡互惠来实现的。

最后，市场定价描述了一种由市场体系支配和调节的社会关系模式。在市场定价模式中，人们用从市场中产生的，唯一的通用指标来衡量交换价值。具体来说，人们根据他人的行为、服务和产品与其他商品的交换率，对这些行为、服务和产品进行估价。实际上，市场定价的主要特征就是比例标准。人们根据理性的成本效益分析后采取行动，根据获得商品或服务的比例以及市场价格或效用来支付或交换商品。在贡献方面，人们按照固定的比例或百分比进行评估。你付出或贡献越多，得到的就越多。因此，外部定价或市场体系将行为与价值挂钩，而外部定价或市场体系又受整体供需或预期效用的制约。

尽管四种社会关系形式确实存在于所有文化中，但基本形式与文化综合征（即特定文化背景）之间存在着密切联系。特别是特里安迪斯（1994）发现，集体主义文化更倾向于使用共同分享和权威排序规则，而不是平等匹配或市场定价规则；而个体主义文化则相反。最近，辛格利斯、特里安迪斯、巴乌克和盖尔凡德（1995）对文化综合征进行了重新表述，将个体主义和集体主义中，纵向和横向形式的四种文化价值体系映射为四种要素形式。横向的集体主义与公共分享相对应，纵向的集体主义与权威等级相对应；横向的个体主义与平等匹配相对应，纵向个体主义与市场定价相对应。

因为不同的共享、等级、平等或比例原则支配着社会关系，而且不同的文化强调不同的基础，或这些基础有着不同组合关系，所以我们可以预计到不同文化对社会行为模式、意义和解释也会有所不同。为了探讨文化是如何影响社会行为的，我们选择了一组具有对比性的社会行为：亲社会行为（即关联行为）和攻击性行为（即分离行为）。这组行为并不全面。为了更全面地探讨其他类别的社会行为，特里安迪斯（1994）和隆纳（1980）作了很好的综述。

文化及其对亲社会行为的影响——行为的关联形式

亲社会行为在本质上是关联行为，因为它代表着对他人有利的行为。一般来说，决定亲社会行为的因素有很多。其中包括个体决定因素，如利他主义人格的个体差异（巴特森，1991；巴特森和肖，1991）、性别（艾格利和克劳利，1986）、情绪（萨洛维、梅耶和罗森翰，1991）、情景决定因素，例如农村与城市环境（海吉和尤西夫，1992）以及旁观者效应（拉塔内和达利，1970）。

除了以上因素，文化也在决定亲社会行为方面发挥着主导作用。根据菲斯克的社会关系基本形式，如果社会关系由独立自我的定位而不是相互依存的定位决定，那么人们的助人行为就会减少。因此，如果社会关系的特点是市场定价或平等匹配，人们在这种关系中就会把自己更多地视为个体主义，而非共同分享或权威排序。那么我们就可以预见到，相对于共同分享或权威排序关系，在市场定价或平等匹配关系中，帮助行为的程度会更低。

在对亲社会行为的研究中，许多实证研究都基于这样的假设：帮助者与受助者之间的社会关系是一种交换关系。在菲斯克的社会关系形式框架下，交换关系要么是市场定价，要么是平等匹配。交换关系主要受公平原则的支配，即一个人在关系中的投入与他从中的获得是相等的。例如，在交换关系中的帮助行为可能是这样的：如果我帮你粉刷房子，我希望你帮我在花园里搭个篱笆。

最近，克拉克和米尔斯（1993）提出了另一种理解亲社会行为的方法——共同体关系。在费斯克的社会关系形式中，交换关系主导着共同分享。克拉克和米尔斯认为，当人们认为社会关系不仅是交换关系，更是共同体关系时，重点就不在于公平规则上了。在共同体关系中，人们并不太关心自己通过提供帮助可以获得什么回报，更多地是想确保他人的需求能够得到满足。因此，交换关系中，帮助行为的准则和规范不同于共同体关系中的准则和规范。交换关系中，人们更关心的是谁得到了什么。而共同体关系中，人们关注的不是谁得到了什么，而是对方需要多少帮助以及如何确保这些需求得到满足。换句话说，在共同体关系中，需要帮助的人是关注的焦点，而在交换关系中，自己能得到什么回报是关注的焦点。

另一个重要的、影响帮助行为的文化决定因素是内群体与外群体的观念。内群体指个体认同的群体，并认为自己是其中一员。相比之下，外群体指个体不认同的群体。值得注意的是，人们普遍认为，如果某人被认为是内群体的成员，那么他们更有可能得到帮助，而如果某人是外群体的成员，则不太可能得到帮助（布鲁尔和布朗，1988）。文化在决定人们区分内群体成员和外群体成员的程度上起着重要作用。在相互依存的文化中，人们更重视内群体的需求。因此，与个体主义文化中的成员相比，人们更倾向于帮助内群体成员。然而，由于在相互依存的文化中，"我们"和"他们"之间的区别更明显，因此这些文化中的人与个体主义文化中的人相比，不太可能帮助外群体成员（勒芒和佩皮通，1975；梁和邦德，1984）。所以要想得到帮助，被视为内群体成员是非常重要的，尤其是在相互依存的文化中。

具备文化智力的个体在面对给予或接受帮助的亲社会情境时，需要注意和理解内群体和外群体的细微差异，并辨别自己是内群体还是外群体的成员。此外，在开始或接受亲社会行为之前，个体还须注意区分帮助行为的社会关系是交换性的还是共同性的，以便在实施帮助行为时，具有正确的期望，采取适当的回应。

文化及其对攻击性行为的影响——行为的分离形式

亲社会行为在本质上是一种关联行为，与之相反，攻击行为则是一种分离行为。多拉德、杜布、米勒、莫勒和西尔斯（1939）在他们关于攻击行为的经典研究中，对攻击行为进行了定义，即攻击行为的目的是恐吓该行为所针对的人。攻击行为无疑是指故意对一个或多个他人造成伤害的任何行为（塞格尔、达森、贝里和波廷加，1999）。攻击作为一种普遍行为存在（坎贝尔，1975）。戈德斯坦和塞格尔在其对攻击行为的综述中指出，尽管攻击行为在不同文化和国家中的发生率有很大差异，但攻击行为本身却渗透到了所有社会中

（戈德斯坦和塞格尔，1983）。换句话说，所有文化都能识别出哪些是伤害他人的社会行为，而所有社会也逐渐有了控制攻击行为的做法，并且制定了相关法律。

尽管攻击是一种普遍行为，但不同文化对什么是攻击的判断确实存在差异。例如，安贝尔和安贝尔（1993）在对暴力行为进行广泛地整体研究时，避免将杀人和攻击行为称为"犯罪"行为，这是因为不同文化对犯罪的定义大相径庭。例如，杀婴或堕胎在一种文化中可能被视为犯罪和暴力行为，但在另一种文化中却是完全合法的。其他攻击行为，如殴打妻子或杀人，也会因不同文化中对攻击行为定义的操作性方面引起争议（塞格尔、安贝尔和安贝尔，1997）。

在其他研究中，特德斯基、史密斯和布朗（1974）以及特德斯基和梅尔伯格（1983）认为，在某些文化中，一些攻击性行为实际上是得到社会认可的。特别是有些攻击性行为甚至被认为是通过强制手段实施社会控制的合法尝试。例如，邦德、万、梁和吉亚卡隆（1985）发现，在权力距离较高的国家，上级对下级的辱骂被认为是可以接受的，不被视为具有攻击性，而在权力距离较低的国家，同样的辱骂则会被视为具有攻击性。这是因为在权力距离较大的文化中，地位差异的倾向有利于地位较高一方。因此，大家公认的上级对下属的辱骂行为被看作是合法行使权力，而不是攻击行为。因此，同样的行为在一种文化中可能被谴责具有攻击性，但在另一种文化中却会得到认可。

所以，具有文化智力的人在面对攻击性情况时，需要保持警觉，注意并在自我展示中进行调节，以应对攻击性行为。从印象管理的角度看待攻击行为并不新鲜。例如，费尔逊（1978）发现，个体可能会策略性地采取攻击行为，以维护自我形象并挽回面子。具体来说，费尔逊（1982）发现，美国男性在旁观者面前受到同性同伴的侮辱时，最容易表现出愤怒。

具有文化智力的人既要了解不同文化是如何影响对攻击性行为的判断，也应该学会解读不同文化中看似有攻击性的行为。鉴于攻击行为可能具有特定的文化含义，人们可能会因为要展示、维持或保留自我形象，而在某种情况下采取攻击性行为。

跨文化交际中的语言和非言语行为

除了从关联与分离、正式与亲密、支配与从属等广义角度研究社会行为，我们还可以从更微观的角度，如人际交往和相互作用的层面分析跨文化的社会行为。关于跨文化交际中的言语和非言语行为的知识和研究，主要集中在民族语言学家、社会语言学家（古佩茨，1982；斯科隆和斯科隆，1995）和社会心理学家（古迪昆和金，1984；怀斯曼，1995）对跨文化交际的研究中。跨文化交际研究的主要目的是减少或试图消除跨文化交际中因误读文化而造成的误解。

跨文化交际指不同文化或共享知识体系的人之间的人际互动。当一个人来自一种文化，另一个人来自另一种文化时，就会发生跨文化交际。典型的跨文化交际中，人们会根据自己的文化背景和文化框架来编码和解码。因此，除非双方的文化非常相似，否则跨文化交际都会面临巨大的挑战。如果交际双方的文化在语言、价值观和信仰体系上存在很大差异，那么交际双方在沟通时就会遇到很大困难。

文化、语言和言语行为

在跨文化交际中，经常会有一方或多方使用不是其母语的语言（克劳斯和赵，1998）。因此，外语能力在跨文化交际中就至关重要（古迪昆和邦德，1997）。除了促进交流，掌握外语还能够调节一个人的不同文化身份（诺斯弗，1988）。特别是掌握不同外语的人可以接触到其母语或源语言以外的文化知识、信仰和价值观。

由于不同文化在对语用的影响上有很大差异，因此学者对不同文化间的言语语用学开展了大量研究（霍尔，1976）。言语语用学指对交际中语言使用的研究，特别是句子之间的关系以及句子使用的语境。实际上，言语语用学研究的是说话者如何使用并理解言语行为，句子的结构是如何受到说话者和听话者之间关系的影响，以及对现实世界的认识是如何影响对语篇的解释和使用的（列文森，1983）。

霍尔（1976）发现，言语行为的直接性，尤其是内容和话语的直接性，是因高低语境文化而异的。在低语境文化中，语言是明确的，是按字面意思理解的。因此，要传达的信息主要通过口头表达出来。与此相反，高语境文化的含义是隐含的，所说的话只传达出一小部分信息。因此，信息的全部含义需要由听者根据语境线索（例如特定对话的背景和说话者以往的知识）来推断。古迪昆、丁允珠和蔡（1988）发现，高语境文化对应集体主义文化，而低语境文化则对应个体主义文化。

在个体主义文化中，话语是直接的、简洁的、个人化和指令化的。而集体主义文化中，话语是情境性的，强调情感，并使用了更多的限定词，包括"也许""或许""大概"和"稍微"。金和同事（1996）及古迪昆、果阿和施密特（1992）发现，自我结构独立的个体主义文化倾向于重视交流的清晰性。因此，精确和直接的信息被认为是有效沟通的标志，而自我结构相互依存的集体主义文化则追求不强加于人或伤害他人的目标，因此会使用更多的间接信息和暗示性的交流方式。

言语行为的直接性与间接性是个体主义文化与集体主义文化的特征，这对其他的语言文化差异也产生了诸多影响。布鲁姆·库尔卡、豪斯和卡斯帕（1989）对跨文化言语行为的大规模田野调查表明，在实现请求、要求、拒绝、道歉、辩解、恭维、感谢、面子威胁和面子保全等特定形式上，存在着文化偏好。例如，在西方，接受赞美时通常会说谢谢，而在东方文化中，社会规范要求礼貌地拒绝或回避赞美（沃尔夫森，1981）。

文化、副语言、沉默和发声行为

副语言是伴随言语行为出现的。它指的不是话语的字词或信息内容，而是发声、词汇的多样性，语调、语速、语气的多样性以及发声行为的整体响度（吉尔斯和斯特里特，1994；史密斯和沙菲尔，1995；斯特里特和布雷迪，1982；斯特里特、布雷迪和普特南，1983）。例如，观察者可以从行为者提建议时的语气中得出结论。暗示的内容与语言线索一起，传递出有关行为者的意图、情感和认知的大量信息。

对副语言的研究主要集中在三大语音特征上：音质、发声和语音修饰（维克多，1992）。音质指的是灵活性、清晰度、共鸣和音量（阿普尔曼，1967；贝肯和奥利科夫，1987；科尔顿，1988）。在某些文化中，音量和共鸣受到推崇，而在另一些文化中，示威性的声调则向其他文化传递着傲慢无礼的印象（里士满、麦克罗斯基和佩恩，1991）。发声是指非词语补充，如"咳""嗯""嗯哼""呃""你知道""好吧"的弹舌或吸气。在说话时，有些文化在与人交谈时会发出嘶嘶声或吸气，以示尊重和给对方思考的时间。在另一些文化中，动作者在说话时会有更多的停顿，让听者有时间思考。因此，每种发声方式的使用频率和意义在不同文化中都不尽相同，特别是当动作者发声或使用非词补充的频率超出了文化规范的适当频率时，就会干扰跨文化交际。

语音修饰指的是音调、整体语调，甚至是沉默（里士满、麦克罗斯基和佩恩，1991）。一方面，在低语境文化中，沉默是震耳欲聋的，它表示没有交流、没有控制好时间，可以解释为交流出现了问题。因此，在低语境文化中，人们说得越多，参与表达的言语行为越多，就会得到越积极的评价（毕默和瓦内尔，2001）。另一方面，在高语境文化中，沉默比交谈更受欢迎。沉默被视为一种表示尊重的方式，一种不公开表达不同意见的方式，一种思考待解决问题的方式，因为说话会干扰深层思考和认知处理。因此，沉默可以发挥多种功能。根据对沉默的文化解释，沉默可能是为了拉近人与人之间的距离、惩罚他人、避免让他人尴尬、有时也是为了表示对他人的尊重。

文化和副语言行为

虽然言语行为在跨文化交际中很重要,但大部分交际也可通过副语言或非言语线索进行(德保罗和弗里德曼,1998;克洛普夫和石井,1984;克劳斯和赵,1998)。一个人的非言语行为会向他人传达其文化的信仰、态度和价值观。毫无疑问,误解可能发生在基于言语行为的内容信息层面,也可能发生在元信息层面,即通过非言语线索直接评估的社会意义(贝特森,1972)。

与社会行为的所有形式一样,不是所有的非言语行为都具有普遍性。首先,非言语行为是基于观察者的文化背景来定义的。其次,非言语行为在不同文化中的学习方式也不同。最后,在高语境文化中,观察者和行为者比在低语境文化中更重视非言语行为。

霍尔(1959,1966)对跨文化交际中的非言语行为的发展研究产生了极大的影响。到今天,人们对非言语行为的研究范围已经十分广泛。我们的研究将重点放在了与跨文化交际相关的非言语行为的关键特征上,包括外貌、人际吸引力、体势语、面部表情、空间距离、时间关系和触碰交流。

文化、外貌和人际吸引力

外貌和吸引力对跨文化交流有很大影响。任何不符合某种文化身体标准的人都很难在该文化中交流。身高、体重、发色、肤色、发型、衣着、打扮等特征在不同文化之间的可接受度不尽相同。如果一个人看起来不属于某种文化,他可能就不能被倾听,无法说服他人,也就无法成功地与他人沟通。此外,在一种文化中有人际吸引力,在另一种文化中可能就没有。在一种文化中倾向的外貌,在另一种文化中可能并不受欢迎。

文化与体势语

不同文化背景下的人们在手势和其他肢体动作的体势语上存在很大差异。在体势方面，最大的文化差异在于标志语的使用（埃弗伦，1968）。标志语是通过社会学习和文化熏陶而形成的手势和动作，具有特定的含义并可以进行直接翻译（埃克曼，1999）。聋人所使用的手语，如美式手语（ASL）就是手势标志语的一个很好的例子。

标志语和体势语最常涉及的是手，但最近的研究表明，身体的不同部位也会产生各种各样的体势（阿克斯特尔，1998）。从头部和脸部看，人会作出点头、摇头和扭头等体势；从眼睛看，人会作出长时间直视、移开目光、眨眼、挑眉、翻白眼、闭眼等体势；从耳朵看，人会作出抓耳、捂耳、轻弹耳垂等体势；从鼻子看，有拍鼻子、皱鼻子、指头绕鼻子等；从脸颊看，有脸颊螺丝钉[①]、抚摸脸颊、亲吻脸颊；从嘴唇看，有吻手、吻指尖[②]、吹口哨、吐口水、张嘴、弹牙齿；从下巴上，有弹下巴、扬起下巴、摸着下巴等；从手臂看，有举起手臂、双手抱臂、轻拍肘部、背着手、搓手臂等；从手掌上看，有鼓掌、握手、牵手、搓手、击掌、手包[③]等；从手指上看，有比"OK"手势、竖起大拇指、比"V"手势、交叉手指、打响指；从腿和脚部看，有跪坐露出鞋底、脚尖点地、双腿交叉在脚踝上、跷二郎腿、一只脚踝放在另一条腿的膝盖上等等。不同的文化有不同的标志语和体势语来表达意思。此外，有些标志语在两种文化中都有，但却代表着不同的含义。此外，还有一些标志语存在于一种文化中，但在另一种文化中就没有与之对应的表达。

社会人类学家德斯蒙德·莫里斯率先对不同文化的体势语进行了最全面、最详细的研究和系统地观察。莫里斯和他的同事绘制了西欧、南欧和地中海

---

① 译者注：握紧拳头，伸出食指，在不刺破皮肤的情况下用食指转脸颊。
② 译者注：将右手的手指轻轻并拢，举至唇边，轻轻一吻，然后欢快地将手指松开。
③ 译者注：手心朝上，将一只手的食指和拇指并拢，指向上方，将手放在脸前约30厘米处，保持不动或上下移动一下。这是一个常见的、意大利风格的询问手势。

地区 26 个国家 40 个地区的 20 种主要体势语的地理分布图（莫里斯、科利特、马什和欧肖尼斯，1979）。在每个地区的街道、公园、酒吧和餐馆等公共场合随机接触了三十名成年男性被试，对二十种关键体势语进行标准描述：亲吻指尖、手指交叉[①]、拇指指鼻子[②]、手包、脸颊螺丝钉、拉眼睑[③]、举臂[④]、环形手势、牛角手势[⑤]、握拳手势[⑥]、摇头、弹下巴[⑦]、抚摸脸颊、竖起大拇指、弹牙齿、摸耳朵、轻拍鼻子，以及掌心向后的 V 手势。受试者被问及是否在当地见过这些手势，如果见过，它们的含义是什么[⑧]。莫里斯发现，许多体势语都跨越了国家和语言的界限，因此很少有体势语能够真正地被标注为只属于某一个民族。有趣的是，莫里斯观察到了一种被他称为"体势边界"的现象，即某些体势语在某一语言区域或历史时间内突然停止或产生了意义的转换。例如在法国，环形手势从北部的"OK"手势转换为南部的"0"手势。

  头部动作也常常造成交流上的误解。在中东、非洲和印度的一些地方，一个人点头表示不同意，摇头表示同意。在某些文化中，点头可能只是表示继续关注，而不一定表示同意。一项关于日本人鞠躬的研究表明，正确的鞠躬方式（轻微鞠躬、中度鞠躬或深度鞠躬）表明了人际关系中对等级的尊重程度（莫斯巴赫，1988）。此外，日本人在问候长辈时喜欢保持安静和低姿态。因此，日本人在进入房间时不会立即站起来打招呼。相反，低头的姿势是尊重和谦虚的表现，而不能看作是粗鲁的打招呼行为（克洛普夫和石井，1984）。显

---

① 译者注：食指和中指交叉，其余三个指头握在一起。
② 译者注：大拇指指向自己的鼻子，其余四个手指向上。
③ 译者注：将伸出的食指放在眼睛中心下方，向下拉眼睑皮肤。
④ 译者注：一只手握紧拳头，前臂上举，另一只手拍打举起手的二头肌。
⑤ 译者注：中指和无名指弯曲后大拇指压住，食指和小指指向上。
⑥ 译者注：大拇指伸到食指和中指之间。
⑦ 译者注：用大拇指轻轻地弹一下下巴。
⑧ 译者注：以上体势语，译者只是把它们描述出来，帮助读者理解，但没有解释其含义，这是为了避免形成刻板印象。因为在不同文化中，同样的手势可能代表着不同的意义。

然，手势和肢体动作在不同文化中的含义是不同的。因此，要想在跨文化交际中取得成功，就必须了解标志语和标志的类型、含义和细微差别。

文化与面部表情

从泛文化的角度看，面孔和面部表情传递着情绪。一般来说，埃克曼、弗里松和埃尔斯沃斯（1972）发现，人们能够正确地解读面部表情，而且无论是在西欧、南美甚至新几内亚的部分地区，基本的面部情绪都是通过相同的面部表情传递的。不过，尽管这些发现具有跨文化的普遍性，但面部表情仍然存在着文化差异。例如，西方文化比亚洲文化更善于表达。亚洲人的社会化倾向是将情绪隐藏起来。矛盾的是，虽然亚洲人不经常运用面部表情，但他们却能分辨出西方人可能忽略的细微差别（埃克曼和弗里森，1969a）。

在一些亚洲文化中，人们在见到陌生人时会表现出僵硬的面部表情，但在与朋友和家人相处时却会放松面部表情。同样，在一些亚洲文化中，微笑被视为一种礼仪的形式，而不是西方文化中发自内心的开心或友好的姿态。

在积极和消极情绪的表达方面，凯博布什及同事（1999）以及松本（1996）发现：一方面，个体主义取向的文化赞同显性表达消极情绪，比如在群体成员之间表达厌恶和悲伤情绪；另一方面，集体主义取向的文化倾向于对内群体成员只表达积极情绪。他们鼓励对外群体成员表达更多的负面情绪。因此，在集体主义文化中，对外群体成员表现出负面情绪更容易被社会接受，而在个体主义文化中，情况却恰恰相反。

文化与空间距离

空间距离或者说空间偏好既受到人口密度、人际关系的性质（正式还是亲密）等因素的影响（阿特曼和文塞尔，1977；阿特曼和开默尔，1980），也受到了文化规范的影响。有些文化在互动时会建立更近的空间距离，有些文化则会建立更远的距离。

霍尔（1966）对人际距离分析的核心命题之一是，在中东和拉丁美洲等"接触型"文化中长大的人，与北欧和北美的人相比，更喜欢接近的社会距离。

阿特曼和文塞尔（1977）对100多项关于人际距离的研究进行了回顾，发现中东和拉丁族群比北欧人或美国人更倾向于保持较小的人际距离。对于其他种族，琼斯（1971）发现，总的来说，亚洲人和美国原住民在交谈时比南欧人、阿拉伯人和南美人更倾向保持较大的人际距离。因此，空间在不同文化中传达着不同的含义。如果一个人希望你站近一点，你却站得太远，可能会被认为是疏离和冷淡。但是如果站得离对方太近，则可能会被认为有些咄咄逼人或具有攻击性。

与空间距离有关的另一种非言语行为是接触或触碰交流，这种行为有着特定的文化背景。根据朱拉德（1968）的研究，有些文化比其他文化更注重接触。北美、德国、英国和许多亚洲文化一般都是非接触导向型的文化，而南欧、犹太、意大利、阿拉伯和波多黎各文化则代表了接触导向型文化。在大多数亚洲文化中，成年人并不广泛使用或能接受异性之间的身体接触。例如，接吻、牵手、拍打和拥抱等身体接触仅限于私密场合（朱拉德，1968）。

包括美国人、德国人和英国人在内的盎格鲁－英格兰人比亚洲文化中的人更反感陌生人意外地触碰。这是因为每种文化被赋予的空间大小不同。许多亚洲文化中人口稠密，因此他们会忽略或不反感意外地触碰。然而，盎格鲁－撒克逊人习惯于更大的空间，会排斥陌生人的意外触碰。具备文化智力的人应该理解其他文化在触碰规范方面的差异，并能够分辨出触碰交流在什么时候是必要的、恰当的，甚至是可以接受的。

文化与时间关系

莱文（1997）对时间与社会行为进行了最为全面和实时的跨文化观察。莱文认为，对时间关系的观念会影响个体与他人的交流，而个体也会根据他人对时间的使用来进行评判。莱文发现，美国文化以时间为导向，非常强调时间安排和时间分割。把时钟视为控制者，高度重视效率。美国人喜欢人们准时，并以是否准时来评判人。相比之下，拉丁美洲的人则不太在意是否准时。在某些拉美文化中，迟到被视为一种尊重。在中国文化中，婚宴的开始时间比指定时间晚两小时也是常有的事，这样可以给每一位不辞辛苦赶来赴宴的宾客以应有的尊重。

霍尔（1993）在分析时间与文化时指出，个体主义文化对时间的看法是单线性的，而集体主义文化对时间的看法是多向性的。单线性时间观认为时间是线性的，是一种稀缺资源，必须通过合理安排和预约来管理和控制。与此相反，多向性的时间观将时间视为充裕而灵活的。

在单线性取向的文化中，关注的是效率。而在多向性取向的文化中，关注的是维持和谐的关系。时间必须是灵活的，这样人们才能够满足对其有义务的各种人的需求（史密斯和邦德，1998）。总之，在与其他文化背景的人接触时，个体必须注意每种文化都有其独特的时间取向。如果像在自己的文化中那样对待无声的时间语言，可能会严重违反礼仪。

除了这些文化特性，关键的非言语行为在含义、解释和实施方面也会造成文化间的差异。具有文化智力的个体应该能够辨别不同文化间非言语行为的细微差别，并了解非言语行为是如何影响一个人在跨文化交际中的自我展示。

自我展示的策略和社会行为的实施

首先，我们提出，人们必须具备监测他人如何看待和评价自己的认知能力。运用戈夫曼的戏剧元理论，个体必须具有戏剧意识（布里塞特和艾格利，1990）。一般来说，可以根据个体的印象监测水平对其进行区分（利瑞，1996）。第一个层次是印象遗忘。印象遗忘指个体在任何层面都未意识到自己是如何被他人感知的，甚至都没有意识到他人可能正在对自己形成印象。第二个层次是前置注意或无意识的印象扫描。在该层面，个体在无意识或前置注意的阶段监测他人对自己的印象，同时将自己有意识的注意力放在其他事情上。第三个层次是印象意识。在该层面，人们会有意识地觉察到别人可能会对自己形成印象，并且会对别人正在形成的印象进行思考。第四个也是最后一个层次是印象聚焦。在该层面，人所有的想法都与他人对自己的印象，以及正在形成的印象可能会产生怎样的结果有关。

我们认为，具有文化智力的个体停留在第三层次，即印象意识层次时，能够发挥最佳作用。这种状态下，人会有意识地进行自我展示，并处于一种被称为"默认他人/焦点自我意识"的认知状态。在默认他人/焦点自我意识中，个体会留意从他人的角度来看待自己。

请注意，我们并不认为印象聚焦是高文化智力者的特征。因为在第四层次上，印象监测是过度且失调的。这时候的印象监测，个体会过于执着于他人对自己的印象，反而产生了反作用。当个体过于关注他人对自己印象的形成时，就没有多余的注意力和精力去思考其他事情。对印象监测的过度关注会干扰和损害自我展示。特别是当个体处于印象聚焦状态时，就会只顾着自我表现，从而忽略自己的行为对自己或他人产生的影响。

一心只想着给别人留下印象的人，最终反而可能会留下不好的印象。在某些情况下，印象聚焦状态会诱发过度的社交焦虑，导致个体作出对自己或他人不利的事情。另一些情况下，印象聚焦状态会诱发社交抑制。为了减少焦虑，避免自我展示的全盘失败，个体可能会选择退出社会活动。因此，我们认为，具备文化智力的个体只有停留在第三层面——印象意识，而非第四层面——印象聚焦时，才能发挥最有效的作用。

我们还认为，如果一个人想要有效开展跨文化工作，那么了解不同文化模式下的社会交际行为是必不可少的。因此，具备文化智力的个体，其中一个特征就是对文化差异有足够的了解，比如了解不同文化中社会关系差异的根本原因、支配社会关系的基本规则及差异本身。

我们认为，具有文化智力的个体还应具备能够将产生特定行为表现的意图成功地转化为行为的能力。社会行为（尤其是非言语行为）的一个特点是，许多行为并不是轻易就能够产生或控制的（德保罗，1992）。人们有时候根本不知道该用哪种行为来表达想要留下的印象。在跨文化场景中，情况尤为如此。由于文化规范的不同，人们可能并不了解如何展示规则（埃克曼，1972）。展示规则指的是指导社会行为表达的文化规范，即根据不同的情境和交流对象，指导应该作出哪些行为。

不同文化在期望或容忍的表达方式上，以及在什么人应该或不应该在某种情况下，表达怎样的情绪或态度的具体规范上，存在着较大差异。文化规范决定着鼓励或允许哪些语言和非语言的显性表达。表达规范禁止了某些类型的自我展示。

即便个体有自我展示的意图，有时这些意图也无法转化为非言语行为，因为行为是很难随意产生的。其他的障碍更多是针对个人的。需要自我展示的个体可能缺乏必要的能力或经验，也可能受其面部表情或音调，甚至是自己喜欢的互动方式的影响。

如果将言语行为和非言语行为进行比较的话，那么言语行为比非言语行为更容易控制（德保罗，1992；德保罗和弗里德曼，1998）。如果一个人想表达某个特定的词，他或她只需注意到就可以做到。因此，个体在跨文化交际中培养自己的外语行为能力至关重要。

关于"通用语（lingua franca）"（邦德，1991），虽然会说外语更好，但过于精通外语也有潜在问题。外语太流利的人很可能受到母语使用者过于苛刻的评价。流利的说话者可以采取各种策略，提醒听众，他或她正在使用第二语言。言语语用学研究（乐芙迪，1982）通过考察人们话语内容的文化恰当性，发现不那么完美的模式反而能引起更多的同情，更能让人们产生共鸣，从而采用跨文化的标准，而不是单一文化的标准来评判自己的言语行为。

如果将言语行为与非言语行为进行比较的话，非言语行为要难得多，原因有二：一是这些行为发生得非常快；二是动作者比观察者更难觉察到这些行为。因为动作者看不到自己（例如，看不到自己的面部表情、手势或肢体动作），也听不到自己的声音（例如，一个人的声调或音高在自己听来和在别人听来是不同的），所以他们很难调节这些行为。因此，非言语行为在可控的连续性上存在着显著差异，人们在非言语行为上的行为泄露（即无意识行为）比在言语行为中更多（埃克曼和弗里森，1969b）。

然而，许多社会行为都可以通过练习和经验得到改善（德保罗和德保罗，1989）。德保罗认为，尽管人们在进行自我展示时会遇到很多潜在的障碍，但他们在管理非语言自我展示上往往可以获得成功。这种技能通常会随着年龄和经验的增长而提高，而且女性比男性比例更高，这可能是由于女性更关注自我展示，因此能更好地学会在特定情况下采取恰当的行为。此外，德保罗还发现：自我监控能力强的人、需要获得认可的人，以及公众自我意识强的人往往更注重自我展示，因此他们能更有效地调节社会行为，以适应各种情境和各类交际对象。

小结

自我展示和印象管理理论提供了一个适合的理论框架，让我们可以了解个体是如何在不同文化背景下实施有效的行为。该理论认为，个体在社会环境中的基本动机是以一个良好的形象向他人展示自己。一旦给观察者或交流对象留下了良好的印象，那么成功完成任务，得到认可和尊重，以及其他积极的行为结果就会随之而来（罗森菲尔德、吉亚卡隆和瑞奥登，1995）。

由此可以推断，那些能够识别、关注和控制自己的社会行为，从而给他人留下印象的人，更能有效地适应或融入当地文化中。因为他们能够给人留下他们的行为与当地文化更加一致的印象，这类人也就更容易被东道主文化的成员所接受，从而促进文化适应。

我们强调的是个体为了自我展示，而实施有目的行为。尽管有些人可能是出于欺骗或不诚实的目的而故意作出自我展示行为，但我们要强调的只是具备文化智力的人，他们希望展示的是自己道德和真实的一面，目的是在跨文化交际中管理和规范自己的社会行为，尽量减少误解和错误归因。因此，对于具有文化智力的个体来说，在不同文化中建立和保持正确的印象至关重要。个体可以通过增加对不同文化背景下展示规则的了解，以及以符合文化规范的方式，来积极地产生和调节言语行为和非言语行为，从而提高留下正确印象的机会。

第二部分
在工作组织中的应用

第 7 章
文化智力的评估与测量

李勋哲和克劳斯·J. 坦普勒[①]

文化智力评估的影响

即使有经过验证的、高质量的跨文化工具,大多数工作组织仍然会采用基于外派候选人工作需求的,技术知识或专业知识的评估(如:格尔森,1990)。虽然技术知识和专业知识是大多数国际派遣工作的前提条件,但并不足以确保此工作能够成功地开展。国际派遣工作能够取得多大的成功还取决于个人的专业效率、与东道国人的互动以及外派人员家人的心理适应情况(如:布里斯林,1981;基利和鲁本,1983)。

除了技术知识,人们对跨文化成功的一些基本预测因素也有着很多共识。这些预测因素包括:移情、尊重、对当地文化的兴趣、灵活性、宽容度、主动性、开放的思想、社交能力和积极的自我形象(基利和鲁本,1983)。

> 由此得出(跨文化类型)的个人特征是:对他人及其想法真正持开放态度并感兴趣,能够在人与人之间建立信任关系。他或她对

---
① 李勋哲和克劳斯·J. 坦普勒是新加坡南洋理工大学南洋商学院管理学助理教授。

他人的感受和想法很敏感，对他人表示尊重并积极关注，且不作评判。最后，他或她倾向于自信，能够主动出击，在遇到挫折或模棱两可的情况时能够保持冷静，也不顽固。他或她也是技术或专业方面的能手。（基利和鲁本，1983）

高文化智力者通常能够从收集到的跨文化信息中进行逻辑推理和分析。他们有处理新任务的能力，并能为老问题找到新的解决方案。他们能对常规文化任务作出恰当反应，从而有效地应对和管理不同文化环境中的新情况。因此，高文化智力者能更好地深入了解他们所处的环境。有了知识和理解，他们就能制定出适合每种新文化环境的应对措施，因为他们已经熟悉了新文化环境中人们的喜好和限制。

由于大多数国家的文化构成多元，且全球化趋势日益明显，随之而来的就是国际工作组织的员工构成日益多元化。因此，越来越需要衡量国际管理者和员工的文化智力。例如，在国际工作组织或文化多元化组织中任职，尤其是那些采用团队合作方式的组织，需要其员工对跨文化差异持积极的态度。如果是不具备一定程度文化智力的人来处理多元化情况，很可能就关闭了通往诸多职业机会的大门。在大多数情况下，对文化智力的评估不仅可以有效地管理工作组织中的文化多样性，而且还有助于个体自身的战略性职业发展。

任何评估都必须把人的利益放在首位（威金斯，1993），如果评估的目标是为了提高工作表现，那么评估就必须超越普通的审计范围（威金斯，1996）。兰金（1992）将评估与企业的全面质量监控进行比较。他认为，根据德明的方法，评估必须评价成功与失败，并强调教学过程。根据兰金使用德明方法的论点，评估是促进改变，帮助个体长期成长的有效工具。

个体需要知道自己文化智力的程度，以便将所学知识作为进一步学习的基础。文化智力评估将帮助个体对目前在文化智力的三个组成部分中，每个部分技巧和能力的表现水平有个基本概观。此外，评估结果还可以作为未来职业发展的指导，提高个体在另一种文化环境中的适应能力。

谁需要评估

谈到文化智力评估，我们首先想到的是评估一个员工是否适合海外派任工作。已经有很多研究确定了海外派遣成败的个体变量，如个性特征、态度、动机和技能。此外，除了外派人员的特质，文献观点还提出外派人员的家庭、工作组织支持与否，以及与东道国有关的其他阻碍因素也会导致其外派成功或失败。

文化智力评估的目的更多是确定哪些人最有可能失败，而不是寻找理想的外派人员。由于家庭成员的适应问题会对外派员工的海外工作效率产生负面影响，因此员工的配偶和年长的子女也应接受文化智力评估。将所有家庭成员都纳入文化智力评估，还能发现家庭中每个人需要改进的地方。这些需要改进的地方可以转化为培训需求，并在准备阶段和外派初期加以解决。

虽然评估的重点对象是那些计划接受特定海外任务的人，但文化智力评估的范围更广。在任何跨文化互动中，无论何种任务或工作，也不仅限于与特定国家的成员互动，都至少需要一定程度的文化智力。

- 评估目标可能是对承担跨境业务职责的员工或其他有可能在未来被派往海外工作的员工进行总体评估。
- 对计划承担跨境业务责任的技术人员和管理人员进行评估。他们可以是"经常出差"的技术人员，在短时间内到世界任何地方开展修理业务；他们也可以是管理人员，要经常与来自不同国家的客户、上司、同事或下属打交道。

在跨国公司和全球公司中，业务部门的负责人承担着全球责任。他们的主要办公室可能在公司总部，也可能在其他地方，他们必须奔波于全球各地，参加客户和员工的会议，召集世界各地的员工开会。总之，他们必须通过分散在全球各地的员工来实现业务目标。

- 评估多元文化团队的潜在成员。当今环境下，国际团队管理的压力越来越大，因此需要进一步了解与文化相关的团队流程（厄利，1999）。挑选出文化智力最低的团队成员，通过培训提高其文化智力，从而提高小组工作的效率。通过协同效应，多元文化团队会比单一文化团队更加成功（阿德勒，1997）。
- 文化智力评估的另一个客户群体包括医生或社区辅导员等需要在自己的社会中与其他文化成员打交道的人，例如，在多元文化社会中或与移民打交道的人。

文化智力假设

基利（1996）感叹道，尽管对文化成功的相关标准已经有了很多了解，但在根据这些标准对人们进行可靠而有效的评估时，却鲜有知识和技能可言。从那时起，虽然有了一些新的发展，但仍需要进一步研究。既然人们如此重视文化互动中的成功，那么究竟该如何评估"文化智力"呢？要想列出一份文化智力领域内评估文化智力的方法清单，我们需要了解文化智力的基本假设。

文化智力是一种多成分结构

很多智力模型主要侧重于智力的心理或认知成分，而且往往把智商（IQ）作为衡量智力的唯一标准。然而，文化智力的概念范围要广泛得多。个体的文化智力涉及三个组成部分的动态互动，综合并扩展了认知、动机和行为的各个方面，以及心理过程、环境影响和多种能力之间的相互作用。基于这个复杂模型，文化智力是动态的，当环境条件发生变化时，文化智力可以进行调整。

对文化智力的充分测量必须反映出与个体评估尤为相关的三个组成部分。认知部分是个人的内在能力，包括处理信息和指导文化智力行为的认知能力。与文化智力相关的认知能力的基本特征包括元认知、知识类型、推理类型（类比和归纳）以及与推理相关的社会认知。

从动机的角度来看，文化智力强调个体的价值观、预期效能和目标。动机部分引导的是让评估者考察个体获得奖励的效价和价值观，为获得这些奖励而采取各种行为的可感知工具性，以及个体实现目标的效率。

行为文化智力是文化智力的外在表现，根据文化智力理论，行为部分涉及认知和动机在现实世界中的实际应用。行为部分涉及对自己对他人行为的感知，即他人在新的文化环境中表达自己的方式。他们对整个世界表现出好奇心，能够在说话和做事之前进行思考。

文化智力是多层次的

从文化的角度看，广义的智力必须与所谓的多层次过程有关。可以从不同的抽象水平来考察文化智力。厄利认为，元认知知识和认知知识在个体的文化智力中都起了作用。具体来说，元层面明显有别于程序层面和陈述层面等较低的构成过程层面。元成分是高阶的心智过程，具备文化智力的个体有效地运用这些过程来指导他们解决问题。

心理过程的较低层次是陈述性知识，它由抽象概念和具体记忆组成。这种陈述性知识可以进一步分解为另一种心理过程层次，其中包括关于世界的一般性语义记忆（即无上下文的记忆），以及关于事件和经历的情景记忆（即经验记忆）。同样，与元认知知识相比，程序性知识也是心理过程的一个较低层次。它由规则、技能和策略组成，个体能够操作和转换陈述性知识并将其转化为行为。此外，程序性知识还可细分为认知技能和行动技能。这些概念、个人记忆、解释规则和行动计划是下一级程序性知识的认知结构。程序性知识和陈述性知识共同构成了指导个体解决新文化环境中问题的专业知识。

与各层次相关的行为是可识别和可分离的。在跨文化互动中，具有文化智力的个体会运用不同层次的行为来处理问题。在最底层，个体必须对问题的要素进行编码，然后评估解决问题所需的知识。在下一层次，个体必须寻找行为策略，然后将现有的选择与自己头脑中产生的解决方案进行比较。然后，个体要证明自己的反应是合理的。在最后一个层次，个体将以最适合的方式实际执行言语或行动行为。

智力是分等级的

首先，具有文化智力的个体能够确定需要解决的文化问题。一旦确定了问题，他或她会概括出问题的既定目标和障碍。然后，他或她就会对文化问题以及这些问题之间的关系产生一个心理表征或"心理地图"。个体在新的文化环境中解决问题的部分过程是通过监测目标完成情况，以及在解决问题后对结果进行评估。

其次，心理测量理论家将分层理论运用于智力评估中（卡特尔，1971；弗农，1971）。同样，根据文化智力一般水平的差异，文化智力的能力机构也最好采用分层结构。例如，处于元认知层次结构顶端的，是一个衡量抽象推理和知识测试的综合因子。随后是其他因子，如陈述性认知和程序性认知。

再次，在文化智力层次结构的每一级，都可以区分出不同的能力。高阶文化智力能力通常用于问题解决过程中的规划、策略选择、制定决策，以及以新的形式阐释和重构问题；低阶文化智力能力则用于观察建议解决方案的一致性程度，以及通过类比其他类似情况来推理和解决问题。通常在低阶文化智力中，跨文化互动中的问题解决能力更为具体，而非像在高阶文化智力所期望的那样，是一般性的解决问题能力。

最后，在跨文化互动过程中，最低阶的文化智力能力会被整合到更高阶的推理能力中。语言、视觉感知、听觉感知、记忆、速度和想法会被整合到最高阶的元认知知识中。总之，要想了解个体在文化智力方面的差异，以及个体如何与不同的文化背景相联系，就同时需要高阶和低阶的文化智力。

文化智力个体性的

大多数情况下，每个个体都会在某种情况下表现出不同文化智力能力的不同组合，这些能力组合往往受到个体价值观、学习背景、兴趣和目标的影响。首先，个体价值观的中心地位决定了个体在参与特定活动时与他人的差异。这些价值观是引导个体在对待某些跨文化问题时所采取立场的标准，使他们倾向于特定的意识形态，并指导他们在新环境中的行为。此外，这些价值观还会影响个体对其他文化的评价和判断。其次，每个个体的学习经历都是独一无二的。个体在新文化中与他人互动的方式，以及转化知识的方式，在很大程度上都取决于学习经历。尽管有些人可能共享着同一种文化，并在该文化中以社会化、学校教育和学徒制等方式形成同质的学习情境，但对于每个个体来说，学习情境并非都是一致的。最后，高文化智力者通常都对其他文化有着浓厚的个人兴趣。通常情况下，对跨文化互动有浓厚兴趣的人在面对新情境中的问题时，不仅能坚持不懈，还能设定目标和期望，从而积极主动地寻找更好的策略，以提高自己在跨文化互动中的效率。这些高文化智力者通常能够更好地控制自己的行为，因此也就更有能力在新的文化环境中提升自己的体验。此外，通过他们想要实现某些目标的决心，个体还能够巩固个人承诺，以适应和发展与来自另一种文化的人的良好关系。

高文化智力增强个体适应能力

适应是一个过程，在此过程中，个体试图通过调整和改变自己的某些方面，在环境和自我之间找到一个良好的契合点。这个过程包含两个要素：其一，个体需要对环境和语境具备敏锐的洞察力；其二，个体需要对洞察力作出能够影响到积极变化的反应。通常情况下，高文化智力者在解读来自不同文化背景的人的潜在动机时更具洞察力。因此，解读这些身体暗示的技能是个体在新文化中，适应能力的重要体现。高文化智力者对面部表情、手势和其他非言语线索非常敏感，这在跨文化交际中具有重要意义。

具有文化智力的个体在新环境中很容易采用不同的，甚至可以说是相互矛盾的行为方式。这类人就像变色龙一样具有很强的适应能力，能够在情况需要时迅速改变自己的行为。此外，他们有强烈的动机去接触环境，了解新的文化环境，愿意在逆境中坚持不懈，并有适应新文化环境的愿望。

简而言之，高文化智力个体具有社会洞察力，能够解读与其他文化行为之间有意义联系，并能在跨文化环境中灵活应对社会行为的序列和变化。

文化智力具有塑造功能

斯特恩伯格（1985）认为，大多数成功人士在某个领域，是能够按照自己的意图对该领域产生影响的人。影响是指改变一个人所处环境的某些方面，使其与个人的才华和能力更一致。在跨文化互动中，文化智力起着调节行为表现的作用。当个体身处异国时，他或她对当地人的依赖往往大于当地人对他或她的依赖。个体对当地人和当地环境的影响力是有限的，但如果他或她能够认识到当地社区的共识价值观，并能够影响当地人所强调的东西，就会有很大的机会改变现状。与不具备这种能力的人相比，许多高文化智力者如果能够影响他们在异国遇到的人的价值观和优先等级，就更有可能、也更容易在国外实现自己的目标，取得更大的成功。

高水平的文化智力是可以通过学习获得的

个体的文化智力在短期内可能相对稳定，但长期来说是可以通过学习获得并不断提升的。由于大多数学习是在工作中通过经验开展的，因此动机很可能是个体文化智力发展的主要决定因素。文化智力的一个重要学习内容是利用自己的经验来解决新文化中的问题，并迅速熟悉工作程序。许多高文化智力者在处理新信息时都很有技巧，而且很富有洞察力。对新信息的高效处理使高文化智力者拥有足够的心理资源，能够以最快的方式学习到新文化中的信息并将其进行自动化处理。他们能够自然地选择、编码、组合，以及对比以前经历过的文化环境中的信息，用来解决新文化环境中的问题。

短期内，个体会根据自身优势选择并适应新的文化环境。但从长远来看，他们必须学会适应无法避免的环境。因此，经常处于国际交往环境中的高文化智力个体就必须学会快速且成功地适应每种文化的不同要求。通过在新环境中的不断学习和适应，这些人可以建立不仅具有独特的个人意义，而且符合各种文化背景的要求和需要的行为表现。

对跨文化评估工具的回顾

斯奈德（1974）开发了一种通过自我报告来测量的方法（自测法），用于测量表达行为和自我展示在自我监控方面的个体差异。自我监控可定义为通过适当的社会情景线索指导的自我观察和自我控制。基利（1989）发现，这个自我监控量表（The Self-Monitoring Scale，SM）可以预测海外任务的成功与否。

多德（1998）列举了一些适用于跨文化交际的简短的自测评估，其中包括自信心量表（The Self-Confidence Scale），信度为 0.80（Cronbach's alpha，克隆巴赫阿尔法系数）。该量表由 10 个题项组成，试图评估个体是否对自己持有积极态度，例如，是否觉得自己有很多优点并对自己感到满意，或者是否觉得自己很失败、有时认为自己一无是处。

个人交际世界观量表（The Personal Communication World View Scale）（多德和加芒，1998）倾向于测量个体的交际控制水平。量表报告的阿尔法信度为 0.86。尽管如此，如果仔细研究这 20 个题项就会发现，该量表并不局限于交际过程，而是超越了交际的范围，从而可以更全面地测量到外部控制感。例如，有一个题项是询问发生的好事和坏事是否超出了个体的控制范围，又或者在实现目标的过程中，其他人是否比答题者自己有更大的影响力。

E 模型量表（The E-Model Scale）是另一种用于衡量个体文化胜任能力的工具。量表共 22 个题项，用于测量个体的跨文化效能感。更具体地说，它设计的目的是初步筛选一个人在新的文化环境中的关系潜力和适应潜力（沃特等，1998）。

雷德顿（1975）开发了文化冲击量表（The Culture Shock Inventory）。这个自测量表试图预测人们在应对文化休克时遇到的困难。该工具对人们的以下特征进行评估：缺乏西方民族中心主义；与来自其他国家的人直接接触的程度（包括外语技能）；认知灵活性，即个体对新思想和新事物的开放程度；行为灵活性，即个体对改变自己行为的开放程度；对其他特定文化中的信仰和行为模式的认识和理解程度（特定文化知识）；对在个人身上观察到的行为模式的一般性文化知识；人际敏感性（对言语和非言语行为的认识和理解）。

莫兰和雷森伯格（1994）提出了全球管理者的 12 种文化胜任力。这 12 种能力可分为四大类，即全球态度、领导力和促进变革、互动和有技巧地执行、了解国家和机构文化以及避免文化错误。12 种胜任力包括：（1）全球思维；（2）与多元背景的人平等合作；（3）长期取向；（4）促进机构变革；（5）创建学习系统；（6）激发员工潜能；（7）以合作的方式谈判和处理冲突；（8）巧妙地管理国外部署的周期；（9）有效地领导以及参与多元文化团队；（10）了解自身的文化、价值观和设想；（11）准确地了解机构文化和其他国家的文化，以及（12）避免文化错误，并在行为上表现出对其他国家的了解和尊重。

莫兰和雷森伯格为企业培训研讨会设计了一份名为全球胜任力评估（The Global Competency Assessment）的自评和互评问卷（莫兰和雷森伯格，1994，未出版）。12 项胜任力中的每一项都通过 6 个题项来衡量。与其他许多以培训为目的的意识评估工具一样，这些维度并非基于经验性和因素分析研究得出的。信度或效度信息不详，某些项目的质量也值得怀疑。例如，受访者被问及是否能确定自己所抱有的民族中心主义观点。一个不清楚民族中心主义定义的人可能无法回答该题项。如果一个人不同意这个说法，可能表明他并没有意识到自己的民族中心主义观念，或者他可能想表明自己不抱有任何民族中心主义观念，这可能是真的，也可能是假的。与此相反，如果一个人选择同意，那么他可能真的能够识别大多数民族中心主义观点，或者他可能只注意到其中少数观点，而没有意识到自己所持的民族中心主义观点。

跨文化交际量表（The Intercultural Communication Inventory，ICI）是另一个评估文化一致性工具。由25个题项组成的ICI旨在提高员工在劳动力多样性、文化休克、语言和口音、肢体语言和手势、交际失真、文化误解、习惯和传统以及民族中心主义等方面的知识和意识（泰利科公司，1992）。出版商建议将该工具用作培训课程的辅助工具，既可作为破冰工具，也可作为结束练习。

贝内特（1986，1993）提出了跨文化敏感度发展模型（The Developmental Model of Intercultural Sensitivity，DMIS）作为解释人们对文化差异反应的框架。他认为，个体在跨文化关系中的能力会随着文化差异经历的复杂性和精密性而提高。在不同的发展阶段，认知结构，态度及与文化差异相关的行为都会发生变化。该框架分为6个阶段。贝内特（1986，1993）将前三个阶段定义为民族中心主义阶段。民族中心主义的三个阶段是否认差异、抵御差异和最小化差异。该工具的后三个阶段被定义为跨文化敏感阶段（贝内特，1986，1993）。跨文化敏感性阶段包括接受文化差异、适应和融合。在这六个"民族相对主义"阶段中，个体在其他文化背景下体验自己的文化。在DMIS框架的基础上，开发出包含了60个题项的跨文化发展量表（IDI）（汉默，1998；汉默和贝内特，1998），并在最近进行了修订（汉默、贝内特和怀斯曼，未发表）。因子分析得出量表的信度（α）达到了0.80及以上。

跨文化适应性量表（The Cross-Cultural Adaptability Inventory，CCAI）由50个题项组成，是一种培训工具，旨在反馈参与者潜在的跨文化效能感（凯利和梅耶斯，1992）。它有四个分量表：(1)情绪复原量表（The Emotional Resilience Scale），测量个体从新经历中反弹并对新经历作出积极反应的程度；(2) 灵活性/开放性量表 (Flexibility/Openness Scale)，针对跨文化经历中通常会遇到的不同思维和行为方式；(3) 知觉敏锐度量表 (Perceptual Acuity Scale)，评估个体对环境各方面的关注和准确感知的程度；(4) 个人自主性量表 (Personal Autonomy Scale)，衡量个体在坚持个人价值和信仰体系的同时，对他人价值体系的尊重程度。该量表以 600 多名来自不同文化和职业背景的被试为基础。CCAI 还可作为多采样率工具包提供 360 度反馈。凯利和梅耶斯 (1999) 指出，该工具具有表面效度、内容效度和结构效度，总体信度为 0.89。然而，在对新加坡武装部队士兵的抽样调查中，四个量表的 α 信度分别为 0.81、0.79 和 0.73，而七个题项的个人自主性量表的 α 信度仅为 0.52。该样本的量表间相关性为 0.68 至 0.78（苏，2001）。这意味着这些量表几乎可以被视为平行测验，因为其相互关系接近于可接受的平行测验信度。在另一项针对 37 名海外传教士的研究中，该工具显示出很高的重测信度，但在跨文化适应的充分性方面，即在海外停留 6 个月后，通过自我评价和同伴评价来衡量的预测效度却无法确立（简斯玛，1996）。不过，有人可能会说，在 6 个月后进行重复性和适应性测量可能过于仓促，因为在这段时间内，至少有些人可能会或多或少地出现文化休克的症状。然而，文化休克程度最高的人往往可能是后来最有效适应新环境的人（凯利和鲁本，1983）。

海外派任量表 (The Overseas Assignment Inventory，OAI) 用于选拔、发展和培训（图尔克，1999）。OAI 试图通过评估以下方面，使管理人员和外派候选人了解动机、期望和态度如何影响跨文化适应的质量：(1) 对在新的国家生活的期望；(2) 对其他文化中思想、价值观和行为方式的开放心态/接受能力；(3) 对其他信仰的尊重、对人的信任、宽容/意愿以及适应新文化的能力；(4) 应对陌生或不舒适的环境和情况；(5) 控制力，处理问题和任务时考虑新想法和新方法的灵活性/意愿；(6) 耐心；(7) 社会适应能力；(8) 主动性；(9) 冒险精神；(10) 幽默感；(11) 对人际交往的兴趣；(12) 配偶之间沟通的程度和质量。该工具有英语、法语和德语版本。数据库包括来自四十多个不同国家的数千名员工。

斯普雷泽及其同事（1997）开发了一种名为勘探者（Prospector）的测量工具，用于前期评估国际高管的潜力。该工具通过14个因子分析，得出量表来评估最终状态的能力以及从经验中学习的能力：(1)对文化差异的敏感性；(2)商业知识；(3)勇气；(4)人尽其才；(5)诚信；(6)洞察力；(7)承诺；(8)承担风险。它还衡量了几个以学习为导向的维度：(9)寻求反馈；(10)利用反馈；(11)具有文化冒险精神；(12)寻求学习机会；(13)乐于接受批评；(14)具有灵活性。该工具的量表信度（α）在0.70至0.92之间。除了测量跨文化中的重要能力，该工具似乎还能测量一般性管理和领导能力。不过，即使具备这些能力是有好处的，但在非西方文化背景下，最好不要使用所有这些能力。例如，并非所有国家都重视一个人公开谈论自己的错误和弱点（这是"寻求反馈"量表中的一个题项）。

到现在我们所介绍的工具都是调查问卷。接下来的测量方法则采用了不同的方法。类别宽度测试（The Test for Category Width）（德特韦勒，1975，1978，1980）旨在区分狭义类别和广义类别，狭义类别以自己的文化价值观为行为赋予狭义的含义，而广义分类则承认行为或实际情况在不同的情境中可能具有不同的含义。该测试通过视觉任务进行评估，遵循了"客观"人格测试的传统，因为它不依赖于自我报告问卷的测量（T数据而非Q数据；卡特尔，1963）。测试由四组无意义的图形组成。每组的提示数字由无意义类别名称来定义。被试必须指出在这组图形中，其在大小、特征、空间方位等方面各不相同，有多少个与提示图形足够相似，能够被归入同一类别。被归入同一类别的图形越多，类别宽度得分就越高。

全球意识档案测试（The Global Awareness Profile test，GAP test）是一份120个题项的自我评分清单，旨在测量对全球地理和问题的意识和知识（科比特，1998）。它评估不同的地理区域在环境、政治、地理、宗教、社会经济和文化方面的知识，以及关于一般性全球问题的12个题项。

库什纳和布里斯林（1996）使用文化同化器开发了一种普遍文化同化器（Culture-General Assimilator）。该普遍文化同化器由一系列关键事件组成，重点关注跨文化经历的共性。它描述了两种不同文化成员之间相遇的各种实例（布里斯林，1986；库什纳，1989；库什纳和布里斯林，1996）。

鲁本（1976）设计了跨文化行为评估指标（Intercultural Behavioral Assessment Indices，IBAI）来测量跨文化交际能力的七个要素，即表现尊重、互动姿势、知识取向、移情能力、角色行为、互动管理和对模棱两可的容忍程度。经过培训的观察者必须能够系统地收集和分析行为观察结果。科斯特和奥莱贝（1988）在 IBAI 的基础上设计了"跨文化交际行为评估量表"（The Behavioral Assessment Scale for Intercultural Communication，BASIC），使原来的鲁本量表可以由未经培训的观察者来进行评估。

企业评估中心通常是由企业内设或顾问设计的，用以满足企业选拔人才或培养员工的需要。斯塔赫（2001）的研究就是一个发展和设计跨文化评估中心的典范。经过对 200 多名德国外派管理人员的深入访谈以及对关键事件的收集和分析，斯塔赫（2001）确定了在国际外派工作中取得成功所需的七种跨文化能力：对模糊性的容忍、行为的灵活性、目标导向、交际能力、对他人的兴趣、移情能力、不评判，以及元沟通技巧。根据这些标准，跨文化评价中心（Intercultural Assessment Center，IAC）就成为识别和培养国际管理人才的工具。在为期一天的跨文化评估中心培训中，学员将参加两个小组练习，即名为"国际任务"的小组讨论和模拟国际谈判。此外，个人练习包括关于出国动机的演讲、印象管理练习、跨文化角色扮演、电影片段分析、同构归因练习[①]和跨文化能力问卷调查。IAC 是我们此次述评中唯一一个采用多种方法（包括行为观察和问卷调查）来评估文化智力的三个要素的测量工具（见表7.1）。

---

① 译者注：Isomorphic attribution exercise，同构归因练习是跨文化培训中的一种练习方式。简单来说，即当个体在另一种文化中工作时，要试图弄清某人为什么要做某事时，个体会根据当地的文化背景，而不是自己的文化背景来评估人们的动机。

表 7.1 通过不同评估工具评估的文化智力要素

作者	工具	元认知	认知	动机	行为
斯奈德（1974）	自我监测量表（SM）	√			
卡多（1998）	自信心量表	√			
多德和加芒（1998）	个人交际世界观量表	√			
沃特等人（1998）	跨文化效能感 E 模型量表	√	√		
雷德顿（1975）	文化休克量表	√	√		
莫兰和雷森伯格（1994）	个人全球胜任力评估	√	√	√	
泰利科公司（1992）	跨文化交际量表（ICI）	√			
汉默和贝内特（1998）	跨文化发展量表（IDI）	√	√	√	√
凯利和梅耶（1992）	跨文化适应性量表（CCAI）	√	√	√	√
塔克（1999）	海外派任量表（OAI）	√	√		√
斯普雷泽等人（1997）	勘探者	√			√
德特韦勒（1975）	类别宽度	√			
科比特（1998）	全球意识档案测试（GAPtest）	√			
库什纳和布里斯林（1996）	泛文化同化器	√	√		
鲁本（1976）	跨文化行为评估指标（IBAI）	√			
科斯特和奥莱贝（1988）	跨文化交际效果行为评估量表（BASIC）	√			
斯塔赫（2001）	跨文化评价中心（IAC）	√	√	√	√

表 7.1 概述了上述工具，并指出了这些工具所涉及的文化智力的各个方面。

文化智力的评估方法

从上述假设和对跨文化能力评估工具回顾中，我们可以清楚地看到，文化智力的评估与现有大多数跨文化能力评估有很大区别。大部分现有的跨文化工具都无法单独测评文化智力的所有特征。文化智力方法不仅侧重于评估个体文化智力的所有行为,而且还试图了解一般性认知结构和动机过程。个性化的文化智力就是在这些认知结构和动机过程的基础上形成的,它们是如何发展的,又是如何在不同文化的持续社会互动中发挥作用的。

有许多不同的方法可用于测量大多数文化智力特征。因此,评估者往往需要决定使用几种方法中的哪一种。要明智地选择使用哪种方法,评估人员需要对评估文化智力的各种方法的相对优缺点有很好的了解。例如,需要了解调查问卷、访谈、观察等数据收集方法的相对优势和劣势。

在某些情况下,决定使用哪种方法很容易,因为某种方法显然更优越,但在许多情况下并非如此。收集文化智力数据的所有方法都有明显的弱点,因此,选择过程通常包括比较不同方法的优缺点,然后决定使用哪一种或哪几种方法最好。本节旨在通过对一些最常用的测量方法进行一般性讨论,简要回顾每种方法的特质,从而提供这方面的知识。

调查问卷

调查问卷非常适合评估无形的事物,如一个人的态度、信念、期望、价值观和其他(克林格,1986)。问卷调查通过开放式或封闭式问题来测量人们对自己的评价。近年来,封闭式问题越来越受欢迎,而开放式问题则不太常见(T. 史密斯,1987)。开放式问题不受研究人员欢迎有两个原因。其一,开放式问题可能对不善于表达的受访者不太适用,因为他们可能难以表达自己的感受。其二,一些研究人员担心受访者会在回答开放式问题时,可能会提到最显著的答案,而不是真正与问题适配的答案。

问卷调查有许多明显的优势。首先,问卷调查可以同时收集多人的数据。其次,大多数问卷调查的答案都很容易量化。最后,通过巧妙地设计问题,一次问卷调查就可以从一个人那里获得大量涵盖各种主题和问题数据。不过,问卷调查也有一些缺点。问卷调查是一种不太直接的评估方法。此外,问卷调查还缺乏同理心,因为它是一个相对来说非个人化的数据收集过程。由于问卷调查是预设结构的,因此不具有普遍适应性。如果问题不适合特定的个人,是无法在实施过程中进行更改的。总之,尽管问卷调查问卷有其优点,包括相对容易实施和可以挖掘内部经验,但它很难获取和评估与思考有关的,持续的有意识过程。

制作调查问卷是一个创造性的过程。我们必须知道需要测量什么以及如何实现测量。决定哪些是正确的测量内容有时是一项复杂的任务。对于多成分和多层次的文化智力来说尤其如此。无论如何,要评估整个文化智力领域,就必须进行全面调查,包括广度和深度。

访谈

要评估一个人在另一种文化中如何发挥作用,最直接方法是对参与跨文化互动的人进行访谈。访谈是"有目的的对话"。访谈可以是非结构化、半结构化或结构化的,取决于预先准备的程度,以确定每个问题的顺序和措辞。不同形式的访谈有不同的作用,可以有意义地相互补充。

非结构化访谈是指评估者极少在问题或可能的答案上向受访者提供指导,它就像一场意识流对话。非结构化访谈允许访谈者发挥创造性和灵活性。访谈者没有一套预先设定的问题,通常以一个或一组话题为指导,围绕这些话题展开访谈者与受访者之间的对话。访谈者通常以一个非常笼统的问题开始,然后明确或总结受访者所说的话。通过这种访谈形式,可以更好地了解新文化中某些特定现象的动态变化,并让评估者感受到个体是如何应对新的国家、新的环境的。

高度结构化访谈受到预先设定的一系列问题的限制,与非结构化访谈相比,它们的适应性较差。访谈中的结构可以从一个开放式的投射性问题到一系列精心设计的问题不等(爱德华兹,1957)。不过,受访者在回答这些问题时不受任何限制。结构化访谈可用于大样本和比较研究(帕瑞克和拉奥,1980)。结构化访谈在涉及许多访谈者的大规模调查中非常有用。结构化访谈可减少访谈者的误差，因为误差可能会影响研究结果。

与受访者面对面进行访谈有几个好处。帕瑞克和拉奥（1980）认为，访谈者能够与受访者建立起关系，从而使他们更容易回答问题。此外，访谈者还能通过与人的实地交谈，观察到新现象或获得新见解。在跨文化研究中，尤其是当受访者的文化水平不足以正确地完成问卷调查，或者完成问卷的积极性不高时，访谈可能更受欢迎。通过访谈，调查者可以直接了解个人的需求、关注点、想法、兴趣、意见，甚至是对新文化环境的恐惧和希望。访谈是定性测量的绝佳来源。它是一种测量工具，可以补充和加深对定量测量的理解，而且往往能提供数字无法提供的信息。它是阐明许多个体差异背后心理过程的非常好的工具。

虽然通过访谈收集信息有很多优点和好处，但作为数据收集工具，访谈也有一些潜在的问题。首先，访谈会耗费调查者和受访者大量的时间。其次，访谈者可以通过所提问题的选择来影响访谈结果。此外，评估者的偏见也可能影响记录和遗漏的内容。最后，评估者与受访者之间互动的性质可能会鼓励或阻碍某些类型的回答。

观察

观察是一种非常直接的定性测量工具，但却经常被忽视和利用不足。观察是一种实时数据收集工具，而不是回顾性数据收集工具。通过观察，评估者可以在跨文化互动过程中观察到实际行为，从而收集个体文化智力信息。通过观察，评估者可以洞察到良好或问题行为。观察既能提供定性数据，也能提供定量数据。敏锐的观察者会注意到并能够描述跨文化互动时的氛围。评估者会看到个体表现出的"心境（spirit）"，外国人皱起的眉头，或个体在新的文化环境中与人交流时注意力不集中等。

在观察过程中，评估者关注的是正在发生的事情，而不是解读（认知或动机）发生的原因。它可以直接收集行为本身的数据，而不是通过行为报告。

由于观察涉及在一段时间内留意和注视行为，因此评估者能够发现行为模式。这些模式因为其离散性和非连续性的本质，可能永远不会从问卷或访谈中揭示出来。观察是典型的"非侵入性"方法，因为它是在被试不知情的情况下研究其行为，从而减少了实验和调查中固有的"反应性"误差（朗格博，1980）。此外，评估者还可以看到角色、人员流动和物理环境的全貌。观察法提供了测量的灵活性，例如，可以对来自不同文化背景、不熟悉填写调查表的人进行测量。

尽管观察为研究新文化环境中的行为提供了一个独特的机会，但它也有一些缺点。首先，观察在选择观察对象、观察过程和解读结果方面容易产生误差。其次，观察者的存在不可避免地会影响当事人的行为。再次，观察研究的成本显而易见，包括时间成本、金钱成本和心理成本。当观察研究在不同文化间进行时，这些成本会成倍增加（朗格博，1980）。因此，考虑到巨大的成本因素，评估者在自然环境下进行行为观察研究之前，要务必确保选择了最有效的方法。最后，观察的价值在很大程度上取决于评估者的技巧。例如，一个文化敏感性非常有限的评估者可能花上几个小时却什么也没看到，或者带回的是无用的数据。重要的是，评估者要掌握选择、控制和记录观察行为的技巧。这种技巧需要培训，以确保被观察到的行为具有代表性，或者说具有生态效度，以及记录/编码的信度和观察结果的效度（朗格博，1980）。

计算机模拟

另一种了解个体在海外解决问题能力的方法是尝试用计算机程序来模拟其行为。模拟在社会科学中的重要性与日俱增，它既是探索性学习，也是一种数据收集工具（贝利，1994）。当前的模拟程序具有与理解水平相关的智力水平。从简单地理解情况，到根据目标、替代假设和使用的知识证明其行动的合理性，再到"完全移情"的水平，系统的解释包括了对感受和情绪的描述（洛曼，2000）。

使用计算机模拟来评估文化智力有四个优势。首先，模拟操作可以试运行，有助于避免实际操作中出现代价高昂的错误。其次，模拟可使评估者更理解需要研究的现象，提高现象的可见性。再次，评估者对系统仿真的控制大于对实际情况的控制。例如，在一周时间内，研究人员可以模拟一个人一年的谈判情况。最后，在社会研究中，模拟有可能可以用于跨文化情境中，这些情境在理论上很重要，但如果在自然环境中对参与者进行研究，可能会造成伤害、尴尬或引发其他一些道德和伦理问题。

模拟的缺陷之一在于它是人工的。根据定义，模拟只是对真实事物的模仿或复制。模拟总会存在不完整的可能性，从中得出的结论并不适用于所模拟的现象。特别是在跨文化建模中，社会和文化系统非常复杂，研究人员可能很难保证模型中包含了所有重要的组成部分。其次，尽管模拟可能具有经济优势，但并不能因此推断所有的模拟都一定是廉价的。有些计算机模拟可能需要大量的时间、机器、软件和培训费用预算。

关键事件

我们的生活中每天都会发生无数的事件，如果对这些事件进行观察、记录和总结，就会发现个体文化智力的模式和趋势。关键事件是存在于个体记忆中的信息金矿。例如，大多数人都能回忆起在一个新的文化环境中旅行时遇到的其他人的故事。但是，如果不把这些故事或关键事件记录下来，它们就会变成没有学习和行动价值的一段经历。尽管与量化研究中相加数字或计算百分比相比，总结关键事件的信息是一个非常复杂的过程，但却值得为此花费时间。

关键事件是衡量工具的一个定性层面。评估个体文化智力的一个好方法是关注作为指标的关键事件。关键事件来自个体持续收集的数据。通过对数据的适当关注和组织，关键事件可以作为重要的文化智力行为指标。此外，这些指标还可以加入到问卷调查或面对面访谈的问题中。

评估中心

评估中心在美国和其他国家的工作组织中仍然很受欢迎（博曼、汉森和海杰，1997）。例如，佩恩及同事（1992）报告说，从1985年到1990年，英国在管理人员选拔中使用评估中心的人数增加了三倍。评估中心技术是一种多模态评估方法，由多名观察者通过使用多种评估工具对多项技能进行观察和评分。评估中心的目标可以是选拔新员工，也可以对现有员工进行评估，以确定其胜任更高职位或不同类型职位的潜力，或评估其长处和短处，以便对其开展培训和提升。

评估中心的核心工作是情境练习。例如，由领导者主持的小组讨论、角色扮演、模拟或汇报，以便观察受测者在执行某些既定任务时的实际行为。其他工具，如心理测试和心理感觉测验、计算机模拟和其他个人书面或用个人电脑的练习，也可以进行情境练习。通常情况下，面试也会作为测评内容之一。最近，一些机构在其评估中心现有的评估维度清单中增加了"跨文化能力"。

文化同化器

文化同化器的历史可以追溯到1962年，当时伊利诺伊大学的研究人员提议开发一套计算机程序，用于对海军进行跨文化培训（阿尔伯特，1983）。文化同化器是一种跨文化培训策略，旨在让人们了解母文化与第二文化之间的重要差异（费德勒、米切尔和特里安迪斯，1971）。如果一个人知道他或她将要访问哪一种文化，那么特定文化同化器就能非常有效地帮助他或她获得目标文化的跨文化经验（库什纳和布里斯林，1996）。此外，对于那些与来自多种文化背景的人打交道的人来说，普遍文化同化器也是一种鼓励发展全球多元文化视角的方法。

近年来，文化同化器采用了关键事件法来展示来自不同背景的个体之间的文化冲突案例（库什纳和布里斯林，1996）。典型的文化同化练习会让参与者阅读一些文化冲突的关键事件。对每个关键事件，练习者都要对冲突情境中参与者的行为进行归因和解读。然后，练习者会看到一些备选解释项，并选出一个最能解释关键事件冲突的选项。

一般性测量问题

除了对不同的评估方法进行抽样调查，下面还总结了一些重要的测量属性，文化智力的评估人员在考虑选择最合适的方法时需要了解这些属性。

评估方法的实用性和简易性

尽管有些评估方法需要计算机编程知识、较高的数学水平和/或先进的心理测量技术，但大多数情况下，评估方法的设计最好易于实施、评分和储存。简便的评估方法成本较低，产生的数据易于理解，并可广泛被个人所使用。

信度

信度指测量的一致性和稳定性，以及未发生随机误差的程度。一种方法必须具备足够的信度，才能用于文化智力评估。方法的信度可能会受到测试条件（如噪声、访谈人和指导说明）、测试时的挫折感，或给个体分配不合适的测试等因素的影响。

效度

效度是指一项测量工具对意图测量的事物的准确程度。传统的效度验证有效标效度、结构效度、内容效度和表面效度。近年来，有文献阐释了各种新的效度形式，如社会效度、解释效度和生态效度。社会效度是指测评技术对被试的影响以及被试对测评技术的看法。社会效度指评估技术对被试的影响以及被试对评估过程的看法（舒勒，1993）。解释效度关注的是"对象、事件和行为对参与其中并与之相关的人的意义"（韦尔斯、赫希伯格、立顿和欧克斯，

1995）。解释效度包括：（1）了解研究对象基本的交际论和认识论预设；（2）确保所有数据收集程序符合这些预设。要建立确保解释的方法，还有很多工作要做（格林菲尔德，1997）。生态效度是文化心理学中另一种众所周知的效度类型。它涉及一种方法所获得的数据是否能代表研究背景之外的行为（格林菲尔德，1997）。根据格林菲尔德（1997）的说法，当研究者研究自然发生的行为而不是实验室行为时，生态效度就会得到提高。

摆脱方法误差

测量文化智力的方法必须摆脱误差，即这些方法不会系统性地受到应该评估的文化智力领域以外的任何其他因素的影响。误差是威胁跨文化研究效度的所有干扰因素的总称（维杰和梁，1997）。误差可能源于测量工具的特定特征或使用问题。方法误差的一些例子包括：施测过程中身体状况的差异、不同的社会期望值、测试者效应、任一文化群体中受访者与评估者之间的沟通问题，以及不同的反应风格（如极端评分）（维杰和梁，1997）。评估者减少方法误差的方法之一是对不同文化群体重复使用同一测量工具。如果在第二次测试中，某一文化群体的分数有明显提高，或者不同文化群体的分数有差异，那么就会削弱第一次测试的效度。恩卡亚、胡托和博内特（1994）的研究表明，重复施测后，学生的进步非常明显。解决测量方法误差的另一种方法是刺激因素在不同文化间的系统性差异。这种差异对跨文化研究非常有用，因为每种刺激因素的内容或反应模式都可能有其自身局限性（特里安迪斯，1992）。

收集到的数据的实用性

某些方法产生的数据包含了丰富的信息，如情感、实际事件和因果顺序行为，而其他方法产生的数据则主要是数值数据。尽管收集有效的数据和使用适当的方法可以确保对文化智力功能的准确描述，但描述准确并不能确保评估的成功。如果要通过评估来更好地了解、改进或保持文化智力，那么描述还必须对评估者有实用价值。

心理测量问题

在有关智力评估的文献中，心理测量工具已有了长足的发展。有时，那些被吹捧为高级的东西似乎只是华而不实，或是偏离主题的。长期以来，我们对智力本质的理解主要是通过心理测试来揭示智力的结构。智力研究者会通过各种关于心理学的纸笔测验、自我报告等，然后从测验结果中解释他们所认为的心理基础。尽管这种研究方法曾经很有威望，但到了1970年左右，人们对这种智力测量方法开始持怀疑态度（乌德海姆，1994）。智力评估中心理测量工具的问题在于，它对智力背后的心理过程知之甚少（乌德海姆，1994）。因此，我们不知道如何处理影响心理结构的过程，反之亦然。这就是厄利和辛格（1995）建议采用一种混合形式的原因，这种形式既有传统的方法，又有新的过程测量法，可以更详细地了解表现背后的认知过程，以及这些表现所透露出的个体差异。

小结

对一般性知识和技巧的评估是困难的，而确定特定领域的文化智力要素则更加困难。本着这种精神，我们回顾了一些测量问题和方法，每种方法都有其特定的优缺点。此次回顾的明确含义是，没有一种方法可以被认为是测量文化智力三个组成部分的最佳或唯一方法。

从越来越多的非心理测量方法中可以看出，我们认为其中一些方法可以适当应用于评估文化智力的不同组成部分。例如，与其开发工具来评估文化智力的动机和行为方面，不如研究动机和行为文化智力在现实生活中，在解决问题任务中的应用。现实生活中的任务包括：与来自另一个国家的人交朋友、到另一个国家度假或出差、在另一个国家创业，以及在跨国团队中出色地工作。

研究这些生活任务以及在追求与任务相关的目标时所采用的策略，可以帮助深入了解文化智力的动机和行为方面。另一个例子是，文化同化器可以非常有效地用于挖掘文化智力的认知方面，评估具有文化智力的个体是如何利用其认知能力和知识来评估和解释关键事件中的文化冲突。

运用不同的方法会产生不同的数据类型，这些数据与理解文化智力的不同组成部分息息相关。如果没有多种方法，就很难评估文化智力包含的所有要素。最有效的数据收集策略是采取多种措施，运用多种数据收集方法（坦普勒，1995）。通过将访谈、问卷、观察和其他来源的数据结合起来，评估者才能够检验不同评估方法的效度，从而更好地摒弃任何可能失真或有误差的数据。当多种评估方法以适应性和相互印证的方式使用时，通过交叉核对处理，可以最大限度地减少和避免对信息的曲解。

人的思想是一个复杂的实体，我们无法想象任何有效的评估不涉及多种数据来源和使用多种方法。任何评估者如果只局限于一种评估方法，那就犯了一个严重的错误，他可能并不是在进行整体的文化智力评估，而是在对文化智力的某一个方面进行相当有限的测量。我们每个人都有不同程度的认知动机、价值观、效率、目标和行为，因此有必要使用不同的文化智力测量方法来反映文化智力的这些不同方面。我们的观点是，评估文化智力必须考虑不同的数据来源。这意味着对评估者的培训计划必须广泛而全面。如果评估者要能够掌握并有效地利用各种评估措施，就必须有一个志向远大的培训计划。

由于没有一种方法可以有效地提供个体文化智力所有方面的数据，因此，如果评估者要窥见文化智力的全貌，就必须运用到多种评估方法。建议那些希望尝试评估文化智力的未来研究者们运用各种方法（包括定量和定性方法）来评估文化智力，因为在大多数情况下，采用几种简短的策略性方法要比只依赖一种方法效果好得多。数据收集方法的选择很重要，必须权衡每种方法的一整套优缺点。除了信度和效度之外，如能对相关领域进行充分采样，那么肯定会对文化智力的研究做出巨大贡献。

第 8 章
文化智力与全球工作任务

全球化趋势和全球工作任务的性质

大多数商品和服务都在寻求前所未有的新市场,成本压力也越来越大,企业为了生存和成功竞争,不得不超越国界进行国际化经营。在无国界的世界经济中,各类资源(金融资本、原材料、保险等服务、通信系统、信息)都可以跨越国界自由流动。然而,无论任何企业,制定和实施全球战略、协调全球业务流动的基本资源是人才。有一种共识认为,具有全球竞争力的工作组织之所以能够保持其竞争优势,是因为人力资源和管理系统的独特性,既能够提供充足的全球管理人员和员工,使其能够为协调公司的全球战略而努力,又可以整合各个东道国的本土战略(巴利特和戈沙尔,1989;普费弗,1994)。具体来说,企业全球化成功的唯一关键因素在于拥有一批非常称职的全球领导者和熟练的全球员工,他们掌握了全球生产力以及消费者对全球产品和服务需求的知识(哈维、巴克利和诺维切维奇,2000)。

为了在全球经济中竞争,各工作组织发现有必要将其员工派往国外执行国际或全球工作任务(Global Work Assignment,GWA)。员工被派往全球执行工作任务有多种原因。首先,也是最主要的原因是,员工被派往当地工作,以填补当地专业技术人员无法胜任的职位或因为其技能的稀缺。其次,工作组织在全球范围内调动人力资源,是为了促进知识的转移——通常是以专业技术、科技、标准操作程序、工作组织惯例等形式从母公司转移到当地公司，并协调和管理跨地域的商业活动。最后，员工的全球流动是企业经过协调一致后的管理计划，或是职业发展计划的一部分，目的是培养全球领导者，促进母公司的个人（也称为本国雇员或 PCNs）学习当地的资源和市场条件，或促进当地东道国单位的个人（归国人员、东道国雇员 HCN 或第三国雇员 TCN）向母公司学习，以了解母公司的政策和战略方向，并发展和维持公司的全球文化导向。

自 20 世纪 80 年代初以来，全球工作任务的数量呈指数增长（布莱克，1988）。仅美国就有 3400 多家跨国公司，25 000 家公司在海外设有分公司或分支工作组织。到 90 年代，约有 40 000 家公司在海外开展业务（旺斯和威斯瓦兰，1997a）。随着海外业务的日益普及，跨国公司面临着挑选最佳员工管理海外业务的压力，因此对具有必备国际经验的管理人才的需求也日益增加。

全球工作任务的成功率不高

尽管对全球工作任务的需求和需要在不断增加，但令人遗憾的是，全球工作任务的失败率仍然很高。以美国为例，不同公司的美国外派人员提前回国率从 10% 到 80% 不等。常见故障率为 20% 至 30%。欧洲和日本跨国公司的失败率接近 10% 以上。之前的研究将较低的失败率归因于选择了更合适的人，作好了准备，具备语言技能和更长的外派时间（董，1982，1987）。

工作任务的失败给工作组织带来的损失是巨大的。据估计，每次失败的平均成本在 50 000 美元到 200 000 美元之间，甚至更高，取决于将外派人员及其家庭迁往国外所涉及的费用（哥普兰和格瑞格斯，1985）。外派人员第一年的迁移成本可高达 35 万美元，这些数字还不包括海外业务的成本或这些关键人员的损失，也不包括公司或个人因提前返回而付出的职业生涯成本。（布里斯科，1995 年）。

除了经济成本和个人成本，适应不良的员工在国内公司的缺勤也会产生机会成本（董，1981b）。由于选拔外派人员通常是因为其国内的高业务水平能力，因此将这些人调到国外意味着国内业务的重大损失，从而产生了全球工作任务的机会成本。

鉴于全球工作任务失败所涉及的，巨大的经济、个人和机会成本，研究人员和跨国公司的管理者都有必要了解失败的原因，并制定能够更有效地执行全球工作任务的战略。本章的主要目的是探索文化智力这一概念在全球工作任务中的应用。具体来说，我们希望了解具有一定文化智力水平的人是如何在全球工作的环境中有效运作的。

我们提出了一个模型，重点研究个体的文化智力水平与其在全球工作任务中获得成功之间的联系。我们将全球工作任务中的个人称为外派人员或旅居者。通常我们指的都是企业或政府工作组织的雇员，他们被其工作组织派往其他国家执行工作任务，在一段临时的时间内完成工作。我们认为，与低文化智力者相比，高文化智力者能够在全球工作任务中取得更大的成功。不过，该模型也承认，全球工作任务的成功与否并不一定只取决于个体的文化智力。由于全球工作任务的成功具有复杂性，我们认为，全球工作任务的成功是一系列多层次偶然因素和调节因素的共同作用。换句话说，成功与否不仅取决于个体的文化智力，还取决于个人、工作、工作组织和国家的一系列其他偶然因素。

全球工作任务中的文化智力与成功的多层次模型

我们在图 8.1 中展示了文化智力与成功的全球工作任务关系。从图中可以看出，虽然个体文化智力水平会直接影响其在全球工作任务中的成功水平，但由于全球工作任务的成功具有多面性，再加上任何任务中都存在工作、工作组织、文化和非工作关系复杂性，我们展示了文化智力与成功的全球工作任务之间的联系并非像人们希望的那样简单。相反，这种关系包含在一系列非常复杂的环境变量中，因此，一个具有高水平文化的人可能确实无法在全球工作任务中取得成功，或者相反，一个文化智力水平较低的人在全球工作任务中取得成功。

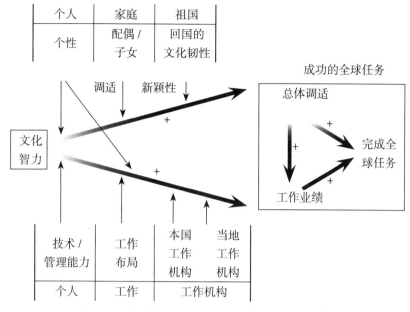

图 8.1 文化智力与成功的全球工作任务多层次模型

具体来说,我们展示了个体的个性特征和基本管理能力与工作组织处理国外工作任务的方法之间的关系。不同的个人、工作、工作组织和国家层面的因素被认为是影响个体文化智力与全球工作任务成功之间关系的可能的调节因素。

衡量全球工作任务成功与否的多方面标准

尽管人们对外派人员管理的兴趣日益增加,但研究人员对评估全球外派人员管理工作成功与否的标准仍普遍缺乏共识(艾肯,1997)。成功的标准包括工作表现、满意度、适应性、调节能力、完成任务、提前回国、文化休克、角色冲击、海外效率、专业效率、人际关系效率、文化适应等(旺斯和威斯瓦兰,1997b)。

最常见的标准似乎是调节能力的概念,而将调节能力作为成功的合理标准的研究可以追溯到更广泛的旅居者研究。其中的外派人员,即为了实现与工作相关的目标而前往海外的商务人员(旺斯和威斯瓦兰,1997b),只不过是更为广泛的旅居者群体中的一个子集。回顾旅居者研究的历史就能发现,20 世纪 60 年代就可以追溯到对派往海外工作的商务人员的研究（亨利，1965；梅金森，1967），这是关于旅居者成功的更大研究领域的一部分。60 年代，关于旅居者的研究文献主要关注三类人群：学生、志愿工作者（例如和平队成员）和军人。这些群体被统称为"旅居者"，他们与难民或移民等其他群体的区别在于，旅居者在另一个国家的逗留是临时的、自愿的，通常超过六个月，并且与任务相关（如学习、教学、咨询、一个国家或公司的代表、从事商业活动、完成分配的工作、精神指导等）（艾肯和卡农戈，1997）。

20 世纪 80 年代中期，由于企业全球化的推动，有必要对外派人员的管理进行系统研究。90 年代初，研究人员开展了大量工作，以了解国际和全球人力资源管理，包括全球工作任务领域的动态性和复杂性。

有关旅居的研究致力于了解旅居者在调节并适应另一个国家的生活时遇到的困难，并为他们提供克服这些困难的方法。有关旅居者的研究工作在很大程度上受到临床心理学取向的影响。和平队成立于 1961 年，临床心理学家将小组面试和人格测试普遍运用于选拔过程中（旺斯和威斯瓦兰，1997a）。当旅居者遇到问题时，这些问题从临床角度被归结为压力和心理健康导致的"调节适应"困难。由于离开了熟悉的个人结构和社会结构，旅居者被诊断为经历了以"文化休克"的形式的巨大压力（奥伯格，1960；沃德、博赫纳和富纳姆，2001），包括焦虑、无助、易怒等症状（阿德勒，1995）；"文化疲劳"（古斯里，1966），包括易怒、不耐烦、抑郁、食欲不振、睡眠不佳等症状；以及"角色冲击"（拜恩斯，1966），包括角色的模糊和丧失个人地位（Higbee，1969）。

因此，在旅居研究的文献中，旅居者"调节适应"新国家的能力成为旅居"成功"的重点。调节适应方面的问题多种多样，包括孤独、思乡、抑郁、到达以后的困惑、缺乏个人指导和咨询、身体不适、家庭问题或失去亲近的人、宗教问题、适应食物和气候、适应社会习俗和规范、价值观和假设的对比或冲突、在新社会中的角色定位、社会交往困难、约会、两性问题等等（邱奇，1982）。随着对调节适应的关注，旅居研究还对调适的时间阶段进行了理论化的描述，认为调适过程中的某些阶段比其他阶段更加困难和紧张。常见的调节适应阶段理论或假说包括 U 形曲线假说（莱斯加德，1955），根据该假说，旅居者在旅居的第一阶段（0~6 个月）和第三阶段（12~18 个月）的调适情况相对较好，而在第二阶段（7~12 个月）的调适情况较差。相比之下，其他文化适应过程的理论则是一条 W 形曲线（古拉霍恩和古拉霍恩，1963）。在 W 形曲线模型中，各阶段都遵循传统的 U 形曲线，只是 W 形曲线中的第二个压力峰值集中在旅居者返回祖国时的逆向文化休克上。

作为旅居研究的直接传承，海外商务外派工作研究也将"调适"视为全球外派成功的关键因素。调适被定义为个体为"融入"东道国社会所经历的变化过程，它被认为是一种个体满足感，这种满足感源自东道主对个体的接纳，以及个体在日常活动中应对严重压力的能力（布里斯林，1981）。由于其广泛的含义，调节适应已经被概念化、操作化为一个多维度了（艾肯，1997）。迄今为止，与全球工作任务相关的调节适应包括了三种形式（布莱克、格雷格森和曼登霍尔，1992b；布莱克、格雷格森、曼登霍尔和斯特罗，1999）：

1. 工作调适——即适应当地工作组织的文化、政策、程序、运作和任务要求；

2. 社会文化调适——即与东道国的社会成员建立和谐的人际关系；

3. 对一般环境的调适——即与东道国社会和原籍国参照群体的其他人相比，对食物、交通、娱乐、医疗、安全和生活的满意度等日常生活问题的调适。

从实践和工作组织的角度来看，跨国公司在向海外派遣员工时，可能不会把"调节适应"作为全球工作任务成功与否的首要考虑因素或指标。相反，由于更注重结果，工作组织在派遣员工到海外任职时所关注的问题更侧重于海外效率的最终标准，即个人在海外工作中的整体表现（汉默，1987；亚瑟和贝内特，1997）。换句话说，公司可能只把工作表现作为衡量成功与否的唯一标准，即个体在海外工作中是否表现出色。

与调适的概念一样，全球工作任务中的工作表现也相对宽泛。虽然大多数实证研究只关注技术表现,但卡里古利(1997)认为,全球工作任务中的工作表现应包含更广泛、更复杂的概念,即工作表现既包括技术成分,也包括环境成分(博曼,1992;博曼和莫托维洛,1993)。卡里古利(1997)是迄今为止对全球工作任务中,对工作表现作出的最为全面论述的学者,他认为全球工作任务中的工作表现包括以下四个方面:

1. 技术表现,要求具备技术知识、技术技巧和能力,包括开始生产或服务运营、掌握最新和不断变化的技术、客户知识、当前环境/行业趋势等;

2. 管理表现,包括与员工之间保持良好工作关系、培训和培养下属,以及向客户和公众履行所代表工作组织的管理责任;

3. 亲社会表现,包括外派人员的亲社会维度,即对本国工作组织和当地工作组织的承诺、自我指导的需要,以及在没有太多监督的情况下付出努力的意愿;

4. 外派具体表现,包括本国工作组织与当地工作组织之间的规划替换、员工之间的信息传递、语言和文化的熟练程度,以及与东道国国民,如客户、供应商、同事、东道国政府官员、当地社区和其他人建立良好关系。

跨国公司在向国外派遣员工时面临的另一个实际问题是,外派人员能否完成整个任期。因此,完成外派任务被视为全球员工评估结果的最基本的行为准则(布莱克、格雷格森和曼登霍尔,1992a)。因此,大多数关于外派人员的研究都把提前或过早从外派国返回作为衡量成功与否的标准。根据这一标准,当外派人员任期内一直留在东道国时,即为成功。而如果在外派期结束前就返回本国,则表明外派任务的失败。在对美国外派人员的研究中,提前回国率占所有外派人员的16%至40%(托比奥伦,1985)。

全球工作任务成功的标准之间的关系

全球工作任务三个常见的成功衡量标准是:(1)个体对东道国的调整适应情况;(2)个体工作表现;(3)完成全球工作任务评估的情况。当我们仔细研究这些标准时，就会发现它们并不是相互排斥或相互独立的，而是存在着重要的相互关系。首先，全球工作任务的完成，类似于传统的完成任期或完成人员流动任务的概念，可以被认为是适应和完成工作表现的行为结果。除非一个人能够很好地调整并适应新环境，有效地完成工作，否则我们就可以预计他会自愿或非自愿地离职。因此，我们认为调整适应和工作表现将成为全球工作任务圆满完成的预测因素。其次，正如积极的社会支持可预防个体心理健康下滑一样，进行适应性调整也可以提高外派人员的工作表现。最后，我们预计并推测，个体的社会文化水平和总体环境适应水平将对其工作表现产生积极影响。图 8.1 描述了衡量国际工作任务成功与否的三项指标之间的相互关系。

文化智力与全球工作任务各项成功标准之间的关系

从图 8.1 中可以看出，个体的文化智力水平直接影响到全球工作任务三项成功标准中的两项：调整适应和工作表现。具体来说，我们认为高文化智力水平者比低文化智力水平者更能成功地适应新的东道国，因为高文化智力者拥有必要的元认知、认知心理路径、文化动机，以及对全球外派工作的行为反应。鉴于全球外派的圆满完成是个体调适的经历和工作表现的结果，我们不期望个体的文化智力水平能够完全影响全球派任的成功。只有通过调适和工作表现起到中介作用，文化智力才能完成全球任务产生联系。

参与全球工作任务的人员必须适应新环境的三个方面：当地工作环境，包括新政策、程序、当地的工作文化等；与东道国国民的社会文化互动；一般的日常生活，包括食品、交通、医疗和安全。在跨文化迁移期间，社会网络会被打乱，需要重新组合。高文化智力个体，尤其是具有较高跨文化迁移自我效能感的个体，将更有信心和能力建立新的社会网络，并积极主动地建立桥梁、联系和寻找参照群体（例如，东道国有类似背景的群体），以尽量减少文化疲劳或文化休克，以应对新的生活环境。

在工作场所，旅居者必须与当地的同伴、上司和下属互动，并适应新的工作规范、规则、道德体系和标准操作程序，而这些往往是内化的。全球工作任务的工作表现是多层面的。要想在全球工作任务中取得成功，接受任务的员工不仅要在专业技术上有所建树，还要在管理、亲社会和外派人员所特有的环境和活动中有所发展。我们期望一个具有较高文化智力水平的人能够拥有认知地图、文化嵌入式工作图式、动机，以及能够在情境活动中发现细微差别，并在当地工作环境中进行适当自我表现的能力。

国外旅居者在工作场中经历的最突出的差异，可能就是由于职业地位的变化而导致的，权力、特权和声望等级分配的突然变化（阿拉孔，1999）。一方面，外派人员的职业地位往往会突然上升，通常是从母公司的中层管理职位上升到首席执行官、总经理、职能部门负责人或当地单位最高管理团队的一员。另一方面，其他类型的旅居者，特别是通常从事专业技术工作的技能型旅居者，可能会遇到专业地位下降的情况，因为东道国不愿意或不承认在外国授予的高等教育证书/学位证书（洪、范·戴恩和贝格利，1999）。具有较高文化智力的人更有可能察觉到职业地位的突然变化，并调整自身行为以克服地位不一致的悖论，尤其是涉及过度胜任与未按专长就业的情况，以及不同文化中价值观的层级可能存在的差异等方面（范·戴恩和洪，2000）。

对一般性非工作调适的多层次调节影响

一些关键因素可以加强或削弱文化智力与调节适应和工作表现之间的关系。具体来说，虽然平均而言，高文化智力者通常能够很好地调适自己，因此在全球工作任务中的表现也会好于文化智力较低者，但可能会有一些减弱的情况来改变这种关系，反之亦然。文化智力较低的人不一定在调节适应或工作表现方面表现更差，因为国际工作任务中可能存在一些减弱文化智力对调适或工作表现的直接影响的情况。

有一系列多层次的因素会影响文化智力与调适之间的联系，尤其是对社会文化和大环境的适应性，这种适应不一定局限于工作领域。如图 8.1 上半部分所示，这些因素包括个人因素（如个性和配偶/家庭问题）以及东道国的特征（如文化韧性或东道国与旅居者原籍国之间的文化距离）。

个性

能够在文化智力与国际工作任务调适关系中起到调节作用的第一个因素是外派人员的个性特征。自 20 世纪 80 年代中期以来，工业和工作组织心理学家和人力资源管理研究人员对工作表现的倾向性预测产生了浓厚的兴趣，因为个性特征已被研究并证明可以用来预测成功的工作表现（巴瑞克和芒特，1991；泰特、杰克逊和罗斯泰因，1991）。同样，在有关成功的外派人员的文献中，个性对于外派人员在异国成功调适和工作表现是否重要的问题也引起了研究人员很大的兴趣。

在早期的旅居者选拔研究中，人们一直在寻找"某种海外类型"（拜恩斯，1966）。研究人员从个人或个性的角度出发，热衷于描述海外类型的人格特征，这些特征可以预测国际工作任务的成功，包括调适、工作表现和早期回报等。

被理论化并信奉为外派人员成功关键的个性特征类型极为广泛。旺斯和威斯瓦兰（1997b）对与外派人员成功有关的一系列个性特质进行了出色的评述。对积极和消极个性特质都进行了探讨。它们包括对模糊性的容忍度（汉默、古迪昆和怀斯曼，1978）、开放的心态、好奇心、自信心（凯兹-德-弗里斯和米德，1991）、权威主义或教条主义（M. 史密斯，1966）、自尊、自我接纳（格兰德，1966）、自我力量（米契尔，1965）、加利福尼亚个性量表（迪肯，1969）、移情、尊重（鲁本和基利，1979）、自我定位（曼登霍尔和奥杜，1985）以及民族中心主义（霍尔和古迪昆，1989）。其中一些研究发现，个性可以预测外派人员的成功，而另一些研究则没有发现。

旺斯和威斯瓦兰（1997b）采用了一种更系统的方法，卡里古利（2000）最近也证明了这一点。旺斯和威斯瓦兰（1997b）利用大五人格特征（NEO-

PI），推测了五大人格特征对国际工作任务成功的主要影响，如：（1）外倾性可能预示着外派人员对海外任务的接受程度、良好的人际关系、努力程度和亲社会表现；（2）情绪稳定性或神经质负极（negative pole of neuroticism）可能预示着外派人员对海外任务的接受程度、对新文化的调节适应程度和外派任务的完成程度；（3）对新体验的开放性可预测对新海外任务的接受度、对新文化的调适程度和任务的完成程度；（4）宜人性可预测外派人员良好的人际关系、在外派工作中服从或接受上级安排；（5）尽责性可预测良好的工作表现。

卡里古利（2000）的实证研究表明，外倾性和宜人性预示着外派任务的完成情况，而尽责性则预示着由主管评定的工作表现。其他人格特征对外派工作的成功没有显著影响。

个性对全球工作任务成功与否的主要影响并不显著，这一发现并不令人惊讶。鉴于任何海外派任都会带来许多新的情境因素，从而产生高度不确定性，因此，纯粹从性格角度提出全球工作任务的成功模型似乎不够具体。

如图8.1所示，我们认为文化智力在预测调节适应和工作表现这两项国际工作任务的成功指标方面起到核心作用，因为文化智力较高的人在认知、动机和行为的特定方面更有能力应对国际工作任务中文化（原文斜线）的不确定性和新颖性。在我们的模型中，我们认识到个性倾向对外派成功的重要影响。但一般人格特征，如情绪稳定性、开放性、外倾性、宜人性和尽责性这五大人格特征，对国际工作任务的成功只具有调节作用，而不是主要影响因素。我们的建议是，高文化智力者如果符合高水平五大特征，就能够在全球工作任务中更有效地进行调节适应并表现出色。而对于低文化智力者来说，具有高水平的情绪稳定性、开放性、尽责性、宜人性和外倾性等一般性格特征，可能并不会对全球工作任务起到太大作用，或能帮助成功完成任务。

配偶/家庭

第二个可以调节文化智力与全球工作任务中调适之间关系的因素是旅居

者的配偶和家庭的调节适应。此前的研究发现，配偶/家人无法适应在东道国的生活，成为美国外派人员最常提到的失败原因之一（布莱克和斯蒂芬，1989；哈维，1985；董，1981b）。这种现象不仅限于美国外派人员。福田和朱（1994）在对日本外派人员的研究中发现，配偶和其他家庭成员的调节适应困难被评为外派人员终止全球工作任务的首要原因。因此，我们可以预测，即使一个人的文化智力水平很高，其个人也能够很好地适应东道国的社会文化和总体环境，但除非其配偶和家庭成员也能有效地适应，否则这种不适应就影响个体的适应，进而影响其工作表现。因此，文化智力与全球任务成功之间的正相关关系取决于外派人员的配偶或家人对东道国的适应情况。

与国内工作任务不同，全球工作任务特别容易受到家庭生活向工作生活外溢效应的影响（卡里古利、海兰德和布罗斯，1998）。外溢理论（Spillover Theory）认为，个体的家庭生活经历会对其工作生活产生心理影响，反之亦然（克鲁特，1984）。可以想象，全球工作任务的外溢效应会更大，原因很简单，由于几乎在所有情况下，所有家庭成员都会因全球工作任务而无法安置，因此家庭压力也随之而来。

首先，配偶会中断自己的职业生涯，跟随配偶前往新的东道国。特别是在双职工家庭中，工作是配偶生活中的"核心利益"（杜宾，1992）或身份认同的核心（洛勒和霍尔，1970）。这种中断确实会对配偶的自我价值和自我认同产生不利影响（哈维，1998）。其次，即使随行配偶在东道国没有工作的问题，其社会网络也会在跨文化流动中被拆散。如果没有大家庭或亲密朋友，以及社区网络的情感支持，配偶在适应异国文化和陌生生活环境时可能会特别困难。最后，子女的生活也面临着不连续性。教育可能会中断，孩子们会失去朋友和同学。脱离了文化上熟悉的同伴，他们可能会感到文化和社会上的孤立。

通常情况下，旅居者或外派人员有幸通过全球工作任务进入到一个现存的社会和职业网络。因此，在日常生活中，他或她可能会因熟悉公司文化而感到舒适，特别是当全球派任的工作环境与国内工作环境相似时。

与此相反，配偶和家庭成员在日常生活中会遇到全新的环境。除非家庭成员特别努力，能深入当地社区建立起新的关系网，否则，旅居者或外派人员可能会发现自己在异国他乡的家庭生活面临着家庭成员提出的更多要求。例如，子女对新学校不适应、配偶对生活条件的不满，如缺乏合适的儿童托育工作组织、配偶就业困难、难以获得特定种类的食品或日常必需品、交通或语言困难，以及社会隔离等。这些问题往往会影响到每一个家庭成员，从而对旅居者本人在东道国的调整适应产生不利影响，进而影响到他或她在当地工作组织的工作表现。

出于这些原因，我们对最初关于个体文化智力水平与全球工作任务成功之间存在正相关关系的说法进行了修正。即使一个人有很高的文化智力，他或她的家庭成员也可能没有相同水平的文化智力（认知、动机或行为）来应对和适应新环境。因此，根据外溢理论和先前关于家庭调适重要性的证据，我们可以预测家庭调适将在社会文化调适和一般非工作调适方面为文化智力与全球工作任务成功起到调节作用。具体来说，一个高文化智力者的家庭能够有效地适应东道国的生活时，他或她才有可能适应全球工作并有效地完成任务。

东道国文化——文化距离、文化新颖性或文化韧性的程度

我们现在重点讨论另一个关键的非工作因素，即东道国文化，它可以影响文化智力—全球工作任务成功的强度，尤其是在社会文化和一般性非工作适应标准方面。

东道国与旅居者本国之间在文化规范、价值观和信仰方面的相似或差异程度通常可以用文化距离（贝里，1992；塞勒和沃德，1990）、文化韧性程度（曼登霍尔和奥杜，1985；布莱克等，1999）、文化新颖性（布莱克、格雷格森，1992a）或文化休克程度（奥伯格，1960；沃德、波赫纳和富纳姆，2001）等概念来表示。这些概念都指东道国和本国之间不同的文化价值观对个体心理健康的负面影响。我们认为一个具有高文化智力的人能够拥有认知模式、动机

和行为方式来适应不同程度的文化韧性,也承认一个文化智力相对较低的人,其适应会随着文化韧性指数的上升而变得更糟。具体来说,我们推测低文化智力的人会受到大文化距离的影响,因为文化距离已经被证实与心理健康指标有关(巴布克、考克斯和米勒,1980),并且是社会文化适应的一个重要预测因素(沃德和肯尼迪,1993)。

托比奥伦(1982)描述了美国人在各大洲适应日常生活方面的困难程度,它们是依次递减的。它们是:(1)非洲、(2)中东、(3)远东、(4)南美、(5)东欧/俄罗斯、(6)西欧/斯堪的纳维亚、(7)澳大利亚和新西兰。艰苦的生活条件包括生活成本高、气候恶劣、医疗条件差、食物不同、缺乏个人自由/人身安全、便利设施较少以及污染。有时因为政治局势极不稳定,外派人员被迫撤离。例如20世纪80年代在伊朗和利比亚等中东国家的十多万外派人员的经历(戈麦斯-梅吉亚和巴尔金,1987)。

当然,即使是在这些大洲的内部,适应的艰难程度也会有差异。例如,虽然新加坡位于远东地区(远东地区通常被视为文化距离较大的地区),但新加坡却经常被誉为"亚洲101"。新加坡公民由四个种族组成,主要语言是英语。所有标识、告示板和指示均是英语。公共交通效率高,有数量充足的出租车和运转良好、方便大众的快速公交系统。

新加坡犯罪率低,街道干净整洁。岛上保留了许多热带特色,宽阔的林荫大道两旁种满了雨树,自然公园修剪整齐。岛上有来自世界各地的美食——中国菜、马来菜、印度菜、德国菜、希腊菜、意大利菜、日本菜、美国菜等。新加坡有许多国际学校,招收来自美国、德国、日本、澳大利亚和其他国家的外籍人士。在新加坡,旅居者及其家人可以在岛上不同地区找到与其原文化相似的聚居地:例如,马来裔旅居者可以在马来村找到马来食品、药品和服装;在小印度,商店出售异国情调的印度香料、音乐和金首饰;唐人街提供具有中式民族风情的便利条件。其他民族也有类似的文化聚居地。例如,美国人、英国人、日本人和德国人都有社交俱乐部,只需支付象征性的费用即可加入。定期的社交活动使来自同一国家的外国人能够在异国他乡寻找到文化上熟悉的同龄人或种族联系。

文化距离也是跨国公司适应当地环境的一个因素（科古特和辛格，1988）。例如在工作组织层面，当东道国与本国的文化价值观相似多于不同时，跨国公司会发现其技术、人力资源实践、运营程序等更容易迁移，并通过标准化实现内部一致性。例如，在美国乡村地区，人们认为美国人的价值观与日本人的价值观更为相似，因此日本跨国公司能够更好地将其人力资源管理实践转移到美国乡村地区（泰勒、比奇勒和纳皮尔，1996）。因此，我们可以推断即使外派人员的文化智力相对较低，也能适应这些地方的生活，因为文化距离或文化新颖性不像其他地方那么大。实际上，较小的文化距离或较低的文化韧性可以调节文化智力与全球工作任务成功之间的关系。因此，如果环境不那么陌生、恶劣或难以驾驭，那么文化智力相对较低的人也可以更容易地适应新环境；但如果环境对旅居者不那么友好，那么文化智力相对较高的人会更容易适应。

对全球工作表现的多层次调节影响

正如我们研究了一系列可能影响文化智力与调节适应之间关系的多层次因素一样，我们现在讨论一些可能加强或削弱文化智力与全球工作表现之间关系的关键性多层次调节因素。如图8.1下半部分所示，这些调节因素包括：（1）个人因素，如性格和技术能力；（2）工作因素，如从母公司转到当地工作组织的过程中，旅居者所面临的角色转换的本质；（3）工作组织因素，即工作组织文化、对新来者（特别是外派人员）的社会化实践、当地和东道国对旅居者和外派人员管理的看法等。

我们的研究表明，高文化智力者在全球工作任务中的表现往往优于文化智力较低的同类者。然而，在个人、工作和工作组织层面上，可能会有一些减弱因素改变这种关系，反之亦然。文化智力较低者在工作表现方面不一定会更差，因为在全球工作任务中可能存在一些个人、工作和工作组织方面的减弱因素，可以减缓文化智力对工作表现的直接影响。

技术和管理能力

技术能力往往是全球工作任务取得成功的关键，因为外派人员被派往国外，多是因为东道国的当地人员缺乏完成工作所需的技术和技能。因此，选择外派人员执行全球工作任务的一个重要标准就是其技术的熟练程度。许多情况下，选择外派人员的唯一依据就是他们的技术能力水平。

除了在工作中培养自信心和自我效能感，技术能力对于外派人员也至关重要，因为这关乎到东道国员工如何看待外派人员，或者对外派人员有何期望（霍斯和基利，1981）。在当地同事看来，企业之所以需要聘用外派人员，只是因为他们拥有更高超的技术能力。因此，只有当外派人员能够胜任工作时，他们才能得到同事的尊重和信任。

对于外派人员来说，要获得全球工作任务所需的成套技术技能，往往需要他们拓宽超出国内工作的要求的技术知识面。由于各国的技术发展、法律和监管框架不同，与国内技术专家相比，派往国外的、掌握技术技能的人员需要了解更多的技术平台运行情况，并应用于合法的当地环境中。例如，跨国公司的人力资源总监需要掌握新知识，了解当地的就业法律，才能作为地区或全球人力资源总监有效地开展工作。同样，当跨文化交流时，首席信息官（CIO）需要理解并运用不同的技术标准，有时甚至还需要用到较老一代的技术。

除了填补当地员工无法胜任的技术职位，外派人员还被派往国外担任高级管理职位，如当地的总经理或部门主管，于是管理技能成为对他们的另一项关键能力要求。即使外派人员在东道国担任的是纯技术性职位，他们通常也需要有效地管理员工，因为他们的任务之一就是向东道国同事传授技术知识。董（1994）发现，与国内工作的技术专家相比，外派技术人员需要具备管理或人际交往技能，因为作为技术外派人员，其角色往往要求他们在当地员工的协助下开展新的生产经营活动。因此，他们必须具备必要的管理技能，以促进隐性知识和信息的传递和交流，并对东道国员工进行新技术培训。

鉴于外派人员的技术和管理能力对其在全球工作任务中履行职责非常重要，我们假设个体文化智力与工作表现之间的关系会受到其技术和管理能力水平的影响。因此，对于具备技术和管理能力的外派人员来说，两者之间的联系会大大加强。与此相反，如果外派人员无法在其海外工作中展现技术和管理能力，我们就可以预测其文化智力与工作表现之间的联系会大大减弱。

工作/角色

此前对国内职位工作的研究表明，工作的本质，特别是工作布局，决定了新来者或个体能够在多大程度上在工作场取得最佳的工作表现（路易斯，1980；尼科尔森，1984；达维斯和洛夫奎斯特，1984）。同样，对于外派工作而言，工作布局决定了外派人员工作的有效性。根据伊里曼（1980）的观点，好的工作布局有三个特点。第一，工作布局中应明确任职者应发挥的作用和所要承担的责任；第二，工作布局应规定任职者要达到的工作表现的标准；第三，工作布局应明确授予任职者的权力和相应的责任。

实际上，此前的研究发现，外派的重要工作特点应包括更加明确的角色、角色冲突的减少、更大的工作自主权或决定权（布莱克和格雷格森，1991）。明确角色可以最大限度地减少外派人员面临的不确定性，因为外派人员可能已经被非工作来源的不确定性（如东道国的社会文化休克和总体生活环境）压得喘不过气来了。有了明确的角色定位，外派人员就有可能最大限度地减少"角色冲击"（托比奥伦，1982），从而减轻角色转换带来的痛苦。因此，只要工作布局中有明确的期望，即使文化智力水平一般的外派人员仍有可能有出色的表现。

与角色明确相关的一个工作维度是角色冲突（杰克逊和舒勒，1985）。角色冲突的一个主要来源是外派人员需要效忠的双重目标之间可能存在冲突。在实现本地差异化目标和全球一体化目标之间的矛盾中，外派人员往往需要在对本地工作组织和原工作组织的忠诚度之间取得平衡。因此，即使外派人员具有较高的文化智力，除非所承担全球工作任务明确说明对管理人员的期望，并解决潜在的冲突，否则角色冲突可能会对外派人员的工作表现产生不利影响。

在进行全球工作任务的布局时，另一个至关重要的角色维度是工作自主权和决定权。角色的工作决定权允许执行者灵活决定如何完成工作。随着时间的推移，任职人员可以消化角色新颖性带来的不确定性，并制定自己的策略来完成工作。因此，我们推测工作的不确定性会削弱文化智力与工作表现之间的联系，这样的话，即使文化智力相对较低的外派人员，自主性和决定权更大的工作所提供的自由度也会让他们尝试其他行为和方法，以完成工作任务。

本国工作组织

除了工作特点，本国工作组织和东道国工作组织对外派的态度和看法也会对外派人员全球工作任务成功与否产生重要影响。本国工作组织文化和人力资源战略可以调节文化智力与外派人员工作表现之间的联系。

在国际商业领域，跨国公司以三种主导模式之一来工作组织和设计自身（佩尔马特，1969；巴特利和戈沙尔，1989）：（1）本国中心模式，即以本国工作组织（母公司）作为中心枢纽，海外子公司作为辐射条。母公司主导跨国公司的战略和方向；由于决策权高度集中于母公司，子公司的自主权极小。本国中心模式的企业设计侧重于全球一体化，最大限度地减少地区反应。（2）多中心模式，即战略以适应当地市场为基础，结构由东道国相对独立的公司组合而成。在这种安排下，母公司通常对技术和管理系统实行最低限度的总体控制，大部分决策权属于各个子公司。（3）地缘中心模式，即努力确保全球一体化和地区差异化。这种战略的基础是平衡反应能力和规模之间的复杂矛盾，其结构反映了相互依存的子公司。这些子公司的作用和能力各不相同，它们在一个复杂的全球一体化工作组织网络中相互关联。

跨国公司的工作组织模式会对当地单位的工作制度产生重大影响。本国中心模式的安排在公司内部问题较少，而在公司外部问题较多；多中心和地缘中心模式中，与社会环境有关的问题较少。在以本国中心为导向的工作设计中，从母公司调往当地单位的外派人员可以预期其工作系统的标准化程度更高，在此工作环境中面临的新奇事物也较少，这与从多中心或地缘中心的跨国公司调派的外派人员形成对比。因此，文化智力相对较低的个体可能会发现，如果母公司是以本国中心为导向，他/她在当地单位工作和表现会更容易。以本国中心为导向，母公司会在工作流程、系统和工作组织文化方面较为精简，并创建全球标准化的当地单位，以减少工作场所的不确定性，降低新到外派人员的角色冲击或文化冲击。

除了跨国公司的战略和结构，人力资源战略中有关赴任前社会化和外派培训计划也可以缓和文化智力与工作表现之间的关系。据观察，赴任前的培训计划，特别是在不同文化中工作的跨文化培训，结合学习资料、体验式学习和社区探索（厄利，1987；布莱克和曼登霍尔，1990），可以缓解角色和文化冲击。因此，我们可以预测，即使一个人的文化智力水平相对较低，但他或她接受过由母公司提供的正规、有效的赴任前社会化培训，那么他或她将能够更有效地工作，因为这些计划将减轻外派人员在全球工作任务中面临的不确定性。

当地工作组织

外派人员抵达当地工作组织后，其工作成效如何，取决于东道国的同事在多大程度上愿意帮助外派人员熟悉并适应当地工作环境。外派人员来到东道国的当地工作组织，就好比是在国内工作岗位的新人。与国内岗位工作的新人所经历的一样，如果外派人员在当地工作组织接受一些专业化培训，就能更有效地作出贡献和开展工作，因为当地工作单位会告诉和指导外派人员在当地工作环境中应该采取或适合他们的行为和观点（范·马南和申因，1979）。对于配偶为双职工的外派人员，一些当地单位还积极开展配偶帮助计划，协助配偶获得签证或工作许可，以便在当地就业，并协助配偶制作简历，提交给当地合适的就业工作组织（佩里科和斯特罗，1997）。

有时即使是简单、毫不起眼的工作细节，如办理就业签证或工作许可证、在当地银行开立工资账户、建设一个家具齐全、设备完善的办公场所，或为外派人员提供行政助理、秘书支持和电脑技术人员等辅助人员，也可以减轻外派人员最初适应工作的麻烦，以便其快速进入日常工作模式。为外派人员安排当地员工为午餐伙伴，也有助于他们更快地了解当地的工作规范、价值观和实际操作，并防止被孤立和疏远。来自东道国同事的社会支持也能缓冲工作压力，因为这可以让外派人员感到他们的存在是受到重视的，而不是被反感的。

由此我们预测，社会化计划和来自当地工作组织对外派人员的支持可以缓和文化智力与外派人员工作表现之间的关系，从而使文化智力水平相对较低的外派人员从社会化计划中受益，因为社会化计划明确规定了恰当的工作行为，而且有当地员工在身边提供支持、咨询和指导。我们认为即使文化智力水平较高的外派人员，如果在当地工作组织积极参与社交活动，尽快融入新的工作环境，他或她也能更有效地开展工作，作出更大贡献。

全球工作任务中的文化智力与回国

由于全球工作任务是临时性的，通常持续三至五年，因此大多数被派往海外的人员最终都会返回本国和本国的工作组织。令人惊讶的是，外派人员通常会发现，返回本国和本国的工作组织与被派往海外工作一样具有挑战性，甚至比外派更具挑战性。古拉霍恩和古拉霍恩（1963）认为，"W"曲线模型更为准确地描述了全球外派的整个过程，因为"W"描述的是双U形，"W"曲线的第二个波谷描述的是外派人员返回本国后所面临的逆向文化休克。

以往的实证研究表明，与公认的观点相反，外派人员确实面临着非常真实和严重的逆向文化冲击。布莱克及其同事（1999）发现，60%的美国人、80%的日本人和71%的芬兰人认为，与最初在海外的适应相比，回国后的调整和适应更加困难，遇到的问题也更多。难以适应的一个主要原因是，外派人员低估了国内发生的变化，因此在面对重新回到国内的文化冲击时心理准备不足。毕竟，他们回到的是自己的国家和本国的工作组织——这对于他们来说是更加熟悉的环境。然而，国内后发生变化的程度可能很高，类型也可能很多，以至于外派人员在回国时可能会失去身份认同，感觉自己在本国时就像一个外国人。

平均而言，回国失败率（指那些完成了海外任务回国，但在回国后一年内决定离开原工作的人员）约为25%（布莱克，1992b）。鉴于派遣海外人员的主要目的之一是获得关键的国际经验，并培养下一代管理人员和领导者的全球胜任力，这一比率令人震惊。高流失率实际上意味着公司在人力资本方面的大量投资无法获得长期回报，据估计，在全球派任期间，对外派人员的投资达到约为100万美元/人。

由于外派人员在回国时也会面临同样的重大问题，先前有关回国的研究认为，应将回国视为另一项"海外任务"。正如全球工作任务的成功与否取决于在国外的个人、家庭、工作、工作组织和国家等一系列因素一样，回国的成功与否也取决于回国时外派人员回到本国的一系列非常相似的因素。因此，我们认为图8.1所示的全球工作任务成功模型也适用于解释回国成功的原因。图8.2介绍了成功回国模式。

在回国模型中，我们预计文化智力会对回国成功与否产生重要影响，回国成功与否的定义和概念是：对祖国的适应、在母公司或工作组织的工作表现以及在母公司/工作组织的任期。此外，我们还推断大五人格特征会调节文化智力与回国成功之间的联系。

同样，正如配偶/家庭和国家因素可以调节文化智力与在东道国的适应之间的联系一样，我们认为这些因素也会调节文化智力与回国适应之间的联系。

配偶和家庭成员在回国后的调节适应取决于其原来国内的社会网络在多大程度上保持完整，或因家庭移居国外而在多大程度上遭到破坏。在双职工的

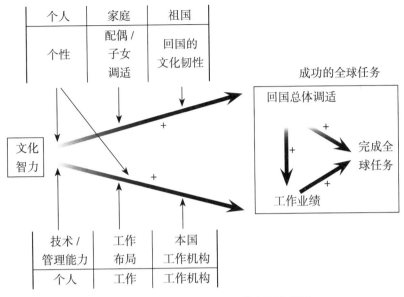

图 8.2 文化智力与成功回国的多层次模型

情况下,配偶能否在回到国内后找到有意义的工作,也是影响外派人员回国调适的一个重要因素。至于本国的文化韧性或新颖性,在很大程度上也取决于外派家庭离开期间其祖国在政治环境、住房条件、交通系统、犯罪率、污染、生活成本、经济发展阶段等方面的变化程度。文化韧性还可以通过祖国与派任国在这些方面的对比程度来确定(格雷格森和斯特罗,1997)。

图 8.2 的下半部分是可能影响文化智力与回国后工作表现之间关系的调节因素。它们包括:(1)个体因素,如个性(即外倾性、开放性、宜人性、情绪稳定性和尽责性的程度,以应对回国后的调适和工作表现),以及在回国后履行新角色和新工作的相关技术和管理能力;(2)工作因素,如外派人员在回国后分配的工作——该工作是否明确、清晰,以及是否充分利用了从海外派任工作中获得的技能和专业知识;(3)工作组织因素,例如工作组织结构和程序的变化程度,特别是上级和同事的变化,以及正式的,回国后的社会化的安排,即为每名外派人员指定指导者,为回国的外派人员提供情况介绍或培训。

小结

我们提出了一个将文化智力与全球工作任务相关联的模型。模型中，我们首先假设个体的文化智力水平对全球工作任务的成功非常重要。我们认为与文化智力水平较低的人相比，文化智力水平较高的人在全球工作任务中取得成功的机会更大。然而，该模型指出简单地将文化智力与全球工作任务的成功联系起来可能过于理想化。

我们认识到工作与非工作、个人与家庭、本国工作组织与当地工作组织、工作组织与国家等众多因素都可能调节文化智力与全球工作任务成功之间的关系，因此我们对这些因素进行了研究。我们的研究结果表明，在某些情况下，如果本国和东道国采取了良好的社会化策略，低文化智力者实际上也可以很好地调节适应并在全球工作任务中取得成功。而在其他情况下，例如配偶在适应异国文化时遇到困难，即使是高文化智力者也可能在全球工作任务中表现不佳。在这个模型中，我们也证明了回国是外派任务的另一个方面。个体的文化智力与他或她回国后的成功之间的联系也受到围绕在回国后一系列问题的因素的调节。

第 9 章
融合与应用：全球工作多样性

现代工作组织面临的一个重大挑战是，如何将来自不同背景和经历的员工所具备的各种才能最好地利用和整合起来（杰克逊和其研究人员，1992）。组织如何利用其中的多样性？个体如何利用自己在人际交往意识方面的知识和技能，来避免社交场合中的潜在陷阱？最重要的是，在帮助我们理解为什么有些人似乎比其他人更能够将自己的利益与其他人的利益结合起来方面，文化智力发挥了什么作用？

工作组织越来越依赖多元化的团队，包括员工的背景和特征（霍伦贝克、伊尔根、勒宾、科尔基特和赫德伦德，1998）。因此，员工在如何定义其共事者方面具有复杂性。角色认同，或多样性特征的心理表征，是员工在识别工作接触中的其他员工并与之建立联系的依据（史赛克，2000）。一支高度多样化的员工队伍意味着团队员工可能存在着多种角色，因此，可以用角色来对团队员工进行分类。此外，不同团队的员工对团队其他员工的关键角色的看法也可能不同（厄利和莫萨科夫斯基，2000）。

团队员工对个体角色对团队生命周期的发展具有重要影响。米克尔和西蒙斯（1978）认为，在某种情况下，确定他人所扮演的角色的是"执行其他社会任务的必要前提条件"。一些研究人员同样认为，需要对角色认同有共识，才能知道什么行为是合适的。厄利和莫萨科夫斯基（2000）认为，建立角色认同是高效跨国团队的一个关键特征。由于团队内部产生的信任和积极影响，具有共同观点的团队员工能提高工作绩效（克里莫斯基和穆罕默德，1994）。尽管关于员工角色的一致看法的重要性似乎显而易见，但人们对团队员工角色共识的前因和性质却知之甚少。

当个体加入各种社会实体（如工作团队）时，他们会进入分类过程中，以了解他们在与谁共事（例如，菲斯克和诺伊贝格，1990）。员工们会根据感知到的相似性和差异性，将彼此分为"内群体"（自己和在某些特征上相似的其他人）和"外群体"（在特征上不同的人）（杰克逊、梅和惠特尼，1995）。在进行群体分类时，所使用是基于个人背景和当前工作环境的最显著特征（休斯，1971）。

虽然单一的身份特征可能与描述他人有关，但也可能会使用多种特征来进行识别（休斯，1971；刘和穆尼根，1998）。例如，团队员工可能主要根据职能背景，其次根据种族或性别等特征来看待其他员工（厄利和吉布森，2002；休斯，1971；刘和穆尼根，1998）。组织研究通常不承认多重和多样性特征会影响人们在社会情境中的看法，尽管有证据表明，组织员工本身确实会考虑这种多维性（休斯，1971）。例如，休斯（1971）区分了决定地位的主要特征和次要特征，并认为在决定一个人的社会地位时，应同时考虑这些特征。他通过描述一名非裔美国医生在白人病人心目中的社会地位来说明这一点，并指出病人是根据次要特征（黑人医生在白人病人心目中地位较低）来解释职业的主要地位特征（医生地位高）的。仅从职业角度不足以理解病人赋予这个人的地位。狄更斯和狄更斯（1982）描述了工作组织的员工如何考虑多重特征的另一个例子。他们发现，融合了专业身份和种族身份的跨种族指导关系能更好地促进少数族裔被指导者的职业发展。

因此，用多重特征来描述一个人的身份意味着身份的等级性（休斯，1971；刘和穆尼根，1998；米克尔，1978）。米克尔和西蒙斯（1978）将显著性层次结构描述为"'身份'作为情境中可能表现其来源的相对优先顺序"。在显著性层级中，较高的类别与个人对其团队员工的描述更为相关，在对他人的认知中也更为突出。人们会努力使自己的行为与其最突出的身份特征保持一致（米克尔和西蒙斯，1978；史赛克，1980），正如他们会在促发干预后使用突出类别来处理进入的刺激一样（布鲁尔和加德纳，1996；布鲁尔，1993；休斯，1971；刘和穆尼根，1998；米克尔，1978；韦尔和斯鲁尔，1998）。

由此可见，要界定和理解来自不同背景的人，需要对其特征进行细致的处理。在定义他人的过程中，哪些特征是最突出的，取决于每个人的突出程度等级，而每个人的突出程度等级在很大程度上都是独一无二的。在定义他人的过程中，哪些特质是最突出的，取决于每个人的突出程度，而这种突出程度在很大程度上是独特的。也就是说，即使是来自同一文化背景的人，我的特征认同层次结构也可能与他人大相径庭。这是因为我们可能拥有共同的文化，但各自的经历可能会使某些特征比其他的更突出。

同样，这种论点也可以延伸到其他个人差异，如知识和技能。事实证明，理解来自相同文化背景的人与理解来自完全不同社会的人一样具有挑战性。人际交往的多样性与国际化的多样性，其主要区别在于能够被普遍接受的公理和定义的重叠程度。例如，美国人可能完全同意种族是多样性的一个关键特征，而巴西人则可能侧重于社会经济地位。在美国国内，人们普遍认为"种族"是人的一个非常突出的特征，尽管种族的含义因人而异（例如，当第一作者居住在加利福尼亚南部时，许多人关注的是盎格鲁人和拉丁裔社区之间的差异，而当作者居住在中西部时，关注的重点似乎转向了盎格鲁人和非裔美国人社区之间的差异）。

工作组织中的多样性

个体层面的多样性和自我概念

通过自我概念的概念框架，我们可以更好地理解文化智力在多样性背景下对个体的重要性（盖卡斯，1982；基尔斯特罗姆等，1988；北山，1999；马库斯和北山，1991；马库斯、北山和海曼，1997）。第3章的前半部分介绍了使用自我概念视角的方法，因此我们将此前讨论进行简要扩展。此外，我们还研究了多样性与现有自我概念模型之间的关系，以此将文化智力与个体的行为和动作联系起来。

对社会环境的持久依附和承诺有助于界定一个人（桑德尔，1982）。班杜拉（1986，1997）提出，自我概念是从直接经验和重要他人那里获得的评价，继而形成的对自己的综合看法。一般来说，自我概念是由特定文化中对"什么是人"的共识形成的。同样，社会学家（盖卡斯，1982）将自我概念定义为立足于社会体系，是他人回应和评价的映射。参照群体的规范成为了个体评判自己的内在标准。因此，自我在很大程度上受到一般文化和工作环境的影响。

与自我相关的信息会被处理、储存并组织成心理结构或图式。自我被视为个性的心理表征，通过经验和思维形成，并与物理和社会世界中其他对象的心理表征、反应和想象一起编码在记忆中（基尔斯特罗姆等，1988）。它是一个自我图式系统，或者说是从过去的社会经验中得出的关于自我的概括。根据假设，图式具有结构与过程双重性质。因此，自我既是认知者，也是被认知者（马库斯和沃夫，1987）。自我概念和身份的内容构成了结构，并将自我固定在社会系统中，而自我评价则涉及自我的动态维度（盖卡斯，1982；基尔斯特罗姆等，1988；北山，1999；马库斯和北山，1991；马库斯、北山和海曼，1997）。自我可以被看作是在空间中排列的图式、原型、目标或图像的集合（谢尔曼、贾德和伯纳黛特，1989），每个图式都是对自我的概括，包含对特质、角色和行为的描述性信息，以及进行推论的规则和程序性知识（基尔斯特罗姆等，1988）。个体的自我概念可被看作是关于理想世界和现实世界状态的想法和图像的集合。最重要的是，它扮演了接收到信息过滤器的角色。

自我调节过程的运作是为了发展和维持自我的积极表征。因此，自我概念在很大程度上是自己创造的（盖卡斯，1982）。厄尔兹和厄利（1993）重点研究了为自我服务的三种动机：（1）自我提升动机，即寻求并保持对自我的积极认知和情感状态；（2）自我效能感动机，即对自己有能力、有效率，以及自我成长和挑战的渴望;(3)自我一致性动机,即对感知和体验的一致性和连续性的渴望。在这一框架下,厄尔兹和厄利提出,自我概念受文化和其他背景特征(如工作环境)的调节,因为这些特征会影响自我动机。例如,文化综合征(如文化距离等)在个体的自我模式中体现为尊重权威、敬畏长辈等。自我概念的形成在一定程度上是受个人所受的各种文化影响以及个人独特经历的影响。更重要的是,厄尔兹和厄利认为,这三种动机调节着一个人在文化背景下的行为。自我提升能力强的人会寻找被认可机会大的环境,而自我效能感高的人则会接受新的挑战,并以此扩大自己的成就、增加学习机会。

在与不同背景的人的早期交往中,第一个动机——自我提升至关重要。当人们第一次接触到不同背景的人时,会有一个比较的过程,这种比较的部分是基于自我提升的愿望(休斯,1971;塔杰菲尔和特纳,1986;特纳,1987)。也就是说,当人们遇到不同背景的人时,他们会通过各种比较和推论来了解自己相对于这些人的地位。塔杰菲尔关于分类理论的研究表明,至少存在一种比较机制是对内群体进行积极强化,使其优于外群体,从而导致内群体偏向。布鲁尔(1993)认为,这种比较过程涉及作为群体员工的自我和有别于群体员工的自我之间的最佳区分程度(即个体性与集体性的平衡)。厄利(1997)从面子理论的角度出发,认为自我提升是两个一般来源(内部和外部)的产物,这两个来源的相对重要性因社会和文化背景而异。

从这个角度看,个体层面的多样性反映了更常见的个人角色认同(史赛克,1980),或个人认为自己的自我形象。在另一项研究中,第一作者提出了一个模型,该模型的重点是一个人的自我概念,它体现在"面子"这个概念上(厄利,1997)。厄利借鉴了各种概念框架(例如,布朗和列文森,1978;戈夫曼,1959;胡,1944;丁允珠,1988),提出一个人在社会和文化背景下的许多行为都可以从一个人的"面子"来理解:

个体的内在自我评价是基于个体遵守道德行为规则,以及在特

定社会结构中的地位的。 这一定义概括了自我概念的两个方面，即道德行为和在社会环境中的地位。此外，它还认为这些层面是基于对自我和他人的综合判断。因此，面子并不仅仅是自我认知的产物，也不仅仅是外部评价者的认知结果。（厄利，1997）

个体的面子既反映了内在的自我概念，也反映了面向公众的自我概念，但这两者并不一定完全重合。（恰恰相反，内在自我和外在自我似乎常常是截然不同的，这对个体来说可能是个问题）。戈夫曼的戏剧分析（1967）就反映了这种形象投射与内在视角的观点，他用前台和后台来表示展示给他人的和保留给自己的部分。

从文化智力的角度来看，重要的是要明白，个体在任何特定情况下的互动和反应都反映了许多影响因素，以及个体在试图自我调节其面子和自我展示上作出的努力。也就是说，多样性反映的是个体之间在角色身份认知上的差异，以及他们向他人展示的社会自我，也就是我们所说的"面子"。举个例子，一个人刚刚进入到一个新文化中，他观察到目标文化中的某个员工经常摆架子，向外展示自己的重要性和地位（吹嘘、强调个人头衔等）。这是否正如他所猜测的那样，是一种高权力距离文化的特征？还是说，在陌生人面前展示自己的地位只是一种个人特征？人们所认为的文化影响往往是个体层面多样性的再反映，或者说是一个人区别于另一个人的独特方面。

个人习惯和行为可能被误认为是一种文化特征。这些个人行为可能与文化有关，但也可能是一种个人特质。举例来说，第一作者使用"巴伐巴伐 BaFa BaFa"进行跨文化练习，来说明个体差异和文化差异。模拟练习中，建立了两种文化，来自一种文化的人需要与同伴文化进行互动，试图发现目标文化中恰当行为的规则。在对另一种文化进行有限的了解后，一种文化的代表向其同伴汇报另一种文化的情况。其中一种文化强调肢体接触和交谈中的亲密感，在交流中通常会涉及互相触摸和拥抱。有一次模拟时，有一位代表"身体接触"文化的参与者对在练习中接触他的同学感到非常不舒服。而他解决这种不适的办法是在与他人交谈时用脚去碰对方（用脚接触，使鞋子相互接触）。当一位代表外国文化的同学观察到他的行为时，他表示（并向他的文化代表报告了这个情况），这种文化非常"注重脚"，这是在该文化中有效沟通的关键。毋庸讳言，这个错误的推断是基于一个人在适应其文化互动规范的个人特征，而不是普遍的文化特征。

将个体特质泛化为对文化价值观、规范和文化综合征的推断，是外派管理人员面临的最常见的陷阱之一。高文化智力者能够区分是个体行为特征还是一般文化行为规范。然而，这也是跨文化理解中最困难的方面之一——将个人特征与文化规范中的适当行为区分开来。如果一个人的文化智力很高，那么他就会在不同的人群和环境中寻找稳定的行为模式，从而推断出在特定文化中什么是个人行为，什么是普遍行为。这可能需要开发新的行为元模型或调整现有的元模型。至少，这需要使用元认知框架来确定什么是个体行为，什么是集体行为。

当一个人在观察来自其他文化背景的人时，他们很可能会将个体行为归纳为该员工来自的整个群体。高文化智力者能够将个体特异性与文化模式区分开来。这一点在多元环境下也同样适用。当来自不同背景的人走到一起时，他们可能很快就会根据某个个体的行为归因于群体特征，并根据他们对角色身份群体的已有看法来解释个体行为。国际环境与国内（但多样化）环境的不同之处在于，在国内可能更了解可能存在的各种亚群体（例如，我在洛杉矶生活了十年，可能对洛杉矶拉丁裔社区了解不多，但比对新西兰毛利人的了解还是要更多）。此外，与外国人相比，来自同一个国家的人可能更接近，也更容易识别行为及其被赋予的意义。因此，个体多样性反映了一个人在部分共享意义系统的基础上，理解另一个人行为和意图的能力。这可能意味着所需的元认知处理较少，因为许多现有的，感知社会动态的认知程序可能是恰当的。这些不完全的共享意义表明，高文化智力将在弄清楚另一种亚文化中发生了派上用场。

团队层面的多样性

个体层面多样性的自然延伸是个体在直接社会环境（如工作团队）中的身份认同。这里我们所说的团队层面的多样性是指个体在一个特定的、明确的群体中，与其他人互动时所具有的各种角色身份。在不对什么是工作团队进行过于详细的定义和建构验证的情况下，我们将"团队"定义为三个或三个以上具有互动性的个体，共同执行某些行动。

从多样性的角度来看，工作团队有许多重要特征（以下部分内容改编自厄利和吉布森，2002）。对团队来说，同质化的团队员工通常比多样化的团队员工亲和性更强（伊巴拉，1992）。一般来说，态度的相似性和人口的同质性与团体凝聚力呈正相关。人口学上相似的群体往往表现出更高的满意度、更低的缺勤率和更替率（如，杰克逊等，1991）。

这些研究结果与人们会被相似的人所吸引这一公认的原则（拜恩，1971），以及多样性群体会经历更多冲突这一命题（杰恩、诺斯克拉夫特和尼尔，1999）是一致的。实际上，研究表明，文化多样性会产生冲突，而冲突反过来又会削弱一个群体长期保持自身，并为其员工提供满意体验的能力（厄利和莫萨科夫斯基，2000；拉夫林、托马斯和伊尔谢夫，2000）。团队的多样性会产生某些结构性影响，如增加协调成本（例如，斯坦纳，1972），以及改变不同文化背景的员工相互交流的机会数量（布劳，1977）。文化特征的独特性非常重要，因为一个人的文化特征越独特，他或她的自我意识就越强。自我意识会让个体将自己的行为与感知到的群体行为标准进行比较，也可能使个人对群体行为文化规范产生的认知与群体的文化规范本身不同。

高层管理团队的多样性对其工作表现产生了一些积极影响。组织人口统计学的研究人员通常使用外部可观察特征作为内化中介心理状态的替代物（如，劳伦斯，1997）。由于高层管理团队中女性和少数族裔很少，这项研究调查了其他人口统计学特征（如教育背景和工作职能）的影响。例如，根据来自199家银行的数据，班特尔和杰克逊（1989）得出结论，在组织规模、团队

第 9 章 融合与应用：全球工作多样性

规模和运营地点等其他因素保持不变的情况下，教育背景多样性和工作职能多样性与创新措施呈正相关。汉布里克及同事研究了 32 家美国航空公司八年来的大量行动和反应样本。在工作职能背景、教育背景和在职任期方面多元化的高层管理团队表现出了相对较强的行动倾向，而且行动和反应的规模都较大。但他们的行动和反应速度较慢，且与同质化团队相比，对竞争对手举措作出反应的可能性更低。

金斯伯格（1990）建立了一个多样化的社会认知模型，该模型将高层管理者的信念系统运用在公司战略制定中，并把认知和行为的作用作为依据。他认为，**复杂性和共识性**等特征反映了高层管理团队的学习能力，并与团队员工收集和解释信息，以及相互沟通的能力相关联。这些能力反过来又会影响与多样化有关的决策。这两种能力与我们对跨国团队的讨论尤为相关，因为在他的框架中，复杂性由两个相互依存的因素决定：（1）分化，即系统结构的数量；（2）整合，即整合这些结构的规则，其性质和程度。相比之下，共识性反映的是不同的假设或信念在多大程度上能被综合成为一种共同的理解。

要了解团队的内部运作，至少有一种方法是通过员工在互动时的角色和认同来了解（厄利和莫萨科夫斯基，2000）。认同理论（史赛克，1980，1987，2000；史赛克和赛佩，1982）认为，在涉及群体员工身份的情况下，独特的行为反应模式被组织为身份认同（例如，一个人有学生、家庭员工和雇员等不同身份）。认同理论明确地将社会结构限制纳入了符号互动主义的自我概念中。在这一理论中，不同的身份认同按"突出等级"排序，其中高度突出的身份认同更有可能在特定情境中被唤起。身份认同的显著性是基于个人对其社会网络的承诺程度。史赛克（1987）将"承诺"定义为"如果一个人在社会网络中不再拥有一个给定的身份并基于这个身份扮演角色，那么他或她将以放弃关系的形式作为代价"。

该框架特别指出，影响认同显著性的个体因素是个体的社会背景（厄利和兰巴赫，2000）。规范性控制所唤起的认同，其行为模式是围绕与组织的融合利益而构建的。影响认同显著性的另一个因素是个体行动者的文化背景，这体现于他们的文化价值观上。

另一个影响身份显著性的因素是个人行为者的文化背景，表现为他们与文化相关的价值观。例如，来自高度普遍主义文化（特罗姆佩纳尔和汉普登-特纳，1998）的员工会倾向于对一种身份作出更高的承诺，即无论在什么情况下都要遵守标准程序和规则。在团队环境中，这种定位可能只在其相关的工作团队，也可能远远延伸并超出该团队，这取决于其他文化产生的影响。重要的一点是，每个团队员工都有自己的个人身份，必须与团队中的其他人相互影响。在一个团队中，如果有一个人持有强烈的普遍主义观点，而其他员工则持特殊主义的观点（根据特殊情况来使用规则，如在工作招聘中优先考虑家庭员工），那么由此产生的冲突可能会很严重。

就目的而言，我们侧重于从一个多元化团队中某个个体的角度来看待文化智力，以及研究可能对团队运作产生的影响。由于人们通常希望通过提升现有的角色身份来强化自我概念，因此他们往往会被背景相似的人所吸引（特纳，1987）。然而，这并不一定意味着新加坡团队会聚在一边，法国团队会聚在另一边。这是因为对个体来说，国籍可能不是身份认同中在等级上占主导地位的因素。因此，新加坡团队的员工可能会发现自己希望与团队中具有相似职能背景的人交流，法国团队员工可能会被具有共同教育背景的员工所吸引。这可能会让新加坡人与国籍完全不同，但职能经历相同的团队员工组成一组。角色认同是了解哪些人有可能是强化自我意识或面子的关键。

从团队多样性的角度来看，文化智力可以从团队内部或外部发挥作用。也就是说，我们可以从试图了解某个团队的局外人的角度来看待文化智力，也可以从试图了解自己团队动态的局内人的角度来看待文化智力。从局外人的角度来看，文化智力的作用与我们在个人层面多样性案例中所描述的类似，但增加了试图理解团队员工之间的互动，以及互动是如何影响他们行动的复杂性。一个高文化智力的人能够观察到各种互动，并确定每个团队员工的主要角色身

第 9 章 融合与应用：全球工作多样性

份，这些身份如何引导员工之间的互动，以及团队的工作环境是通过怎样的方式让某些身份比其他身份更突出。即使是最敏锐的观察者，要充分考虑到这一点也是一项艰巨的任务，因为可能会有无数的互动和对这些互动的解释。用于区分低文化智力和高文化智力人群的，是一套用于观察、编目和分析团队员工行为的元认知模型。这需要从个体性中透彻分析其模式。此外，工作环境会在很大程度上影响团队员工的互动（厄利和吉布森，2002），因此也必须对这些信息进行分析。

从局内人（团队员工）的角度来看，文化智力不仅能通过认知机制帮助团队员工进行理解，还能在其面对多种文化和亚文化的困难时帮助他们坚持下去。我们在书中其他地方描述过的困难，在跨文化的二元交流中都会出现，个体必须在与他人互动时解释和推断他人的意图。

这次讨论与真正的国际工作团队不同之处在于，我们指的是国内而非国际多样性。因此，团队员工的一般动作和行为很可能会根据适用于单一社会的、现有的行为认知模型来进行诠释。尽管来自不同背景和经历的人的做法和观念可能千差万别，但我们讨论的仍然是一个国家情境下的行为。这是否意味着团队员工之间的互动对于观察者而言是透明的呢？当然不是。不过，我们认为，即使是在同样的国籍且高度多样化的团队中，也存在着一种有助于人与人的互动的共同行动和规则意识。以不同社会的政治正确表达为例。在美国的商业环境中有一种强烈的政治正确规范（尊重因年龄、种族、宗教等个人特征产生的差异）。这并不意味着所有美国人都信奉平等和不带偏见地工作。但是在工作场所，表现出偏见是被认为不可接受的。在其他社会中，这种强调却并不那么重要，个人特征可能成为评判他人的重要依据。在一个员工都来自美国的团队中，存在着政治正确的普遍准则。如果违反了这一准则，就会有正式的（有时通过法律）和非正式的（有时通过排斥这个人）机制来规范行为。高文化智力者可以认识到，除了个体差异之外，行为和动作还受到共同影响。因此，在特定社会框架内工作的团队员工会注意观察团队的现有规范，并在与他人互动之前设法了解这些规范。

除了一般的文化规范，还有团队为管理自身活动而制定的规范和规则。高文化智力意味着一个人能够确定这些规范，从而遵守它们。然而，高文化智力员工并不只是被动地接受这些规则和惯例，他还会利用现有的规则来推进自己的个人议程。例如，领导力学者凯兹-德-弗里斯（1988）从精神分析的角度描述了领导的过程，并抓住了转移和依附的概念。魅力型领导者会向下属灌输一种感觉，即领导的问题就是他们团队共同的问题。领导不仅要对下属所面临的挑战作出反应，还要能在下属的内心就其认为最关键的问题营造出一种紧迫感。因此，一位有魅力的领导者会将下属的角色身份转移到自己身上，并在团队行动中营造紧迫感。这样的领导认为，对于领导者本身来说，想要取得成效，就必须在自身关注的问题与社会关注的问题之间达成一致。

魅力型领导者的本质是将个人奋斗投射到一个共同或普遍的问题上，由社会员工（下属）来集体解决问题。例如，在个体主义社会，如美国，领导者必须作为一个独立的个体与环境抗争。有效的领导者会让下属产生一种处于劣势的感觉，从而将领导者的奋斗当作自己的奋斗。在集体主义社会，如中国，领导者与下属的社会关系（以及社会礼仪）是领导者注意力的着力点。集体主义领导者必须努力维护其内部群体的社会结构，使其能够应对挑战。因此，魅力型领导者通过截然不同的机制将奋斗的目标转移给下属，尽管这两种类型的领导者都依赖于与下属的个性化关系（厄尔兹和厄利，1993）。

魅力型领导者将奋斗目标灌输给下属的最有效方式之一，是通过制造神话和象征物。凯茨-德-弗里斯（1988）认为领导者作为转移的结果，是"最初不稳定的角色认同的结晶"的理想受众。换句话说，魅力型领导者会成为群体自我和集体良知，可以处理下属的焦虑，同时也成为下属以往所偏爱的关系的化身。而家长型的领导者往往在社会中扮演着父亲的角色，在父母和子女之间建立起强有力的控制关系。从文化的角度看，魅力的特质在不同文化中体现出不同的特征或主题。因此，甘地的奋斗涉及印度文化的相关方面，但不一定是美国文化的相关方面。

同样，一个高文化智力者不会只是被动地观察和分析形势和背景。他或她会利用主流文化主题来巩固支持，从而促进自己的利益和目标。作为团队的局内人，他或她的行为有点像魅力型领导，利用现有的规范和符号来推动团队朝着期望的方向发展。

一个魅力型的领导者在其所属的工作组织中是有效的，但这并不意味着在所有工作组织中都会有效。一个工作组织中的魅力型领导不一定能俘获另一个工作组织中下属的心。（魅力型领导者的技巧是否会在不同组织和不同情况下转移，在领导力研究领域还存在争议）。就我们的研究目的而言，我们认为魅力型领导者的能力是因情况而异的。）然而，无论团队的组成和情况如何，高文化智力团队员工都能运用这些积极主动及具有指导性的技巧。这是因为他或她了解每个团队在特定情况下的重要主题，以及这些主题在不同环境下的差异。工作环境的性质是理解文化智力和多样性重要性的核心部分，因为它是行为发生的背景。

工作组织层面的多样性与变化

工作互动的背景是工作组织的文化或氛围（申因，1985）。它为解释社会互动和人的行为的意义提供了一个总体框架。对于想要了解工作组织运作多样性的人来说，这是一个至关重要的因素。

文化可以在不同的分析层面上进行定义，从群体层面到组织层面，再到国家层面。与分析层面无关，文化可以被定义为"一段时间内，一个群体，在解决其外部环境中的生存问题和内部环境中的整合问题过程中所学到的东西"（申因，1985）。根据该定义，任何一个有共同历史的群体都可以拥有一种文化，因此，在一个国家或一个组织内部，可以有许多亚文化（申因，1985；特里安迪斯，1972）。一旦一个群体学会在适应环境方面进行相同的假设，其员工就会以相似的感知、思想、情感和行为模式对外部刺激作出反应。

在同质性社会中，各种内群体的规范和价值观具有相对的同质性，从而形成了紧密的文化。而在多样性社会中，不同群体的规范和价值观各不相同，会形成松散型的文化（特里安迪斯，1989）。一种文化的强度和内部一致性程度取决于不同群体之间的同质性、群体存在的时间长短、群体在经验学习上的强度（申因，1985）以及规范和行为准则在不同情况下的通用性。松散型文化似乎比紧密型文化更能容忍偏差行为。

马丁（1992）提出并评估了另一种有用的工作组织文化观点。她提出了组织文化的三种一般形式，即整合型、差异型和碎片型。简而言之，整合型观点认为文化是共同拥有的意义。差异型观点则指出，在任何特定的组织中，都存在一些子群体，它们之间的共同意义可能存在差异。碎片型观点认为，文化是一个由意义组成的差异网络，这些意义相互关联、互为因果，但定义不清，前后不一致。整合视角是一种具有主要影响的视角，而差异视角则反映了企业内部不同子群体之间的差异。碎片观点是马丁认为最准确的工作组织观点，即最好看作是某种形式的个体差异或个体变异。根据马丁的分析，应该要清楚，文化并不只是一个特定社会中所有思想的单一建构。

高菲和琼斯（1998）提出的另一个框架对于理解工作组织的文化和环境的性质非常有用。在模型中，高菲和琼斯针对现代工作组织的一系列变化提出了自己的框架。随着组织在纵向和横向轮廓的变化，组织分析的语言也随之发生了变化。他们发现，维系工作组织的不是报告关系、职能或部门，而是更加流动，不断变化的协作，以及相互依存的关系（高菲和斯卡赛，1995）。

高菲和琼斯提出了一个框架，用于理解构成独特工作组织文化特征的各种社会架构。他们的研究重点是内部共享的价值观、态度和行为方式，以及这些价值观、态度和行为是如何通过各种组织关系形成的。他们的模型是在杜克海姆的交际性概念和团结性的概念上建立的（1933）。交际性主要是指人与人之间的情感关系和非工具性关系，这些人可能将彼此视为朋友或同伴。朋友之间有共同的想法、态度、兴趣和价值观，并倾向于在平等的条件下交往。根据这样的定义，友谊群体经常构成社会分析中地位群体和社会阶层的主要单位（高菲和琼斯，1998）。它代表了一种因其自身价值而受到重视的社会互动类型，经常通过持续的面对面关系来维系，其典型特征是高度的非明确互惠关系，即没有事先安排的"交易"。与此相反，团结性描述的是不同个体和群体之间以任务为中心的合作（杜克海姆，1933）。它既不依赖于亲密的友谊，也不依赖于熟人关系，更不一定由持续的社会关系来维系。

高菲和琼斯在讨论这两种普遍的社会力时提出的一点是，它们经常被混为一谈，且存在一种未必存在的、隐含的、相互依存的关系。例如，人们通常认为，工作组织的员工对其目标的并行追求意味着他们是在合作，并进行着社会性运作。也就是说，不约而同地追求共同目标，意味着有一种社会纽带，将同一组织的人团结在一起。然而，事实并不一定如此，因为即使工作组织的员工之间没有社会纽带，他们也可能不懈追求共同目标。同样，高社交性文化中的员工在工作场所之外的社会交往也并不意味着他们表现出了高度的团结。

这种在工作组织外的接触可能只是反映了工作以外的友谊。在追求共同目标的过程中进行合作，并不要人与人之间彼此喜欢。同样，对于那些强烈关注目标的员工来说，建立牢固而亲密的友谊似乎不太可能，因为工作可能会干扰社交关系。

交际性和团结性被认为是独立变化的，高菲和琼斯运用这个概念创建了一种 2×2 的工作组织文化类型，使用二分法将工作组织文化的两个维度划分为高或低（高菲和琼斯，1998）。这一分类过程产生了四种截然不同的工作组织文化，包括：碎片型（低交际性，低团结性）；唯利型（低交际性，高团结性）；网络型（高交际性，低团结性）；公共型（高交际性，高团结性）。

碎片型的工作组织缺乏交际性和团结性。这样的工作组织似乎不可能生存下去，因为它似乎既不注重目标，在其工作也不愉快。不过，我们也有理由相信，碎片型的组织可能可以维持下去。例如，一些严重依赖外包的工作组织，以及一些主要依靠无需相互依赖的个人贡献的工作组织。碎片型工作组织从赋予员工的自主权和自由中获益。例如，专业公司的合伙人拥有相当大的自主权，可以在没有外部干预的情况下制定自己的工作计划，发展自己的专业才能。同样，创业型公司的成功也很大程度上取决于一两个在某种程度上独立行事的人。创业型环境可为个人创造力的蓬勃发展提供动态条件。适合碎片型工作文化的人似乎具有以下特征：性格内向；善于通过自我反思来学习；以自主性和独立为动力；善于分析而非直觉；能够管理自己的发展；能够将观点评价与人际关系分开。

碎片型的工作文化，其难点在于，即便公司的生存需要员工的共同协调努力，但因为太过于专注个体主义，可能会导致其员工只顾追求自己的目标。员工的个人自由被滥用，过度自私和享乐主义行为会导致冲突和内讧。对工作组织的认同感会被降低到几乎被遗忘的程度，即使简单的合作尝试也会被组织员工的破坏性行为削弱。如果在协调上缺乏努力，那么碎片型工作组织就不太可能长期保持稳定或蓬勃发展。更有可能的是，这种类型的工作组织会因其特有的不团结因素而消亡。

在唯利型工作组织中，竞争意识的增强和对成功的强烈渴望是一个核心特征。主导价值观的重点是通过个人成就实现竞争性的个体主义。这并不意味着要牺牲组织利益来追求个人荣誉。恰恰相反，在唯利型文化中，个人目标与组织需求是一致的。个体之间可以广泛合作，为自己和工作组织创造利益。只要团队员工对工作目标保持一致的看法，团队合作就能取得巨大成功。平常的活动很少具有高度合作的特点，因为个体在追求其各自的目标时会非常专注，并具有方向性。如果其他工作组织员工为追求目标提供了便利，那么合作关系就有可能发展起来。但是，如果有人干扰了目标的实现，那么这个人就会被人鄙视，并被晾到一边。唯利型文化的工作组织通常得益于对目标的清晰认识，以及为实现目标而迅速调动资源的能力。

唯利型文化的特点是精英领导，且对业绩不佳者容忍度低，愿意公开解决冲突，并力求大幅提高标准。他们具有以下特点：目标导向；专注于完成任务；动机明确，结构清晰，而不是模棱两可；工作关系中的工具性；竞争性和成功动机；具有对抗性。

对于在竞争激烈的市场经济中运营的商业组织来说，唯利型文化的好处显而易见。目标明确的工作组织总是比同类组织更胜一筹（莫萨科夫斯基，1998a，1998b）。然而，高度团结并不总是有益的，因为唯利环境的特点是相互不信任、竞争性强、帮助行为少（除非有助于实现自己的目标）等。在工作场所模棱两可，以及环境不确定的情况下，过分强调目标也可能会产生问题（莫萨科夫斯基，1998a）。随着新的工作条件出现，管理指令的一致性可能存在问题，对目标太过短视也可能被证明是有问题的（斯托和博伊特格，1990）。低水平的交际性表明情感参与有限，因此心理契约相对脆弱。即使是个人利益与组织利益的短暂位移，也足以导致员工的不满和流失。

网络型工作组织表现出较高的交际性和相对低的团结性，其特点通常是忠诚度高、家庭化氛围浓厚、俱乐部式的行为方式，并且非常重视强化组织内部社区意识的社交活动和习惯。这些习惯和社交活动有助于维持较强的亲密感、忠诚感和友谊感，而且往往会延伸到组织的边界之外，员工会在工作之外参与各种社交活动和网络。这些牢固的关系和友谊不会转化为富有成效的工作环境。尽管人们可能会认为，强大的社交网络意味着在高度网络化的工作组织中，各业务部门之间实现广泛的信息共享，但事实并非如此。在这种类型的组织中，个人属于非常具体和明确的网络，这些网络被视为"小圈子"和"小团体"，具有排他性，不具有包容性。因此，在特定的"小圈子"内部，信息共享非常广泛，但在不同的"小圈子"之间，信息共享不尽相同。这就意味着，在进行一些组织活动，如分享最佳的做法时，就会出现问题。认为高度的交际性意味着个人会合作竞争是错误的。友谊关系可能会限制公开表达差异，但公开表达差异对于发展和保持共同的目标是必要的。几位作者在中国文化背景下对这些强大但排外的网络进行了社会层面的评论，重点关注所谓的"关系（guanxi）"。（邦德，1997；邦德和黄，1986；法尔等，1998）。"关系"反映的是中国文化中一系列基于互惠和相互依存规范的社会网络和结构。然而，即使合作对各方都有利，关系网也可能阻碍跨网络的合作与协调（厄利，1997）。网络型组织中的个人有以下几个特点：性格外向，以建立人际关系为动机；具有良好的社交技巧和移情能力；能容忍模糊性；友好、讨人喜欢，对朋友忠诚；有耐心；愿意建立长期关系。

高菲和琼斯认为，网络型工作组织往往会受到过度政治化的影响。在某种程度上，这可能是无法避免的，因为交际性往往是通过面对面的关系来维持的，而任何一个人所认识的人的数量都是有限的。非正式的信息交流很容易产生具有破坏性的流言蜚语，网络型工作组织的员工往往会参与政治博弈、印象管理等活动中。

高菲和琼斯的框架中，涉及最后一种工作组织文化形式是公共型文化。虽然企业在缺乏社交性或团结性的情况下也能生存和发展，但直观上，如果同时具备这两个因素的高水平工作组织应该是最理想的。高度团结性意味着工作组织内的员工以目标和业绩为中心，具有强烈的共同福利意识。高交际性意味着工作组织的员工在人际交往中相互吸引、分享信息、相互帮助、相互支持等。因此，两个因素的结合似乎是理想的。然而，我们有充分的理由认为，公共型虽然理想，但本质上并不稳定。可以想象，一个工作组织正处于公共性氛围中，个人富有生产力，工作组织本身实现了目标，员工们都喜欢在公司工作。随着时间的推移，会发生什么呢？随着友谊关系和网络的巩固，似乎有可能转向一种网络化的环境，在这种环境中，组织员工相互保护和掩护。这种趋势强化了"内群体"对"外群体"的心理，表现不佳的员工也会受到其特定"内群体"的保护。然而，当更具生产力的外群体员工看到保护特定个人时搞特殊主义，他们就可能会试图通过制裁弱势员工来"伸张正义"。这样做的结果是，内群体与外群体之间的两极分化更加严重，因为来自外群体的威胁对内群体的影响会强化其自我意识。这意味着，内群体会进一步寻求支持，以及保护较为弱小的员工，并可能会向外群体发起攻击。很快，这种"保护—制裁—

"保护—反击"的正反馈循环就会将现有环境恶化为高交际性、政治内讧等,并降低生产力。

即使是在一个内群体中,我们也会看到随着时间的推移,其公共性环境受到破坏。在这种情况下,如果你来找我,声称作为群体员工的我没有履行自己的义务,我可能会觉得被冒犯了。对此,我不是试图通过更努力或更有效地工作,而是利用政治关系或推托之词来回击你。如此循环往复,就会在我们的内部群体中形成一种非常对立的氛围,最终导致群体解体。

公共型工作组织有很大的吸引力。在某种程度上,具有公共型文化的工作组织与某些宗教组织有些类似。其员工往往对自己的组织充满热情,因此能够长期花费大量精力来支持组织。公共型文化往往能维持复杂的团队。例如,表面上看员工团队或因地域、国籍和职能等原因而分裂,但却因共同的目标以及所信奉的价值观,以及嵌入式实践之间的紧密联系而团结在一起。适合公共型文化的人具有以下特征:理想主义和执着;愿意为更大的利益作出牺牲;有团队精神;能够完全认同并致力于自己的组织;将组织置于其他一切之上。

高菲和琼斯框架对于理解工作组织的多样性与文化智力是如何相互作用的非常有用。个体要想充分适应组织文化,就必须了解组织文化的背景。正如我们在讨论社会文化时所讨论的那样,组织内的本土化氛围或组织文化也会给个人带来很大的负担,因为他或她要试图在新的组织中有效且成功地工作。举个例子,如果一个人的前雇主非常重视工作表现和工作成就,但却不太重视友善和社交,也就是说,之前是一个唯利型的工作环境。那么当这个人要加入一个高度网络型的工作组织,会发生什么情况呢?在承担了新的工作职责后,他或她很快就会沉浸在工作组织的目标和方向中,强烈渴望快速地"出人头地"。这类人通常被称为"破坏定率者"(rate-buster),他们的高绩效往往会遭到同事的强烈抵制。因此高文化智力者进入新的工作文化中后,会专注于确定工作组织的主流做法,以及自己原本所处的环境相关的做法。在网络型组织文化中,他或她会重新认识到,他或她得花费很多精力去社交并结识新同事。此外，他或她仅有工作效率是不够的，因为网络型工作组织的员工会避开他或她，除非认为他或她是和自己是"一伙的"。

对于低文化智力者来说，工作组织的文化很可能在很大程度上被误解。如果缺乏元认知框架来理解工作文化的差异，低文化智力者可能会认为，网络型工作组织中的小团体（可能很少关注新人）所反映的与他或她以前的工作环境一样，在其中，人们避免社交，专注于工作。他或她无法分辨出参与人际交往的程度低，究竟反映的是对工作的重视还是对群体内部的重视。高菲和琼斯框架很有用，因为它提供了一种元认知框架。他们的工作是通过开发元文化框架来帮助理解工作组织的动态性，这本身就反映了他们自身具有非常高的的文化智力。

另一种看待工作组织多样性和文化智力的视角是通过描述工作组织的结构。高文化智力者不仅要能确定工作组织的文化环境，还要了解其基本结构、规则和实践路径。通过制度分析，我们可以清楚地看到，个体在对组织文化进行理解时，文化智力是如何发挥作用的。也就是说，要了解一个组织的制度化实践和结构，就要理解文化智力在工作组织中的动态变化。

将制度理论（Institutional Theory）应用于工作组织中，最简单的形式是通过分析行为所依据的持续性规则和程序来研究组织的运作。工作组织依赖于普遍环境，环境是合理推力和非合理推力的产物，"与其说它是个持续性的合理性因素（例如一个紧密结合的国家或一只高度协调的无形之手），不如说是一套不断演变的合理化模式、模型或文化图式。……这些模式、模型或文化图式可以通过专业和科学地分析，或模范组织树立的典范，融入公共政体、法律或现代化社会中（斯科特和梅耶，1994）。斯科特和梅耶（1994）对由几个要素组成的原型制度模式进行了十分有益的概述。首先，合理化环境的起源反映的是对组织性质的影响。其次，起源导致了合理化环境的特定维度，从而使描述或规定特定工作组织做法的规则或意识形态在组织内部，以及组织与组织之间产生一致变化。再次，这些一般性规则和意识形态产生了塑造组织运作的具体机制。即工作组织发展并延续政策和规则、思想和信仰、神话和习惯，使其具有组织性身份认同。最后，特定组织的具体性质及其特殊身份和活动模式是制度力量的产物。

制度主义有许多特点。例如，它强调了规范和价值观塑造了个体在工作组织中的行为和动作。组织行为者会受到组织认可的基本价值观的影响，并通过社会化将价值观灌输给员工。鲍威尔和迪马乔（1991）的观点认为，组织利益和目标会通过政治影响和与个人自身利益相关的冲突而改变。工作组织在强大的"小圈子"和结盟的基础上形成了非正式结构。这些结构削弱了组织的有效运作。在制度主义研究的最新发展中（鲍威尔和史密斯－多尔，1994），这些新出现的非正式结构是正式结构的核心。组织性影响通过同构过程将某些部门和运作程序扩散到整个组织中。[同构发生的机制包括强制（基于文化和外部影响的一致性）、模仿（作为环境不确定性函数的一致性）和规范（基于专业精神的一致性）]。

制度主义强调非本地环境，如与行业、专业或国家社会相关联的组织领域，它们对组织内部的现有做法产生影响。环境对工作组织产生的影响是微妙的，它们通过塑造行为者的认知和世界观来渗透到工作组织中。尽管有这种"嵌入性"的论点，一些制度主义者还是淡化了个体行为者在塑造组织环境中的中心地位。

从文化智力和社会互动的角度来看，制度理论最重要的区别和演变之一可以追溯到组织环境中的行为方式。个人行为在很大程度上反映的是其作为组织员工，在工作承诺中被灌输的规范和价值观。人们的行为反映了其工作组织中占主导地位的规范和价值观。在特定集体中，价值观的整合是基于特定社会认可的主流文化模式而出现的角色组。文化由三个元素组成，这些元素是满足和吸引的基础，行为则是追求满足的理性过程。

加芬克尔（1967）认为，社会角色和人的行为是在日常的平凡经历中所遇到的复杂符号化过程的产物。人们通过日常经验，运用隐性对话模式和互动来理解他们所处的社会世界。人们以开放的态度参与对话，并愿意忽视他人对自己造成的威胁。社会互动的规则和规范是起作用的，只要避免明显的违规行为，或出现违规行为时能以道歉的方式处理，人们就会有动力去支持和认可这些行为预期。加芬克尔（1967）认为，大多数规范社会行为的规则都是隐性的、微妙的，因此只有在社会交往过程违反规则时，人们才会意识到这些规则的存在。加芬克尔的研究有一个非常重要的观点，即规范并不是行为的直接和普遍影响因素。相反，规范指导着人们的认知系统，是人们在交往中使用的程序规则，而且往往是无意识的。

从上述描述中可以看出，制度理论将社会互动和行为描述为制度规范和规则在各种影响下演变的产物。各种类型的力量为组织的需求和行动模式创造了动力，这些需求和行动模式可能反映了经济学意义上的真正效率，也可能没有。此外，这些模式（规则）还影响着组织员工相互之间的行为。它反映了一套机制，通过这套机制，人们的行动得到引导和塑造。更重要的是，制度理论可以用来描述文化背景和社会交换的做法对人际关系调节的影响。

制度效应对文化智力的影响可以从两个一般角度来分析，即发生在特定工作组织环境中的影响和来自工作组织外部的影响。由制度力量产生的社会互动规则、行为预期和人际关系最好以源自制度力量的惯例、习惯等表现出来（鲍威尔和迪马乔，1991）。尽管制度学家对研究组织中个体行为重要性的兴趣明显增加（鲍威尔和迪马乔，1991），但大多数注意力都集中在否定个人行为产生的附加作用上，并倾向于研究集体行为（梅耶和罗温，1977）。而组织内对特定做法的合法化与对组织内个体行为者的看法息息相关。

个体行为者对组织性质的重要性既是原因也是结果（斯科特，1994）。就文化智力而言，最直接的是行为者作为结果。斯科特认为，制度对组织员工的影响是通过一系列机制产生的，包括社会化、身份的形成和处罚。社会化是组织员工学习组织化"做事"和"规则"的最直接方式。此外，处罚也会影响员工的行为，也可以帮助我们了解一段时间内员工所采取的行动。斯科特在描述个体行为者与新兴制度的相互影响时认为，通过解释和创新，制度的实践得以形成。制度反过来又通过社会化、身份形成和处罚等方式对员工产生影响。斯科特观点的一个重要方面是，制定制度的背景是形成与重塑。正是通过日常行为和活动，行为所处的环境才得以改变。通过这种方式，个体行为产生了集体实践和习惯。

然而，我们并不认为员工的行为选择是完全理性的，在制度背景下表现出的许多具体行为都是照本宣科，有模式可以遵循，他们反映的是现有的习惯和规范。尽管制度视角认为，工作组织中发生的许多事情最好视为一系列模糊而无意识的象征性习惯和规则，但工作组织的结构和文化也有清晰并可预测的模式。

显然，我们的讨论至少提出了一种元认知模式，涉及工作组织对其员工的各种影响。从本质上讲，斯科特制度理论的变化代表了一种关于工作组织及其员工是如何互动并创造意义的模式。从这个角度来看，文化智力指的是个体判断工作组织如何运作，以及工作组织对不同员工产生影响的能力。从某种意义上说，各个层面互为基础，个体层面影响团队层面，团队层面影响组织层面。因此，在讨论三个层面时，最合适的方式是将它们视为相互影响的关系，正如高菲、琼斯或斯科特提出的框架所描述的那样。

连接文化智力与不同层次的多样性

我们可以认为，文化智力是在多元化背景下运行的，至少有三个层面——个体、团队和工作组织。为了将这三者结合起来，我们把高菲和琼斯的文化框架与斯科特的结构模型结合起来。从本质上讲，高菲和琼斯框架为斯科特的流程和结构框架提供了具体内容。想象一下新员工进入工作组织的情景。他或她会带来各种经验和先入为主的观念，新的工作组织通过社会化重塑这些经验和观念。此外，他或她或许还会在一定程度上对工作组织产生影响，尽管这种影响可能不大。他或她会发现自己是一个工作单位的一部分，也许还是单位中的一个团队。从个人角度看，这位新员工会有强烈的动力保持并向他人展示自己的"面子"或自我形象。显然，给他人留下好印象是新员工早期互动的一个核心特征。要想建立和保持面子，就必须了解在新公司中的位置和地位。这就要求新员工能够观察他人，并掌握地位的相关特征。此外，这还要求员工在还未被工作组织发现其特点并看重的情况，用某种方法来巩固自己的才能，使其成为组织的核心。例如，如果一个人非常善于处理人际关系问题，但进入了一个强调数字和分析的工作组织中，他或她可能就需要积极主动地工作，将人们的注意力重新集中到有关人际方面的贡献上，这样他或她才能成为该工作组织中地位较高的员工。从这个意义上说，我们看到了斯科特在其组织模型中所描述的个体行为者的升降式影响。

在这个例子中，低文化智力者和高文化智力者的主要区别在于主动参与和有效影响的程度。低文化智力者可能缺乏尝试改编的动机（或在最初被推开时的坚持不懈），也缺乏为组织创建新的心理模型的认知能力。相反，他或她可能会用已有的组织模式，结果可能是非常糟糕的。此外，他或她可能作出理想的行为，来适应和融入现有的组织文化。最重要的是，低文化智力者无法分辨工作组织内其他人的动机以及这种动机的来源。同事之所以这么做，是因为其个人背景？还是团队规范和目标？抑或工作组织的文化？

高文化智力者能够区分不同层次和不同类型的多样性（个体、团队、工作组织），并能够创建新的元概念模型来处理组织问题。例如，在一个新的工作组织中，团队可能是公司中非常强大的子群体，也是身份认同的主要来源（很像高菲和琼斯网络型工作组织的例子）。在这些团队中，人们可能地位相当，在行动上有很大的灵活性，也可能等级森严。高文化智力者能够通过调整现有的认知框架，或创建一个合适新环境的新认知框架来解决这些问题。此外，动机在高文化智力中起着非常重要的作用，因为随着新经验的积累，所建立和应用的认知模式很可能需要进一步完善。进入一个新的环境，知道自己必须努力去理解这个环境是一回事，而下定决心放弃一个经过很多努力才形成，但对理解环境没有帮助的框架则是另一回事。

小结

首先，在个体层面上，多样性反映的是人们独特的方面，包括背景、遗传特征、后天习得的技巧和知识，以及独特的经历。文化智力在帮助人们相互理解，将个体差异与普遍行为模式区分开等方面发挥着重要作用。此外，有几种动机可以指导塑造个体的自我概念，以此来理解高文化智力者要以怎样的心理表征，才能准确地观察和解释他人的行为。

其次，从团队角度考虑多样性时，在与团队中其他人互动时的角色认同对于理解其行为至关重要。个体的文化智力与推断另一个人特质的等级，并采取相应行动的能力有关。虽然跨国家和跨社会互动的元认知水平不需要那么高，但对于国家内部的多样性，可能需要额外的元认知处理，以应对不同个体之间不完全共享的意义。此外，团队互动的复杂性使得一个人很难完全理解所观察到的群体动态。

最后，正如高菲和琼斯，以及斯科特的模型所示，多样性是组织文化和组织结构的一种功能。高文化智力者具有更强的能力，能在各种组织文化（灵活和适应性）中运作，并了解组织文化如何影响其成员的观点和互动。

从我们的讨论中可以清楚看到，高文化智力者所具备的能力无论是国际或国内环境设定中，都是有用的。就国内多样性而言，大部分认知活动和理解发生在近距离区，而不是元层面。同样，行为要素可能会以一种更加习惯性的方式出现，因为一个人大部分的行为和口头表达方式都会与其他社会成员保持一致，即使他们来自不同的背景。动机和坚持不懈的意愿可能与国际化背景下的情况相同。不过，也可以说，一个跨越国界的人，如果缺乏坚持不懈的动机，就可能会比在国内背景和多元化背景下面临更多的排斥。造成这种差异的原因是，假定一个人在自己的文化背景下，可以把事情搞清楚，或找到一些共同点，所以他或她的效率可能很高。但跨越国界可能会大大降低这种期望，因此，当一个人面对自己的错误时，他的坚持不懈就会减弱。

最重要的是，文化智力反映了一种超越情感智力或社会智力的结构，因为它不受共同的社会环境约束。即使在一种文化中，不同群体或组织之间存在的亚文化也意味着现有的线索可能并非完全有意义。正是出于这个原因，我们认为文化智力是社会智力和情感智力的上位结构。它是一种元认知水平，而现有社会智力和情感智力研究并没有充分认识到这一点。

第 10 章
文化智力的培训与提升

陈裕成和蔡泳瑜[①]

与其他形式的智力一样,如果不适当考虑先天与后天的培养问题,那么有关文化智力的讨论就不能说完整。虽然我们并不打算对此有争议的话题进行详细研究,但有必要站在一种立场。自 20 世纪初以来,关于个体的生理机能或环境的相对重要性一直是极具争议的问题。早期的智力理论家,如教育学教授,后成为斯坦福大学心理系主任的路易斯·特曼(1877—1956)和亨利·赫伯特·戈达德(1866—1957),都认为智力是遗传的。当代一些著名学者,如克里斯托弗·布兰德(1996)、理查德·赫恩斯坦和查尔斯·穆雷(1994)也持有同样的观点,他们认为基因在决定一个人的认知能力水平方面起着重要作用。他们的观点在将智力与种族联系在一起的著作中体现,并引起了很大争议。普林斯顿大学、麻省理工学院和华盛顿大学的科学家们最近的研究也支持了基因与智力之间存在密切联系,认为通过基因提高人的智力和记忆力等心理属性和认知属性是可行的(《时代》,1999)。不过,时至今日仍没有令人信服或确凿的证据表明基因是决定人类智力的关键因素。

但是人们普遍认为,环境因素,如幼儿时期的经历、教育和父母的养育,

[①] 陈裕成和蔡泳瑜是新加坡南洋理工大学南洋商学院管理学助理教授。

在塑造人的性格、社交技巧，甚至认知能力方面起着重要作用。今天，许多科学家和研究人员都更倾向于一种更为平衡的观点，即智力是由环境因素和遗传因素相互作用决定的。这也是我们对文化智力的立场。

通过对认知、动机和行为这三个关键层面的研究，我们认为，虽然基因在决定一个人的智力水平方面可能会起到一定作用，也会影响其文化智力水平，但环境干预的空间还很大。与文化智力有关的认知的几个关键特征是元认知、陈述性和程序性知识、推理（包括归纳和类比），以及社会感知。显而易见，陈述性知识和程序性知识是可以学习的。例如，派驻日本的外派人员可以参加有关东道国文化的课程或阅读相关书籍。通过这样的学习，他或她可以掌握陈述性知识，如习惯手势的含义（如鞠躬）和程序性知识（如如何在日本企业中主持会议）。同样，推理和社会感知技巧也可以通过适当的培训计划来习得。布莱克和曼登霍尔（1990）对跨文化培训的综述表明，培训可以有效地促进跨文化互动。跨文化培训对个体的技巧提升、跨文化适应和工作表现都有积极影响。随后，他们认为社会学习理论（Social Learning Theory 班杜拉，1977）可以作为理解跨文化学习和培训的框架。布莱克和曼登霍尔（1990）认为，"社会学习理论不仅整合了认知和行为两方面……还包含了自我效能概念中的动机方面，并涵盖了个体在培训过程中如何学习和利用所学知识的问题"。

在社会学习理论的框架内，跨文化培训基本上可以通过三个关键维度来实现。首先，"自我"维度侧重于增强受训者的自信心，以及在跨文化环境中有效行动的能力。这与我们的论点是一致的，即自我效能感是文化智力动机层面的一个重要因素。其次，"关系"维度涉及受训者关系技巧的提高。这种技巧非常重要，因为当受训者真正面对异国文化时，他们必须回忆起所学的信息和行为方式，以便与异国文化的成员进行互动。之后会产生内部和外部反馈，反馈反过来又能帮助受训者提高跨文化技巧。这表明角色扮演、模拟和体验式学习在文化智力培训中的重要性。最后，跨文化培训的"感知"维度旨在为受训者提供有关其他文化成员的世界观和认知倾向的信息。这有助于受训者将来自异国文化的个体行为和其认知图式恰当地联系起来，从而对其他文化背景的人的动作、行为的模糊性具有更大的容忍度，或保留其判断。

除了跨文化培训的三个方面，布莱克和曼登霍尔还认为，社会学习理论也可以运用在跨文化调节适应上。在他们看来，当一个人需要在异国文化中生活相当长的一段时间时，调适是最重要的，而跨文化的调节适应涉及在特定情况下，需要采用或抑制某种行为的知识。其重点在于了解自己知道什么，以及何时和如何运用这些知识。这与我们之前的论点不谋而合，即元认知在文化智力中发挥着重要作用。

跨文化培训方式、培训项目与培训方法回顾

跨文化培训的二元法

哲学家约翰·杜威（1935）曾写道，"充分知情而富有智慧的行为"是"所有教育发展的目标"。在杜威看来，当时大多数教育理论的缺陷在于将身与心二元分离。杜威在教育哲学方面的开创性著作，尤其是他对活动作为重要教育原则的强调，对组织培训项目产生了重要影响。但是，当今的许多跨文化培训仍然维持着杜威在20世纪初试图弥合的思想与行动之间的分离。一些跨文化培训的培训师和顾问甚至认为，跨文化培训应该从认知转向行为（福斯特，2000）。这与本书提出的概念框架相一致，本章培训框架的哲学依据也具有与杜威的教育哲学类似的整合动机和倾向，即想将认知、动机和行为三者整合到文化智力的培训和发展中。

考虑一下当今许多工作组织开展的跨文化培训的两个极端：(1)"海绵"培训法，侧重于"思维"——一种课堂或自学方法，行政人员和管理人员通过参加有关新文化的讲座、简报和信息会议，吸收或习得文化知识和文化因素；(2)"实操"培训法，侧重于"行动"——无论是体验法或模拟法，还是在职培训（OJT），行政人员和管理人员都要通过角色扮演、模拟或"映射"来自

新文化的代表（即跟随代表的行为），学习如何在新文化中作出恰当的行为。通过"海绵"培训法所获得的技能可能较为狭隘，并难以持久。"海绵"培训法并不一定能培养出可以主动采取与文化相适应的方式，作出与文化相适应的行为的具有文化智力的员工（杜威强调的"富有智慧"的行为）。而"实操"培训方法所带来的技巧也并不一定能培养出能够理解并清楚地解释文化行为背后的理由和动机的，具有文化智力的员工（杜威强调的"充分知情"的行为）。

在文化智力培训框架的核心中，我们认为，定义文化智力个体的所有三个要素都是可以培训和提升的：(1) 理解和把握文化线索，开发新的文化图式的能力（认知要素）；(2) 适应新文化环境的动力和动机（动机要素）；(3) 实施与文化相适应的行为的能力（行为要素）。根据对培训的传统理解，我们还假定工作机构的管理层具有高度意向性，即他们希望行政人员和管理人员在接受跨文化培训后能够知道什么和做什么。

在跨文化培训中，意向性是一种强大而必要的推力，不仅对个人，对工作组织也是如此。全球化经济背景下的职业目标和个人目标可以通过跨文化培训顺利实现。全球化经济中的跨文化培训还意味着工作组织需要在人员选拔、工作评估、培训和动机方面制定新的、更高的标准（巴加特和普里恩，1996）。因此，跨文化培训不仅迅速成为国际商业和管理领域的一个重要组成部分，也成为一个战略组成部分。人们越来越关注对来自不同文化背景的人员进行有效的评估和选拔。越来越多的人需要在国际环境中工作，无论是作为短期任务的派遣人员、个体或团队，还是作为定期出差人员，抑或作为需要在非自身文化的国家或企业文化工作的员工。这是经济、政治和社会领域日益国际化的结果，它致使更多的跨文化接触。承担国际责任和经常国际旅行的人数逐年增加（阿德勒，1995；戈德斯坦和史密斯，1999；扎卡利亚，1999）。

商业全球化、寻找最优秀的国际人才以及国际经理人所代表的巨大投资决策成本，意味着许多国际公司正在寻找最大化成功机会的方法。外派的成本极其高昂：既有重新安置和培训选出管理员工的实际成本，也有协调一系列因素以确保成功的隐性成本。一些研究报告称,发达国家的外派失败率高达25%至40%,发展中国家则高达70%(巴克利和布鲁克,1992)。虽然哈尔岑(1995)和福斯特(1997)最近的研究试图"打破外派人员失败率高的顽固局面",但失败率确实存在,而且公司都希望降低失败率。因此,越来越多的公司开始实施更好的选拔和培训计划。许多学者提出,跨文化培训是促进旅居者和外派人员进行更有效互动和文化调适的一种手段。

许多研究人员把注意力集中在研究跨文化培训的效果和跨文化培训的成果上(例如,戈德斯坦,1994;哈里森,1992;基利和普洛特罗,1996;特里安迪斯,1977;扎卡利亚,1999)。长期以来,跨文化培训一直被认为是促进有效的跨文化互动和跨文化调节适应的一种手段(博赫纳,1982;哈里斯和莫兰,1979年;兰迪斯和布里斯林,1983;曼登霍尔和奥杜,1985;董,1981b)。布莱克和曼登霍尔(1990)的文献综述发现,有强有力的证据表明,跨文化培训与调节适应之间存在着积极的关系。在最近的一项研究中,戈德斯坦和史密斯(1999)发现,参加过体验式跨文化培训的学生旅居者比未参加过培训的同类学生表现出更强的跨文化调节与适应能力。

利用跨文化培训来提高外派工作或国际谈判等领域的效率,其优点已得到充分肯定(例如,布莱克和曼登霍尔,1990;董,1987)。跨文化培训是外派人员取得成功的关键(阿沙马拉和克罗奇托,1997;赫根和古德森,1990)。跨文化培训使个体能够预测到必要的情绪调适,提高文化敏感性,并获得与来自不同文化背景的人进行有效互动所需的知识和技能(阿尔伯特,1994;博赫纳,1982)。在跨文化培训领域,培训师试图将跨文化培训编入具体的活动和手册中,以确保培训的有效性。

跨文化培训活动和手册最早是由美国政府委托开展的。如今,美国政府仍然是此类知识的主要购买者。从历史上看,如果追溯跨文化培训的发展历程,我们会发现对跨文化知识的需求始于20世纪60年代,第一批和平队志愿者(PCV)被派往国外之后(巴恩斯,1985)。和平队志愿者的外派失败使人们对其工作对象的隐含假设、既定价值观、思维习惯和行为模式的信息和技能产生了需求。这与20世纪50年代对跨文化问题的初步研究不谋而合，戈登·奥尔波特的《偏见的本质》（1954）和爱德华·T.霍尔的《无声的语言》（1959）这两部经典著作都描述了人在非语言行为方面的差异。

跨文化能力

文化能力通常可定义为个体和制度承认的、肯定和重视个人、家庭和社区的价值，并保障和维护每个人的尊严的方式，以及对各种文化、语言、阶级、种族、民族背景、宗教和其他多样性因素作出有效反应的过程。因此，文化能力可以被看作是制度、工作机构或专业人员的一整套一致的行为、态度和政策。这些行为、态度和政策能够使制度、机构或专业人员在跨文化环境中有效地工作。

操作性定义则是，文化能力就是将有关个体和群体的知识整合并转化为具体的标准、政策、实践和态度，并在恰当的文化背景下使用，以提高服务质量，从而产生更好的结果（戴维斯和唐纳德，1997）。运行跨文化能力意味着学习新的行为模式，并在恰当的环境中有效地加以应用。这种复杂的文化能力并不是自然形成的，而是需要高度的专业精神和知识。文化能力也不是一成不变的，它需要经常重新学习和重新认识文化多样性。

具备文化能力的个体，其特质包括：体现真诚、移情能力和热情的品质；灵活应对各种可能解决方案的能力；对人与人之间差异的接受程度和开放态度；愿意学习与不同文化背景的人共事；阐明并澄清刻板印象和偏见，以及明白这些印象和偏见是如何适应不同文化群体的需求或与之相冲突。

全球化企业、外交使团、教育机构、军事部门、民间交流团体、传教团体、非政府组织（NGO）以及许多其他具有国际活动性质的组织（如联合国、世界贸易组织、欧盟、亚太经合组织等）都日益将文化能力、跨文化能力和跨文化能力视为不可或缺的能力。研究人员、培训师和专门从事跨文化培训的咨询机构已经确定了一份跨文化能力清单：

- 交际技能（毕默，1992；古迪昆，1993；汉弥尔顿，1993；金，2001；丁允珠，1999；怀斯曼和科斯特，1993）
- 对模糊的容忍度（汉尼根，1990；佩德森，1988；泰勒，1994）
- 移情（汉尼根，1990）
- 思想开放（邱奇，1982）
- 灵活性（普塔克、库珀和布利斯林，1995）
- 双重关注的能力：同时关注任务和关系（董，1987）
- 积极的学习态度（泰勒，1994）
- 对不同风格和文化的宽容度（克里斯托弗，1988）
- 文化知识（哈里斯和莫兰，1979；斯特宁和汉默，1992）
- 在多元环境中获得成功的能力（董，1981，1987）

根据这份跨文化能力清单，我们可以得出两个重要结论：第一，这份清单涵盖了知识（如文化知识）、技能（如交际技能）、能力（如在多元环境中获得成功的能力）以及性格特征（如移情能力和思想开放性）。第二，人们普遍认为"这些东西越多越好"，但一些培训师认为，在跨文化运作中，最有价值的技能是平衡和协调各种特质，而不是拥有非常多这些特质。例如，在国际化运作中，拥有灵活性固然是好，但如果一个人所做的就是灵活变通，那么他的底线在哪里？例如不同文化中的道德标准是不一样的。因此，更有用的文化智力培训应该培养出这样的人才：他们能够理解在某种文化中，什么时候应该灵活变通，什么时候不应该。

当我们回顾关于跨文化能力的现有文献（例如，布莱克和曼登霍尔，1990，1991；德斯潘德和威斯瓦兰，1992；格斯滕，1990；莱巴 - 奥沙利文 1999；泰勒，1994）时，我们发现这些能力概念模糊而且定义不清，因为它们与诸如移情能力和思想开放等性格特征混为一谈。例如，在莱巴-奥沙利文（1999）最近的一项研究中，将跨文化能力概念化为布莱克和曼登霍尔（1990）的跨文化能力三维分类法：自我维护维度、关系维度和感知维度。莱巴-奥沙利文（1999）的研究将跨文化能力区分为"稳定"和"动态"两种，并将重点放在大五人格特征（考斯塔和马克雷，1992）上，如情绪稳定性、外倾性、宜人性、体验开放性和尽责性。尽管莱巴-奥沙利文（1999）的研究试图为跨文化能力提出更清晰的概念，但我们认为，性格特征的加入混淆了跨文化能力的概念。我们的主要论点是，个体如果性格特征相对稳定，则不太适合培训。

总体而言，跨文化能力在概念上的模糊性一直困扰着跨文化培训项目。如果跨文化能力没有明确的定义，那么个体就很难达到成为文化智力型人才所需的特定条件。跨文化培训项目在培养具备文化智力的人才方面的效果也会大打折扣。因此，我们要在澄清和确定文化智力培训所需的特定跨文化能力方面作出重要的概念区分。我们的立场是，跨文化能力不包括性格特征，因为我们认为性格特征是不可培训的。我们将文化培训所需的能力（可培训）与反映个性的能力（不可培训）区分开来。我们只关注可培训的能力。

跨文化培训项目

我们对跨文化培训和咨询方面的文献进行了梳理，发现跨文化培训项目在培训目标方面存在两极分化。

一方面，跨文化培训项目，有时也被称为跨文化管理培训与咨询，旨在传授技能，让人们在国外工作时，或在任何地方与来自陌生文化背景的人一起工作时，能够迅速提高专业生产力和人际交往效率。这方面的例子包括全球管理培训、虚拟团队管理、国际并购整合、跨文化项目管理培训和高管辅导。

另一方面，跨文化培训项目，有时也称为国际外派培训服务，旨在为国际外派人员及其家庭成员（包括出境、入境和回国的外派人员）提供支持服务。这些服务包括协助搬迁、签证准备、税务规划、语言培训、家庭用品搬迁和跨文化辅导。

我们的侧重点是第一类跨文化培训项目。主要是培训个体在新的文化环境中工作、学习或生活时的文化效能。在我们关于文化智力的培训框架中，并不包括那些已经文化涵化（即在该文化中出生并长大）或已经经过文化适应（即在该文化中长期浸润）而已拥有文化知识的个体。跨文化培训项目中，在目标文化中接受过文化熏陶或文化适应的人最适合担任培训设计者、培训师或顾问。我们认为，这些已经文化涵化或文化适应的人有不同的培训需求，不在我们的文化智力培训框架范围之内。

文化知识的类型和培训成果

在回顾有关跨文化培训的文献时，我们发现培训方法主要涉及三类知识：（1）回答有关该文化"是什么"的认知知识（这是有关新文化各种事实的显性知识）；（2）回答有关该文化中行为"如何做"的行为知识（这是有关新文化中恰当行为的隐性知识；"如何做"的问题构成了跨文化培训中，两个重点原则中的第一个，即将学习重点放在熟练实施某些行为上）；（3）回答有关该文化中行为"为什么"的情感知识（这是对新文化中恰当的行为动机的直观理解；"为什么"问题是跨文化培训两个重点原则中的第二个，即学习培养对陌生行为和价值观的移情能力、敏感度和理解力）。

有关跨文化培训项目的文献显示，培训成果与文化知识类型之间存在着密切关系，这一点不足为奇。布里斯林和霍瓦斯（1997）在对跨文化培训项目的综合评述中提供了一种三方分类法（见表10.1）。

为培养具有文化智力的人才，跨文化培训项目必须解决杜威提出的"知情行为"和"智慧行为"这两个问题。跨文化培训项目一直强调转变思维方式，即创造和提升文化意识，培养文化敏感性（布里斯林、兰迪斯和布兰德，1983；霍尔和霍尔，1990；曼登霍尔和奥杜，1985）。然而，迄今为止，跨文化培训项目并没有强调元认知的作用、动机培训以及行为改变的重要性。在我们新的文化智力培训框架中，我们会重点关注元认知、动机和行为的培训。

表 10.1　培训成果和文化知识类型

思维的变化 （认知知识）	情感反应的变化 （情感知识）	行为的变化 （行为知识）
主要涉及增加人们对文化、文化差异和跨文化环境中所面临问题的了解 通过这方面的成功培训，人们可以提高思维的复杂性，考虑多种观点等	由于个人偏见或过去不愉快的经历等各种原因，人们可能会对其他文化产生负面看法，因此这类培训致力于帮助人们管理自己的情感反应 这种培训的一部分是为了应对"文化休克"（富纳姆和博赫纳，1986）	这类培训的重点是帮助人们改变他们的外在行为

跨文化培训方法

一般而言，培训可定义为任何旨在增加个体知识或技能的干预措施。基利和普罗特罗（1996）将培训定义为"任何旨在增加个体知识和技能的干预措施，以帮助其更好地应对个人事务，更有效地与他人合作，以及更好地职业表现"。一般来说，跨文化培训可定义为用于提高个体在异国环境中应对能力和工作能力的所有程序（董，1981a）。取决于派遣目的、工作责任和义务的性质、停留时间的长短以及派遣人员过去的经历，有多重类型的培训可以提供给派往国外的人员（扎卡利亚，1999）。各类培训的效果取决于开展培训所需的时间和资源、培训师的素质以及开展国内培训的可能性（基利和普罗特罗，1996）。培训涉及许多技巧和方法，从体验式（如角色扮演）到文献式（如阅读文献）不等（厄利，1987；谢尔，1993）。跨文化培训的一些类型包括实用信息、地区研究、文化意识、跨文化有效性技能和人际敏感性培训（基利和普罗特罗，1996）。有关这些跨文化培训类型的详细介绍，读者可参阅基利和普罗特罗的研究（1996）。

布里斯林和霍瓦斯（1997）在其跨文化培训评估中对跨文化培训方法进行

了全面回顾（另见福勒和蒙福德，1995，1998）。在综述中，他们将跨文化培训方法分为五类：（1）认知法；（2）归因法；（3）体验法；（4）自我意识法；（5）行为法。总的来说，在跨文化培训中，认知和归因式培训得到了广泛的重视，体验式培训也得到了一定的重视。但是，很少或根本没有提到动机和元认知培训。

认知培训主要涉及文化知识或基本信息的传授，技术包括使用简短讲座、电影、视频、阅读材料和案例研究（布莱克和曼登霍尔，1990；德斯潘德和维斯瓦伦，1992年；基利和普罗特罗，1996）。从上述技术中可以看出，认知培训是最容易计划和实施的。与其他形式的跨文化培训相比，认知培训也相对便宜。然而，这种认知培训的效果并不好，因为它不能培养出在多元文化中行为有效的、具有高级元认知能力的文化智力人才。董（1981a）认为，纯粹的东道国信息介绍不足以提高旅居者在海外的人际交往和专业效率。无论文化信息多么详尽，要想对一种文化了如指掌几乎是不可能的（除非一个人在该文化中长期且接受了足够的文化熏陶或文化习惯）。我们在培训框架中解决了这一问题。

归因法培训强调的是文化相对性。这种培训方法基于对涉及不同文化背景的人，其互动关键事件的不同解释。通常技术是文化同化系统，主要是指针对一系列可能导致不同文化背景的人之间产生误解的社会情境。受训者通常会聚集在一个焦点小组中，讨论他们自己对这种情况的理解并提出建议。这种方法的有用之处在于它提供了关于特定文化的基本信息，涵盖了各种各样的社会情境，明确了符合文化习惯的行为。缺点是，大多数文化同化都是针对某种特定文化的，且这种培训对参与者来说通常比较耗时。

跨文化研究人员对文化同化系统的使用和效果进行了大量研究（阿尔伯特，1980，1983；布里斯林，1986；福勒和蒙福德，1995，1998；马尔帕斯和萨兰西克，1977；韦尔登等，1975）。然而，基利和普罗特罗（1996）认为，大多数研究中，关于跨文化培训效果的结果都是"不足的"，因为"实证或实验基础仍然严重不足"。迄今为止，大多数研究都证实，跨文化培训确实能产生立竿见影的学习效果，但是还需要进一步的研究来证明跨文化培训的长期效果,以及在社会行为和职业行为方面的实质性变化。

体验法培训的重点是"实操"培训。技术包括角色扮演、实地考察和模拟。在这种培训中,受训者的情感参与度更高,因为他们可以"品尝"或体验"真实"的文化。受训者可以与其他文化的代表一起置身于非常逼真的社会情境中。这种培训对受训者和培训师的情绪要求都很高。在戈德斯坦和史密斯(1999)最近的一项研究中,与没有参加培训的类似群体相比,参加过体验式培训项目的旅居学生在跨文化适应性量表(CCAI)的每个跨文化适应性维度上的得分都要高得多,这些维度包括情绪复原能力、灵活性/开放性、知觉敏锐性和个人自主性。

自我意识法培训的重点是处理受训者对自身文化的认识,以及当他们的自尊在其他文化中受到挑战时的典型反应。其目的是帮助受训者更好地认识自己的价值观、态度和行为。通常使用的方法是文化对比技术和角色扮演。培训师的行为方式与受训者喜欢的行为方式形成鲜明对比(文化对比)。然后,培训师从文化角度解释其行为的理由。通过这种培训,受训者对如何处理冲突情况的自我意识会得到提高。与体验法培训一样,自我意识法的培训对受训者和培训师的情绪要求都很高。

行为法培训的重点是外显的或可观察到的行为。受训者有机会在各种文化环境和场景中练习和展示适当的行为。由于这种培训对受训人员的要求更高,而且更耗时,因此强调使用这种方法培训的跨文化培训项目并不多。我们认为,行为法培训对于培养文化智力型人才至关重要。稍后,我们将介绍行为法培训是如何通过在戏剧框架内使用表演艺术和视觉艺术来进行。

在关于跨文化培训的文献中,比较公认的观点是,形成性培训和体验性培训同时进行效果最好(哈里森,1992;兰迪斯、布里斯林和赫尔古斯,1985)。这表明,有效的跨文化培训项目需要采用多种综合方法。不同的培训方法有不同的成本和收益。跨文化培训项目的开发者需要意识到这一点,并设计出能够给受训者带来预期效果的培训项目。

最近，研究人员开始研究跨文化培训的替代教学方法（例如，加农和潘，1997）。在加农和潘（1997）的研究中，采用了新旧教学条件的结合：综合、视频和体验（BaFa BaFa 巴伐巴伐）（关于 BaFa BaFa 模拟的详细描述，读者可参阅序，1973）。对跨文化培训新教学方法的探索受到了教学设计研究进展的影响（例如，克拉克，1998）。

文化智力培训框架

除了概述在社会学习理论框架内实现跨文化培训的三个关键维度（自我、关系和感知），布莱克和曼登霍尔还提到了元认知在跨文化适应中的重要性。布莱克和曼登霍尔创建的培训框架涵盖了本书中介绍的文化智力的大部分内容，与我们在此倡导的内容极为相关。不过，基于我们提出的文化智力模型，同样的内容和观点可以用不同的方式更好地呈现出来。这里有几个原因。

其一，布莱克和曼登霍尔最初提出的培训框架并没有明确区分文化智力的各个层面。例如，跨文化培训的"关系"维度除了强调跨文化经历中的反馈机制和互动的重要性，还包含了认知和行为两方面的文化智力。认知和行为方面的文化智力是不同的子结构，可以分开处理，以便更好地理解。根据我们的"认知 – 动机 – 行为模型"来组织培训方法，可以更好地找出需要改进的地方。例如，有些人可能在认知方面很强，因为他们有很强的自我意识，对各种文化有很好的了解，并有很强的推理能力，但他们可能在跨文化交际过程中所需的外显行为或行动方面很弱。因此，对这些人的培训应侧重于建立一套强大的行为习惯，而不是向他们传授已有的知识。我们相信，通过围绕我们的认知 – 动机 – 行为模型来组织培训方法，可以使培训更有针对性，也更加有效。

其二，布莱克和曼登霍尔的框架并没有明确解决这样一个事实，即在特定的跨文化交际中，并不是每个人都需要同样水平的文化智力才能生存下去。在这里，我们采用的是一种更加实用的培训和提升方法。我们认识到，并不是每个人都需要参与时间或强度相同的跨文化交际，这意味着培训应该针对个人的需求。董(1982)和曼登霍尔及同事(1987)认为,跨文化培训的必要性和有效性取决于个体必须与其他文化成员互动的程度。因此,在任何有用的文化智力培训框架中,都必须考虑到个体的培训需求。这对那些打算让员工做好准备,以迎接不同程度的跨文化挑战的企业尤其有帮助。

目前的文献和跨文化培训项目似乎缺乏动机和元认知方面的内容。通过提出一个新的培训框架,明确承认这两个要素的存在,我们就可以更好地配合这些方面的培训要求。我们的文化智力培训框架立足于本书提出的文化智力的三个核心方面——认知、动机和行为。因此,我们将汇集各种培训方法,使每种方法都针对这三个方面中的某一个方面。当然,我们可以预期某些培训方法能够针对这三个方面中的不止一个。例如,一个使用文化同化系统的培训项目可能同时提高自我意识(认知)和自我效能(动机)。在这种情况下,我们认为此类方法具有全面性,并对其进行相应的预设。不过,根据我们对现有培训方法和文献的评述,大多数培训技术只侧重于文化智力模型的一个关键方面。因此,文化智力的三个方面将成为文化智力培训框架的第一层。

框架的第二层涉及培训需求。在此,我们根据以下标准将文化智力的培训需求划分为三个层次:

1. 与其他文化成员互动的强度
2. 与其他文化成员交往的时长
3. 与其他文化成员互动的性质

强度,顾名思义,是指与一个或多个外国人接触的频率。简单起见,我们将强度分为高强度和低强度。高强度接触是一个人可能需要非常频繁地与一个或多个外国人互动和交往。例如,如果一个学生在国外的大学求学,他或她就会与国外的同学和老师进行频繁地交流。与此相反,低强度接触有可能发生在这样的情况下,如商务人士访问其外国的子公司,而子公司的员工主要来自其本国。

时长是指个体与外国文化接触的时间长短。显然,如果互动或接触时间较短，可能就没有必要在跨文化培训方面做大量准备。如果是长期接触，比如派驻海外超过六个月的外派人员，则就需要在提高文化智力方面做大量准备工作。同样，为了简单起见，我们可以把持续时间分为长短两种。持续时间长的跨文化互动通常是六个月或以上。不同级别的文化智力培训及详细结构见表10.2和表10.3。

表 10.2 不同级别的文化智力培训

文化智力培训级别	说明	培训需求
一级	一般指与其他文化成员的低强度和短时间的互动。	培训应包括建立简单的认知内容、一些简单的行为技巧，以及充分的情绪准备和自我意识。
二级	低强度互动，但持续时间通常较长。互动也可以是正式的。	培训应包括培养大量的认知和元认知技能、大量的行为习惯、高度的自我意识和适度的自信。一些目标设定技巧可能会有所帮助。
三级	进行持续时间长、强度大的正式互动	培训应包括培养高水平的认知和元认知技能、一整套行为或自我展示能力、高度的自信心和意识。可能需要制定重要的目标

表 10.3 文化智力培训级别的详细结构

互动强度	互动时长	互动性质	文化智力水平	例子
高	高	正式	3级	派驻海外 / 海外教育
		非正式	3级	因个人或休闲目的在国外长期逗留。所涉人员包括背包客、高级外籍人士的配偶等
	低	正式	2级	简短但重要的商务谈判 / 海外招聘
		非正式	2级	与当地人有大量交流的短期度假旅行。例如，自助旅行
低	高	正式	2级	研究人员在外国，相对孤立的环境中收集纵向数据
		非正式	2级	外籍人士的配偶更愿意留在自己的社区，而不是完全融入当地社会
	低	正式	1级	与其他文化成员进行简单的商务电话联系 / 简单的商务信函往来
		非正式	1级	与当地人交流很少或没有交流的短期度假旅行。例如，导游

性质是指个体与另一种文化的一个或多个成员之间的互动类型。广义上讲，这种互动可以是正式的，也可以是非正式的。所谓正式交往，是指公司指派的正式工作任务，或具有重要影响的严肃工作的交往。例如商务谈判和海外教育。非正式的跨文化交际往往不那么严肃，如果交际中表现不佳，通常也不会造成严重后果。海外度假就是一个很好的例子。如果在外国，交际时处理不当的话可能会陷入尴尬境地。不过，这种影响往往只是尴尬而已。而正式的跨文化交际中，失误可能意味着失去重要的商业交易机会或学习成绩不理想。我们绝不主张将所有的跨文化经历都归为这两类中的一类。许多跨文化互动实际上介于这两种情况之间。不过，为了简化框架和便于理解，我们在介绍模型时将会使用这两个类别。

在概述了不同层次的文化智力培训的三个关键标准之后，我们根据不同层次的培训需求提出了文化智力培训结构（见表 10.1）。表 10.2 和表 10.3 更详细地列出了文化智力培训的不同层次和相关情况。再次重申，虽然我们为了方便，把跨文化互动的强度、时长和性质这三个标准划分为两个对立的类别，但其实大可不必如此。该框架的提出，为致力于为学员制定合适其水平的文化智力培训的培训工作者提供有用的指导。

能力本位的文化智力培训

我们的文化智力培训框架尚未完成。在表 10.1 中，提到了每一级文化智力能力所需要的不同类型的培训。这就引出了文化智力所需的能力问题。在讨论实践智力时，斯特恩伯格（1997，2000a）和瓦格纳（1987）认为智力是一套可以习得的技能。例如，解决实际问题的能力包括一些技能，比如能够识别出各种想法之间的联系，准确地解读信息，以及感知隐含的假设和结论。相比之下，社交能力包括在说话和做事之前先思考，对整个世界表现出兴趣，以及对他人的需求和愿望保持敏感。因此，要提高个体的实践智力，就必须提高相关的技能。近年来，关于能力的运用也被证明是管理发展的一个重要增长点。

越来越多的公司开始把以能力本位的培训作为制定培训战略的一种方法（布尔戈恩，1993）。

然而，以能力本位的培训方法并非没有批评者。例如，朱伯和罗伯瑟姆（1997）对此方法的许多关键方面提出了质疑。首先，他们认为管理能力本来就不容易定义。这些能力究竟是什么？它们是技巧、特质还是行为？其次，他们还认为，即使可以对这些能力进行定义，也存在测量困难的问题。最后，还对可以将管理实践分解为各个组成部分分别加以解决的假设提出质疑。总之，他们认为这种方法的信度尚未得到证实。

我们认为这些质疑总体上是有道理的，但就文化智力培训而言，能力本位法仍然是一种有用的方法。我们这样说出于几个原因。首先，提升一系列能力可以作为受训者的成就目标。在课程结束时，这些能力也可作为评估标准。因此，受训者在培训中就能看到明确的提升目标。其次，这种方法为工作组织提供了一个框架，可以更好地集中培训资源。例如，如果一名员工只是去国外进行为期五六天的短期出差，那么就没有必要让这名员工达到最高的文化智力水平。根据我们的模型，二级培训可能就足够了。因此，从培训的角度来看，能力本位的方法提供了一个实用的框架。再次，朱伯和罗伯瑟姆对以能力本位的方法在管理发展中适用性的批评在我们的案例中可能并不那么尖锐。这是因为我们处理的不是一大套管理技能本身。相反，我们的培训重点非常突出，也非常具体，即训练更高的文化智力。由于我们的主要论点是，文化智力可以分解为三个核心方面——认知、动机和行为——我们也认为，每个方面都可以单独作为培训目标，尽管为了让受训者更有效地协同运用各种技能，某种形式的整合也是必要的。最后，既然我们把文化智力定义为一种智力，那么就应该像斯特恩伯格和瓦格纳（2000）所做的那样，把它看作是相关能力或技能的集合，从而极大地促进培训策略的制定过程。

通过采用能力本位法，文化智力培训的总体框架如图 10.1 所示。对于文化智力的每个方面，培训的每个级别都有自己的一套所需技能和培训内容。图中突出显示的是第二级文化智力培训在动机方面所需的一系列能力和相关培训内容。

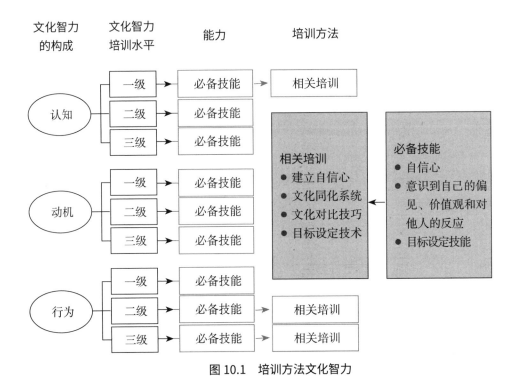

图10.1　培训方法文化智力

有了上述框架，培训师就可以努力培养受训者更高的文化智力水平。首先，根据受训者预期要经历的跨文化互动的强度、时长和性质，确定每个受训者所需的文化智力培训水平。接下来，培训师需要找出培训要求中的差距。（第7章的"评估"中，很好地概括了评估个体文化智力的不同方法）。有了这两方面的信息，就可以得出一套培训需求，然后就可以把文化智力的培训的重点放在这些所需的领域上。

在此，我们提醒读者，尽管参加各种培训可能有助于提高个体的文化智力水平，但不应忽视跨文化互动所处的大环境和背景。这里我们指的是围绕着即将到来的跨文化经历中的，各种形式的支持和奖励结构。这与文化智力的动机方面有着本质的联系。在商业环境中，这意味着如果一个工作组织要把员工作为外派人员派往海外，它很可能希望确保有适当水平的支持和奖励制度。这些因素在影响外派人员的动机水平方面发挥着重要作用。

认知文化智力培训

元认知培训

认知和元认知培训的目的是培养文化意识（扎卡利亚，1999）。从许多跨文化咨询公司提供的认知培训项目的受欢迎程度就可以看出，培养对特定文化的认知并不是一项难以克服的挑战。培训文化智力型人才的关键在于挑战更高的元认知层面。跨文化研究人员和培训师都承认，要培养与全球不同文化打交道的，恰当的心理参照系是很困难的。班德（1996）建议的参照系包括对文化差异的基本认识，这些差异存在于人们的"自身"文化与正在或希望与之做生意的文化之间。美国宝丽来公司（Polaroid）国际运营部前副总裁汤姆·奥布莱恩对此表示支持：他认为，要具备跨文化能力，就必须能够转换思维定势。但是，在跨越文化界限时，如何转变思维定势，使自己的思维更具适应性和灵活性呢？要回答这个问题，我们需要查阅教育心理学中有关元认知的文献，并要特别关注认知的调节。

认知调节是指帮助人们控制学习的一系列活动。元认知调节可以提高学习表现：更好地利用注意力资源、更好地利用现有的策略、更好地意识到理解的中断。三种基本的调节技能：（1）计划；（2）监控；（3）评估。计划包括选择适当的策略和分配影响成绩的资源（例如，在阅读前进行预测、策略排序以及在开始一项任务前有选择地分配时间和注意力）。例如，更有经验的作家会进行更多的全局规划，而不是局部规划。监控是指一个人对理解和任务表现的在线意识（例如，在学习过程中定期进行自我测试的能力）。通过练习和培训，监控能力会得到提高（德尔克洛斯和哈林顿，1991）。评估指的是评价自己的学习成果和效率（例如，重新评估自己的目标和结论）。资优儿童、高能力者和专家会发展和使用更多的自我调节过程，如监控、评估和纠正（格拉，1985；豪威，1999）。

元认知能力

在回顾元认知研究时，我们更加坚信，计划、监控和评估这三项关键的元认知能力有助于个人获得对行为的执行控制，从而使他们在跨越文化界限时能够有效地转换思维定势（引用了汤姆·奥布莱恩的话）。这些元认知能力是许多元认知定义的主要焦点。

下面我们将详细阐述三种元认知能力:（1）计划；（2）监控；（3）评估。在计划方面，我们的重点是发展自己的认知结构和策略（思考自己的思维）的能力。这一点至关重要，因为具有文化智力的个体能够利用条件性知识调整自己的认知，以适应不同的文化。在监控方面，我们重点关注五种关键能力：（1）归纳推理能力；（2）审慎认知能力；（3）提出假设的能力；（4）在外部提示和内部调节机制之间转换的能力；以及（5）自我监控能力。具有文化智力的个体能够将注意力集中在与文化不一致的图式上（即发现文化差异信息的能力），从而通过智力感知和减少文化不协调来调整自己的认知，以纳入新的文化图式。在评估方面，我们重点关注了解自身学习的能力。具有文化智力的个体能够对自己在文化互动中的表现进行批判性思考和反思。

例如，如果一个美国旅居者或外派人员第一次访问中国台湾省，发现当地人的实际年龄与想象中的年龄不一致，这个人就可以运用元认知的计划能力，建立自己的认知结构，解决美国人的认知图谱中与中国人的年龄计算模式之间的差异。美国人会思考如何才能调整自己的思维方式，以适应中国人的思维方式。美国人还可以使用"监控"这一元认知能力，我们认为这是一种核心的元认知能力。他或她可以进行深思熟虑的自觉认知，对年龄的差异提出初步假设，并通过归纳推理来理解这种差异。他或她可以向其他中国人（如出租车司机、导游、酒店门房等)了解情况,或主动从其他当地来源(如博物馆)寻求有关中国历法和中国人如何计算年龄的信息。美国人还可以反思自己是如何从这一情节中学到东西的,即批判性地思考自己是如何学到这一新的文化信息或获得这一新的文化模式的,以及这在其他情况下对自己有什么帮助。

元认知能力培训方法

比伦鲍姆(1996)认为认知能力包括解决问题、批判性思考、提出问题、搜索相关信息、作出非正式判断、有效利用信息等。自我反思和自我评价等元认知能力对文化智力的提升至关重要。元认知技能的提升有助于内部管理自我学习。这意味着一个人需要意识到什么才是自己的最佳学习方式。认知和元认知方法强调内部心理过程。无论是短期、长期还是多地旅居者,都需要有在新的文化环境中具备自我管理学习的内部策略。自我监控有助于发展元认知策略,让旅居者在学习中加以内化并运用。

在克拉克1998年出版的《构建专业知识:用于培训和工作改进的认知方法》一书中,她解释了人们接收和处理数据,以及存储和检索信息的方式会影响培训效果。这就解释了为什么有些培训不用费力就可以取得很好的成效,但有些培训却非常辛苦。由于人们在接收、处理和检索信息的方式在培训中至关重要,克拉克建议采用适当的认知方法来达到提升专业知识的特定目的。我们同意克拉克的建议,并认为适当的认知和元认知培训方法对于培养文化智力至关重要。

克拉克解释道,元认知技能是人们用来管理自己学习过程的技能。在发展文化智力的过程中,培养元认知知识的一个关键因素是通过教学干预来关注和提供元认知技能的发展。克拉克推荐了几种培养元认知技能的学习策略和教学策略。关于学习策略,克拉克建议采用视觉记忆法、图形笔记和信息总结(图形和短语)。关于教学策略,包括元认知建模和元认知监控(肖恩菲尔德,1987)。形象思维、绘制形象地图和建立形象模型有助于元认知能力的发展。

由于反思性实践也是培养元认知能力的一个重要因素，我们建议跨文化咨询师及其客户"建立鼓励自我调节的培训和工作环境，这与工作表现的提高息息相关"（克拉克，1988）。

在元认知培训中，我们转向实验心理学和临床心理学，我们相信它们为在元认知领域培养具有文化智力的个体提供了新颖的方法。一种基本的培训方法是知识诱导法，即认知结构分析（Cognitive Structure Analysis）。认知结构分析法系统而有效地探究不同类别的知识表征，并试图找出自我、社会和文化图式背后的知识结构。认知过程是人们处理信息的方式。由于人们接受到的信息量（包括内部和外部信息）超过了他们的处理能力，尤其是当移居到一个新的文化环境时，他们会选择性地关注某些信息。他们在如何评价信息，以及赋予信息意义方面也是有选择性的。认知结构是一种隐性的假设和观念，是人们理解自我、他人和世界的习惯性方式。个体的个人图式、当前关注的问题和个人目标会影响信息的处理方式和个体行为的组织方式。认知结构就像"选择性过滤器"，影响着人们对事件的评价。在元认知培训中，个人要学习如何进行认知结构分析，这是非常重要的。如果不了解自己的认知，不根据新的文化环境调整自己的认知，会让外派人员和旅居者付出高昂的代价。

另一种在临床心理学中流行的方法叫作认知行为矫正（Cognitive Behavior Modification，CBM）技术（马霍尼，1974；迈辛鲍姆，1977，1986）。认知行为矫正法的一个基本前提是，如果不提高个体的认识、意识或注意到行为模式（即个体如何思考、感觉和行为，以及他们对他人的影响），就无法改变行为。有必要让参与者中断其思想、行动和行为的自动化，这样才能让参与者能够与自己对话，并对情况和自己的行为进行评估。在某种程度上，这种方法试图影响参与者内部对话的内容和性质，即帮助参与者意识到认知结构是如何影响其评价和处理事件的。在使用这种方法时，认知可以得到矫正，因此，新的行为可以作为认知改变的结果出现。

就认知行为矫正的目的而言，元认知的概念既包括个体对其认知过程的了解，也包括引导和控制这些过程的能力。它可以被看作是个体在执行任务之前、期间和之后所进行的自我交流或内心对话。在使用认知行为矫正法时，要教授自我提问、计划和自我监控等技能。这些技能在提高文化智力的元认知培训中必不可少。

实验心理学家对人们如何解决问题很感兴趣。其中一种解决问题的方法是德祖里拉和戈德弗里德（1971）的社会问题解决法（Social Problem Solving，SPS）。他们将问题定义为"个体在面对这种情况时，无法立即作出有效反应"的情形（1971）。将问题解决定义为"一种行为过程，无论是显性还是认知性的，它（a）为处理问题情境提供了各种潜在的有效替代对策，(b）增加了从这些不同的替代对策中选择最有效对策的可能性"（德祖里拉和戈德弗里，1971；着重部分已标注）。在适应新的文化环境和互动的过程中，具有文化智力的个体能够调整认知，优化计划、监控和评估技能。

因此，在元认知培训中，一种方法是培养个体审慎思考的认知能力、归纳推理能力、提出假设和界定问题的能力、提出潜在有效解决方案的能力、选择最佳策略的能力以及监控个人表现的能力。另一种培训方法是"识别模式"，它既强调对熟悉情况的快速识别，也强调在当前情况或计划中发现和解决潜在问题的反思性策略。

精通决策的人具有识别能力。他们能够识别出大量熟悉的情境，并作出恰当的反应。在这种情况下，他们能够凭"直觉"迅速有效地采取行动。这种"直觉"可以理解为非正式思维策略。精通决策的人使用非正式思维策略（例如，作出预测并进行检验，寻找与自己的立场相悖的理由，寻找与以往问题的类比），这些策略不像决策理论那样普遍，但也不像特定领域的模式那样特殊。回想一下之前美国人在中国的例子。具备文化智力的美国人预计他们会启动非正式思维策略，以理解实际年龄与所称年龄之间的差异。在对专家的表现的研究中发现了多种思维策略（豪威，1999）。对有关自我调节或元认知（梅特卡夫和岛村，1994）、专业知识（埃里克森，1996）、日常推理（沃斯、珀坎斯和西格尔，1991）和决策制定（科恩、弗里曼和沃夫，1996）的研究中都发现了这些策略。我们认为，具备文化智力的人在新的文化环境中会使用非正式思维策略来处理信息，评估事件。有效的培训计划需要纳入非正式思维策略的培训。

动机文化智力培训

在第 5 章中，我们讨论了一个人的价值观、自我效能感和目标是决定其是否愿意接触异国文化的关键因素。首先，从根本上说，我们认为如果一个人没有足够的效能感去了解一个新的文化环境，那么他可能就不会愿意去做。其次，一个人的价值取向也会影响他对特定行为的偏好以及自我概念。最后，目标之所以重要，是因为它们与效能密切相关。我们的目标不仅取决于是否认为自己能够实现目标（自我效能感），还取决于我们认为实现目标的结果是什么。换句话说，在整个动机模型中，目标和自我效能感是相辅相成的两个要素。因此，一个目标明确、充满自信的人在处理其他文化成员的不同观点，以及陌生环境时往往会更有动力。前面简要讨论的其他动机因素更多的是外部因素，包括与个人的职业道路、工作环境以及当前的和从前的社会背景的一致性。

提升跨文化动机的方法多种多样。为了提供对动机理论和相关技术的背景了解，我们回顾了三个主要研究领域的工作：管理学与组织行为学（OB）、教育心理学以及认知和行为科学。

管理学与组织行为学的动机理论

管理学与组织行为学领域的动机理论发展成熟，大致可分为三个方面：内部导向、外部导向和认知结果评价导向。内部导向的一系列动机理论涉及个人的内在需求和驱动力。例子包括 X 理论和 Y 理论、马斯洛的需求层次理论、赫茨伯格的保健–激励理论，以及麦克利兰关于权力、从属关系和成就导向的理论。相比之下，外部导向的理论往往涉及工作环境和特点。这些理论基本上认为，工作布局、组织氛围和适当的奖励或激励结构是激励员工的核心。这类理论的例子包括特纳和劳伦斯（1965）的必要任务归因理论和强化理论。最后，动机理论的第三个领域涉及人类动机的认知结果评价方面。这一学派主要认为，人们会理性地比较和评价各种行为的利弊、投入和结果。流行的理论包括期望理论、目标设定理论和公平理论。一般来说，管理和组织行为领域的动机理论更关注为员工创造一个激励性的工作场所。

我们无意详细阐述这些理论，因为大多数管理和组织行为学教科书中都已广泛涉及。我们的重点是如何将这些理论应用于文化智力的动机培训中。从这些管理研究中，我们发现了一些可以帮助人们提高动机文化智力的理论。例如，"目标设定理论"就特别有用，通过合适的目标设定技能培训，旅居者可以在与其他文化成员打交道时更加专注，并以目标为导向。个体如果带着具体的目标或对结果的期望去接触另一种文化，往往会从中获益更多。而反过来又会提高个体的自我效能感水平，促使他或她更深入地接触这种文化。因此，目标设定是提升文化智力的一项基本能力。

以内部为导向的一系列动机理论都集中在人们有不同的需求和价值观这一事实上。这与我们的论点非常一致，即价值观取向是动机文化智力的核心因素之一。那么问题来了，我们该如何解决这些价值取向问题，帮助人们提高动机水平呢？第一步其实是自我意识。进行跨文化交际的人应该了解自己的个人偏好、价值观和偏见。培养更强自我意识的方法之一是归因训练，采用诸如文化同化系统和文化对比技术进行自我意识训练。传统的自我意识工具可以帮助个体找到自己的权力、从属关系和成就特征，这些工具可能很有用，但对提高文化智力本身可能并没有直接影响。使用诸如文化同化和涉及文化对比技术的自我意识训练等技术。传统的自我意识工具可以帮助一个人发现他或她的权力、隶属关系和成就档案，但可能对提高 CQ 本身没有直接影响。

这一系列外部导向的动机理论提醒我们，创造有利于跨文化互动的环境十分重要。对于打算向海外派遣员工的工作组织来说，这一点至关重要。社会信息处理理论（萨兰西克和普费弗，1978）认为，人们会根据与之接触的其他人所提供的社会线索采取相应的态度和行为。工作特征理论（哈克曼和奥尔德姆，1976）认为，核心工作特征会影响关键的心理逻辑状态，而这些状态又会影响情感和动机。这对工作组织来说，意味着虽然可以通过培训来提高个体文化智力，但工作组织必须创造出适当的工作环境。如果外派人员将要承担的任务被认为是没有挑战性的，或者更糟糕的是，外派人员发现自己被那些对海外派遣极为消极的同事所包围，那即使参加培训也于事无补。因此适时的激励和奖励机制显然是必要的。

教育心理学领域的动机理论

在教育心理学领域，动机也是一个经过深入研究的课题。在这一领域，人们关注的是学生或学习者对学习目标任务的兴趣，以及参与的持续性。我们发现这一领域的理论具有很强的相关性，因为适应异国文化的人非常像试图应对新的陌生领域或概念的学生或学习者。

学习动机研究的共同主题似乎都围绕着相关性、自我效能感和好奇心等方面的问题。

相关性是学习动机研究的第一个主题，如果学习者认为某门课程与自己的需要无关，他或她往往不会有太大的学习动力。同样，外派人员如果不了解外国文化与其工作是如何相关的，也就不会对了解外国文化感兴趣。因此，必须将跨文化体验与个人的总体目标定位相关。去海外攻读学位的学生必须认识到，如果更好地了解异国文化，他或她就可能更好地完成学业（他的最终目标）。同样，前往外国进行交易谈判的商务人士必须认识到，对该国交易方式的了解对其成功至关重要。

自我效能感是学习动机研究的第二个主题，也是有效学习的关键。对自己的能力信心不足的学生往往难以接受具有挑战性的陌生科目或学习主题。为了激励这类学生，教师历来都会使用强化理论中的各种技巧，该理论主要主张人的行为是对其所获刺激的函数。这些技巧包括正强化、负强化和惩罚。在正强化中，教师会持续奖励学生的某些积极学习行为，以增强学生的自信心。相比之下，负强化指的是对学生的不良行为不给予奖励。惩罚则更进一步，对学生的消极学习行为进行惩罚。我们并不建议直接使用这些技巧来提高跨文化体验的积极性，但可以从中吸取适当的经验。例如，我们应该从正强化技巧中认识到，成功建立在成功的基础之上，自信心也建立在成功之上。转化到跨文化培训环境中，意味着我们应该通过引导受训者与异国文化进行一系列成功的互动，逐步建立起他们对跨文化互动的信心。一种可行的方法是，在课堂上通过一系列简短、简单和可控的跨文化互动，让未接触过异国文化的人接触到异国文化。当他或她建立起更大的信心时，可以增加复杂性，并逐步升级到实际接触。

好奇心是学习动机研究的第三个主题，指的是求知欲。伯利尼（1960）认为，好奇心是探索行为的动机性先决条件。如果对外国文化没有强烈的求知欲，就不可能花太多精力去参与其中。在教育心理学研究中，好奇心的一个重要组成部分是探究"唤醒"——即注意到某种现象并提出相关问题。我们每个人来到这个世界之初都是探究者，我们通过实验和观察来探索这个世界——尝试一些事情，观察会发生什么。因此，从某种意义上说，大多数正常人都具有某种形式的、与生俱来的好奇心。朗万（1971）对好奇心进行了研究，并将对好奇心的测量分为两类：第一类，好奇心被视为一种动机状态，并用行为指数来测量；第二类，将好奇心视为一种性格特征，通过人格测试来评估。我们认为，好奇心在很大程度上与性格有关，很难在短期内改变。然而，肯定有一些因素会扼杀一个人的求知欲。因此，在寻求提高跨文化体验的动机水平的过程中，我们应该着眼于减少这些消极因素。我们曾经讨论过其中的一些消极因素。例如，消极的、非支持性环境，以及认为跨文化经历无关紧要的因素。

研究学习动机问题的方法有很多。哈佛大学教育研究生院的研究人员约翰·康明斯和安德里亚·帕雷拉利用力场分析法（一种社会学模型，将个体置于支持或抑制行动的力场中）来研究成人学习者的学习动机。我们发现这种方法适用于文化智力的动机方面的培训。通过识别影响跨文化互动动机水平的积极力场和消极力场，我们可以制定个性化的培训方法，帮助旅居者提高在跨文化接触中的动机和毅力。例如，参与异国文化的积极力场可能是高自我效能感。一个高度自信的人往往更有动力去面对陌生的环境。与此相反，消极力场可能与一个人的价值取向有关。例如，如果一个人对某种文化或种族有强烈的偏见，那么他就不太可能有动力去了解和欣赏这种文化的风俗习惯。

认知科学和行为科学领域的动机理论

认知动机领域的一些理论可以帮助我们研究文化智力中，动机培训问题，尤其是认知一致性理论。该理论是基于思想、信念、态度和行为之间的关系可以产生动机这一观点，并非常有用。这些理论的核心是不同组成部分之间存在的紧张关系。在平衡理论（海德，1958）中，人和物之间的关系存在一种平衡的趋势。关系可以是消极的，也可以是积极的。积极的关系可能是喜欢或同意某人或某事。消极关系则意味着不喜欢或不同意。海德从平衡的角度分析了三元（涉及三个人或物）情境的行为，并认为当出现不平衡时，就会将动机激发出来，使关系恢复平衡。下面举一个跨文化环境中关系失衡的例子。经理A和经理B来自两种不同的文化背景。他们将共同完成一个有关问题C的项目。由于文化背景不同，A和B对C有不同的看法，紧张状态由此产生。如果A和B互不喜欢对方，那么解决紧张关系的动机就会非常低。既然A对与B合作本来就不感兴趣，为什么还要关心B的想法呢？但是，如果A经理和B经理真心希望他们的跨文化项目能够顺利进行，并且彼此喜欢和尊重对方，那么他们就会有更强的动机去解决这种紧张关系。因此，积极的跨文化体验的关键在于外派人员对外国同事的态度。因此，积极的态度会产生出更强的动机，使事情得以顺利进行。因此，文化智力的动机培训的一个重要方面就是改变人们对其他外国文化成员的态度。

另一种理论是费斯廷格（1957）提出的认知失调理论，其主要观点是，我们试图使我们的信念、态度和观点同我们的外显行为保持一致。当两个或两个以上的要素出现不一致时，就会产生不和谐的状况。例如，如果一个人被迫以某种方式行事，但这种行为方式却与他的信念相冲突，就会产生失调。正如费斯廷格所言，一个人会积极地避免可能增加不和谐感的情境和信息。这给我们的启示是，在跨文化交际中，失调难以避免，人们可能会主动避免交际，而不是努力减少失调。这就成为了提高动机的关键。如果我们能够教会人们去减少在跨文化交流中不可避免的失调现象，那么他们就不会倾向于回避此类交际。

有三种方法可以减少失调感（佩特里，1986）。方法一，是人们可以改变自己的态度。例如，如果一个旅居者对某国文化中同性亲密接触的姿势感到不舒服，从而产生了不协调，那么他或她可以通过改变自己对这种姿势的态度来削弱失调感。方法二，是人们可以改变自己的外在行为。假设一名外派人员来自饭后打嗝是完全可以接受的国家，那么在与另一个不鼓励这种行为的国家的人交往时，他或她可能会避免这种行为。方法三，是人们可以引入第三个因素，在不改变任何现有条件的情况下有效减少失调感。这个过程类似于合理化过程。例如，假设一个外国学生发现自己身处一个新的学习环境，当地学生在课堂上非常被动，不愿意向老师提问。他或她不想改变自己的行为，变得像其他人一样被动，也不认为有必要改变自己的观点，即这种被动行为确实有利于学习。那么，他或她能做些什么呢？首先，可以通过寻求额外的奖励来减少这种情况下的焦虑。例如，这个外国学生可以合理化地认为，虽然当地学生在大课堂上确实过于被动，但当他们在一对一时，却非常乐于参与并帮助他或她，而且在一个较小的小组中仍然可以活跃地进行知识讨论。这将是有助于保持他或她继续学习的动力。

在相关的研究中，贝姆的"自我感知理论"（1972）指出当一个人不确定自己的态度时，他会通过观察自己的行为（就像其他人一样）和行为发生的环境来推断自己的态度。换句话说，当一个人觉得自己的态度不坚定或模棱两可时,他会倾向于站在局外人的立场上观察自己。这一理论有两个重要意义:第一,自我感知有助于一个人获得更强的自我意识。如果一个人能够从外部视角"观察"自己,那么他就能更清楚地意识到自己在某一特定时刻的行为、态度和感受。这在跨文化互动中尤其有用。当遇到涉及外国文化成员的新情况时,自我感知将帮助一个人监测自己在参与互动时的外显行为。这将有助于人们评估和评价自己在跨文化经历中的"表现",并酌情作出必要的调整。第二,一个人的表情可以影响其情感和态度。如果面带微笑,并认为自己是在微笑,那么实际上就会感觉更快乐。在跨文化环境中,人们可以利用明确或有意识的想法或表达来帮助自己"入戏",从而达到激励效果。

认知失调理论和自我感知理论在很大程度上都依赖于自我意识。这并不奇怪,因为要发现自我与外部环境的不协调,或要感知自己的存在状态,自我意识是一个必要条件。自我意识理论(杜瓦尔和维克伦德,1972)认为,有意识的注意力既可以向外(即外部环境),也可以向内(即自我)。当注意力向内时,人们体验到的是客观的自我意识,这是一种内在的自我评价状态。这种状态会让人感到痛苦或不适,因为它会引发"真实"自我与"理想"自我之间的比较。正如失调理论中所说的那样,个体会通过启动适当的机制来努力消除这种不适感。当然,一种方法是逃避自我意识状态。另一种可能是通过试图改变现实自我或理想自我来消除这种不适感。在跨文化经历中,如果个体的反应是前者(即逃避不适),那么他或她接触新文化的动机水平显然很低。如果个体的文化智力动机水平较高,那么他或她就会设法调节自己,以适应新的环境。

培养动机文化智力

自我意识、好奇心和自我效能感是重要的个人特征。人们还应该准备好改变自己的态度、外显行为,甚至在必要时将其合理化。在环境方面,派遣人出国的工作组织应考虑到这次旅行的意义,并通过适当的奖励结构和政策,集中精力为跨文化互动创造一个有利的支持性环境。

第 10 章 文化智力的培训与提升

图 10.2 所示的图表概括了看待文化智力动机方面的一个可能的框架。中间的正负二分法是从力场分析中得出的。因此，要提高跨文化交际动机的整体水平，我们必须在以下三个方面下功夫：

1. 为跨文化互动创造积极的环境
2. 加强助推人们接触外国文化的积极力量
3. 削弱阻碍参与的消极力量

跨文化经历的积极力量和消极力量以及相关干预技术的一些例子如下。

积极力量

1. 好奇心或探索倾向
2. 自信心
3. 明确的目标和目的

消极力量

1. 信念、态度、行动等之间的失调
2. 负面态度，例如偏见、成见、刻板印象和仇外心理
3. 对改变的恐惧或抵触情绪

要增强积极力量，可以将跨文化经历设定为与旅居者总体目标高度相关，从而增强其好奇心和探索倾向；可以参加自信心培养计划，从而建立起信心，

图 10.2　跨文化经历的积极力量和消极力量及相关干预技术

293

甚至可以更多地接触异国文化，从而通过体验式学习来提高。相反，个体也可以采取措施，减少阻碍跨文化互动中的消极力量。比如，改变对其他文化成员的态度，提高自我意识水平，更加熟悉管理，以及应对进入新文化后随之而来的变化。

敏锐的读者可能会注意到，上述介绍的积极力量正是跨文化交际高动机水平所需的能力。我们之所以把能力视为积极力量，是因为这些能力是需要加强的方面。

在回顾现有的跨文化培训项目时，已经介绍了大部分文化智力培训的技巧，现在要想强调的是那些在跨文化培训方面发展较少的技巧，它们是目标设定和态度改变。关于目标设定，我们将通过与文化智力的自我效能感和元认知方面联系起来进一步阐述。

目标设定

进入到一个陌生的环境，与不同文化的成员接触和交流，这与体育运动的经历并无二致。运动员要想在运动中取得成功，就需要有某种参照物来不断地评估自己的状态和表现。例如，他或她需要知道如何评估比赛的艰难程度，以及认为自己的表现如何（自我效能感）。比赛中的实际表现也应得到持续评估。此外，运动员还需要对某种形式的赛前、赛内策略和内容形成焦点。因此，目标影响着体育运动中的两个重要因素——如何看待成绩，以及运动员认为自己将如何表现。后者与自我效能感有关。这就是为什么尽管运动员进行了大量的生理调理和技能准备，但影响其比赛表现质量的往往是运动员对要做什么的评估，以及他或她认对自己准备得如何的评估。

同样，去外国谈判的商务人士也需要参考资料，以评估其旅行的内容和目的、任务难度、自我效能感水平以及在商务互动中的实际表现。此外，就像运动员一样，他或她也需要一个在谈判前和谈判中准备和策略的焦点。因此，我们发现为训练运动员进行目标设定的技巧在跨文化培训中尤其有用。拉绍尔

（1995）在他的《运动心理培训》一书中阐述了如何利用目标设定来提高运动成绩。借鉴他的技巧，我们想说明如何将其运用于帮助跨文化交际中的人。

首先，目标对于运动员来说，或者在我们的例子中，即一个异国文化的旅居者来说，是要可以掌控的表现预期。这是因为无法控制的外部因素会产生不确定性，进而摧毁信心。因此，外国学生在与外国同学初次见面时就设定"希望得到他们的喜爱"这一目标是没有益处的。因为影响一个人是否受人喜欢的因素太多了。在这种情况下，留学生最好把目标设定为希望能够在新环境中学习到更多的具体实践知识，例如课堂讨论是如何进行的。其次，出国留学的目标可能不止一个，因此，需要设立一个目标清单，并评估其恰当性和可能性。然后，选择 1~2 个恰当的目标，以便在特定的情况下实现。这些目标应尽可能是具体的，并具有可评估性。继续以外国学生为例，想知道外国文化中的课堂讨论是如何进行的，就是一个很好的目标。这个目标不仅具体，而且学生可以在结束时评估是否发现了自己想要发现的东西。最后，在跨文化交际中，有两类目标特别有用——绩效目标和活动目标。绩效目标指的是在特定时间要达到的某种表现的标准或结果。想要了解在外国环境中如何进行课堂讨论就是一种绩效目标。活动目标是指那些规定了在具体表现的尝试中要实现的因素的目标。例如可以是在跑步比赛中执行一项新的技术。就留学生而言，可以是在跨文化交际中练习新学到的社交手势。有了正确的目标设定，学生就有可能逐步增强跨文化交际的动力和信心，从而使自己有继续融入新环境的动机。

目标设定与自我效能感

作为一种动机性技巧，设定目标的过程与一个人的自我效能水平有关。班杜拉（1997）认为，效能信念会影响人们所面临的挑战，从而影响他们所追求的目标的类型、所付出的努力、面对障碍和失败时的毅力水平，从而有助于激发出动机。虽然我们认为目标设定在跨文化互动中，是提高旅居者动机水平的有效方法，但还需要解决相关的目标属性和目标实现过程问题。如果上述例子中的学生没有将目标设定在适当的水平上，也没有采取适当的策略来实现它，那么目标设定就是毫无用处的。例如，如果他或她设定了一个非常简单的目标，那么就不可能像设定一个更具挑战性的目标一样，从互动中获得那么多的收获。而学生一旦发现在某次互动中没有实现既定的目标，就选择过早地放弃，也是白费功夫的。目标设定的成功与否在很大程度上取决于个体在以下方面的自我效能感水平。

首先，自我效能感会影响所选目标的类型以及设定的水平。自我效能感高的旅居者倾向于制定更具挑战性的目标。大量研究表明，目标越高，人们为其付出的努力就越大。关于所选目标的类型，吉斯特和米切尔（1992）认为，自我效能感会影响个体的任务选择、努力程度和思维模式，从而促使人们采用不同的目标取向（德韦克和勒格特，1988）。因此，低自我效能感往往与表现导向的绩效目标相关（重点是向自己或他人展示自己的能力），而高自我效能感往往与掌握导向的目标相关（重点是提高自己的任务能力）。其次，自我效能感会影响对这些目标的承诺强度，包括个体愿意为实现目标而付出的努力。个体如果对实现自己的目标有足够的信心，他就更有可能付出必要的努力去接触外国文化。在我们之前的例子中，如果留学生相信自己能够掌握在新的文化背景下进行课堂讨论的要点，那么他或她就更有可能投入时间和精力去挖掘这些要点。再次，人们对自己选择策略能力的信心会最终影响策略的选择。班杜拉（1997）认为，那些认为自己最有效率的人更有可能承担有风险或有挑战性的任务，即在我们的案例中，为了达到某些目的而采取的策略。伍德、阿特金斯和塔贝内罗（2000）也认为，在不同模式下进行搜索和处理信息的感知能力，包括使用工具克服认知限制的能力，会对处理复杂问题时策略的使用和选择产生不同的影响。回到我们的例子，当学生努力探索国外学校的课堂讨论方式时，可能有几种选择。例如，可以选择让自己完全沉浸在当时的情境中，顺其自然，然后亲身参与和经历讨论。或者也可以选择更被动的方式，仅仅观察讨论的进展情况。他或她选择哪种策略取决于自我效能感水平。最后，自我效能感水平会影响个体在面对障碍和困难时坚持目标的时间长短。接触异国文化绝非易事，任何一个初来乍到的旅居者在开始时都可能会遇到无数的困难。他或她能坚持多久？自我效能感在回答这个问题时起着重要作用。一个人如果相信自己有能力最终克服所面临的障碍和问题，那么他就更有可能坚持下去，继续接触异国文化。弗鲁格特、朗格莱斯和胡格斯特拉滕（1997）的一项研究发现，自我效能评价低、可塑性信念弱的学生比自我效能评价高、可塑性信念强的学生更倾向于把失败归因于缺乏天赋。把挫折归因于缺乏才智，会产生一种挫伤积极性的效果。同样，在跨文化交际中，自信心不足的旅居者可能会把自己无法与异国文化成员打交道的原因归结为自己缺乏这种交际行动的能力，从而放弃以后的尝试。

因此，关键问题是，我们在培养未来旅居者的目标设定技能的同时，也要关注他们的自我效能感培训。

目标设定和元认知策略

目标设定对元认知策略的发展也有影响。具体来说，我们认为目标设定可以诱发参与异国文化或陌生环境所需的元认知策略。元认知能力的三大类别是：(1) 监控（包括发现差异或文化不一致图式的能力，以及在外部线索与内部调节之间切换的能力）；(2) 评估（包括批判性地评估自己在跨文化互动中的表现的能力）；(3) 计划（包括决策何时获取特定知识以及何时应用哪种形式的知识的能力）。

根据我们为提高文化智力的动机方面而采取的目标设定方法，旅居者在进入跨文化互动之前，必须确定自己希望在这次互动中实现的目标。如何做到这一点呢？显然，必须意识到自己在外国文化方面的知识差距。假设这位旅居者是一位要前往中国参加商务谈判的西方经理，试图为这次会面设定一个目标，这将引发他或她思考自己对在中国开展商务业务时还有哪些不了解的地方。他或她可能会发现以下差距，例如缺乏对商务团队如何在中国交叉谈判环境中工作的了解。是所有团队成员都参与谈判，还是只有领导者参与谈判？团队成员扮演什么角色？在这一过程中，需要评估管理者知道什么，不知道什么。元认知的计划部分也可能在此阶段启动。对于新来的经理来说，不可避免地需要填补多个知识空白，应该先填补哪个缺口？哪种关于异国文化的知识最有助于自己向前迈进？

一旦确立目标，这位商务经理就进入了文化接触的阶段，必须不断监控这一知识差距是否得到弥补。在此过程中，如果发现实现目标的某种方法效果不佳，他或她可能还需要调整策略。与此同时，随着旅居者深入接触，可能会发现甚至预见到以前没有发现的潜在差距。因此，通过设定目标，评估和监控的元认知技能就会在互动过程中发挥作用。

改变态度

提高跨文化接触动机的另一种方法是改变态度。许多人在与其他文化的成员接触时会遇到问题，这是因为他们之前存在一些偏见或成见。这些偏见或成见可能是由于个体的价值取向或过去不愉快的经历造成的。因此，个体可能会下意识或无意识地避免与这些人交往。无论如何，如果我们想让这个人更容易再次接受跨文化互动，就需要改变他或她的态度。在帮助人们改变行为或态度的过程中，我们发现普罗查斯卡和迪克莱门特（1983）提出的六阶段改变模型特别有用。普罗查斯卡和迪克莱门特模式的核心论点是，改变不会一蹴而就，相反，需要经历以下六个阶段。

1. 预想阶段：在这一阶段，个体意识到可能存在需要改变的问题，但还没有考虑采取任何行动进行改变。

2. 沉思阶段：这是个体开始考虑将改变作为一种可能行动方案的阶段。个体如果不超越这一阶段，就会拒绝改变。

3. 决心阶段：在这一阶段，个体决定了要做些什么来改变自己。通常，会设定适当的目标，并为改变做必要的准备。

4. 行动阶段：在下定决心决定进行改变之后，下一步就是采取行动。这可能涉及许多技巧。一些例子包括刺激控制（即识别触发因素）。

5. 维持阶段：在这一阶段，改变已经发生，目标已经实现。面临的挑战是维持现状，避免再次陷入之前的状态。

6. 复发阶段：这是个体重新回到"老路"的阶段，是应该避免的。压力和缺乏支持会使人难以保持积极的改变。

将六阶段模式应用于改变态度以促进跨文化互动，我们可以看到，第一步是意识到问题的存在。假设一名外派人员将被派往一个国家，比如 X 国。然而，他或她对此并不感到非常兴奋，因为他或她有一种先入为主的观念，认为 X 国的工人都很懒惰，而且极难管理。再假设这是一种误解。为了提高对即将到来的工作岗位的积极性，我们必须帮助他或她认识到，他或她对 X 国工人的态度是被派往 X 国工作的一个潜在问题。首先，我们可以和这位外派人员谈谈，当去 X 国工作时，可能会遇到什么样的问题。其次，我们必须帮助他或她认识到，要解决这些问题，就必须纠正这种偏见。然而，外派人员很可能会抵制，尤其是在偏见很强烈的情况下。因此，作为助手，我们需要能够观察可能的抵触情绪，并加以解决。其中一种方法是提醒他或她通过这次外派任职来实现的最终目标，以及改变能够如何帮助他或她实现这一目标。这基本上是沉思阶段。在下一阶段，即决心阶段，我们将帮助他或她制定目标和计划，以实现改变。一个可能的计划目标是减少对 X 国工人的负面情绪（注意，可能无法完全消除这种情绪）。在行动阶段，必须采取具体措施来帮助实现变革。在这种情况下，这可能意味着让他或她接触 X 国工人积极工作态度的例子，或积极找出往往认为该国工人懒惰的诱因。在这种情况下，助手的作用就是在改变过程中不断提供支持和建议。最后，只要取得了进步，就必须保持下去，防止倒退。

到目前为止，我们研究的是如何利用各种技术来提高跨文化经历的动机水平。这绝不是一个全面的说明。我们在这里想说明的是，采取措施提高跨文化交际的动机水平,从而提高个体的文化智力水平是可行的。

行为文化智力培训

行为培训

行为培训非常重要,因为参与者需要在实际互动中将从文化胜任能力评估获得的信息和文化参与中产生的动力融入文化适宜的行为中。

在有关跨文化培训的文献中,对外派人员来说,跨文化交际技能或跨文化交际能力被认为非常重要,因为这些技能被认为有助于帮助外派人员在目标文化中进行适当的互动和行为(毕默,1992;古迪昆,1993;金,2001;丁允珠,1999;怀斯曼和科斯特,1993)。跨文化交际技能,如倾听和观察,包括在不同文化背景的人之间建立信任和理解的能力。然而,这些技能过于笼统,无法确定帮助我们提升文化智力的行为能力。在考察沟通技巧时,研究者和实践者还强调了外派人员和旅居者用东道国的语言进行沟通的能力的重要性。但我们认为,能够用东道国的语言进行交流未必就真的与文化智力行为相关。我们需要区分不同类型的旅居者。金(2001)将旅居者分为长期旅居者、短期旅居者和多次往返旅居者。金认为,短期和多次往返旅居者对"东道国交流能力"依赖程度较低,因此他们需要不同的行为能力才能在多元文化环境中有效发挥作用。除少数例外,研究主要集中在沟通能力和互动技巧对于有效地跨文化适应的重要性上。与此相反,文化智力的行为相关性却很少受到该领域的关注。为了解决这个问题,我们确定了培训框架中的行为能力。

仅有熟练的沟通技巧和使用东道国文化语言进行交流的能力可能还不够。根据能力本位的文化智力培训框架,我们确定了以下行为能力:(1)在他人心目中创造积极有利的自我印象的能力,或称自我展示能力;(2)构思能力;(3)剧本能力;(4)舞台能力;(5)表演能力。这些能力都是以戏剧学方法(戈夫曼,1959)为基础的。当然,具有文化智力的个体能够识别在东道国文化中进行有意义互动所相关的行动和行为，因为他们有能力获得东道国文化的图式，以及与东道国文化图式之间产生联系的信息，并积极尝试重组其母文化图式或产生新的图式，以适应东道国的文化环境。不仅如此，我们还期望那些可能不会说东道国语言或不具备"东道国交流能力"的文化智力者能够在不同的文化环境中表现出适当的行为和互动。在此，我们要做一个重要的澄清：具有文化智力的人并不一定是通晓多种语言的人。行为能力为文化智力行为提供了更有效、更有意义的解释。

一些研究报告指出，认知负荷下的大脑活动与智力之间存在负相关（海尔等，1988；乔索韦茨，2000）。报告结果表明，在解决问题的过程中，智力高的人比智力一般的人精神活跃度要轻。这一效率理论也解释了文化智力型个体与非文化智力型个体之间的差异。适应新文化与解决问题类似。个体如何理解新的文化环境，然后根据对认知、情感和行为期望的评估，决定如何实施与文化相适应的语言行为和非语言行为。"智力不是大脑如何努力工作的功能，而是大脑如何高效工作的功能"（海尔等，1992）。对此，我们作一些补充，文化智力并不是个体掌握语言数量的功能，也不是个体拥有多少"东道国交流能力"的功能。

在文化智力培训框架中，我们强调在培训和提高文化智力时采用文化普适性方法。学者们普遍认为，尽管针对特定文化的培训是有价值的，但重要的是要辅之以文化普适性方法，即训练受训者如何习得并使用所获得的知识，将其作为一种启发式的模式，从而适应各种文化环境（布里斯林，1986）。在我们的培训框架中，重点是文化普适性方法。

行为能力

我们试图构建一个行为能力模型，以培训和提升具有文化智力的个体。我们的培训框架以美国社会学家欧文·戈夫曼（1959，1967，1974）提出的戏剧学方法以及将戏剧学方法应用于研究工作组织中个人和领导行为的学者著作为基础（布里塞特和艾格利，1990；本福德和亨特，1992；加德纳和马丁科，1988；W. 加德纳，1992；加德纳和阿沃里奥，1998）。戈夫曼（1959）在其经典著作《日常生活中的自我呈现》中提出了一种"拟剧方法"，他认为，为了有效地进行人际交往，人们必须进行"表演"（因此使用了"拟剧 dramaturgical"一词）。布塞特和艾格利（1990）认为，互动环境决定了人类行为的意义。根植于戏剧学方法的分析将剧院视为理解对话和互动接触的隐喻。一个人对另一个人的表达性参与，以及与其他人共同完成的行为表现，都会影响互动的意义和感知。要使表演取得成功，双方都必须关注自身的意义，同时给予对方适当的尊重。

我们主张在跨文化行为能力培训中采用戏剧教学法，有两个重要原因：其一，人们普遍认为，外派人员和旅居者在与来自另一种文化的人初次见面时，必须给对方留下正确的印象。在介绍性会面或初次见面时犯了文化错误，可能会产生不良后果，而且第一印象所产生的优先效应会对以后的互动产生影响。这意味着，具有文化智慧的个体知道如何通过营造正确的印象来提升自己的能力和自信形象。其二，印象管理是在社会交往中进行的，文化智力型个体在各种文化环境中进行"表演"，以此来塑造与之互动的对象的看法。

第一，在**自我展示能力**方面，我们关注的是个体向他人表达自我，或与他人产生连结时，为自己创造积极意义或让他人对自己产生好感的能力。为自己创造积极和良好印象的能力是文化智力者的一项基本行为能力。在任何社会交往中，第一印象都非常重要，这也包括跨文化的社会交往。具有文化智力的人知道如何为自己树立良好的形象，如何塑造他人的看法。

第二，在**构思能力**方面，我们关注的是个体在文化互动中使用构思的技巧来管理意义的能力（戈夫曼，1974）。构思涉及塑造他人社会认知的交流（包括语言交流和非语言交流）。具有文化智力的个体知道他们为什么以及什么时候进行语言交流或非语言交流，并能作出与文化相适应的语言行为和非语言行为。具有文化智力的个体不仅能够识别当下的环境，还能影响他人对其行为的积极评价，从而恰当地构建语境。

让我们以威廉·莎士比亚的《罗密欧与朱丽叶》为例。如果根据创作的历史时代背景见证这部剧的上演，因为该剧是在英格兰，亚芬河畔史特拉福的皇家莎士比亚剧院上演，那我们对该剧的解读就会受到历史背景和剧院场地的影响。然而，好莱坞的电影制片厂最近制作了多部以莎士比亚戏剧为题材的电影。在巴兹·鲁赫曼最近将《罗密欧与朱丽叶》改编成大银幕电影的作品中，该剧的背景设定在20世纪的加利福尼亚，由莱昂纳多·迪卡普里奥主演。在巴兹·鲁赫曼的电影中，所有角色，包括凯普莱特家族和蒙太古家族的争斗，都在台词中使用了莎士比亚原剧的文本。但这部电影与莎士比亚的原剧不同，该剧的背景设定在20世纪的加利福尼亚，这就为观众看待和回应罗密欧与朱丽叶之间的爱情悲剧提供了一个构思框架。在行为能力培训中，这种设计构思的例子尤为重要。

希望提升文化智力的个体需要学习如何在跨文化互动中识别出适当的环境，无论是正式环境还是非正式环境。在与来自不同文化背景的人交往时，具备文化智力的个体可以激活他们的元认知能力，根据适当的语境调整自己的认知。他们知道，在酒吧与来自另一种文化的商务人士进行社交，与在正式晚宴上的社交不太一样。在休闲场合可以使用的词汇和表达方式可能正式场合完全不合适。

第三，在**剧本能力**中，我们关注的是个体"写剧本"的文化互动的能力，这种能力为个体提供了灵活、适应和即兴发挥的空间。这种行为的流动性在我们的文化智力行为概念中占据核心地位。本福德和亨特（1992）将"剧本"定义为新出现的互动指南，该指南足够谨慎，能够在意外事件发生时为行为提供线索，同时也足够灵活，允许即兴发挥。具有文化智力的个体能够根据各种情况调整自己的行为，并根据需要随机应变。他们不会拘泥于僵化的行为剧本。我们认为，具备文化智力的个体拥有一套基于突发事件的行为剧本库，他们有能力作出与文化相适应的行为。能够作出与文化相适应的行为，意味着他们的随机应变能力，在新的文化环境中，他们能够保持头脑清醒，应对意想不到的和新出现的互动需求。可以说，具备文化智力的个体可以利用自身或自身的经验来指导其互动，这与斯坦尼斯拉夫斯基的"表演方法"（贝内代蒂，1998；赫希，1997；帕克，1993）并无二致，后者是现代戏剧最先锋的思想家。读者可参阅贝内代蒂（1998）或帕克（1993），了解有关"表演方法"的详细介绍。将我们的培训框架建立在戏剧教学法的基础上，可以将文化知识培训与表演（表演艺术）世界明确联系起来。从某种意义上说，高文化智力者都是表演艺术家，他们在接触新文化时，都具有很强的模仿和调整自己表演的能力。

第四，在**舞台能力**中，我们关注的是个体在安排自我展示时关注和使用一系列适当文化符号的能力（例如，德保罗，1992）。这些符号可以是语言的、非语言的，以及人造的。具备文化智慧的人知道如何在互动中使用和操纵这些符号来创造有利的自我展示。一个在美国的中国外派人员或旅居者知道，在美国参加正式晚宴需要穿上合适的正装。他或她已经具备了出席活动的必要动机。但是，在实际出席该活动并穿上适用于该场合的服装之前，他或她还没有表现出登台表演的能力。着装是舞台表演的一个重要方面（戈夫曼，1959），就像合适的服装可以为莎士比亚戏剧中的不同角色创造合适的印象一样，巴兹·鲁赫曼在他的现代改编版《罗密欧与朱丽叶》中也是如此。

第五，是**表演能力**，我们关注的是个体在不同的跨文化互动中作出与文化相适应的实际行为的能力。按照戏剧教学法，具备文化智力的人将能够在不同的情境中作出目标文化所要求的行为。在表演过程中，具有文化智力的人能够表达出相称的情感，使用相称的肢体语言，并进行相称的交流。他们有能力创造与文化相适应的情绪表现，即使可能感觉不到这种情绪。从某种意义上说，具备文化智力的人在情绪表达方面具有很高的技巧。移居到一种新的文化中，在很多方面对外派人员和旅居者来说都是一种情感体验，适应一种新的文化确实需要进行情感调整。因此，我们认为，具有文化智力的人是能够胜任"情感"表演，即能够应对新文化中的社会行为和互动的情感期待。就像斯坦尼斯拉夫斯基的"表演方法"一样,他们能够唤起自己的情感和体验,在新文化中实现真正的表演。

行为能力培训方法

认知行为方法侧重于改变行为意图和行为能力,使自己和他人受益(特克和萨洛维,1996)。韦斯特马科特和卡梅隆(1981)描述了一种功能性的行为改变方法。这项工作是在南安普顿大学开展的,他们提出了现在已被充分证明的行为改变"ABC"。在试图改变不良行为时,有必要对行为进行仔细分析。这就要求确定行为的前因(A,antecedents)、行为(B,behavior)本身,以及行为的后果(C,consequences)。在确定行为改变的ABC之后,就可以介绍如何改变行为的明确策略。希望提升文化智力的个体会发现,找出阻碍他们提高文化智力的行为,以及找出有助于他们提高文化智力的新行为,都是非常有益的。

行为矫正是一种行之有效的方法,由斯图尔特和戴维斯(1972)提出。这种特殊方法背后的基本理论是强化理论,目标文化中所认可的行为是可以学习的。进行模拟和角色扮演时,对未作出恰当的行为给予温和的惩罚,而恰当的行为会得到强化。因此,希望提高文化智力的个体要学会摆脱旧习惯,掌握目标文化中恰当的、新的行为方式。

在许多不同的环境设定中,行为改变过程被有效地用于改变诸多不同人群的行为。在文化智力的培训中,我们需要提出的一个重要问题是:"有什么有效的方法可以培训这些人成功地应用行为改变过程?"兰迪斯和瓦西列夫斯基(1999)在对最前沿的跨文化研究进行全面综述时指出,对跨文化培训效果的评估至关重要。基利和普洛特罗(1996)认为,需要对认知能力和行为能力的变化进行前后知识测量。为了寻求更易于进行客观和严格评估的有效培训方法,我们建议采用以下新方法来培训文化智力。

根据行为规范培训的拟剧教学法,我们建议使用角色扮演、表演和视觉艺术作为培训方法。尽管在跨文化培训中使用角色扮演并不是一种新的培训法，但我们正在考虑创新性地使用表演艺术和视觉艺术来开发受训者的文化智力。具体来说，我们建议使用叙事剧和戏剧培训方法来培训文化智力。建议是全新的，因为在跨文化培训中，还没有任何文献支持将戏剧过程作为一种培训方法。我们的下一本书将专门讨论文化智力的评估和培训，进一步阐述可用于培训文化智力的具体培训方法。

心理治疗和行为障碍治疗的研究报告都提到了戏剧过程的益处（卡特，1974；埃尔温，1977；杰克逊，1997；沃格1988）。通过戏剧媒介，个体采用综合的、多感官的方法来进行概念学习。鼓励利用身体、情感、感官和认知过程来体验学习，提高自我意识和元认知，增加对他人情感和动机的理解，增强自我效能感。参与者可以利用多感官方面的体验来获取知识，并建设性地使用行为来提高自我效能感。杰克逊（1997）认为，戏剧化方法或戏剧的使用可以帮助参与者"以建设性的方式学习如何利用节奏、动作、声音的表现力和思维的独创性来解决问题而不是制造问题"。古尔盖、博索和德尔加多（1985）在一项关于即兴戏剧课程对学生态度和成绩的影响的研究中发现了一种积极的关系。

我们提出，创造有利的自我展示、构思、创作剧本、舞台和表演的能力是文化智力的关键行为能力，因此，我们希望利用戏剧法和表演的体验式或实践式学习方法不仅能提供启发，而且能激励期望提升文化智力的个体。

结论

本书提出的文化智力框架对跨文化培训具有重要意义。现在，培训师可以采用一种新的方法来开展跨文化培训和对外派人员的海外派遣进行准备。跨文化培训的功能不再仅仅局限于认知方面的培训（即为未来的旅居者提供必要的陈述性知识和程序性知识），而是应该考察跨文化互动中的元认知、动机和行为方面。认知、动机和行为通过使用管理学、教育心理学和认知行为科学等领域的各种技术，可以提高文化智力的动机和行为方面。虽然其中一些方法和途径已经在当前的跨文化培训项目中得到了应用，但还有一些方法和途径尚未得到应用。特别重要的是，戏剧培训法可以改善文化智力的行为层面，而目标设定和态度改变则可以提高跨文化交际的积极性。我们敦促研究人员和培训师在设计未来的跨文化项目时纳入这些内容。为了提供更实用的工具，我们还提出了一个能力本位的文化智力培训总体框架。不过，我们想强调两个限定因素。

第一，与其他任何形式的培训一样，提高文化智力的培训过程很可能受到文化的约束。换句话说，适用于 X 文化的技巧并不一定在 Y 文化中适用。厄利和厄尔兹（1997）认为，不同文化背景下的动机方法各不相同。从逻辑上讲，与主流文化价值观相悖的动机方法不可能有效。例如，我们之前提到过，目标设定是提高动机文化智力的核心。然而，虽然目标设定作为一种方法在提高动机方面可能具有普遍的作用，但在不同的文化中，可能需要以不同的形式来实施这种目标设定方法。在权力距离较大的文化中，由上级指定目标可能是可以接受和合适的，而在权力距离较小的文化中，可能需要更多的个人参与。同样的道理也适用于工作环境中的外部动机技巧。与个体主义社会相比，以团队为基础的奖励形式更适合集体主义社会。同样，虽然提高元认知文化智力的方法可能会产生普遍影响，但在具体实施上应针对具体的文化。因此，读者必须认识到，在我们讨论提高文化智力的各种培训技巧时，必须牢记培训本身是受文化约束的，可能需要根据具体的文化背景进行适当的调整。

第二，我们认为文化智力是由外部环境因素和内部因素相互作用决定的。到目前为止，我们一直在强调如何通过外部干预来提高文化智力水平。不过，我们也认识到，性格等先天因素最终也会发挥作用。因此，仅靠培训可能无法提供最佳的解决方案，从而获得更积极的跨文化体验。公司在向海外派遣人员时，可能还需要考虑选择具有合适的性格和态度的人员，以确保获得更大的成功机会。

第 11 章
一些总结性思考

在国家公共电台最近的一次采访中，亚洲中心研究所的创始人格雷格·莫滕森讲述了他的一生以及对国际发展的贡献。莫滕森在巴基斯坦和阿富汗的农村地区组织创办了一些学校，专门为穆斯林女孩提供教育。他决定这样做的原因有很多，包括为了纪念早年去世的妹妹，为了报答在他攀登 K2 峰失败后生病期间给予他照顾的村民，也是为了延续他小时候目睹的父亲在非洲的牧师工作。

在描述他的各种经历时，与文化智力相关的一个特别事件令人印象深刻。20 世纪 90 年代末的一个晚上，莫滕森在访问巴基斯坦北部的一个村庄时，被八个戴面具的人绑架，并在夜色中被带走。他被囚禁起来，与世隔绝，只与绑架者有极少的接触。被囚禁三天后，他对自己的命运感到十分担忧，想要做些什么来改变自己的处境。他首先向绑架他的人要了一本《古兰经》和一个翻译。接着，他告诉绑架者，自己已经结婚了，妻子正怀着他们的第一个孩子，是儿子。根据他的当地文化经验，头胎被认为是吉兆，生儿子意味着特别幸运。因此，杀了他是非常不详的，会给处决他的人带来厄运。

八天后，莫滕森安然无恙地获释（他是作为当地一场政治斗争的人质被绑架的）。有趣的是，几年后，当绑架者邀请他再次回访该地区时，他回来了，并有一些收获。在讨论被囚禁的情况和为了活命而采取的各种策略时，他发现绑架者并不真的相信他儿子即将要出生的事，但他们确实很欣赏他对当地文化和习俗的了解。他们认为，当一个人愿意花时间了解他们的信仰和习俗的，就表明了他对该地区的承诺，这一点必须得到尊重。

莫滕森的行为是否反映了他的高文化智力？目前还不能完全确定，但很可能是。如果莫滕森制定了一种在自己和当地社区之间建立友好关系的一般性元认知策略，这就反映出了文化智力。但是，如果他只是使用了一些他听说过的文化规范，而没有考虑到这些规范背后的含义，并且不能将自己的观察和经验推广到其他不熟悉的环境中，那么就不能反映文化智力。他是否表现出了文化智力的动机和行为方面？是的，莫滕森显然有很强的动机，并能表现出与当时情况相适应的行为。然而，鉴于他是在极端胁迫下被激发的，可以推断他的动机并非完全出于自愿。(他在该地区的一般活动，例如创办学校为农村地区的年轻女孩提供教育机会，表明他与当地居民互动的动机是长期和持续的)。

这个简单(但关键)的文化适应例子有两个重要特点：其一，单一的环境使得推断是否是文化智力变得非常困难，除非对该环境有大量的了解。其二，文化智力的三个方面对于确定个体的整体文化智力都很重要。以我们正在研究的一位外派经理的一段话为例：

> 当第一次来英国时，包括现在，我发现英国文化是非常正式的。我嫁给了一位英国绅士。当第一次开始与他的家人交往时，我非常惊讶地发现，与我的家人相比，他们彼此间似乎都太正式了。一个典型的例子是他的姨妈，八十多岁了，住在离我们大约半小时车程的地方。她很孤独，是个寡妇，和儿子住在一起。随着我们的关系越来越好，他们告诉我，自己很少有社交活动，所以当我们去看望他们时，他们其实很开心，也非常感谢我们去看望他们。但要去看望他们，我们总是得提前一到两周打电话预约，而且总会有这样的闹剧："哦，我得去查查我的日记和日程表。"而我会想："为什么？我知道那日程表是空白！"我绝不会不打招呼就出现，也可以每次

打电话预约,但我不喜欢这样提前几周的正式预约,只是为了晚饭后过来喝杯咖啡。要知道,在我的家庭里,我们会直接问:"嗨,我觉得很无聊。你在做什么?我现在可以过去吗?"他们会说:"好啊"。就是这样随意轻松。但在德里克的家里,所有的家庭互动都非常非常正式。我觉得这是英国人的特点,而亚洲家庭背景下就不会这样。

在这个例子中,这位女性(亚裔-英裔背景)在多个方面反映出她的文化智力。她没有就自己家庭中为什么会存在这种礼节的而发表见解。这是英国家庭的固有特征吗?是这一个特定关系所特有的吗?这种礼节是否与她的种族或性别有关?如何利用这些信息与其他英国人互动?(为公平起见,基于这次简短的访谈,其中一些元认知点是不确定的)。我们只对实践层面有一个简要了解,但对观察所依据的原则和要汲取的教训知之甚少。此外,我们也不清楚她是否调整了自己的期望和动机,使之与她所观察到的这种特点相一致。她对"查看日程以确定是否有空"所表达的挫败感与她的动机是矛盾的,她对家庭中现有的礼仪缺乏理解。当然,这种挫败感完全可以理解,也是合理的,但它确实反映出了文化智力的动机水平。

尽管认知和元认知能力是文化智力的核心特征,但它们肯定不是唯一的特征。我们在框架中强调的是,文化智力不仅需要认知和元认知能力,而且还需要动机和行为要素。正如前面的例子所示,这可能是智力分析对研究最重要的贡献——最好将智力概念化为不仅是一种认知(或元认知)过程和结果。鉴于近些年来包括贝里、加德纳、梅耶、萨洛维和斯特恩伯格等在内的多位作者的研究,我们认为,脱离动机和行为的特征来考虑智力问题已经不再有用。从工作组织的角度来看,这一点尤为重要,因为通过传统方法(如标准化测试)评估的认知智力,根本不足以反映工作组织技能,如领导力、团队精神或创造力。

利用文化智力开展跨文化管理研究的新方向

在跨文化心理学领域，智力这一概念已被证实存在问题，原因有几个。首先，"文化盲"学者提出的极权主义观点在一个多元化的世界里是完全不可接受的。在全球化的今天，用标准化工具来衡量（通常也是定义）不同社会中的智力概念似乎很荒谬。在澳大利亚内陆、非洲撒哈拉沙漠或美国市区等多样化环境中，怎么可能仅凭借在方框中勾画的纸笔测试，就能断定其是有意义呢？尽管贝里在20世纪70年代初（以及在他之前的其他人）就呼吁过要从文化角度来看待智力问题，但心理学似乎没有取得什么进展，组织学研究方面的进展就更小了。

于是在概念框架基础上，我们提出了一项在未来可以探索的研究，南洋商学院的研究团队正致力于为学者们提供一种可能的模型。由三个子团队组成，每个子团队专注于文化智力的一个组成部分（认知/元认知、动机、行为）。第一阶段，我们正在开发一个用于评估文化智力三个组成部分的自测量表。这一工具将对文化智力形成一个初步评估，并将成为干预措施的基础。但像这样的自测只是评估文化智力的一种可能的方法。我们也可以设想用工作样本法，由训练有素的观察员观察个体在新的文化环境中产生的互动，以此来评估文化智力。非参与式的观察是另一种非常有成效的文化智力评估方法，它能捕捉到实际效果的标准，而不仅仅是自我感觉。试想一下，个体在一场模拟的文化互动中作出反应，是评估文化智力的另一种方法。通过录制场景视频来评估，可能会提供足够丰富的内容，从而超越典型的文化同化系统所固有的局限性。

在第二阶段，我们将评估工具的心理测量性质，并将其与现有的社会智力和情绪智力测量方法，以及相关的个体差异特征进行比较。这将使我们对该工具的收敛效度和发散效度有所了解。在我们看来，将文化智力与其他心理结构（包括人格维度）联系起来进行研究，会非常有成效。高文化智力者是否在开放性或尽责性方面得分较高？文化智力与其他组织行为结构（如公民行为或基于工作组织的自尊心等）的关系如何？高文化智力者是否比其他人更能有效地调节情绪表现？这些只是可能进行的个体层面评估的一部分。

本研究计划的第三个阶段是将文化智力的原则应用于各种工作组织问题中。这也是我们将文化智力概念引入到文献研究的最终目的。在厘清工作环境或社会环境中跨文化互动的复杂性方面，文化智力能发挥什么作用？在此方面，我们认为文化智力既可以作为调节变量，也可以作为中介变量。

以上述关于多元化国际团队中的互动为例。以跨国团队为研究对象的研究人员认为，个体和集体身份认同的构建推动了这些团队的动态发展（厄利和吉布森，2002）。在寻找身份认同的过程中，文化智力可能扮演什么角色？高文化智力者是否会将他人的特征融入自己的个人特征中？由高文化智力成员组成的团队是否能够更快地形成一个共同的身份认同？

文化智力还有许多其他应用，如文化语境下的领导力和激励机制。例如，人们对领导力在不同文化中的表现越来越感兴趣。有些文化似乎赞同强势的、家长式的领导，而另一些文化则偏爱更加温和的、参与式的领导。这些领导的文化智力是否各不相同？更重要的是，在不同类型的领导者身上，文化智力的各个组成部分是否具有可比性？我们可以推测，强势指令型领导者非常注重认知和动机，而参与型领导者则在动机和行为方面拥有高度发达的技能。

虽然我们将文化智力定义为最适用于国际旅居者，但这些原则似乎也能为那些研究组织变革和从事文化研究的学者带来益处。以有关组织文化和兼并的现有文献为例。工作组织变革过程的管理中，需要员工具有非常强的适应性（戈菲和琼斯，1996）。在合并过程中的组织变革，则需要变革的推动者能够适应工作组织中不同群体的各种需求。在变革计划中，高文化智力员工很可能比低文化智力员工更能成为更变革有效的推动者。为什么？因为他们能够发现工作组织内，不同利益群体之间的核心共性，并将其合成一种混合文化（厄利和莫萨科夫斯基，2000）。组织学研究人员通常将变革项目的成败归因于实施变革的主要领导者。我们的框架认为，这不仅是一个领导力的问题，而且是一个具有文化敏锐性的领导力问题。变革推动者需要通过利用工作组织内各子群体的共同目标和利益，增强对新工作组织的角色认同感，在基层建立起各子群体之间的融合。

文化智力在人力资源方面的许多应用也值得研究关注。有一个备受关注的领域，涉及员工个人对绩效评估的反应。在特定的文化背景下，对员工进行有效的评估是一项挑战，而在与来自另一种文化背景的员工打交道时，更是一项艰巨的任务。外派经理如何才能更有效地对员工进行考核呢？我们遵循桑切斯·伯克斯（个人谈话）最近关于模仿和拟态的研究，他认为善于模仿的人会让受访者感到放心。高文化智力者具备良好的模仿能力，能够利用模仿的积极影响，有效地进行绩效评估。当然，我们的框架在人力资源管理方面的一个直接而明显的应用就是外派工作任务的选拔以及跨文化培训。在跨文化培训文献中，一直缺乏一个基本的概念，来理解诸如文化同化系统等分阶段干预措施的不同效果。跨文化培训的无效性可以用文化智力来解释和探讨。例如，培训方法可能缺乏对元认知处理的重视，而倾向于具体细节或"情况说明书"。然而，即使是更加概括的或元认知的方法，也可能是不够的，因为它们不一定能解决文化智力的动机和行为方面的问题。只有通过三管齐下的干预措施，外派人员培训才能取得成功。

学者们可以利用文化智力走出很多路，但目前这些道路基本上还没有被探索出来。我们希望这些建议能对跨文化管理研究人员今后的研究工作有所启发。

跨文化管理培训的新方向

在组织研究领域，我们为什么要关注诸如智力这样的概念？简而言之，全球化和跨文化互动要求我们对适应和理解有一个更明智的看法。已有的许多研究对跨文化互动和外派工作任务进行了探讨。然而，该领域仍然缺乏一个融合的框架来理解旅居者的调整和适应。我们的框架不仅是理解适应和调整发生的缘由，而且还为研究人员提供了根据个体在文化智力各方面可能存在的弱点进行干预的方法。这种方法为工作组织中的国际化培训提供了更有针对性的干预措施。

对于外派过程（培训、安置和回国）的传统研究在很大程度上缺乏理解这一过程的理论框架，现有的理论也往往是零散的、临时性的（而我们讨论的布莱克、曼登霍尔、奥度和舒勒的研究，就是试图将外派工作整合起来的很好的驳斥）。正如特罗姆佩纳尔的畅销书《乘着文化的浪潮》所证明的那样，这些研究大多以文化价值观为出发点。我们无意对这些以价值观为出发点的研究方法提出过多批评，因为它们目前在组织研究领域占据着主导地位。但在我们看来，基于价值观的研究方法有其局限性，研究人员在这一点上已经有所体会，而新的方法将带来更多希望。马库斯和北山将自我概念作为严谨文化价值观的替代方案进行了探索，厄尔兹和厄利、莫里斯、尼斯贝特等人则采用了更具认知性的方法来理解文化，他们的工作也非常有成效。

有效的跨文化互动培训必须针对作为文化智力基础的所有三个领域：认知/元认知、动机和行为。研究人员和培训人员采取了许多方法来培训旅居者。这些方法中的绝大多数似乎都侧重于对个人的认知培训，通常把知识传授作为一个关键点。许多公司的培训重点是为外派人员（有时也包括外派人员的家属）提供特定文化的实际知识，包括政治、经济和当地习俗等（布莱克、格雷格森和曼登霍尔，1992a）。这些培训项目既有对一般国家特征的简单概述，也有更多的体验式学习方法（厄利，1987）。但它们缺乏一个个体系统的基本概念框架，该框架是可以用来指导针对每个旅居者的具体的干预措施。虽然通过诸如文化同化系统之类的干预措施来训练元认知技能似乎很有用，但这只适用于在这一方面存在文化智力缺陷的个人。很可能某位外派候选人在元认知和认知技能方面非常娴熟，但在动机或行为方面的技能方面却有所欠缺。

公司有效开展外派人员培训工作的第一步是利用诊断工具评估不同候选

人的能力。我们在上一节介绍的纸笔工具是一个起点，也建议进行其他评估，例如通过分阶段情景模拟（也许可以视频形式呈现）、短期国内访问等方式进行行为取样。

一旦评估完成，文化智力的三个组成部分就为跨文化培训的多管齐下的干预措施提供了基础。典型的干预措施包括关于目标国家文化价值观的介绍，以及对这些价值观的一般性讨论。这种讨论可能有助于帮助个体发展元认知范畴，以理解新文化的一般性参数。不过价值观讨论只是为提升更广泛的元认知观点的一部分。元认知干预必须侧重于信息收集和分析技能，如归纳推理和类比逻辑。认知训练可以包括有关特定文化的习俗和礼仪的具体信息，以及具体的学习策略。文化智力的动机方面也需要解决。动机培训最有可能的重点是提高效能感和设定目标。这并不是一个旅居者是否会犯错误的问题，而是一个何时会犯错误，以及在面对失败反馈时应该如何应对的问题。如果效能感较低，那么外派人员可能无法很好地应对无法避免的挫折。

价值观导向的最佳理解是通过动机层面来实现。我们的观点是，文化价值观培训最好被视为一种工具，它能有助于将旅居者的角色认同与当地人的角色认同统一起来。从认知的角度来看，了解他人的文化取向是非常有用的，因为它为人们提供了一个便捷的分类方案。然而，价值观培训的关键并不仅仅是将当地人员分为"群体导向型"或"阶级导向型"等类别。这种干预为外派人员提供了一个将个人身份认同与当地角色认同（包括文化认同和组织认同）相结合的基础。

行为训练需要单纯的语言训练或正确的握手方式。有效的干预措施应包括基于戏剧学培训（如表演课）和模仿技巧。控制自己的语言和非语言行为对成功适应新文化非常重要。这类培训在企业中已有先例，即面对媒体的演讲。事实证明，这种行为培训对提高个体的文化智力和文化适应能力非常有效。与文化智力的其他组成部分相比，行为方面的培训最好通过体验和基于角色的干预来进行。例如，可以让受训者置身于仿真的文化环境中，看看他或她能在多大程度上根据当时的情况来调节自己的行为。这种方法也可以在工作样本测试中用于评估行为文化智力。

模拟文化接触也是一种有用的诊断工具，不仅可以评估行为，还可以评估其他方面，例如可被证明有助于扩展一个人的元认知技能和行为反应能力。利用阶段性文化接触进行多管齐下的培训干预，可以提高认知和行为技能。通过使用干预措施，向受训者反馈了解新文化的策略，受训者的元认知技能得到了提高。获得有关特定文化的具体知识也是一个附加好处，尽管这显然是次要的获益之处。此外，这些类型的培训可能会提高个体的自我效能感和动机水平。长期以来，培训师们一直提倡实地考察等积极的培训方法，但并不清楚这些干预措施如何以及为何有用。利用文化智力框架，就可以清楚地看到如何利用文化接触来提高培训效果。

最后的一些思考

我们的框架并没有重新定义智力本身，我们选择定义和阐述人际交往行为的一个特定领域：跨文化适应。我们的方法拓展了现有社会智力和情感智力研究的固有局限，但并不意味着智力的所有方面都能被文化智力所捕捉到。目的是将我们提出的方法限制在对人们是如何适应新文化环境的理解上。我们特别关注工作环境中的跨文化理解。为此，我们提出并讨论了一个概念框架，将工作场所中的认知、动机和行为融为一体。我们工作的另一个重要方面是将认知和动机结合起来，尽管班杜拉和洛克等心理学家以及贝里和特里安迪斯等跨文化心理学家作出了开创性的努力，但心理学中的这两个领域通常被认为是相互独立的。

组织研究领域在采纳和调整心理学及其他领域的研究成果方面已经进入了一个关键阶段。采用心理学（和其他领域）的观点而不贡献我们自己的附加值的强烈诱惑仍在继续。但我们认为这种做法是不可取的。我们需要制定属于适合本领域的，自己的概念框架。如果同行领域（如心理学、人类学和社会学）能够采纳并调整我们的理论框架，那就更好了。文化智力提供了一个心理学和组织学研究中缺乏的新视角，它通过一种文献中没有的综合方法来关注跨文化理解。

引 用

Aarts, H., and A. Dijksterhuis. 2000. Habits as knowledge structures: Automaticity in goal-directed behavior. Journal of Personality and Social Psychology 78(1): 53-63.

Ackerman, P. L. 1996. A theory of adult intellectual development: Process, personality, interests, and knowledge. Intelligence 22: 227-57.

——. 2000. Domain-specific knowledge as the "dark matter" of adult intelligence: Gf/Gc, personality, and interest correlates. Journal of Gerontology 55B(2): P64-84.

Ackerman, P. L., and E. D. Heggestad. 1997. Intelligence, personality, and interests: Evidence for overlapping traits. Psychological Bulletin 121: 219-45.

Ackerman, P. L., and E. L. Rolfhus. 1999. The locus of adult intelligence: Knowledge, abilities and nonability traits. Psychology and Aging 14(2): 314-30.

Adams, S. 1965. Inequity in social exchange. In L. Berkowitz, ed., Advances in experimental social psychology, vol. 2. New York: Academic Press.

Adler, N. J. 1981. Re-entry: Managing cross-cultural transitions. Group & Organization Studie 6: 341-56.

——. 1995. Competitive frontiers: Cross-cultural mangement and the 21st century. International Journal of Intercultural Relations 19(4): 523-37.

——. 1997. International dimensions of organizational behavior. 3d ed. Cincinatti, Ohio: South-Western.

Aiken, L. R. 1996. Asessement of intellectual functioning. 2d ed. New York and London: Plenum Press.

Ajzen, I. 1991. The theory of planned behavior. Organizational Behavior and Human Decision Processes 50: 179-211.

Ajzen, I., and M. Fishbein. 1980. Understanding attitudes and predicting social behavior. New Brunswick, N.J.: Prentice-Hall.

Alarcon, R. 1999. Recruitment processes among foreign-born engineers and scientists in Silicon Valley. American Behaviorist Scientist 42: 1381-97.

Albert, R. 1980. An attributional approach to culture learning: The culture assimilator. In M. Hamnett and R. Brisling, eds., Research in culture learning: Language and conceptional studies, 53-60. Hawaii: East-West Center.

. 1983. The intercultural sensitizer or culture assimilator: A cognitive approach. In D. Landis and R. W. Brislin, eds., Handbook of intercultural training, vol. 2. Elmsford, N.Y.: Pergamon.

. 1994. Cultural diversity and intercultural training in multicultural organizations. In R. Wiseman and R. Shuter, eds., Communication in the multinational organization, international and intercultural communication annual, 18:153-65. Thousand Oaks, Calif.: Sage.

Altman, I., and M. Chemers. 1980. Culture and environment. Monterey, Calif.: Brooks/Cole.

Altman, I., and A. M. Vinsel. 1977. Personal space: An analysis of E. T. Hall's proxemics framework. In I. Altman and J. F. Wolwill, eds., Human behavior and environment: Advances in theory and research, 2:181-259. New York: Plenum.

Ang, S., L. Van Dyne, and T. M. Begley. 1999. Work status and job technology: A field study comparing foreign and local Chinese technicians in Singapore. Paper presented at the Proceedings of the Survey Research in Chinese Societies: Methods and Findings, Hong Kong, June 27-28.

Appleman, R. 1967. The science of vocal pedagogy. Bloomington: Indiana University Press.

Arthur, W., and \1'. Bennett. 1997. A comparative test of alternative models of international assignee job performance. In Z. Aycan, ed., Expatriate management: Theory ai:, I research, 4: 141-72. Greenwich, Conn.: JAI Press.

Ashamalla, M. H., and M. Crocitto. 1997. Easing entry and beyond: Preparing expatriates and patriates for foreign assignment success. International Journal of Commerce and Management 7(2): 106-14.

Axtell, R. E. 1998. Gestures. New York: John Wiley.

Aycan, Z. 1997. Acculturation of expatriate managers: A process model of adjustment and performance. In Z. Aycan, ed., Expatriate management: Theory and research, 4:1-41. Greenwich, Conn.: JAI Press.

Aycan, Z., and R. N. Kanungo. 1997. Current issues and future challenges in expatriate management. In Z. Aycan, ed., Expatriate management: Theory and research, 4:245-60. Greenwich, Conn.: JAI Press.

Azrin, N. H. 1973. Habit-reversal: A method of eliminating nervous habits and tics. Behavior Research and Therapy 11: 619-828.

Babiker, I. E., J. L. Cox, and P. M. C. Miller. 1980. The measurement of cultural distance and its relationship to medical consultations, symptomology, and examination of performance of overseas students at Edinburgh University. Social Psychiatry 15: 109-16.

Bagby, R. M., J. D. Parker, and G. J. Taylor. 1994. The twenty item Toronto Alexithymia Scale - I. Item selection and cross-validation of the factor structure. Journal of Psychosomatic Research 38: 23-32.

Bailey, K. D. 1994. Methods of social research. 4th ed. New York: The Free Press. Baken, R. J., and R. F. Orlikoff. 1987. The effect of articulation on fundamental frequency in singers and speakers. Journal of Voice 1: 68-76.

Bandura, A. 1977. Social learning theory. Englewood Cliffs, N.J.: Prentice-Hall.

. 1982. Self-efficacy mechanism in human agency. American Psychologist 37: 122-47.

. 1986. Social foundations of thoughts and action: A social cognitive theory. Englewood Cliffs, N.J.: Prentice-Hall.

. 1997. Self-efficacy: The exercise of control. New York: W. H. Freeman and Company.

Bantel, K. A., and S. E. Jackson. 1989. Top management and innovations in banking: Does the composition of the top team make a difference? Strategic Management Journal 10: 107-24.

Barnes, R. L. 1985. Across cultures: The Peace Corps training model. Training and Development Journal 39(10): 46-49.

Bar-On, R. 2000. Emotional and social intelligence: Insights from the emotional quotient. In R. Bar-On and J. D. Parker, eds., The handbook of emotional intelligence: Theory, development, assessment and application at home, school, and in the workplace, 363-88. San Francisco: Jossey-Bass.

Baron, J. N., and K. S. Cook. 1992. Process and outcome: Perspectives on the distribution of rewards in organizations. Administrative Science Quarterly 37: 191-97.

Barrick, M. R., and M. K. Mount. 1991. The Big Five personality dimensions and job performance. Personnel Psychology 44: 1-26.

Bartlett, C. A., and S. Ghoshal. 1989. Managing across borders: New organizational responses. Sloan Management Review. 43-53.

Bateson, G. 1972. Steps to an econology of mind. New York: Ballantine.

Batson, C. D. 1991. The altrusim question: Toward a social psychological answer. Hillsdale, N.J.: Earlbaum.

Batson, C. D., and L. L. Shaw. 1991. Evidence for altrusim: Toward a pluralism of prosocial motives. Psychological Inquiry 2: 107-22.

Bazerman, M. H., G. E. Loewenstein, and S. B. White. 1992. Reversals of preference in allocation decisions: Judging an alternative versus choosing among alternatives. Administrative Science Quarterly 37: 220-40.

Beamer, L. 1992. Learning intercultural communication competence. Journal of Business Communication 29(3): 285-303.

Beamer, L., and I. Varner. 2001. Intercultural communication in the global workplace. Boston: McGraw-Hill.

Bern, D. 1972. Self perception theory. In L. Berkowitz, ed., Advances in experimental social psychology, vol. 6. New York: Academic Press.

Bender, D. E. 1996. Intercultural competence as a competitive advantage. HSMAI Marketing Review (winter): 8-15.

Benedetti, J. 1998. Stanislavski and the actor: The method of physical action. London: Routledge/ Theater Arts Books

Benford, R. D., and S. A. Hunt. 1992. Dramaturgy and social movements: The social construction and communication of power. Sociological Inquiry 62(1): 36-55.

Bennett, J. M. 1986. Modes of cross-cultural training: Conceptualizing crosscultural training as education. International Journal of Intercultural Relations 10(2): 117-34.

Bennett, M. J. 1986. A developmental approach to training for intercultural sensitivity. International Journal of Intercultural Relations 10(2): 179-95.

. 1993. Towards ethnorelativism: A developmental model of intercultural sensitivity. In M. Paige, ed., Education for the intercultural experience, 21-71. Yarmouth, Me.: Intercultural Press.

Bennis, W. G., and B. Nanus. 1985. Leaders: The strategies for taking charge. New York: Harper and Row.

Berg, C. A. 1989. Knowledge of strategies for dealing with everyday problems from childhood through adolescence. Developmental Psychology 25: 607-18.

Berg, C. A., K. Calderone, C. Sansone, J. Strough, and C. Weir. 1998. The role of problem definitions in understanding age and context effects on strategies for solving everyday problems. Psychology and Aging 13: 29-44.

Berlyne, D. E. 1960. Conflict, arousal, and curiosity. New York: McGraw Hill.

Berry, J. W. 1971. Ecological and cultural factors in spatial perceptual development. Canadian Journal of Behavioral Science 3: 324-36.

. 1974. Radical cultural relativism and the concept of intelligence. In J. W. Berry and P. R. Dasen, eds., Culture and cognition: Readings in cross-cultural psychology, 225-29. London: Methuen.

. 1990. Imposed-etics, emics, and derived-etics: Their conceptual and operational status in cross-cultural psychology. In T. N. Headland and K. L. Pike and M. Harris, eds., Emics and etics: The insider/outsider debate. Newbury Park, Calif.: Sage Publications.

. 1992. Acculturation and adaptation in a new society. International Migration Quarterly Review 30: 69-87.

. 1997. An ecocultural approach to the study of cross-cultural I/O Psychology. In P.C. Earley and M. Erez, eds., New Perspectives on International Industrial/Organizational Psychology. San

Francisco: Jossey-Bass.

Berry, J. W., and R. C. Annis. 1974. Ecology, culture and psychological differentiation. International Journal of Psychology 9: 173-93.

Berry, J. W., and S. H. Irvine. 1986. Bricolage: Savages do it daily. In R. J. Sternberg and R. K. Wagner, eds., Practical intelligence: Nature and origins of competence in the everyday world, 271-306). New York: Cambridge University Press.

Bhagat, R. S. and O. K. Prien. 1996. Cross-cultural training in organizational contexts, in D. Landis and R. W. Brislin, eds., Handbook of Intercultural Training, 2nd ed., 129-41. Thousand Oaks, Calif: Sage.

Bies, R. J. 2000. Interactional (in)justice: The sacred and the profane. In J. Greenberg and R. Cropanzano, eds., Advances in organizational justice. Stanford, Calif.: Stanford University Press.

Birenbaum, M. 1996. Assessment 2000: Towards a pluralistic approach to assessment. In M. Birenbaum and F. J. R. C. Dochy, eds., Alternatives in assessment of achievements, learning processes and prior knowledge, 3-29. Boston: Kluwer Academic Press.

Black, J. S. 1988. Work role transitions: A study of American expatriate managers in Japan. Journal of International Business Studies 19: 277-94.

. 1990. The relationship of personal characteristics with the adjustment of Japanese expatriate managers. Management International Review 30: 119-34.

. 1992a. Coming home: The relationship of expatriations with repatriation adjustment and job performance. Human Relations 45: 177-92.

. 1992b. Socializing American expatriate managers overseas: Tactics, tenure and role innovation. Group and Organization Management 17(2): 171-92.

Black, J. S., and H. B. Gregersen. 1990. Expectations, satisfaction, and intention to leave of American expatriate managers in Japan. International Journal of Intercultural Relations 14: 485-503.

. 1991. Antecedents to cross-cultural adjustment for expatriates in Pacific Rim assignments. Human Relations 44: 497-515.

—— Black, J. S., H. B. Gregersen, and M. E. Mendenhall. 1992a. Global assignments: Successfully expatriating and repatriating international managers. San Francisco: Jossey Bass.

. 1992b. Toward a theoretical framework of repatriation adjustment. Journal of International Business Studies 23(1): 737-60.

Black, J. S., H. B. Gregersen, M. E. Mendenhall, and L. K. Stroh. 1999. Globalizing people through international assignments. New York: Addison-Wesley Longman.

Black, J. S., and M. E. Mendenhall. 1989. A practical but theory-based framework for selecting cross-cultural training methods. Human Resource Management 28(4): 511-39.

———. 1990. Cross-cultural training effectiveness: A review and a theoretical framework for future research. Academy of Management Review 15: 113-36.

Black, J. S., M. E. Mendenhall, and G. R. Oddou. 1991. Toward a comprehensive model of international adjustment: An integration of multiple theoretical perspectives. Academy of Management Review 16: 291-317.

Black, J. S., and G. K. Stephens. 1989. The influence of the spouse on American expatriate adjustment and intent to stay in Pacific Rim overseas assignments. Journal of Management 15: 529-44.

Blau, P. M. 1977. Inequality and heterogeneity. New York: The Free Press.

Blum-Kulka, S., J. House, and G. Kasper, eds. 1989. Cross-cultural pragmatics: Requests and apologies. Norwood, N.J.: Ablex.

Bochner, S. 1982. The social psychology of cross-cultural relations. In S. Bochner, ed., Cultures in contact: Studies in cross-cultural interaction, 5-44. New York: Pergamon.

Bond, M. H. 1988. Finding universal dimensions of individual variation in multicultural studies of values: The Rokeach and Chinese Value Surveys. Journal of Personality and Social Psychology 55: 1009-1015.

———. 1991. Cultural influences on modes of impression management. In R. A. Giacalone and P. Rosenfeld, eds., Applied impression management: How imagemaking affects managerial decisions, 195-215. Newbury Park: Calif.: Sage.

———. 1997. Two decades of chasing the dragon. In M. H. Bond, ed., Working at the interface of cultures, 179-90. London and New York: Routledge.

Bond, M. H., K.-C. Wan, W. K. Leung, and R. A. Giacalone. 1985. How are responses to verbal insult related to cultural collectivism and power distance? Journal of Cross-Cultural Psychology 16: 111-27.

Boring, E. G. 1923. Intelligence as the tests test it. New Republic (June 6): 35-37.

Borman, W. C. 1992. Job behavior, performance, and effectiveness. In M. Dunnette and L. Hough, eds., Handbook of industrial and organizational psychology, 3:271-326. Palo Alto, Calif.: Consulting Psychologists Press, Inc.

Borman, W. C., M. A. Hanson, and J. W. Hedge. 1997. Personnel selection. Annual Psychology Review 48: 299-337.

Borman, W. C., and S. J. Motowidlo. 1993. Expanding the criteria domain to include elements of contextual performance. In N. Schmitt, W. C. Borman, and Associates, eds., Personnel selection in organizations, 71-98. San Francisco: Jossey-Bass.

Bouffard-Bouchard, T., S. Parent, and S. Larivee. 1991. Influence of self-efficacy on selfregulation and performance among junior and senior high-school age students. International Journal of Behavioral Development 14: 153-64.

Brand, C. 1996. The g factor. Chichester, England: Wiley and Sons.

Brewer, M. B. 1993. Social identity, distinctiveness, and in-group homogeneity. Social Cognition 11(1): 150-64.

Brewer, M. B., and R. J. Brown. 1988. Intergroup relations. In D. Gilbert, S. Fiske, and G. Lindzey, eds., The handbook of social psychology, 4th ed., 2:554-94. New York:McGraw-Hill.

Brewer, M., and W. Gardner. 1996. Who is this "we"? Levels of collective identity and self-representations. Journal of Personality and Social Psychology 71: 83-93.

Brewer, M. B., and R. M. Kramer. 1985. The psychology of intergroup attitudes and behavior. Annual Review of Psychology 36: 219-43.

Briscoe, D. R. 1995. International human resource management. Englewood Cliffs, N.J.: Prentice-Hall.

Brislin, R. W. 1981. Cross-cultural encounters: Face-to face interaction. New York: Pergamon.

. 1986. A culture general assimilator: Preparation for various types of sojourns. International Journal of Intercultural Relations 10(2): 215-34.

Brislin, R., and A. M. Horvath. 1997. Cross-cultural training and multicultural education. In J. W. Berry, M. H. Segall, and C. Kagiticibasi, eds., Handbook of cross-cultural psychology. Volume 3: Social behavior and applications, 2d ed. Needham Heights, Mass.: Allyn and Bacon.

Brislin, W., D. Landis, and M. Brandt. 1983. Conceptualizations of intercultural behavior and training. In D. Landis and R. Brislin, eds., Handbook of intercultural training: Vol. 1: Issues in theory and design, 1-35. New York: Pergamon Press.

Brissett, D., and C. Edgley, eds. 1990. Life as theatre. Hawthorne, N.Y.: Walter de Gruyter.

Brody, N. 1992. Intelligence. San Diego, Calif.: Academic Press.

Brown, A. L. 1987. Metacognition, executive control, self-regulation, other more mysterious mechanisms. In F. E. Weinert and R. H. Kluwe, eds., Metacognition, motivation and understanding. Hillsdale, N.J.: Lawrence Erlbaum.

Brown, D. E. 1991. Human universals. New York: McGraw-Hill.

Brown, P., and S. Levinson. 1978. Universals in language use. In E. N. Goody, ed., Questions and politeness, 56-289. Cambridge: Cambridge University Press.

Buckley, P., and M. Brooke. 1992. International business studies. Oxford: Blackwell. Burgoyne, J. G. 1993. The competence movement: Issues, stakeholders and prospects. Personnel Review 22(6).

Burke, P. J., and D. C. Reitzes. 1991. An identity theory approach to commitment. Social Psychology Quarterly 54: 239-51.

Byrne, D. 1971. The attraction paradigm. New York: Academic Press.

Byrnes, F. C. 1966. Role shock: An occupational hazard of American technical assistants abroad. Annals of the American Academy of Political and Social Science 368: 95-108.

Caligiuri, P. M. 1997. Assessing expatriate success: Beyond just "being there." In Z. Aycan, ed., Expatriate management: Theory and research, 4:117-40. Greenwich, Conn.: JAI Press.

Caligiuri, P. M., M. M. Hyland, and A. S. Bross. 1998. Testing a theoretical model for examining the relationship between family adjustment and expatraites' work adjustment. Journal of Applied Psychology 83(4): 598-614.

Campbell, D. T. 1975. On the conflicts between biological and social evolution between psychology and moral tradition. American Psychologist 30: 1103-26.

Campbell, J. P., and R. J. Campbell. 1988. Industrial-organizational psychology and productivity: The goodness of fit. In R. J. Campbell and J. P. Campbell, eds., Productivity in organizations. San Francisco: Jossey-Bass.

Cantor, N., and R. Harlow. 1994. Social intelligence and personality: Flexible lifetask pursuit. In R. J. Sternberg and P. Ruzgis, eds., Personality and intelligence, 137-68. Cambridge: Cambridge University Press.

Cantor, N., and J. F. Kihlstrom. 1985. Social intelligence: The cognitive basis of personality. Review of Personality and Social Psychology 6: 15-33.

Cardot, J. 1998. Self-confidence. In C. H. Dodd, Dynamics of intercultural communication, 5th ed., 271. Boston: McGraw Hill.

Carroll, J. B. 1993. Human cognitive abilities: A survey of factor-analytic studies. Cambridge: Cambridge University Press.

Carter, T. 1974. Creative drama for LD children. Academic Therapy 9: 411-18.

Cattell, R. B. 1943. The measurement of adult intelligence. Psychological Bulletin 40: 153-93.

——. 1963. Theory of fluid and crystallized intelligence: A critical experiment. Journal of Educational Psychology, 54: 1-22.

——. 1971. Abilities: Their structure, growth, and action. Boston: Houghton Mifflin.

——. 1987. Intelligence: Its structure, growth, and action. Amsterdam: North-Holland.

Ceci, S. J. 1990. On intelligence ... more or less: A bio-ecological treatise on intellectual development. Englewood Cliffs, N.J.: Prentice-Hall.

——. 1996. On intelligence: A bioecological treatise on intellectual development. Expanded ed. Cambridge, Mass.: Harvard University Press.

Ceci, S. J., and J. Liker. 1986. Academic and nonacademic intelligence: An experimental separation. In R. J. Sternberg and R. K. Wagner, eds., Practical intelligence: Nature and origins of competence in everyday world, 119-42. New York: Cambridge University Press.

Ceci, S. J., and A. Ruiz. 1991. The role of general ability in cognitive complexity: A case study of expertise. In R. Hoffman, ed., The psychology of expertise: Cognitive research and empirical AI, 218-30. New York: Springer-Verlag.

Chartrand, R. L., and J. A. Bargh. 1999. The chameleon effect: The perceptionbehavior link and social interaction. Journal of Personality and Social Psychology 76(6): 891-910.

Chatman, J. A., and S. G. Barsade. 1995. Personality, organizational culture, and cooperation: Evidence from a business simulation. Administrative Science Quarterly 40: 423-43.

Chiu, L. H. 1972. A cross-cultural comparison of cognitive styles in Chinese and American children. International Journal of Psychology 7: 235-42.

Christopher, J. 1988. Socialization to new cultural environments: A test of cultural adaptation. Unpublished manuscript, University of Maryland.

Church, A. 1982. Sojourner adjustment. Psychological Bulletin 91: 540-72.

Clark, M. S., and J. Mills. 1993. The differences between communal and exchange Relationships: What it is and is not. Personality and Social Psychology Bulletin 15: 533-42.

Clark, R. C. 1998. Building expertise: Cognitive methods for training and performance improvement. Washington, D.C.: ISPI.

Cohen, M. D., and P. Bacdayan. 1994. Organizational routines are stored as procedural memory. Organization Science 5.

Cohen, M. S., J. T. Freeman, and S. Wolf. 1996. Metarecognition in time-stressed decision making: Recognizing, critiquing, and correcting. Human Factors 38: 206-19.

Colton, R. 1988. Physiological mechanisms of vocal frequency control: The role of tension. Journal of Voice 2(3): 208-20.

Copeland, L., and L. Griggs. 1985. Going international. New York: Random House.

Corbitt, J. N. 1998. Global awareness profile (GAPtest). Yarmouth, Me.: Intercultural Press.

Cornelius, S. W., and A. Caspi. 1987. Everyday problem solving in adulthood and old age. Psychology and Aging 2: 144-53.

Costa, P. T., and R. R. McCrae. 1992. Revised NEO-Personality Inventory (NEOPI-R) and NEO Five Factor Inventory (NEO-FFI) Professional Manual. Odessa: Psychological Assessment Resources, Inc.

Cousins, S. D. 1989. Culture and self-perception in Japan and the United States. Journal of Personality and Social Psychology 56: 124-3 1.

Cronbach, L. J. 1960. Essentials of psychological testing, 2d ed. New York: Harper and Row.

Grouter, A. 1984. Spillover from family to work: The neglected side of the work-familyinterace. Human Relations 37: 425-42.

Cushner, K. 1989. Assessing the impact of a culture-general assimilator. International Journal of

Intercultural Relations 13(2): 125-46.

Cushner, K., and R. Brislin. 1996. Intercultural interactions: A practical guide. Thousand Oaks, Calif.: Sage.

Damasio, A. 1994. Descartes' error: Emotion, reason, and the human brain. New York: Putnam.

Das, J. P. 1994. Eastern views of intelligence. In R. J. Sternberg, ed., Encyclopedia of human intelligence, 391. New York: Macmillan.

Davidson, J. E., and C. L. Downing. 2000. Contemporary models of intelligence. In R. J. Sternberg, ed., Handbook of intelligence, 34-52. New York: Cambridge University Press.

Davies, M., L. Stankov, and R. D. Roberts. 1998. Emotional intelligence: In search of an elusive construct. Journal of Personality and Social Psychology 75(4): 989-1015.

Davis, P., and B. Donald. 1997. Multicultural counseling competencies: Assessment, evaluation, education and training, and supervision. Thousand Oaks, Calif.: Sage.

Dawis, R. V., and L. H. Lofquist. 1984. A psychological theory of work adjustment. Minneapolis: University of Minnesota Press.

Delclos, V. R., and C. Harrington. 1991. Effects of strategy monitoring and proactive instructors on children's problem-solving performance. Journal of Educational Psychology 80: 131-42.

DePaulo, B. M. 1992. Nonverbal behavior and self-presentation. Psychological Bulletin 111(2): 203-43.

DePaulo, B. M., and H. S. Friedman. 1998. Nonverbal communication. In D. T. Gilbert, S. T. Fiske, and G. Lindzey, eds., Handbook of social psychology, 4th ed., 3-40. Boston: McGraw-Hill.

DePaulo, P. J., and B. M. DePaulo. 1989. Can attempted deception by salespersons and customers be detected through nonverbal behavioral cues? Journal of Applied Social Psychology 19: 1552-57.

Deshpande, S., and C. Viswesvaren. 1992. Is cross-cultural training of managers effective? A meta analysis. International Journal of Intercultural Relations 16(3): 295-310.

Detweiler, R. 1975. On inferring the intentions of a person from another culture. Journal of Personality 43: 591-611.

———. 1978. Culture, category width, and attributions: A model building approach to the reasons for cultural effects. Journal of Cross-Cultural Psychology 9: 259-84.

———. 1980. Intercultural interactions and the categorization process: A conceptual analysis and behavioral outcome. International Journal of Intercultural Relations 4: 275-95.

Deutsch, M. 1958. Trust and suspicion. Journal of Conflict Resolutions 2: 265-79.

———. 1962. Cooperation and trust: Some theoretical notes. In M. R. Jones, ed., Nebraska symposium on motivation, 275-319. Lincoln: University of Nebraska Press.

Deutsch, M., and R. M. Krauss. 1962. Studies of interpersonal bargaining. Journal of Conflict Resolution 6: 52-76.

Dewey, J. 1935. Liberalism and Social Action. New York: G. P. Putnam's Sons.

Dicken, C. 1969. Predicting the success of Peace Corps community development workers. Journal of Consulting and Clinical Psychology 33(5): 597-606.

Dickens, F., and J. B. Dickens. 1982. The black manager. New York: AMACOM.

Dodd, C. H. 1998. Dynamics of intercultural communication, 5th ed. Boston: McGraw Hill.

Dodd, C. H., and C. Garmon. 1998. Personal communication world view. In C. H. Dodd, ed., Dynamics of intercultural communication, 5th ed., 103-4. Boston: McGraw Hill.

Dollard, J., L. Doob, N. Miller, 0. Mowrer, and R. Sears. 1939. Frustration and aggression. New Haven, Conn.: Yale University Press.

Dowling, P. J., D. E. Welsh, and R. S. Schuler. 1999. International human resource management, Managing people in a multinational context, 3d ed. Cincinatti, Ohio: South-Western Publishing Company.

Dubin, R. 1992. Central life interests: Creative individualism in a complex world. New Brunswick, N.J.: Transaction Books.

Dunnette, M. D. 1976. Aptitudes, abilities, and skills. In M. D. Dunnette, ed., Handbook of industrial and organizational psychology. Chicago: Rand McNally.

Durkheim, E. 1933. The division of labor in society. Trans. G. Simpson. New York: The Free Press.

Duval, S., and R. A. Wicklund. 1972. A theory of objective self awareness. New York: Academic Press.

Dweck, C. S., and E. L. Leggett. 1988. A social-cognitive approach to motivation and personality. Personality Review 9: 256-73.

D'Zurilla, T., and M. Goldfried. 1971. Problem-solving and behavior modification. Journal of Abnormal Psychology 78: 107-26.

Eagly, A. H., and M. Crowley. 1986. Gender and helping behavior: A meta-analytic review of the social psychological literature. Psychological Bulletin 100: 283-308.

Earley, P. C. 1987. Intercultural training for managers: A comparison of documentary and interpersonal methods. Academy of Management Journal 30(4): 685-98.

———. 1997. Face, harmony, and social structure: An analysis of organizational behavior across cultures. New York: Oxford University Press.

———. 1999. Playing follow the leader: Status-determining traits in relation to collective efficacy across cultures. Organizational Behavior and Decision Processes 80: 1-21.

Earley, P. C., T. Connolly, and G. Ekegren. 1989. Goals, strategy development and task performance: Some limits on the efficacy of goal setting. Journal of Applied Psychology 74: 24-33.

Earley, P. C., T. Connolly, and C. Lee. 1989. Task strategy interventions in setting: The importance of search in strategy development. Journal of Management 15: 589-602.

Earley, P. C., and M. Erez. 1991. Time dependency effects of goals and norms: Examination of alternative methods to influence performance. Journal of Applied Psychology 76: 717-24.

———. 1997. The transplanted executive. New York: Oxford University Press.

Earley, P. C., and C. Francis. 2002. International perspectives on emotion and work. In R. Klimoski, R. Lord, and R. Kanfer, eds., Emotion in work. San Diego, Calif.: New Lexington Press.

Earley, P. C., and C. B. Gibson. 2002. Multinational work teams: A new perspective. Hillsdale, N.J.: Lawrence Erlbaum.

Earley, P. C., and M. Laubach. 2000. Cross-cultural perspectives on work groups: Linking culture with context. In M. Gannon and K. Newman, eds., Handbook of organization culture. London: Blackwell Publishers.

Earley, P. C., and E. A. Lind. 1987. Procedural justice and participation in selection: Control-mediated effects of voice in procedural and task decisions. Journal of Personality and Social Psychology 52: 1148-60.

Earley, P. C., and T. R. Lituchy. 1991. Delineating goal and efficacy effects: A test of three models. Journal of Applied Psychology 76: 81-98.

Earley, P. C., and E. Mosakowski. 1996. Experimental international management research. In B. J. Punnett and O. Shenkar, eds., Handbook of international management research, 83-114. London: Blackwell Publishers.

———. 2000. Creating hybrid team cultures: An empirical test of international team functioning. Academy of Management Journal 43: 26-49.

———. Forthcoming. Linking culture and behavior in organizations: Suggestions for theory development and research methodology. In F. Dansereau and F. Yammarino, eds., Advances in cross-level organizational research. Greenwich, Conn.: JAI Press.

Earley, P. C., and A. Randel. 1997. Self and other: Face and work group dynamics. In C. Granrose and S. Oskamp, eds., Claremont symposium on applied international psychology. Thousand Oaks, Calif.: Sage.

Earley, P. C., and H. Singh. 1995. International and interacultural management research: What's next? Journal of Management Review 32(2): 327-40.

Earley, P. C., P. Wojnaroski, and W. Prest. 1987. Task planning and energy expended: An exploration of how goals influence performance. Journal of Applied Psychology 72:107-14.

Eden, D. 1975. Intrinsic and extrinsic rewards and motives: Replication and extension with kibbutz workers. Journal of Applied Social Psychology 5: 348-61.

Edwards, A. L. 1957. Techniques of attitude scale construction. New York: AppletonCentury-Crofts.

Efron, D. 1968. Gesture and environment. New York: King's Crown.

Eibl-Eibesfeldt, I. 1989. Human ethology: The biology of human behavior. New York: Aldine de Gruyter.

Ekman, P. 1972. Universals and cultural differences in facial expressions of emotions. In J. K. Cole, ed., Nebraska symposium on motivation, 1971, 207-83. Lincoln: University of Nebraska Press.

——. 1999. Emotional and conversational nonverbal signals. In L. S. Messing and R. Campbell, eds., Gesture, speech, and sign, 45-55. Oxford: Oxford University Press.

Ekman, P., and W. V. Friesen. 1969a. Nonverbal leakage and clues to deception. Psychiatry 32: 88-106.

——. 1969b. The repertiore of nonverbal behavior: Categories, origins, usage, and coding. Semiotica 1: 49-98.

Ekman, P., W. V. Friesen, and P. Ellsworth. 1972. Emotion in the human face. New York: Pergamon Press.

Elfenbein, H. A., and N. Ambady. 2002. On the universality and cultural specificity of emotional recognition: A meta-analysis. Psychological Bulletin 128(2): 203-35.

Ember, C. R., and M. Ember. 1993. Issues in cross-cultural studies of interpersonal violence. Violence and Victims 8: 217-33.

Epstein, S. 1973. The self-concept revisited, or a theory of a theory. American Psychologist 28: 408-16.

Erez, M. 1994. Towards a model of cross cultural industrial and organizational pychology. In M. D. Dunnette, H. C. Triandis, and L. Hough, eds., Handbook of industrial aand organizational psychology, 2d ed., 4:559-607. Palo Alto, Calif.: Consulting Psychology Press.

——. 1997. A culture based model of work motivation. In P. C. Earley and M. Erez, eds., New perspectives on international industrial and organizational psychology, 193-242. San Francisco: Lexington Press.

Erez, M., and P. C. Earley. 1993. Culture, self-identity, and work. New York: Oxford University Press.

Erez, M., P. C. Earley, and C. Hulin. 1985. The impact of participation upon acceptance and performance: A two-step model. Academy of Management Journal 28: 50-66.

Ericsson, K. A. 1996. The acquisition of expert performance. In K. A. Ericsson, ed., The road to excellence: The acquisition of expert performance in the arts and sciences, sports and games. Mahwah, N.J.: Lawrence Erlbaum.

Eysenck, H. J. 1986. The theory of intelligence and the psychophysiology of cognition. In R. J. Sternberg, ed., Advances in the psychology of human intelligence, 3:1-34. Hillsdale, N.J.: Lawrence Erlbaum.

Farh, J. L., A. S. Tsui, K. Xin, and B. Cheng. 1998. The influence of relational demography and Guanxi: The Chinese case. Organizational Science 9(4): 471-88. Felson, R. B. 1978. Aggression as impression management. Social Psychology Quarterly 41: 205-13.

———. 1982. Impression management and the escalation of aggression and violence. Social Psychology Quarterly 45: 245-54.

Festinger, Leon. 1957. A theory of cognitive dissonance. Stanford, Calif.: Stanford University Press.

Fiedler, F. E., T. R. Mitchell, and H. C. Triandis. 1971. The culture assimilator: An approach to cross-cultural training. Journal of Applied Psychology 55: 95-102. Fiske, A. P. 1991. Structures of social life. New York: The Free Press.

Fiske, A. P., S. Kitayama, H. R. Markus, and R. E. Nisbett. 1998. The cultural matrix of social psychology. In D. T. Gilbert, S. T. Fiske, and G. Lindzey, eds., The handbook of social psychology, 4th ed., 2:915-981. Boston: McGraw-Hill.

Fiske, S. T., and S. L. Neuberg. 1990. A continuum of impression formation from category-based to individuating processes: Influences of information and motivation on attention and interpretation. Advances in Experimental Social Psychology 23: 1-74.

Flavell, J. H. 1976. Metacognitive aspects of problem solving. In L. Resnick, ed., The nature of intelligence. New York: John Wiley.

———. 1979. Metacognition and cognitive monitoring: A new area of cognitive Inquiry. American Psychologist 34: 906-11.

———. 1987. Speculations about the nature and development of metacognition. In F. E. Weinert and R. H. Kluwe, eds., Metacognition, motivation, and understanding. Hillsdale, N.J.: Lawrence Erlbaum.

Foa, E. B., and U. G. Foa. 1976. Resource theory of social exchange. In J. W. Thibaut, T. T. Spence, and R. C. Carson, eds., Contemporary topics in social psychology. Morristown, N.J.: General Learning.

Foa, U. G., and E. B. Foa. 1974. Societal structures of the mind. Springfield, Ill.: Thomas.

Folger, R. 1977. Distributive and procedural justice: Combined impact of "voice" and improvement on experienced inequity. Journal of Personality and Social Psychology 35: 108-19.

Ford, M., and M. Tisak. 1983. A further search for social intelligence. Journal of Educational Psychology 75: 196-206.

Forster, N. 1997. The persistent myth of high expatriate failure rates: A reappraisal. International Journal of Human Resource Management 8(4): 414-31.

Foster, D. A. 2000. Cross-cultural issues in the global workplace. Global Business Information Network Conference. Kelley School of Business, Indiana University.

Fowler, S. M., and M. G. Mumford, eds. 1995. Intercultural sourcebook: Cross cultural training methods, vol. 1. Yarmouth, Me.: Intercultural Intercultural Press.

———. 1998. Intercultural sourcebook: Cross cultural training methods, vol. 2. Yarmouth, Me.: Intercultural Press.

Frank, R. H. 1988. Passions within reason. New York: W. W. Norton and Co.

Frederiksen, N. 1986. Toward a broader conception of human intelligence. In R. J. Sternberg and R. K. Wagner, eds., Practical intelligence: Nature and origins of competence in everyday world, 84-116. New York: Cambridge University Press.

Friedman, H. S., L. M. Prince, R. Riggio, and M. R. DiMatteo. 1980. Understanding and assesssing nonverbal expressiveness: The Affective Communication Test. Journal of Personality and Social Psychology 39: 333-51.

Friedman, R. C., and B. M. Shore, eds. (1998). Talents unfolding: Cognition and development. Washington, D.C.: American Psychological Association.

Fukuda, K. J., and P. Chu. 1994. Wrestling with expatriate family problems: Japanese experiences in East Asia. International Studies of Management and Organization 24: 36-47.

Furnham, A., and S. Bochner. 1986. Culture shock: psychological reactions to unfamiliar environments. London: Methuen.

Gannon, M. J., and Associates. 2001. Understanding global cultures: Metaphorical journeys through 23 countries. Thousand Oaks, Calif.: Sage.

Gannon, M. J., and J. M. L. Poon. 1997. Effects of alternative instructional approaches on cross-cultural training outcomes. International Journal of Intercultural Relations 21(4):429-46.

Gardner, H. 1983. Frames of mind: The theory of multiple intelligences. New York: Basic Books.

———. 1993. Multiple intelligences: The theory in practice. New York: Basic Books.

———. 1998. Are there additional intelligences? The case for naturalist, spiritual, and existential intelligences. In J. Kane, ed., Education, information, and transformation. Englewood Cliffs, N.J.: Prentice-Hall.

———. 1999. Intelligence reframed. New York: Basic Books.

Gardner, H., M. L. Kornhaber, and W. K. Wake. 1996. Intelligence: Multiple perspectives. Orlando, Fla.: Holt, Rinehart, and Winston.

Gardner, W. L. 1992. Lessons in organizational dramaturgy: The art of impression management. Organizational Dynamics 21(1): 33-46.

Gardner, W. L., and B. J. Avolio. 1998. The charismatic relationship: A dramaturgica l perspective. Academy of Management Review 23(1): 32-59.

Gardner, W. L., and M. J. Martinko. 1988. Impression management in organizations. Journal of Management 14: 321-38.

Garfinkel, H. 1967. Studies in ethnomethodology. Englewood Cliffs, N.J.: Prentice-Hall.

Garland, H. 1985. A cognitive mediation theory of task goals and human performance. Motivation and Emotion 9: 345-67.

Gecas, V. 1982. The self concept. Annual Review of Psychology 8: 1-33.

Gersten, M. 1990. Inter-Cultural competence and expatriates. International Journal of Human Resource Management 1(3) (December): 341-62.

Giacalone, R. A., and J. W. Beard. 1994. Impression management, diversity, and international management. American Behavioral Scientist 37: 621-36.

Giles, H., and R. L. J. Street. 1994. Communicator characteristics and behavior. In M. L. Knapp and G. R. Miller, eds., Handbook of interpersonal communication, 2d ed., 103-61. Thousand Oaks, Calif.: Sage.

Ginsberg, A. 1990. Connecting diversification to performance: A sociocognitive perspective. Academy of Management Review 15.

Gist, M. E., and T. R. Mitchell. 1992. Self-efficacy: A theoretical analysis of its determinants and malleability. Academy of Management Review 17(2): 183-211.

Glaser, R. 1985. Learning and instruction: A letter from a time capsule. In S. F. Chipman, J. W. Segal, and R. Glaser, eds., Thinking and learning skills: Research and open questions, 2:609-18. Hillsdale, N.J.: Lawrence Erlbaum.

Glenn, E. S., and C. G. Glenn. 1981. Man and mankind: Conflicts and communications between cultures. Norwood, N.J.: Ablex Publishing Co.

Glenn, E. S., D. Witmeyer, and K. A. Stevenson. 1977. Cultural styles of persuasion. International Journal of Intercultural Relations 1: 52-56.

Goffee, R., and G. Jones. 1998. The Character of a Corporation. New York: Harper Collins.

Goffee, R., and R. Scase. 1995. Corporate realities. New York: Routledge.

Goffman, E. 1959. The presentation of self in everyday life. Garden City, N.Y.: Doubleday Anchor.

. 1967. Interaction ritual: Essays on face-to-face behavior. Garden City, N.Y.: Anchor Books.

. 1974. Frame analysis: An essay on the organization of experience. Cambridge, Mass.: Harvard University Press.

Goldstein, A. P., and M. H. Segall. 1983. Aggression in global perspective. New York: Pergamon.

Goldstein, D. 1994. A comparison of the effects of expatriate training on sojourners' cross-cultural adaptability. Unpublished doctoral dissertation, Florida International University.

Goldestein, D., and D. H. Smith. 1999. The analysis of the effects of experiential training on sojourners' cross-cultural adaptability. International Journal of Intercultural Relations 23(1): 157-73.

Goleman, D. 1995. Emotional intelligence. New York: Bantam Books.

Gomez-Mejia, L., and D. B. Balkin. 1987. The determinants of managerial satisfaction with expatriation and repatriation process. Journal of Management Development 6: 7-17.

Gourgey, A., J. Bosseau, and J. Delgado. 1985. The impact of improvisational dramatics program on student attitudes and achievement. Children's Theater Review 34: 9-14.

Grande, P. P. 1966. The use of self and peer ratings in a Peace Corps training program. Vocational Guidance Quarterly 14: 244-46.

Greenberg, J. 1996. The quest for justice on the job: Essays and experiments. Thousand Oaks, Calif.: Sage.

Greenberg, J., and E. A. Lind. 2000. The pursuit of organizational justice: From conceptualization to implication to application. In C. L. Cooper and E. A. Locke, eds., Industrial and organizational psychology: Linking theory with practice, 72-108. Oxford: Blackwell.

Greenfield, P. M. 1997. Culture as process: Empirical methods for cultural psychology. In J. W. Berry, Y. H. Poortinga, and J. Pandey, eds., Handbook of crosscultural psychology, Vol. 1: Theory and method, 2d ed. Boston: Allyn and Bacon.

Greenwald, A. G. 1980. The totalitarian ego: Fabrication and revision of personal history. American Psychologist 85: 53-57.

Gregersen, H. B., and L. K. Stroh. 1997. Coming home to the artic cold: Antecedents to Finnish expatriate and spouse repatriation adjustment. Personnel Psychology 50: 63 5-54.

Gudykunst, W. B. 1993. Toward a theory of interpersonal and intergroup communication: An anxiety/uncertainty management (AUM) perspective. In R. Wiseman and J. Koester, eds., Intercultural communication competence, 33-71. Newbury Park, Calif.: Sage.

Gudykunst, W. B., and M. H. Bond. 1997. Intergroup relations across cultures. In J. W. Berry, M. H. Segall and K. Cigdem, eds., Handbook of cross-cultural psychology. Vol. 3: Social behavior and applications, 119-62. Boston, Mass.: Allyn and Bacon.

Gudykunst, W. B., G. Goa, and N. Schmidt. 1992. The influence of individualismcollectivism, self-monitoring and predicted-outcome value on communciation in in-group and out-group relationships. Journal of Cross-Cultural Psychology 23: 196-213.

Gudykunst, W. B., and Y. Y. Kim. 1984. Communicating with strangers. Beverly Hills, Calif.: Sage.

Gudykunst, W. B., S. Ting-Toomey, and E. Chua. 1988. Culture and interpersonal communication.

Newbury Park, Calif.: Sage.

Guilford, J. P. 1967. The nature of human intelligence. New York: McGraw-Hill.

Gullahorn, J. T., and J. E. Gullahorn. 1963. An extension of the U-curve hypothesis. Journal of Social Issues 19(3): 33-47.

Gumperz, J. J. 1982. Discourse strategies. Cambridge: Cambridge University Press.

Guthrie, G. M. 1966. Cultural preparation for the Phillippines. In R. B. Textor, ed., Cultural frontiers of the Peace Corps. Cambridge, Mass.: MIT Press.

Hacker, D. J. 2001. Metacognition: Definitions and empirical foundations. Memphis, Tenn.: University of Memphis. (Unpublished paper.)

Hackman, J. R. 1987. The design of work teams. In J. Lorsch, ed., Handbook of organizational behavior, 89-136. New York: Prentice-Hall.

. 1990. Introduction. In J. R. Hackman, ed., Groups that work and those that don't. San Francisco: Jossey-Bass.

Hackman, J. R., and G. R. Oldham. 1976. Motivation through the design of work: Test of a theory. Organizational Behavior and Human Decision Processes 16(2): 250-79.

Haier, R. J., K. H. Nuerchterlein, E. Hazlett, J. C. Wu, and J. Paek. 1988. Cortical glucose metabolic rate correlates of abstract reasoning and attention studied with position emission tomography. Intelligence 12: 199-217.

Haier, R. J., B. Siegel, C. Tang, L. Abel, and M. S. Buchsbaum. 1992. Intelligence and changes in regional cerebral glucose metabolic rate following learning. Intelligence 16: 415-26.

Haire, M., E., E. Ghiselli, and L. W. Porter. 1966. Managerial thinking: An international study. New York: John Wiley.

Hall, E. T. 1959. The silent language. New York: Anchor Books.

. 1966. The hidden dimension. New York: Doubleday.

. 1976. Beyond culture. New York: Doubleday.

. 1993. An anthropology of everyday life. New York: Anchor Books. Hall, E., and M. Hall. 1990. Understanding cultural differences. Yarmouth, Me.: Intercultural Press.

Hall, P. H., and W. B. Gudykunst. 1989. The relationship of perceived ethnocentrism in corporate cultures to the selection, training, and success of international employees. International Journal of Intercultural Relations 11:65-88.

Hamilton, P. W. 1993) . Bridging language barriers. D and B Reports.

Hammer, M. R. 1987. Behavioral dimensions of intercultural effectiveness: A replication and extension. International Journal of Intercultural Relations 11: 65-88.

. 1998. A measure of intercultural sensitivity: The Intercultural Development Inventory. In S. M. Fowler and M. G. Mumford, eds., Intercultural sourcebook: Cross-cultural training methods,

2:61-72. Yarmouth, Me.: Intercultural Press.

Hammer, M. R. and M. J. Bennett. 1998. The intercultural development inventory manual. Portland, Ore.: Intercultural Communication Institute.

Hammer, M. R., M. J. Bennett, and R. L. Wiseman. N.d. Measuring intercultural competence: The intercultural development inventory. Pre-publication copy.

Hammer, M. R., W. B. Gudykunst, and R. L. Wiseman. 1978. Dimensions of intercultural effectiveness: An exploratory study. International Journal of Intercultural Relations 4(2): 382-393.

Hannigan, T. P. 1990. Traits, attitudes, and skills that are related to intercultural effectiveness and their implications for cross-cultural training: A review of the literature. International Journal of Intercultural Relations 14: 89-111.

Harris, P. R., and R. T. Moran. 1979. Managing cultural differences. Houston, Tex.: Gulf.

Harrison, J. K. 1992. Individual and combined effects of behavior modelling and the cultural assimilator in cross-cultural management training. Journal of Applied Psychology 77(6): 952-62.

Harvey, M. G. 1985. The executive family: An overlooked variable in international assignments. Columbia Journal of World Business 20(1): 84-93.

———. 1998. Dual-career couples during international relocation: The trailing spouse. International Journal of Human Resources Management 9(2): 309-31.

Harvey, M. G., M. R. Buckley, and M. M. Novicevic. 2000. Strategic global human resource management: A necessity when entering emerging markets. In G. R. Ferris, ed., Resarch in personnel and human resources management, 19:1-52. Amsterdam: JAI Press.

Harzing, A-W. 1995. The persistent myth of high expatriate failure rates. International Journal of Human Resource Management 6(2): 457-74.

Hawes, F., and D. J. Kealey. 1981. An empirical study of Canadian technical assistants. International Journal of Intercultural Relations 5: 239-58.

Hebb, D. 0. 1949. The organization of behavior: A neuropsychological theory. New York: John Wiley.

Hedge, A., and Y. H. Yousif. 1992. Effects of urban size, urgency, and cost on helpfulness. Journal of Cross-Cultural Psychology 23: 107-15.

Hedlund, J., and R. J. Sternberg. 2000. Practical intelligence: Implications for human resources research. In G. R. Ferris, ed., Research in personnel and human resources management, 19:1-52. New York: Elsevier Science.

Heider, Fritz. 1958. The psychology of interpersonal relations, chap. 7, 174-217. New York: John Wiley.

Henry, E. R. 1965. What business can learn from Peace Corps selection and training. Personnel 42(2): 17-25.

Herrnstein, R. J., and C. Murray. 1994. The bell curve: Intelligence and class structure in American life. New York: The Free Press.

Herskovits, M. J. 1955. Cultural anthropology. New York: Alfred A. Knopf.

Higbee, H. 1969. Role shock-A new concept. International Educational and Cultural Exchange 4(4): 71-81.

Hirsch, F. 1997. A method to their madness: The history of the actors studio. Los Angeles: Da Capo Press.

Ho, D. Y. F. 1976. On the concept of face. American Journal of Sociology 81: 867-90.

Hofstede, G. 1980. Culture's consequences: International differences in work related values. Newbury Park, Calif.: Sage.

. 1991. Culture and organizations: Software of the mind. London: McGraw Hill.

Hogan, G. W., and J. R. Goodson. 1990. The key to expatriate success. Training and Development journal 44 (1): 50-52.

Hogan, R. 1968. Development of an empathy scale. Journal of Consulting and Clinical Psychology 33: 307-16.

Holland, J. L. 1959. A theory of vocational choice. Journal of Counseling Psychology 6: 35-45.

. 1973. Making vocational choices: A theory of careers. Englewood Cliffs, N.J.: Prentice-Hall.

Hollenbeck, J. R., D. R. Ilgen, J. A. LePine, J. A. Colquitt, and J. Hedlund. 1998. Extending the multilevel theory of team decision making: Effects of feedback and experience in hierarchical teams. Academy of Management Journal 41(3): 269-82.

Hollenbeck, J. R., and H. J. Klein. 1987. Goal commitment and the goal setting process: Problems, prospects and proposals for future research. Journal of Applied Psychology 72: 212-20.

Horn, J. L. 1986. Intellectual ability concepts. In R. J. Sternberg, ed., Advances in the psychology of human intelligence, 3:35-77. Hillsdale, N.J.: Lawrence Erlbaum.

Horn, J. L., and R. B. Cattell. 1966. Refinement and test of the theory of fluid and crystallized ability intelligences. Journal of Educational Psychology 57: 253-70.

House, R. J., N. S. Wright, and R. N. Aditya. 1997. Cross-cultural research on organizational leadership: A critical analysis and a proposed theory. In P. C. Earley and M. Erez, eds., New perspectives on international industrial/ organizational psychology, 535-625. San Francisco: New Lexington.

Howe, M. J. A. 1999. The psychology of high abilities. London: MacMillan.

Hsu, F. 1985. The self in cross-cultural perspective. In G. D. A. Marsella, and F. Hsu, eds., Culture and self Asian and Western perspectives. New York: Tavistock.

Hu, H. C. 1944. The Chinese concepts of face. American Anthropologist 46: 45-64.

Hughes, E. C. 1971. The sociological eye: Selected papers. Chicago: Aldine-Atherton.

Hunt, E. B. 1980. Intelligence as an information-processing concept. British Journal of Psychology 71: 449-74.

Hunt, E. B., and M. Lansman. 1982. Individual differences in attention. In R. J. Sternberg, ed., Advances in the psychology of human intelligence, 1:207-54. Hillsdale, N.J.: Lawrence Erlbaum.

Huston, T. L., G. Geis, and R. Wright. 1976. The angry Samaritans. Psychology Today (June): 61-85.

Hwang, K.-k. 1987. Face and favor: The Chinese power game. American Journal of Sociology 92(4): 944-74.

Ibarra, H. 1992. Homophily and differential returns: Sex differences in network structure and access in an advertising firm. Administrative Science Quarterly 37: 422-47.

Ilgen, D. R., and H. Klein. 1988. Individual motivation and performance: Cognitive efforts on motivation and choice. In J. P. Campbell and R. J. Campbell, eds., Productivity in organizations. San Francisco: Jossey-Bass Publishers.

Illman, P. E. 1980. Developing overseas managers and managers overseas. New York: AMACOM.

Irvine, J. T. 1978. "Wolof magical thinking": Culture and conservation revisited. Journal of Cross-Cultural Psychology 9: 300-10.

Irwin, E. C. 1977. Play, fantasy and symbolism: Drama with emotionally disturbed children. American Journal of Psychotherapy 31: 426-36.

Izard, C. E. 1994. Innate and universal facial expressions: Evidence from developmental and cross-cultural research. Psychological Bulletin 115: 288-99.

Jackson, J. T. 1997. Drama: A teaching tool for culturally diverse children with behavioral disorders. Journal of Instructional Psychology 24(3): 158-71.

Jackson, S., and R. Schuler. 1985. A meta-analysis and conceptual critique of research on role ambiguity and role conflict in work settings. Organizational Behavior and Human Decisions Processes 36: 16-78.

Jackson, S. E., and Associates. 1992. Diversity in the workplace: Human resources initiatives. New York: Guilford Press.

Jackson, S. E., J. F. Brett, V. I. Sessa, D. M. Cooper, J. A. Julin, and K. Peyronnin. 1991. Some differences make a difference: Individual dissimilarity and group heterogeneity as correlates of recruitment, promotions, and turnover. Journal of Applied Psychology 76:675-89.

Jackson, S. E., K. E. May, and K. Whitney. 1995. Understanding the dynamics of diversity in decision-making teams. In R. A. Guzzo, E. Salas, and Associates, eds., Team effectiveness and decision making in organizations, 204-61. San Francisco: Jossey-Bass Publishers.

Jausovec, N. 2000. Differences in cognitive processes between gifted, intelligent, creative and average individuals while solving complex problems: An EEG study. Intelligence 28(3): 213-37.

Jehn, K., G. Northcraft, and M. Neale. 1999. Why differences make a difference: A field study of diversity, conflict, and performance in workgroups. Administrative Science Quarterly 44: 741-63.

Jensen, A. R. 1982a. The chronometry of intelligence. In R. J. Sternberg, ed., Advances in the psychology of human intelligence, 1:255-310. Hillsdale, N.J.: Lawrence Erlbaum.

———. 1982b. Reaction time and psychometric g. In H. J. Eysenck, ed., A model for intelligence. Heidelberg: Springer-Verlag.

———. 1993. Test validity: gversus "tacit knowledge." Current Directions in Psychological Science 1: 9-10.

Jensma, J. L. 1996. A pilot study examining the predictive validity of the crosscultural adaptability inventory among first-term missionaries. Unpublished doctoral dissertation, Rosemead School of Psychology, Biola University.

Jerison, H. J. 1982. The evolution of biological intelligence. In R. J. Sternberg, ed., Handbook of human intelligence, 723-91. New York: Cambridge University Press.

Jones, K., and J. D. Day. 1997. Discrimination of two aspects of cognitive-social intelligence from academic intelligence. Journal of Educational Psychology 89(3): 486-97.

Jones, S. E. 1971. A comparative proxemics analysis of dyadic interaction in selected subcultures of New York City. Journal of Social Psychology 84: 35-44.

Jourard, S. M. 1968. Disclosing man to himself New York: Van Nostrand Reinhold.

Jubb, R., and D. Robotham. 1997. Competences in management development: Challenging the myths. Journal of European Industrial Training 21(5): 171-75.

Kagan, S. K. G., and S. Martinez-Romero. 1982. Culture and the development of conflict resolution le. Journal of Cross-Cultural Psychology 13: 43-59.

Kanfer, R., and P. L. Ackerman. 1989. Dynamics of skill acquisition: Building a bridge between abilities and motivation. In R. J. Sternberg, ed., Advances in the psychology of human intelligence, 5:99-134. Hillsdale, N.J.: Lawrence Erlbaum.

———. 1996. A self-regulatory skills perspective to reducing cognitive interference.

Kealey, D. J. 1996. The challenge of international personnel selection. In D. Landis and R. S. Bhagat, eds., Handbook of intercultural training, 2d ed., 80-105. Thousand Oaks, Calif.: Sage.

Kealey, D. J., and D. R. Protheroe. 1996. The effectiveness of cross-cultural training for expatriates: an assessment of the literature on the issue. International Journal of Int ercultural Relations 20(2): 141-65.

Kealey, D. J., and B. D. Ruben. 1983. Cross-cultural personnel selection criteria, issues, and methods. In D. Landis and R. W. Brislin, eds., Handbook of intercultural training: Vol. 1: Issues in theory and design, 155-75. New York: Pergamon.

Keating, D. 1978. A search for social intelligence. Journal of Educational Psychology 70: 218-33.

Kelderman, H., G. J. Mellenbergh, and J. J. Elshout. 1981. Guilford's facet theory of intelligence: An empirical comparison of models. Multivariate Behavioral Research 16: 37-61.

Kelemen, W. L., P. J. Frost, and C. A. I. Weaver. 2000. Individual differences in metacognition: Evidence against a general metacognitive ability. Memory and Cognition 28: 92-107.

Kelley, C., and J. E. Meyers. 1992. Cross-cultural adaptability inventory (CCAI). Yarmouth, Me.: Intercultural Press.

———. 1999. Cross-cultural adaptability inventory. In S. M. Fowler and M. G. Mumford, eds., Intercultural sourcebook: Cross-cultural training methods, 2:53-60. Yarmouth, Me.: Intercultural Press.

Kelley, H. H. 1973. The process of causal attributions. American Psychologist 28: 107-29.

Kepperbusch, C., D. Matsumoto, K. Kooken, S. Loweinger, H. Uchida, C. WilsonCohn, and N. Yrizarry. 1999. Cultural influences on nonverbal expressions of emotions. In P. Philipport, R. S. Feldman, and E. J. Coats, eds., The social context of nonverbal behavior, 17-44. New York: Cambridge University Press.

Kerlinger, F. N. 1986. Foundations of Behavioral Research, 3d ed. New York: Holt, Rinehart and Winston.

Kets de Vries, M. F. R. 1988. Origins of charisma: Ties that bind the leader to the led. In J. A. Conger and R. N. Kanungo, eds., Charismatic leadership. San Francisco: Jossey-Bass.

Kets de Vries, M. F. R., and C. Mead. 1991. Identifying management talent for a pan-European environment. In S. Makridakas, ed., Single market Europe, 215-35. San Francisco: Jossey-Bass.

Kihlstrom, J. F., and N. Cantor. 2000. Social intelligence. New York: Cambridge University Press.

Kihlstrom, J. F., N. Cantor, J. S., Albright, B. R. Chew, S. B. Klein, and P. M. Niedenthal.

———. 1988. Information processing and the study of the self. In Advances in Experimental Social Psychology, 21:145-78. San Diego, Calif.: Academic Press.

Kim, M. S., J. E. Hunter et al. 1996. Individual vs. cultural level dimensions of individualism and collectivism: Effects on preferred conversational styles. Communication Monographs 63: 29-49.

Kim, Y. Y. 2001. Becoming intercultural: An integrative theory of communication and cross-cultural adaptation. Thousand Oaks, Calif.: Sage.

Kitayama, S. 1996. The mutual constitution of culture and self: Implications for emotion. Paper presented to the meetings of the American Psychological Society, June.

. 1999. Cultural affordances and the collective construction of the self. Paper presented to the symposium on Individualism and Collectivism: Recent Theoretical and Empirical Findings, Nicossia, Cyprus, March.

Kitayama, S., H. R. Markus, H. Matsumoto, and V. Norasakkunkit. 1997. Individual and collective processes in the construction of the self: Self-enhancement in the United States and self-criticism in Japan. Journal of Personality and Social Psychology 72:1245-67.

Klimoski, R., and S. Mohammed. 1994. Team mental model: Construct or metaphor? Journal of Management 20: 403-37.

Klopf, D. W., and S. Ishii. 1984. Communicating effectively across cultures. Tokyo: Nan'un-Do.

Kluckhohn, C. 1954. Culture and behavior. New York: The Free Press.

Kluckhohn, F., and F. L. Strodtbeck. 1961. Variations in value orientations. New York: Harper and Row.

Koegel, R. L., A. Rincover, and P. Egel. 1982. Educating and understanding autistic children. San Diego, Calif.: College-Hill Press.

Koester, J., and M. Olebe. 1988. The behavioral assessment scale for intercultural communication effectiveness. International Journal of Intercultural Relations 12: 233-46.

Kogut, B., and H. Singh. 1988. The effect of national culture on the choice of entry mode. Journal of International Business Studies 19(3): 411-32.

Komin, S. 1991. Psychology of the Thai people. Bangkok, Thailand: National Institute of Development Administration.

Krauss, R. M., and C. Chiu. 1998. Language and social behavior. In D. T. Gilbert, S. T. Fiske, and G. Lindzey, eds., Handbook of social psychology, 4th ed., 41-88. Boston:McGraw-Hill.

Kunda, Z. 1987. Motivated inference: Self-serving generation and evaluation of causal theories. Journal of Personality and Social Psychology 53: 636-47.

Landis, D., and R. Brislin, eds. 1983. Handbook of intercultural training, 1st ed. New York: Pergamon.

Landis, D., R. W. Brisling, and J. Hulgus. 1985. Attributional training versus contact in acculturative learning: A laboratory study. Journal of Applied Social Psychology 15(5): 466-82.

Landis, D., and J. H. Wasilewski. 1999. Reflections on 22 years of the International Journal of Intercultural Relations and 23 years in other areas of intercultural practice. International Journal of Intercultural Relations 23(4): 535-74.

Langevin, R. 1971. Is curiosity a unitary construct? Canadian Journal of Psychology 25: 360-74.

L'Armand, K., and A. Pepitone. 1975. Helping to reward another person: A crosscultural analysis. Journal of Personality and Social Psychology 31: 189-98.

Latane, B., and J. M. Darley. 1970. The unresponsive bystander: Why doesn't he help? Englewood

Cliffs, N.J.: Prentice-Hall.

Latham, G. P., M. Erez, and E. A. Locke. 1988. Resolving Scientific disputes by the joint design of crucial experiments by the antagonists: Application to the Erez-Latham dispute regarding participation in goal setting. Journal of Applied Psychology (Monograph) 73: 753-72.

Lau, D. C., and J. K. Murnighan. 1998. Demographic diversity and faultlines: The compositional dynamics of organizational groups. Academy of Management Review 23: 325-40.

Lave, J. 1988. Cognition in practice: Mind, mathematics, and culture in everyday life. New York: Cambridge University Press.

Lave, J., and E. Wenger. 1991. Situated learning: Learning peripheral participation. New York: Cambridge University Press.

Lawler, E. E., III, and D. T. Hall. 1970. Relationship of job characteristics to job involvement. Journal of Applied Psychology (54): 305-12.

Lawrence, B. S. 1997. Perspective: The blackbox of organizational demography. Organization Science: 8.

Lazarus, R. S., and R. Launier. 1978. Stress-related transactions between person and environment. In L. A. Pervin and M. Lewis, eds., Perspectives in interactional psychology, 287-327. New York: Plenum.

Leary, M. R. 1996. Self-presentation: Impression management and interpersonal behavior. Boulder, Colo.: Westview Press.

Leiba-O'Sullivan, S. 1999. The distinction between stable and dynamic crosscultural competencies: Implications for expatriate trainability. Journal of International Business Studies 30(4): 709-26.

Leung, K. 1985. Cross-cultural study of procedural fairness and disputing behavior. Unpublished doctoral dissertation, Department of Psychology, University of Illinois, Champaign-Urbana.

Leung, K., and M. H. Bond. 1984. The impact of cultural collectivism on reward allocation. Journal of Personality and Social Psychology 47: 793-804.

. 1989. On the empirical identification of dimensions for cross-cultural comparison. Journal of Cross-Cultural Psychology 20: 133-51.

Leung, K., and W. Li. 1990. Psychological mechanism of process control effects. Journal of Applied Psychology 75: 613-20.

Leung, K., and H. Park. 1986. Effects of interactional goal on choice of allocation rule: A cross-national study. Organizational Behavior and Human Decision Processes 37: 111-20.

Levine, R. 1997. A geography of time. New York: Basic Books.

Levinson, S. 1983. Pragmatics. Cambridge: Cambridge University Press.

Lind, E. A., B. E. Erickson, N. Friedland, and M. Dickenberger. 1978. Reactions to procedural models for adjudicative conflict resolution: A cross-national study. Journal of Conflict Resolutions 22: 318-41.

Lind, E. A., and P. C. Earley. 1992. Procedural justice and culture. International Journal of Psychology 27: 227-42.

Lind, E. A., R. Kanfer, and P. C. Earley. 1990. Voice, control, and procedural justice: Instrumental and noninstrumental concerns in fairness judgments. Journal of Personality and Social Psychology 59: 952-59.

Lind, E. A., and T. R. Tyler. 1988. The social psychology of procedural justice. New York: Plenum.

Little, K. B. 1968. Cultural variations in social schemata. Journal of Personality and Social Psychology 10: 1-7.

Locke, E. A. 1968. Toward a theory of task motivation and incentives. Organizational Behavior and Human Performance 3: 157-89.

Locke, E. A., E. Frederick, C. Lee, and P. Bobko. 1984. Effects of self-efficacy, goals, and task strategies on task performance. Journal of Applied Psychology 69: 241-51.

Locke, E. A., and P. G. Latham. 1990. A theory of goal setting and task performance. Englewood Cliffs, N.J.: Prentice-Hall.

Locke, E. A., P. G. Latham, and M. Erez. 1988. The Determinants of Goal Commitment. Academy of Management Journal 13(1): 23-39.

Lohman, D. F. 2000. Complex information processing and intelligence. In R. J. Sternberg, ed. Handbook of intelligence. Cambridge: Cambridge University Press.

Longabaugh, R. 1980. The systematic observation of behavior in naturalistic settings. In H. C. Triandis and J. W. Berry, eds., Handbook of Cross-Cultural Psychology, 1:143-204. Boston: Allyn and Bacon.

Lonner, W. J. 1980. The search for psychological universals. In H. C. Triandis and W. W. Lambert, eds., Handbook of cross-cultural psychology, 1:143-204. Boston: Allyn and Bacon.

Louis, M. R. 1980. Career transition: Varieties and commonalities. Academy of Management Review 5: 329-40.

Lovaas, O. J. 1977. The autistic child: Language development through behavior modification. New York: Irvington.

Loveday, L. 1982. The socio-linguistics of learning and using a non-native language. Oxford: Pergamon.

Luria, A. R. 1980. Higher cortical functions in man, 2d ed. New York: Basic Books.

Luthans, F., and R. Kreitner. 1985. Organizational behavior modification. Glenview, Ill.: Scott, Foresman.

Lysgaard, S. 1955. Adjustment in a foreign society: Norwegian Fulbright grantees visiting the United States. International Science Bulletin 7: 45-51.

Maehr, M. L., and L. A. Braskamp. 1986. The motivation factor: A theory of personal investment. Lexington, Mass.: Lexington Press.

Mahoney, M. J. 1974. Cognition and behavior modification. Cambridge, Mass.: Ballinger.

Malpass, R., and G. Salancik. 1977. Linear and branching formats in culture assimilator training. International Journal of Intercultural Relations 1: 76-87.

Markus, H., and E. Wurf. 1987. The dynamic self-concept: A social psychological perspective. Annual Review of Psychology 38: 299-337.

Markus, H., and R. B. Zajonc. 1985. The cognitive perspective in social psychology. In G. Lindzey and E. Aronson, eds., Handbook of social psychology, 1:137-230. New York: Random House.

Markus, H. R., and S. Kitayama. 1991. Culture and self. Implication for cognition, emotion, and motivation. Psychological Review 98: 224-53.

Markus, H. R., S. Kitayama, and R. J. Heiman. 1997. Culture and "basic" psychological principles. In E. T. Higgins and A. W. Kruglanski, eds., Social psychology: Handbook of basic principles, 857-913. New York: Basic Books.

Marlowe, H. 1986. Social intelligence: Evidence for multidimensionality and construct independence. Journal of Educational Psychology 78: 52-58.

Martin, G., and J. Pear. 1988. Behavior modification: What it is and how to do it. Englewood Cliffs, N.J.: Prentice-Hall.

Martin, J. 1992. Cultures in organizations: Three perspectives. New York: Oxford University Press.

Masuda, T., and R. E. Nisbett. 2001. Culture and attention to object vs. field. Unpublished manuscript.

Matsumoto, D. 1996. Culture and psychology. Pacific Grove, Calif.: Brooks/Cole.

Mayer, J. D., and P. Salovey. 1993. The intelligence of emotional intelligence. Intelligence 17: 433-42.

——. 1995. Emotional intelligence and the construction and regulation of feelings. Applied and Preventive Psychology 4: 197-208.

——. 1997. What is emotional intelligence. In J. D. Mayer, P. Salovey, and D. J. Sluyter, eds., Emotional development and emotional intelligence. New York: Basic Books.

Mayer, J., P. Salovey, and D. Caruso. 2000. Models of emotional intelligence. In R. J. Sternberg, ed., Handbook of intelligence, 396-420. New York: Cambridge.

Mayer, J. D., P. Salovey, S. Gomberg-Kaufman, and K. Blainey. 1991. A broader conception of mood experience. Journal of Personality and Social Psychology 60: 100-11.

Mayer, J. D., and A. Stevens. 1994. An emerging understanding of the reflective (meta-) experience of mood. Journal of Research in Personality 28: 351-73.

McAuley, P. C., M. H. Bond, and E. Kashima. 2001. Towards defining situations objectively: Culture-level analysis of role dyads in Hong Kong and Australia. Unpublished manuscript.

McCall, G. J., and J. L. Simmons. 1978. Identities and interactions: An examination of human associations in everyday life, revised ed. New York: The Free Press.

McCall, M. W. Jr., and M. M. Lombardo. 1978. Leadership: Where else can we go? Durham, N.C.: Duke University Press.

McCarthy, G., and E. Donchin. 1981. A metric for thought: A comparison of P300 latency and reaction time. Science 211: 77-79.

McGrath, J. E. 1984. Groups: Interaction and performance. Englewood Cliffs, N.J.: Prentice-Hall.

Megginson, L. C. 1967. The interrelationship and interaction between the cultural environment and managerial effectiveness. Management International Review 7(6): 65-70.

Meichenbaum, D. 1977. Cognitive-behavior modification: An integrative approach. New York: Plenum.

———. 1986. Cognitive-behavior modification. In F. H. Kanfer and A. P. Goldstein, eds., Helping people change: A textbook of methods, 347-80. New York: Pergamon.

———. 1999. On the need for paradigmatic integration in international human resource management. Management International Review 39(3): 65-88.

Mendenhall, M., E. Dunbar, and G. R. Oddou. 1987. Expatriate selection, training, and career-pathing: A review and critique. Human Resource Management 26: 331-45.

Mendenhall, M., and G. R. Oddou. 1985. The dimensions of expatriate acculturation: A review. Academy of Management Review 10: 39-47.

Mento, A. J., and E. A. Locke. 1989. Studies of the relationship between goals and valences. Loyola College, Baltimore. Unpublished Manuscript.

Merton, R. K. 1968. Social theory and social structure. New York: The Free Press.

Mesquita, B., N. H. Frijda, and K. R. Scherer. 1997. Culture and emotion. In J. W. Berry, P. R. Dasen, and T. S. Saraswathi, eds., Handbook of cross-cultural psychology. Vol. 2: Basic processes and human development, 255-97. Boston: Allyn and Bacon.

Metcalfe, J., and A. P. Shimamura, eds. 1994. Metacognition: Knowing about knowing. Cambridge, Mass.: MIT Press.

Meyer, J., and B. Rowan. 1977. Institutionalized organizations: Formal structure as myth and ceremony. American Journal of Sociology 83: 340-63.

Miller, J. 1997. A cultural-psychology perspective on intelligence. In R. J. Sternberg and E. L. Grigorenko, eds., Intelligence, heredity, and environment. Cambridge: Cambridge University

Press.

Miller, J. G. 1984. Culture and the development of every day social explanation. Journal of Personality and Social Psychology 46: 961-78.

Miltenberger, R. G., W. R. Fuqua, and D. W. Woods. 1998. Applying behavior analysis to clinical problems: Review and analysis of habit reversal. Journal of Applied Behavior Analysis 31: 447-69.

Mischel, W. 1965. Predicting the success of Peace Corps volunteers in Nigeria. Journal of Personality and Social Psychology 1(5): 510-17.

Miyahara, A. 1984. A need for a study to examine the accuracy of American observers' perceptions of Japanese managers' communication styles. Paper presented at the Eastern Communication Association Convention, Philadelphia.

Montagliani, A., and R. A. Giacalone. 1998. Impression management and crosscultural adaptoin. Journal of Social Psychology 138(5): 598-608.

Moran, R. T., and J. R. Riesenberger. 1994. The global challenge: Building the new worldwide enterprise. London: McGraw Hill.

Morris, C. W. 1956. Varieties of human value. Chicago: University of Chicago Press.

Morris, D., P. Collett, P. Marsh, and M. O'Shaughnessy. 1979. Gestures: Their origins and distribution. New York: Stein and Day.

Morris, M. W., K. Leung, D. Ames, and B. Lickel. 1999. Views from inside and outside: Integrating emic and etic insights about culture and justice judgment. Academy of Management Review 24: 781-96.

Morris, M. W., R. Nisbett, and K. Peng. 1995. Causal understanding across domains and cultures. In D. Sperber, D. Premack, and A. J. Premack, eds., Causal cognition: A multidisciplinary debate, 577-612. Oxford: Oxford University Press.

Morris, M. W., and K. Peng. 1994. Culture and cause: American and Chinese attributions for social and physical events. Journal of Personality and Social Psychology 67: 949-71.

Morsbach, H. 1988. Nonverbal communication and hierarchical relationships: The case of bowing in Japan. In F. Poyatos, ed., Cross-cultural perspectives in nonverbal communication, 189-200. Toronto: C. J. Hogrefe.

Mosakowski, E. 1998a. Entrepreneurial resource, organizational choices, and competitive outcomes. Organization Science 9: 625-43.

1998b. Managerial prescriptions under the resource-based view of strategy: The example of motivational techniques. Strategic Management Journal 19: 1169-82.

Mulder, M. 1977. The daily power game. Leiden: Martinus Nijhoff Social Sciences Division.

Murdock, G. P. 1945. The common denominator of cultures. In R. Linton, ed., The science of man in the world of crisis. New York: Columbia University Press.

Murdock, G. P. 19' S. The common denominator of cultures. In S. L. Washburn and P. Jay, eds., Perspectives on human evolution, 230-57. New York: Holt, Rinehart and Winston.

Murtaugh, M. 1985. The practice of arithmetic by American grocery shoppers. Anthropology and Education Quarterly 16: 186-92.

Neisser, U. 1976. General, academic, and artificial intelligence. In L. B. Resnick, ed., Human intelligence: Perspectives on its theory and measurement, 179-89. Norwood, N.J.: Ablcx.

Nelson, T. 0., and L. Narens. 1995. Why investigate metacognition? In J. Metcalfe and A. P. Shimamura, eds., Metacognition: Knowing about knowing. Cambridge, Mass.: MIT Press.

Nicholson, N. 1984. A theory of work role transitions. Administrative Science Quarterly 29: 172-91.

Nisbett, R. E., K. Peng, I. Choi, and A. Norenzayan. 2001. Culture and systems of thought: Holistic versus analytic cognition. Psychological Review 108: 291-310.

Nkaya, H. N., M. Huteau, and J. Bonnet. 1994. Retest effect on cognitive performance on the Raven-38 Matrices in France and in the Congo. Perceptual and Motor Skills 78: 503-10.

Northover, M. 1988. Bilingual or dual linguistic identities? In J. W. Berry and R. Annis, eds., Ethnic psychology: Research and practice with immigrants, refugees, native peoples, ethnic groups, and sojourners, 2071-216. Berwyn, Pa.: Swets North America.

Novacek, P., and R. S. Lazarus. 1990. The structure of personal commitments. Journal of Personality.

Oberg, J. 1960. Culture shock: Adjustment to new cultural environment. Practical Anthropologist 7: 177-82.

Ones, D. S., and C. Viswesvaran. 1997a. Personality determinants in the prediction of aspects of expatriate job success. New Approaches to Employee Management 4: 63-92.

———. 1997b. Personality determinants in the prediction of aspects of expatriate job success. In Z. Aycan, ed., Expatriate management: Theory and research, 4:63-92. Greenwich, Conn.: JAI Press.

O'Reilly, C. A. III, D. Caldwell, and W. Barnett. 1989. Work group demography, social integration, and turnover. Administrative Science Quarterly 34.

Osherson, D. N., E. E. Smith, O. Wilkie, A. Lopez, and E. Shafir. 1990. Categorybased induction. Psychological Review 97: 185-200.

Ouchi, W. 1980. Theory Z. How American business can meet the Japanese challenge. Reading, Mass.: Addison-Wesley.

Ouellette, J. A., and W. Wood. 1998. Habit and intention in everyday life: The multiple processes by which past behavior predicts future behavior. Psychological Bulletin 124(1): 54-74.

Pakkenberg, B., and H. J. G. Gundersen. 1997. Neocortical neuron number in humans: Effect of sex and age. The Journal of comparative neurology 384: 312-20.

Pareek, U., and V. Rao. 1980. Cross-cultural surveys and interviewing. In H. C. Triandis and J. W. Berry, eds., Handbook of cross-cultural psychology, 1:127-79. Boston: Allyn and Bacon.

Parke, L. 1993. Since Stanislavski and Vakhtangov: The method as a system for today's actor. New York: Acting World Books.

Parsons, T., and E. A. Shils. 1951. Toward a general theory of action. Cambridge, Mass.: Harvard University Press.

Payne, T., N. Anderson, T. Smith. 1992. Assessment centers, selection systems, and cost effectiveness: An evaluative case study. Perspective Review 21: 48-56.

Pedersen, P. 1988. A handbook of developing multicultural awareness. Alexandria, Va.: American Association for Counseling and Development.

Pelled, L. H., K. M. Eisenhardt, and K. R. Xin. 1999. Exploring the black box: An analysis of work group diversity, conflict, and performance. Administrative Science Quarterly 44: 1-28.

Pelled, L. H., and K. R. Xin. 1997. Birds of a feather: Leader-member demographic similarity and organizational attachment in Mexico. Leadership Quarterly 8: 433-50.

Pellico, M. T., and L. K. Stroh. 1997. Spousal assistance programs: An integral component of the international assignment. In Z. E. Aycan, ed., Expatriate management: Theory and research, 4:227-44. London: JAI Press.

Perlmutter, H. 1969. The tortuous evolution of the multinational corporation. Columbia Journal of World Business 1: 9-18.

Pervin, L. A. 1989. Persons, situations, interactions: The history of a controversy and a discussion of theoretical models. Academy of Management Review 14 (3): 350-60.

Petri, H. L. 1986. Motivation: Theory and research. Belmont, Calif.: Wadsworth.

Pfeffer, J. 1994. Competitive advantages through people. Boston, Mass.: Harvard Business School Press.

Piaget, J. 1972. The psychology of intelligence. Totowa, N.J.: Littlefield, Adams.

Polanyi, M. 1962. Personal knowledge: Towards a post-critical philosophy. Chicago: University of Chicago Press.

Powell, W., and L. Smith-Doerr. 1994. Networks and economic life. In N. Nohria and R. Smelser, eds., Handbook of economic sociology, 368-402. Princeton, N.J.: Princeton University Press.

Powell, W. W., and P. J. DiMaggio. 1991. The new institutionalism in organizational analysis. Chicago: University of Chicago Press.

Prochaska, J. 0., and C. C. DiClemente. 1983. Stages and processes of self-change in smoking: Toward an integrative model of change. Journal of Consulting and Clinical Psychology 51:

390-95.

Prochaska, J. 0., C. C. DiClemente, and J. C. Norcross. 1992. In search of how people change: Applications to addictive behaviors. American Psychologist 47: 1102-14.

Ptak, C. L., J. Cooper, and R. W. Brislin. 1995. Cross-cultural training programs: Advice and insights from experienced trainers. International Journal of Intercultural Relations 19(3): 425-53.

Rankin, S. C. 1992. Total quality management: Implications for education assessment. NASSP Bulletin 76(545): 6616.

Ravlin, E., D. C. Thomas, and A. Ilsev. 2000. Beliefs about values, status, and legitimacy in multicultural groups: Influences on intra-group conflict. In P. C. Earley and H. Singh, eds., Innovations in international and cross-cultural management. Thousand Oaks, Calif.: Sage.

Rawls, J. 1971. A theory of justice. Cambridge, Mass.: Harvard University Press.

Redden, W. 1975. Culture shock inventory. Fredericton, Canada: Organizational Texts Ltd.

Reed, T. E., and A. R. Jensen. 1992. Conduction velocity in a brain nerve pathway of normal adults correlates with intelligence level. Intelligence 16: 259-72.

Resaldo, R. 1989. Culture and truth. Boston: Beacon Press.

Richmond, V. P., J. C. McCroskey, and R. Payne. 1991. Nonverbal behavior in interpersonal relations, 2d ed. Englewood Cliffs, N.J.: Prentice-Hall.

Ridley, M. 2000. Genome. New York: Harper Collins.

Riggio, R. 1986. Assessment of basic social skills. Journal of Personality and Social Psychology 51: 649-60.

Riggio, R., J. Maessamer, and B. Throckmorton. 1991. Social and academic intelligence: Conceptually distinct but overlapping constructs. Personality and Individual Differences 12: 695-702.

Roger, D., and B. Najarian. 1989. The construction and validation of a new scale for measuring emotion control. Personality and Individual Differences 10: 845-53.

Rohner, R. P. 1984. Toward a conception of culture for cross-cultural psychology. Journal of Cross-Cultural Psychology 15(2): 111-38.

Rokeach, M. 1973. The nature of human values. New York: The Free Press.

Ronen, S. 1978. Personal values: A basis for work motivational set and work attitude. Organizational Behavior and Human Performance 21: 80-107.

——. 1982. Clustering countries on attitudinal dimensions: A review and synthesis. Paper presented at the Twentieth International Congress of Applied Psychology, Edinburgh.

——. 1986. Comparative and multinational management. New York: John Wiley.

——. 1989. Training the international assignee. In I. L. Goldstein, ed., Training and development in organizations, 417-53. San Francisco, Calif.: Jossey-Bass.

Ronen, S., and O. Shenkar. 1985. Clustering countries on attitudinal dimensions: A review and synthesis. Academy of Management Review 10: 435-54.

Rosenfeld, P., R. A. Giacalone, and G. Riordan. 1995. Impression management in organizations: Theory, measurement, and practice. London: Routledge.

Ruben, B. D. 1976. Assessing communication competence for intercultural adaptation. Group and Organization Studies 1: 346-52.

Ruben, B. D., and D. Kealey. 1979. Behavioral assessment of communication competency and the prediction of cross-cultural adaptation. International Journal of Intercultural Relations 3: 15-47.

Rushall, B. S. 1995. Introduction to goal-setting skills. In B. S. Rushall, ed., Mental skills training for sports 3.1-3.6. Spring Valley, Calif.: Sports Science Associates.

Ruzgis, P., and E. L. Grigorenko. 1994. Cultural meaning systems, intelligence and personality. In R. J. Sternberg and P. Ruzgis, eds., Personality and intelligence, 248-70. New York: Cambridge University Press.

Salancik, G. R., and J. Pfeffer. 1978. A social information processing approach to job attitudes and task design, Administrative Science Quarterly 23: 224-53.

Salovey, P., and J. D. Mayer. 1990. Emotional Intelligence. Imagination, Cognition, and Personality 9: 185-211.

Salovey, P., J. D. Mayer et al. 1991. Mood and helping: Mood as a motivator of helping and helping as a regulator of mood. In M. S. Clark, ed., Prosocial behavior: Review of personality and social psychology, 12:215-37. Newbury Park, Calif.: Sage.

Salovey, P., J. D. Mayer, S. L. Goldman, C. Turvey, and T. P. Palfai. 1995. Emotional attention, clarity, and repair: Exploring emotional intelligence using the Trait Meta-Mood Scale. In J. W. Pennebaker, ed., Emotion, disclosure, and health, 125-54. Washington, D.C.: American Psychological Association.

Salovey, P., J. D. Mayer, and D. L. Rosenham. 1991. Mood and helping: Mood as a motivator of helping and helping as a regulator of mood. In M. S. Clark, ed., Prosocial behavior: Review of personality and social psychology, 12:215-37. Newbury Park, Calif.: Sage.

Sandel, M. J. 1982. Liberalism and the limits of justice. Cambridge: Cambridge University Press.

Sansone, C., and C. A. Berg. 1993. Adapting to the environment across the life span:

Different process of different inputs? International Journal of Behavioral Development 16: 215-41.

Sarafino, E. P. 1996. Principles of behavior change. New York: John Wiley.

Sashkin, M. 1988. The visionary leader. In J. A. Conger and R. N. Kanungo, eds., Charismatic leadership. San Francisco: Jossey-Bass.

Scarr, S., and R. A. Weinberg. 1976. IQ test performance of black children adopted by white families. American Psychologist 31: 726-39.

Schafer, E. W. P. 1982. Neural adaptability: A biological determinant of behavioral intelligence. International Journal of Neuroscience 17: 183-91.

Schein, E. H. 1985. Organizational culture and leadership: A dynamic view. San Francisco: Jossey-Bass.

Schiefenhovel, W. 1997. Universals in interpersonal interactions. In U. Segerstrale and P. Molnar, eds., Nonverbal communication: Where nature meets culture, 61-86. Mahwah, N.J.: Lawrence Erlbaum.

Schlenker, B. R. 1980. Impression managemnet. The self-concept, social identity, and interpersonal relations. Monterey, Calif.: Brooks/Cole.

Schoenfeld, A. H. 1987. What's all the fuss about metacognition? In A. H. Schoen- feld, ed., Cognitive science and mathematics education. Hillsdale, N.J.: Lawrence Erlbaum.

Schraw, G., and D. Moshman. 1995. Metacognitive theories. Educational Psychology Review 7: 351-71.

Schuler, H. 1993. Social validity of selection situations: A concept and some empirical results. In H. Schuler, J. L. Farr, and M. Smith, eds., Personnel selection and assessment: Individual and organizational perspectives, 11-26. Hillsdale, N.J.:Lawrence Erlbaum.

Schunk, D. H. 1989. Self-efficacy and cognitive skill learning. In C. Ames and R. Ames, eds., Resarch on motivation in education, 3:13-44. San Diego, Calif.: Academic.

Schwartz, S., and W. Bilsky. 1987. Toward a universal psychological structure of human values. Journal of Personality and Social Psychology 53: 550-62.

Schwartz, S. H. 1992. Universals in the content and structure of values: Theoretical advances and empirical tests in two countries. In L. Berkowitz, ed., Advances in experimental and social psychology. San Diego, Calif.: Academic Press.

———. 1993. Cultural dimensions of values: Toward an understanding of national differences. Unpublished paper.

———. 1994. Beyond individualism and collectivism: New cultural dimensions of values. In H. C. Triandis, U. Kim, C. Kagitcibasi, S-C. Choi, and G. Yoon, eds., Individualism and collectivism: Theory, method and applications, 85-122. Newbury Park, Calif.: Sage.

Scollon, R., and S. W. Scollon. 1995. Intercultural communication. Oxford: Blackwell.

Scott, W. R. 1994. Institutions and organizations: Toward a theoretical synthesis. In W. R. Scott and J. W. Meyer, eds., Institutional environments and organizations, 55-80. Thousand Oaks, Calif.: Sage.

Scott, W. R., and J. W. Meyer. 1994. Institutional environments and Organizations: Structural complexity and individualism. Thousand Oaks, Calif.: Sage.

Searle, W., and C. Ward. 1990. The prediction of psychological and socio-cultural adjustment during cross-cultural transitions. International Journal of Intercultural Relations 14: 449-64.

Seeman, M. 1997. The neglected, elusive situation in social psychology. Social Psychology Quarterly 60: 4-13.

Segall, M. H., P. R. Dasen, J. W. Berry, and L. Poortinga. 1999. Human behavior in global perspective, 2d ed. Boston: Allyn and Bacon.

Segall, M. H., C. R. Ember, and P. Ember. (1997). Aggression, crime, and warfare. In J. W Berry, M. H. Segall, and K. Cigdem, eds., Handbook of cross-cultural psychology: Vol. 3: Social behavior and applications, 213-54. Boston, Allyn and Bacon.

Serpell, R. 1974. Aspects of intelligence in a developing country. African Social Research 17: 578-96.

——. 2000. Intelligence and culture. In R. J. Sternberg, ed., Handbook of Intelligence, 549-77. New York: Cambridge University Press.

Sherman, S. J., C. M. Judd, and P. Bernadette. 1989. Social cognition. Annual Review of Psychology 40: 281-326.

Shiffrin, R. M., and W. Schneider. 1977. Controlled and automatic human information processing: II. Perceptual learning, automatic attending, and a general theory. Psychological Review 84: 127-90.

Shirts, G. 1973. BAFA BAFA: A cross-cultural simulation. Delmar, Calif.: Simile II.

Shweder, R. A., and R. A. LeVine. 1984. Culture theory: Essays on mind, self, and emotion. New York: Cambridge University Press.

Sidanius, J., F. Pratto, and J. L. Rabinowitz. 1994. Gender, ethnic status, and ideological asymmetry. Journal of Cross-Cultural Psychology 25: 194-216.

Singelis, T. M., H. C. Triandis, D. Bhawuk, and M. Gelfand. 1995. Horizontal and vertical dimensions of individualism and collectivism: A theoretical and measurement refinement. Journal of Cross-Cultural Research 29: 240-75.

Singley, M. K., and J. R. Anderson. 1989. The transfer of cognitive skill. Cambridge, Mass.: Harvard University Press.

Smith, M. B. 1966. Explorations in competence: A study of Peace Corps teachers in Ghana. American Psychologists 21: 555-66.

Smith, P. B., and M. H. Bond. 1998. Social psychology across cultures, 2d ed. Boston: Allyn and Bacon.

Smith, P. B., M. F. Peterson, and M. Misumi. 1994. Organizational event management in 14 countries: A comparison with Hofstede's dimensions. In A.-M. Bouvy, F. van de Vijver, and P. Boski and P. Schmitz, eds., journeys into crosscultural psychology, 364-73. Lisse, Netherlands:

Swets and Zeitlinger.

Smith, S. M., and D. R. Shafer. 1995. Speed of speech and persuasion: Evidence for multiple effects. Personality and Social Psychology Bulletin 21: 1051-60.

Smith, T. W. 1987. That which we call welfare by any other name would smell sweeter: An analysis of the impact of question wording on response patterns. Public Opinion Quarterly 51: 75-83.

Snyder, M. 1974. The self-monitoring of expressive behavior. Journal of Personality and Social Psychology 30: 526-37.

Soh, S. 2001. Validity and application of the cross-cultural adaptability inventory for peacekeeping operations. Paper presented at the 43. International Military Testing Association Conference, Canberra, Australia, October 23-25.

Spearman, C. 1927. The abilities of man. New York: Macmillan.

Sperry, R. W. 1961. Cerebral organization and behavior. Science 133: 1749-57.

Spitzberg, B. H. 1991. Intercultural communication competence. In L. A. Samovar and R. E. Porter, eds., Intercultural communication: A reader, 6th ed., 353-65. Belmont, Calif.: Wadsworth.

Spreitzer, M.G., M. W. McCall, Jr., and J. D. Mahoney. 1997. Early identification of international executive potential. Journal of Applied Psychology, 82(1): 6-29.

Springer, S. P., and G. Deutsch. 1985. Left brain, right brain, 2d ed. New York: Freeman.

Squire, L. R. 1987. Memory and brain. New York: Oxford University Press.

Stahl, G. K. 2001. Using assessment centers as tools for global leadership development. In M. E. Mendenhall, T. M. Kuhlmann, and G. K. Stahl, eds., Developing global business leaders: Policies, processes, and innovations. Westport, Conn.: Quorum.

Staw, B. M., and R. D. Boettger. 1990. Task revision as a form of work performance. Academy of Management Journal 33: 534-59.

Steiner, I. D. 1972. Group process and productivity. New York: Academic Press.

Stening, B. W., and M. R. Hammer. 1992. Cultural baggage and the adaption of expatriate American and Japanese managers. Management International Review 32(1): 77-89.

Sternberg, R. J. 1977. Intelligence, information process, and analogical reasoning: The componential analysis of human abilities. Hillsdale, N.J.: Lawrence Erlbaum.

——. 1985. Beyond IQ: A triarchic theory of human intelligence. New York: Cambridge University Press.

——. 1986. A framework for understanding conceptions of intelligence. In R. J. Sternberg and D. K. Detterman, eds., What is intelligence? Contemporary viewpoints on its nature and definition, 3-18. Norwood, N.J.: Ablex.

———. 1988. The triarchic mind: A new theory of human intelligence. New York: Viking.

———. 1990. Metaphors of mind: Conceptions of the nature of intelligence. New York: Cambridge University Press.

———. 1997. Successful intelligence: How practical and creative intelligence determine success in life. New York: Plume.

———. 2000a. The concept of intelligence. In R. J. Sternberg, ed., Handbook of intelligence, 3-15. New York: Cambridge University Press.

———. 2000b. Genius and the mind. American Journal of Psychology 113(2): 318-21.

Sternberg, R. J., and C. A. Berg. 1986. Quantitative integration: Definitions of ntelligence: A comparison of 1921 and 1986 symposia. In R. J. Sternberg and D. K. Detterman, eds., What is intelligence? Contemporary viewpoints on its nature and definition, 155-62. Norwood, N.J.: Ablex.

Sternberg, R. J., B. E. Conway, J. L. Ketron, and M. Bernstein. 1981. People's conceptions of intelligence. Journal of Personality and Social Psychology 41: 37-55.

Sternberg, R. J., and D. K. Detterman, eds. 1998. What is intelligence? Contemporary viewpoints on its nature and definition. Norwood, N.J.: Ablex.

Sternberg, R. J., G. B. Forsythe, J. Hedlund, J. A. Horvath, T. Tremble, S. Snook, W. M. Williams, R. K. Wagner, and E. L. Grigorenko. 1999. Tacit knowledge in the workplace (March). United States Army Research Institute for the Behavioral and Social Sciences.

Sternberg, R. J., G. B. Forsythe, J. Hedlund, J. A. Horvath, R. K. Wagner, W. M. Williams, S. Snook, and E. L. Grigorenko. 2000. Practical intelligence in everyday life. New York: Cambridge University Press.

Sternberg, R. J., and E. L. Grigorenko. 2000. Practical intelligence and its development. In R. J. Sternberg, ed., Handbook of Intelligence, 215-43. New York: Cambridge University Press.

Sternberg, R. J., and E. L. Grigorenko, eds. 1997. Intelligence, heredity, and environment. New York: Cambridge University Press.

Sternberg, R. J., and J. C. Kaufman. 1998. Human abilities. In J. T. Spence, ed., Annual review of psychology, 49:479-502. Palo Alto, Calif.: Annual Reviews.

Sternberg, R. J., and C. A. Smith. 1985. Social intelligence and decoding skills in nonverbal communication. Social Cognition 3: 168-92.

Sternberg, R. J., and R. J. Wagner. 1986. Practical intelligence: Nature and origins of competence in the everyday world. New York: Cambridge University Press.

2000. Practical intelligence. In R. J. Sternberg, ed., Handbook of intelligence, 380-95. New York: Cambridge University Press.

Sternberg, R. J., R. K. Wagner, and L. Okagaki. 1993. Practical intelligence: The nature and role of tacit knowledge in work and at school. In H. Reese and J. Puckett, eds., Advances in lifespan development. Hillsdale, N.J.: Lawrence Erlbaum.

Sternberg, R. J., R. K. Wagner, W. M. Williams, and J. A. Horvath. 1995. Testing common sense. American Psychologist 50: 912-27.

Street, R. L., and R. M. Brady. 1982. Speech rate acceptance ranges as a function of evaluation domain, listener speech rate, and communication context. Communication Monographs 49: 290-308.

Street, R. L., R. M. Brady, and W. B. Putnam. 1983. The influence of speech rate stereotypes and rate similarity on listener's evaluations of speakers. Journal of Language and Social Psychology 2:37-56.

Stryker, S. 1980. Symbolic ineractionism: A social structural version. Menlo Park, Calif.: Benjamin/Cummings.

. 1987. Identity theory: Developments and extensions. In K. Yardley and T. Honess, eds., Self and identity: Psychosocial perspectives, 89-103. London: John Wiley.

. 2000. Symbolic interaction theory: Encyclopedia of psychology. Washington, D.C., and New York: American Psychological Association and Oxford Press.

Stryker, S., and R. C. Serpe. 1982. Commitment, identity salience, and role behavior: Theory and research examples. In W. Ickes and E. Knowles, eds., Personality, roles, and social behavior, 199-218. New York: Springer-Verlag.

Stuart, R. B., and B. Davis. 1972. Slim chance in a fat world. Champaign, Ill.: Research Press.

Super, C. M., and S. Harkness. 1982. The infants' niche in rural Kenya and metropolitan America. In L. L. Adler, ed., Cross-cultural research at issue, 47-55. New York: Academic.

Swinkels, A., and T. A. Giuliano. 1995. The measurement and conceptualization of mood awareness: Monitoring and labeling one's mood-states. Personality and Social Psychology Bulletin 21: 934-49.

Tajfel, H. H. 1982a. Social psychology of intergroup relations. Annual Review of Psychology 33: 1-39.

. 1982b. Social identity and intergroup relations. Cambridge: Cambridge University Press.

Tajfel, H. H., and J. C. Turner. 1986. The social identity theory of intergroup behavior. In S. Worchel and W. G. Austin, eds., Psychology of intergroup relations, 2d ed., 7-24. Chicago: Nelson-Hall.

Talico Inc. 1992. Intercultural communication inventory (ICI). Jacksonville Beach, Fla.: Talico.

Taylor, E. 1994. A learning model for becoming interculturally competent. International Journal of Intercultural Relations 18(3): 389-408.

Taylor, S., S. Beechler, and N. Napier. 1996. Toward an integrative model of strategic international human resource management. Academy of Management Review 21(4): 959-85.

Tedeschi, J. T., and V. Melburg. 1983. Aggression as the illegitimate use of coercive power. In H. H. Blumberg, A. P. Hare, V. Kent, and M. Davies, eds., Small groups and social interaction, 255-66. New York: John Wiley.

Tedeschi, J. T., R. B. I. Smith, and R. C. J. Brown. 1974. A reinterpretation of research on aggression. Psychological Bulletin 81: 540-62.

Templer, K. J. 1995. Zusammenhaenge zwischen Aufgabentypen beim Assessment Center. (Interrelations between types of assessment center exercises.) Zeitschriftfuer Arbeits- and Organisationspsychologie 39(4): 179-81.

Terman, L. 1916. The measurement of intelligence. Boston: Houghton Mifflin.

Tett, R. P., D. N. Jackson, and M. Rothstein. 1991. Personality measures as predictors of job performance: A meta-analytic review. Personnel Psychology 44: 703-42.

Thibaut, J., and L. Walker. 1978. A theory of procedure. California Law Review 66: 541-66.

Thomas, D. A. 2002. Essentials of intercultural management. Thousand Oaks, Calif.: Sage.

Thorndike, E. L. 1920. Intelligence and its uses. Harper's Magazine 140: 227-35.

Thorndike, R. 1936. Factor analysis of social and abstract intelligence. Journal of Educational Psychology 27: 231-33.

Thorndike, R., and S. Stein. 1937. An evaluation of the attempts to measure social intelligence. Psychological Bulletin 34: 275-85.

Thurstone, L. L. 1938. Primary mental abilities. Psychological Reports, 1.

Time Magazine. 1999. Smart genes? September 13, cover story.

Ting-Toomey, S. 1985. Toward a theory of conflict and culture. In L. S. W. Gudykunst and S. Ting-Toomey, eds., Communication, culture and organizational processes, 71-86. Beverly Hills, Calif.: Sage.

. 1988. A face-negotiation theory. In Y. Kim and W. Gudykunst, eds., Theory in intercultural communication. Newbury Park, Calif.: Sage.

. 1999. Communication across cultures. New York: The Guildford Press.

Tjosvold, D., C. Hui, and K. S. Law. 1997. The leadership relationship in Hong Kong: Power interdependence and controversy. In K. Leung, U. Kim, S. Yamaguchi, and Y. Kashima, eds., Progress in Asian Social Psychology, 1:295-3 10. Singapore: John Wiley.

Tolman, E. C. 1935. Purpose and cognition: The determinants of animal learning. Psychological Review 32: 285-97.

Torbiorn, I. 1982. Living abroad. New York: John Wiley.

. 1985. The structure of managerial roles in cross-cultural settings. International Studies of Management and Organization 15: 52-74.

Tornblom, K. Y., D. Jonsson, and U. G. Foa. 1985. Nationality resource class, and preferences among three allocation rules: Sweden vs. USA. International Journal of Intercultural Relations 9: 51-77.

Triandis, H. C. 1967. Toward an analysis of the components of interpersonal attitudes. In C. Sherif and M. Sherif, eds., Attitudes, ego-involvement and change, 227-70. New York: John Wiley.

——. 1971. Attitude and attitude Ccange. New York: John Wiley.

——. 1972. The analysis of subjective culture. New York: John Wiley.

——. 1975. Cultural training, cognitive complexity, and interpersonal attitudes. In R. W. Brislin, S. Bochner, and W. J. Lonner, eds., Cross cultural perspectives on learning, 39-78. Beverly Hills, Calif.: Sage.

——. 1977. Theoretical framework for evaluation of cross-cultural training effectiveness. International Journal of Intercultural Relations 1: 19-45.

——. 1978. Some universals of social behavior. Personality and Social Psychology Bulletin 4: 1-16.

——. 1989. The self and social behavior in differing cultural contexts. Psychological Review 96: 506-20.

——. 1992. Cross-cultural research in social psychology. In H. Grandberg and G.Sarup, eds., Social judgment and intergroup relations: Essays in honor of Muzafer Sherif, 229-43. New York: Springer.

——. 1994. Culture and social behavior. New York: McGraw-Hill.

——. 1995. Individualism and collectivism. Boulder, Colo.: Westview Press.

Triandis, H. C., and D. P. S. Bhawuk. 1997. Culture theory and the meaning of relatedness. In P. C. Earley and M. Erez, eds., New perspectives on international industrial/organizational psychology, 13-52. San Francisco: New Lexington Press.

Trompenaars, F., and C. Hampden-Turner. 1998. Riding the waves of culture: Understanding diversity in global business, 2d ed. Chicago: Irwin.

Tsui, A. S. 1998. The influence of relational demography and guanxi in Chinese organisations. Paper presented at the 24th International Congress of Applied Psychology, San Francisco.

——. 2001. Review of book, "Guanxi and business." Asia Pacific Journal of Management 18: 407-13.

Tsui, A. S., T. Egan, and C. A. O'Reilly III. 1992. Being different: Relational demography and organizational commitment. Administrative Science Quarterly 37: 549-79.

Tsui, A. S., and C. A. O'Reilly, III. 1989. Beyond simple demographic effects: The importance of relational demography in superior-subordinate dyads. Academy of Management Journal 32: 402-23.

Tucker, M. F. 1999. Self-awareness and development using the overseas assignment inventory. In S. M. Fowler and M. G. Mumford, eds., Intercultural sourcebook: Crosscultural training methods,

2:45-52. Yarmouth, Me.: Intercultural Press. See also: www.tuckerintl.com

Tulving, E., and D. L. Schacter. 1990. Priming and human memory systems. Science 247: 301-6.

Tung, R. L. 1981a. Selection and training of personnel for overseas assignments. Columbia Journal of World Business 16: 68-78.

. 1981b. Selection and training of personnel for overseas assignments. Columbia Journal of World Business 16(1): 68-78.

. 1982. Selection and training procedures of U.S., European and Japanese multinationals. California Management Review 25: 57-71.

. 1987. Expatriate assignments: Enhancing success and minimizing failure. Academy of Management Executive 1(2): 117-26.

. 1994. Human resource issues and technology transfer. International Journal of Human Resources Management 5: 807-25.

Turk, D., and P. Salovey. 1996. Cognitive behavioral treatment of illness behavior. In P. Nicaddio and T. Smith, eds., Managing chronic illness: A biopsychosocial perspective. Washington, D.C.: APA Press.

Turner, J. C. 1985. Social categorization and the self-concept: A social-cognitive theory of group behavior. In E. J. Lawler, ed., Advances in group processes: Theory and research, vol. 2. Greenwich, Conn.: JAI Press.

. 1987. Rediscovering the social group: A self-categorization theory. Oxford: Basil Blackwell.

Turner, J. C., and P. J. Oakes. 1989. Self-categorization theory and social influence. In P. Paulus, ed., Basic group processes, vol. 2. New York: Springer-Verlag.

Turner, S., and P. Lawrence. 1965. The requisite task attributes theory. New York: Plenum.

Undheim, J. O. 1994. Taking stock of what there is: The case of cognitive abilities. In A. Demetriou and A. Efklides, eds., Intelligence, mind, and reasoning: Structure and development, 29-44. Amsterdam: North-Holland.

Van de Vijver, F. J. R., and K. Leung. 1997. Methods and data analysis for crosscultural research. Thousand Oaks, Calif.: Sage.

Van Dyne, L., and S. Ang. 2000. Human resource architecture for coping with severe labor shortages: Strategies for embracing foreign workers in organizations. Paper presented at the Academy of Management Meetings, Human Resource Division, Toronto, Canada, August 4-9.

Van Maanen, J., and S. R. Barley. 1984. Occupational communities: Culture and control in organizations. In B. M. Staw and L. L. Cummings, eds., Research in organizational behavior, 6:287-365. Greenwich, Conn.: JAI Press.

Van Manaan, J., and E. Schein. 1979. Toward a theory of organizational socialization. In B. M. Staw, ed., Research in organizational behavior, vol. 1. Greenwich, Conn.: JAI Press.

Vernon, P. E. 1971. The structure of human abilities. London: Methuen.

Vernon, P. E., ed. 1993. Biological approaches to the study of human intelligence. Norwood, N.J.: Ablex.

Vernon, P. E., J. C. Wickett, P. G. Bazana, and R. M. Stelmack. 2000. The neuropsychology and psychophysiology of human intelligence. In R. J. Sternberg, ed., Handbook of intelligence, 245-66. New York: Cambridge University Press.

Victor, D. 1992. International business communication. New York: HarperCollins.

Voss J., D. N. Perkins, and J. W. Segal. 1991. Informal reasoning and education. Hillsdale, N.J.: Lawrence Erlbaum.

Vroom, V. 1967. Motivation and work. New York: Prentice-Hall.

Vrugt, A. J., M. P. Langereis, and J. Hoogstraten. 1997. Academic self-efficacy and malleability of relevant capabilities as predictors of exam performance. Journal of Experimental Education 66(1) (fall): 61.

Vulpe, T. 1998. A profile of the interculturally effective person. Montreal: Centre for Intercultural Learning, Canadian Foreign Service Institute.

Wagner, R. K. 1987. Tacit knowledge in everyday intelligence behavior. Journal of Personality and Social Psychology 52: 1236-47.

——. 2000. Practical intelligence. In R. J. Sternberg, ed., Handbook of intelligence, 380-95. New York: Cambridge University Press.

Wagner, R. K., and R. J. Sternberg. 1985. Practical intellignece in real-world pursuits: The role of tacit knowledge. Journal of Personality and Social Psychology 49: 436-58.

——. 1986. Tacit knowledge and intelligence in the everyday world. In R. J. Sternberg and R. Wagner, eds., Practical intelligence, 51-83. Cambridge: Cambridge University Press.

——. 1990. Street smarts. In K. E. Clark and M. B. Clark, eds., Measures of leadership, 493-504. West Orange, N.J.: Leadership Library of America.

Walker, R. E., and J. M. Foley. 1973. Social intelligence: Its history and measurement. Psychological Reports 33: 839-64.

Walter, M., N. Choonjaroen, K. Bartosh, and C. H. Dodd. 1998. Scale with EModel for intercultural effectiveness. In C. H. Dodd, ed., Dynamics of intercultural communication, 5th ed., 268-69. Boston: McGraw Hill.

Ward, C., S. Bochner, and A. Furnham. 2001. The psychology of culture shock. Hove, England: Routledge.

Ward, C., and A. Kennedy. 1993. Psychological and socio-cultural adjustment during cross-cultural transitoin. International Journal of Psychology 20(2): 129-42.

Warger, C. L. 1988. Practical strategies for promoting social interaction of students with behavioral disorders through creative drama. Perceptions 24(1): 26-30.

Weinert, F. E. 1987. Introduction and overview: Metacognition and motivation as determinants of effective learning and understanding. In F. E. Weinert and R. H. Kluwe, eds., Metacognition, motivation, and understanding. Hillsdale, N.J.: Lawrence Erlbaum.

Weldon, D., P. Carlson, A. Rissman, J. Slobodin, and H. Triandis. 1975. A lab test of cultural assimilation training. Journal of Personality and Social Psychology 32: 300-10.

Wells, A. S., D. Hirschberg, M. Lipton, and J. Oakes. 1995. Bounding the case within its context: A constructivist approach to studying detracking reform. Educational Researcher 24: 18-24.

Westmacott, E. V. S., and R. J. Cameron. 1981. Behavior can change. Basingstoke, England: MacMillan Education Ltd.

Wiggins, G. 1993. Assessing student performance. San Francisco: Jossey-Bass.

vv 1996. Embracing accountability. New schools, new communities 12(2) 4-10.

Wilson, J. Q. 1993. The moral sense. New York: The Free Press.

Winne, P. H. 1996. A metacognitive view of individual differences in self-regulated learning. Learning and Individual Differences 8(4): 327-53.

Wiseman, R. L. 1995. Intercultural communication theory. Thousand Oaks, Calif.: Sage.

Wiseman, R., and J. Koester, eds. 1993. Intercultural communication competence. Newbury Park, Calif.: Sage.

Witkin, H. A., and J. W. Berry. 1975. Psychological differentiation in cross-cultural perspective. Journal of Cross-Cultural Psychology 6: 4-87.

Witkin, H. A., and D. R. Goodenough. 1976. Field dependence and interpersonal behavior. ETS Research Bulletin, RB-76-12.

Wolfson, N. 1981. Compliments in cross-cultural perspective. TESOL-Quarterly 15(2): 117-24.

Wolman, R. N. 2001. Thinking with your soul. New York: Harmony Books.

Wood, R., P. Atkins, and C. Tabernero. 2000. Self-efficacy and strategy on complex tasks. Applied Psychology 49 (3): 430-44

Wood, R. E., and A. Bandura. 1989. Social cognitive theory of organizational management. Academy of Management Review 14: 361-84.

Wyer, R. S. Jr., and T. K. Srull. 1980. The processing of social stimulus information: A conceptual integration. In R. Hastie, T. M. Ostrom, E. B. Ebbesen, R. S. Wyer, Jr., D. L. Hamilton, and D. E Carlston, eds., Person memory: The cognitive basis of social perception. Hillsdale, N.J.: Lawrence Erlbaum.

Wyer, R. S., and T. K. Srull. 1989. Memory and cognition in its social context. Hillsdale, N.J.: Lawrence Erlbaum.

Zajonc, R. B., K. A. Adelmann, S. T. Murphy, and P. M. Niedenthal. 1987. Convergence in the physical appearance of spouses. Motivation and Emotion 11: 335-46.

Zakaria, N. 1999. The effects of cross-cultural training on the acculturation process of the global workforce. International Journal of Manpower 21(6): 492-510.

Zirkel, S. 2000. Social intelligence: The development and maintenance of purposive behavior. In R. Bar-On and J. Parker, eds., The handbook of emotional intelligence, 3-27. San Francisco: Jossey-Bass.